WUREN SHUIXIA HANGXINGQI ZISHIYING FEIXIANXING KONGZHI JISHU

无人水下航行器自适应
非线性控制技术

高 剑 著

西北工業大學出版社

【内容简介】 无人水下航行器是人类探索、开发和利用海洋的重要水下装备，近年来在军事、科学研究和海洋工程等领域得到广泛的应用。运动控制是发展无人水下航行器的核心技术，一直是国内外学者和技术人员研究的热点。本书采用自适应反演、神经网络、模型预测等控制技术，针对无人水下航行器的非线性自适应控制问题开展了系统、深入的研究，内容包括空间运动建模、自适应反演轨迹跟踪控制、动力定位控制、欠驱动控制特性分析、路径跟踪控制、自主回收导引与控制等，反映了作者在该领域多年来的研究成果，具有专业性、前沿性、理论与应用相结合的特点。

本书可为高等学校和科研院所开展无人水下航行器控制技术研究提供参考，也可用于船舶与海洋工程、兵器科学与技术、控制理论与控制工程等相关专业的研究生教学。

图书在版编目(CIP)数据

无人水下航行器自适应非线性控制技术/高剑著. —西安：西北工业大学出版社，2016.3

ISBN 978-7-5612-4797-6

Ⅰ.①无… Ⅱ.①高… Ⅲ.①可潜器—自适应控制—非线性控制系统—研究 Ⅳ.①U674.941

中国版本图书馆CIP数据核字(2016)第063045号

策划编辑：杨　军
责任编辑：李阿盟

出版发行：西北工业大学出版社
通信地址：西安市友谊西路127号　　邮编：710072
电　　话：(029)88493844　88491757
网　　址：www.nwpup.com
印 刷 者：陕西向阳印务有限公司
开　　本：727 mm×960 mm　1/16
印　　张：15.25
字　　数：267千字
版　　次：2016年3月第1版　　2016年3月第1次印刷
定　　价：38.00元

序

进入21世纪，随着现代工业和信息技术的不断发展和进步，人类加快了向海洋进军的步伐，海洋工程和海洋装备已经成为世界各国发展的重点技术领域。无人水下航行器可完成海底地形测绘、资源勘探、环境监测、负载投送和精确作业等任务，是探索和开发海洋的重要装备。

运动控制是无人水下航行器的关键技术之一，也是衡量无人水下航行器先进程度的主要指标。由于海洋环境的复杂性，无人水下航行器六自由度运动的强非线性和相互耦合，其运动学和动力学模型非常复杂，对控制系统的自适应性和鲁棒性提出了较高的要求。

《无人水下航行器自适应非线性控制技术》是作者多年从事无人水下航行器运动控制理论研究和工程实践的成果。全书共分为9章，分别采用非线性自适应控制、神经网络控制等先进控制方法，系统地研究了无人水下航行器运动控制领域中所涉及的建模、动力定位、轨迹跟踪、路径跟踪、自主回收等问题，并通过深入的理论分析和大量的仿真实验，对控制系统的稳定性和控制性能进行了证明和验证。本书内容新颖、学术性强、特色明显，具有较高的理论研究和工程应用价值。

本书不仅可供开展无人水下航行器控制领域研究的专家学者和高校师生阅读，还可为从事无人水下航行器产品研制、试验与生产的工程技术人员提供参考。

本书的出版，将丰富和促进我国无人水下航行器控制技术的研究，为我国无人水下航行器的进一步发展做出贡献。

中国工程院院士

2016年2月

前　言

海洋覆盖了大约71%的地球表面积，蕴藏有大量的资源和能源，海洋开发和海洋权益已经成为世界各国普遍关注的焦点。然而，尽管目前的技术可以使得人类登上月球，机器人登上火星，但在海洋中作同样的旅行却非常困难，人类对海洋探索的广度和深度还远远不够。海洋与陆地不同，除海面的惊涛骇浪之外，随着深度的增加海水将产生巨大的压力，同时受信号传输的局限，水下仍缺乏有效的远距离通信和定位手段，这些因素都给人类开发海洋带来巨大的困难。

水下航行器，尤其是无人水下航行器（UUV）的出现为人类进行深海资源的研究与开发提供了强有力的工具，许多国家都投入巨资进行相关的研发工作。目前水下航行器已经广泛应用于海洋救助、打捞、海洋资源调查、石油开采以及军事领域，并产生了巨大的经济效益与社会效益。进入21世纪，我国将水下航行器作为海洋技术和装备发展的一个重要方向，投入了大量的人力和物力，并以“蛟龙”号、“海马”号和“潜龙二号”为代表，取得了丰硕的成果。

作为发展无人水下航行器的核心技术之一的运动控制技术得到了国内外学者和工程技术人员的广泛关注，并开展了大量的理论研究和工程实践工作。水下航行器的6自由度空间运动具有很强的非线性和不确定性，各自由度运动之间交叉耦合，运动时受到水下环境的时变干扰，这些因素都要求控制器必须具有很强的自适应性和鲁棒性。而UUV运动模型的欠驱动特性，更是对控制算法设计提出了极大的挑战。

本书在笔者近年来的科研成果基础上，对UUV的自适应运动控制问题，尤其是轨迹跟踪和路径跟踪控制，进行系统的研究。全书共分为9章。第1章绪论，简要介绍水下航行器的基本概念和分类，给出UUV控制技术研究的基本问题。第2章建立UUV的空间运动模型。第3章采用自适应反演控制和神经网络动态逆控制技术，研究全驱动UUV

的非线性自适应跟踪控制问题。第4章针对具有超短基线水声定位系统的全驱动UUV,采用模型预测控制和神经网络自适应控制,设计“运动学-动力学”分层控制结构,研究UUV动力定位控制问题。第5章讨论欠驱动UUV的非完整特性、可控性和可镇定性。第6章采用级联系统理论,研究非完整和欠驱动约束下的UUV轨迹跟踪控制问题,证明轨迹跟踪误差的全局一致渐近稳定性。第7章研究欠驱动UUV水平面和空间直线航迹跟踪控制问题,并结合信息一致性算法,提出一种欠驱动UUV的编队直线跟踪控制算法。第8章采用Serret－Frenet坐标系设计欠驱动UUV的路径跟踪控制算法,并进一步研究无速度反馈和工作环境有障碍物情况下的路径跟踪控制问题,以及基于路径参数一致性的编队路径跟踪控制问题。第9章在上述UUV运动控制的基础上,开展欠驱动AUV自主回收导引与控制问题的研究。

本书的研究工作得到了国家自然科学基金的资助(项目编号:50909082,51279164)。写作过程中得到了西北工业大学徐德民院士、严卫生教授、刘明雍教授、张福斌副教授、崔荣鑫教授、张立川副教授,以及西北工业大学水下航行器研究所其他教师的指导和热情帮助,另外,刘昌鑫、齐贝贝、夏飞、赵新元等研究生参与了部分研究工作。本书的写作和出版还得到了西北工业大学出版社的大力支持和具体指导,在此一并表示感谢。

由于水平有限,错误和不妥之处在所难免,殷切希望读者批评指正。

著　者

2016年1月

目　录

第1章 绪　论

地球的表面积为 5.1×10^{8} km^2，其中海洋的面积为 3.6×10^{8} km^2，占地球总表面积的71%；海水量约占地球上总水量的97%。广袤的海洋中蕴藏着极其丰富的生物资源、矿产资源及各种形式的能源，尤其深海仍是人类尚未开发的宝地，如果能对这些海洋资源进行探查、开发和利用，将会对人类社会和经济的可持续发展起到巨大的作用。

同时，海洋作为蓝色国土，是一个沿海国家的“门户”，是其与外界联系的重要途径，海洋安全是国家安全的重要组成部分。自从1994年“联合国海洋法公约”提出海洋国土新概念，国际海洋关系进入了一个新时期。管辖海区的国土化，强化了海洋对国家命运的重大影响，也大大提高了海洋的战略地位，海洋权益、海洋开发和海洋环境成为世界各国普遍关注的焦点。

我国拥有 3.2×10^{4} km 的海岸线和 300×10^{4} km^2 以上的蓝色国土，占陆地国土面积的1/3，其中水深4 000 m以内的海域约占90%。但是，美国、日本等国家在太平洋上建立了所谓的“太平洋锁链”，通过大量的军事设施对中国形成了牢牢的围堵之势，缩小了我国海上方向的防御纵深，阻碍了我国自海入洋的战略通道，形成目前“有海无洋”的海洋局势。因此，无论是从经济发展的角度还是国家安全的角度来看，认识海洋、开发海洋和守卫海洋都是建设海洋强国、捍卫国家主权和实现可持续发展的伟大目标所不可缺少的。

进入21世纪，随着现代工业技术的不断发展和进步，人类加快了向海洋进军的步伐，海洋工程和海洋装备已经成为世界各国发展的重点技术领域[1-2]。对于海洋的探索面临着巨大的困难，每下潜100 m就增加10 atm（1 atm＝$1.013\,25\times10^{5}$ Pa），且海底能见度极低，环境非常恶劣，潜水员和普通设备都很难在这种条件下完成沉船打捞、光缆铺设、资源勘探、海洋环境调查等任务。尽管当今的科技发展已经使人类登上月球，机器人登上火星，但对海洋深处的探索仍具有极大的挑战。

1.1 无人水下航行器

1.1.1 水下航行器概述

水下航行器,又称水下机器人,是一种可在水下运动、具有探测和感知能力、通过遥控或自主操作方式、代替或辅助人类进行海洋调查测绘和水下作业的装备[3-4]。水下航行器作为探索海洋的重要手段,甚至在有些情况下是唯一的手段,在海洋开发与利用中起到至关重要的作用。

按照一般的观点,水下航行器可分为载人潜水器(Human Operated Vehicle, HOV)和无人水下航行器(Unmanned Underwater Vehicle,UUV),而后者又包括遥控水下航行器(Remotely Operated Vehicle, ROV)和自主水下航行器(Autonomous Underwater Vehicle,AUV)两大类,如图 1-1 所示。

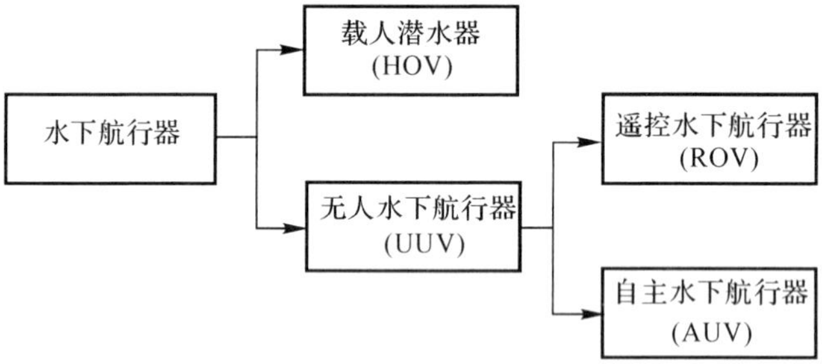

图 1-1 水下航行器分类

世界上经济发达国家均在水下航行器技术上有着很大的投入和发展,如美国、日本、俄罗斯、挪威、加拿大等。而中国也在近年将水下航行器作为我国海洋技术和装备发展的一个重要方向,投入了大量的人力和物力,并以"蛟龙"号 HOV、"海马"号 ROV 和"潜龙二号"AUV 为代表,取得了丰硕的成果,达到和接近世界领先水平,如图 1-2 所示。

在科学研究和工业应用领域,水下航行器可以完成海洋物理参数(温度、盐度等)的测量、海洋三维环境的探测与建模、海洋目标(如失事飞机残骸)的水下探测与识别、水下定位、信息传输、负载投送等任务,在海洋研究和海洋开发过程中发挥着重要作用[5]。尤其是近年来,人们通过水下对接站和海底光缆将 AUV 接入海洋观测网络，与海底固定传感器、浮标、潜标等设备一起实现对大范围海洋信息的不间断、全方位的观测[6]，如图 1-3 所示。

(a)　　(b)　　(c)

图 1-2　中国的水下航行器

(a)“蛟龙”号；(b)“海马”号；(c)“潜龙二号”

在军事领域，通过不断的探索和实践，美国等发达国家海军逐步认识到 UUV 在未来战争中潜在的作战效能[7-8]。UUV 能够以水面舰船或潜艇为搭载平台，在数十千米乃至上千千米的空间范围内自主完成环境探测、目标识别、情报收集、数据通信等任务，争夺水下信息优势，实施精确打击与智能攻击，大大地扩展了水面舰船和潜艇的作战空间，成为赢得水下战争的力量倍增器。UUV 可以独立作战，或作为网络中心战的节点，通过水下局域网或水面无线和卫星通信进行信息交互并接受有人平台的远程指挥，有效执行各种复杂军事任务，避免人员伤亡。如图 1 4 中描述的美国海军提出的战力网(FORCEnet)体系[7]中就包含了不同尺寸和功能的 UUV，用于执行情报收集、数据传输等任务。

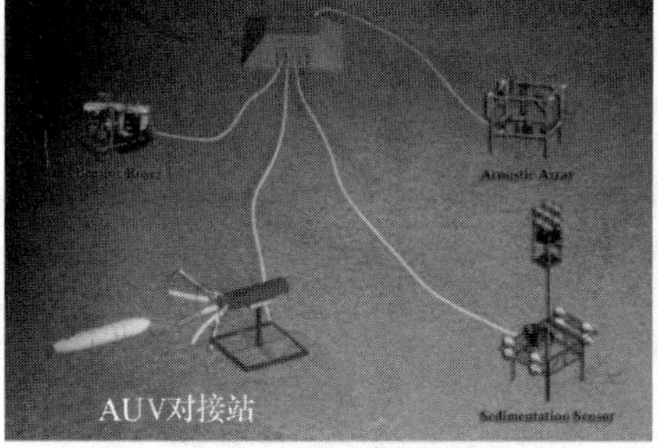

图 1-3　海洋观测网络中的 AUV

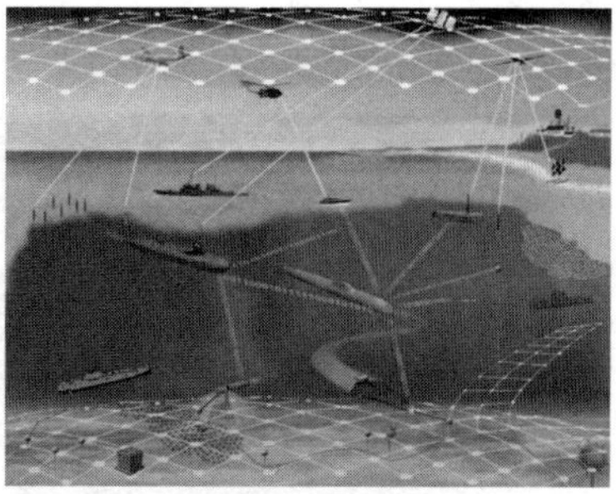

图 1-4　美国海军战力网概念图

1.1.2 载人潜水器

载人潜水器，又称为微型潜艇，其任务是运载科学家、工程技术人员和各种装置精确到达海洋环境，完成复杂的勘探、科学考察和开发作业，执行隐蔽的军事任务，甚至宣示主权，它是人类开发利用海洋的一项重要技术手段。

载人潜水器上有密封的载人舱室及生命保障系统，一般可乘坐 2～3 人，潜水人员坐在耐压舱内可通过视窗对海底世界进行观察，同时潜水器内还带有各种测量仪器、通信设备，并可携带水下机械手进行取样和作业。世界上第一台载人潜水器是由美国人 Simon Lake 于 1897 年制造的 the Argonaut First，并于 1898 年完成了从弗吉尼亚州 Norfolk 到纽约的长距离水下航行。受各方面技术的限制，载人潜水器的早期发展十分缓慢。20 世纪 60 年代以来，随着计算机、人工智能、水声、图像处理等相关技术的发展，载人潜水器技术进入一个新的发展时期[9]。

美国的 Alvin 号是载人潜水器中的代表，如图 1-5(a)所示。Alvin 下潜深度为 4 800 m，可以携带 2 名科学家和 1 名驾驶员，于 1962 年研制成功，后经不断地升级改造，现在仍在执行各种海上任务。它曾帮助美军成功地从 856 m 的深处打捞一颗意外坠落的氢弹，并勘探了沉没于北大西洋深海的“泰坦尼克”号游轮残骸。著名导演和探险家 James Cameron 投资建造了“深海挑战者”单人深潜器，如图 1-5(b) 所示。2012 年 3 月 26 日，他乘坐该潜水器成功下潜至地球海洋的最深处——马里亚纳海沟底部，最大深度为 10 898 m。

此外，日本的载人潜水器“Shinkai”号下潜深度是 6 500 m，俄罗斯的两艘载人潜水器“和平Ⅰ”号与“和平Ⅱ”号下潜深度是 6 000 m，法国“Nautile”号载人潜水器下潜深度 6 000 m。

(a) (b)

图 1-5 Alvin 号和深海挑战者号 HOV

为了向海底资源调查和科学研究提供高技术装备，同时为深海勘探、海底作业研发共性技术，推动我国深海运载技术发展，科技部于 2002 年将“蛟龙”号深海 HOV 研制列为国家高技术研究发展计划（863 计划）重大专项，由中船重工七〇二所联合多家单位开展自行设计、自主集成研制工作。

“蛟龙”号载人潜水器设计最大下潜深度为 7 000 m，经过联合攻关实现了耐压结构、生命保障、远程水声通信、系统控制等关键技术的突破。2012 年 7 月，“蛟龙”号在马里亚纳海沟试验海区创造了下潜 7 062 m 的中国载人深潜纪录。这意味着中国具备了载人到达全球 99.8% 以上海洋深处进行作业的能力，如图 1－2(a) 所示。

1.1.3　遥控水下航行器

ROV 用一根连接电缆与水面母船连接，通过它接收控制信号并提供工作所需的能源，同时可以把图像和其他传感器数据实时发送给母船[10-11]。在民用方面，ROV 主要用于海洋研究、近海油气开发、海底矿藏调查、石油管道检测、水下电缆敷设、救捞作业、水下考古、江河水库的大坝检查等方面。在军用方面，主要作为灭雷具使用，也可用于打捞丢失于海底的试验武器（如鱼雷）。近年来，ROV 在军事领域的应用也在不断扩展，例如瑞典 Saab 公司开发出可以辅助潜艇完成 AUV 回收的 ROV 系统。

20 世纪 60 年代早期，美国海军建造的缆控水下回收航行器为 ROV 的雏形。1975 年，第一个商业化的 ROV 问世，它首先工作在北海油田和墨西哥湾。此后，海洋石油开发的需求促进了 ROV 的迅猛发展。现在 ROV 已经形成一种产业，在水下航行器中最成熟且应用范围最广。

目前，世界上较为著名的 ROV 包括美国伍兹霍尔海洋研究所（WHOI）的 Jason（见图 1－6），帮助解救被困海底的俄罗斯小型潜艇的英国“天蝎”号，参与法航 747 失事客机黑盒子打捞的法国 Ifremer 开发的 Victor 6000（见图 1－7），1995 年潜入世界最深的马里亚纳海沟创造 10 912 m ROV 下潜纪录的日本海洋科技中心（JAMSTEC）的“海沟（Kaiko）”号等。

中国从 20 世纪 80 年代开始 ROV 的研制，2003 年 9 月，北极科学考察中首次使用了中国科学院沈阳自动化研究所研制的“海极”号 ROV。此后的 2008 年和 2014 年，该研究所研制的“北极 ARV”两次参加了我国的北极科学考察活动，成功获取了大量的基于海冰位置信息的海冰厚度、温盐深、光学及海冰底形态等多项关键的科学数据[12]。此外，上海交通大学等单位 2014 年成功研制的“海马”号

4 500 m 级深海 ROV 作业系统，是中国自主研制的下潜深度最大、国产化率最高、工作能力最强的遥控水下航行器，如图 1-2(b)所示。

(a) (b) (c)

图 1-6 Jason ROV

(a)海上吊放； (b)操作台； (c)装载运输

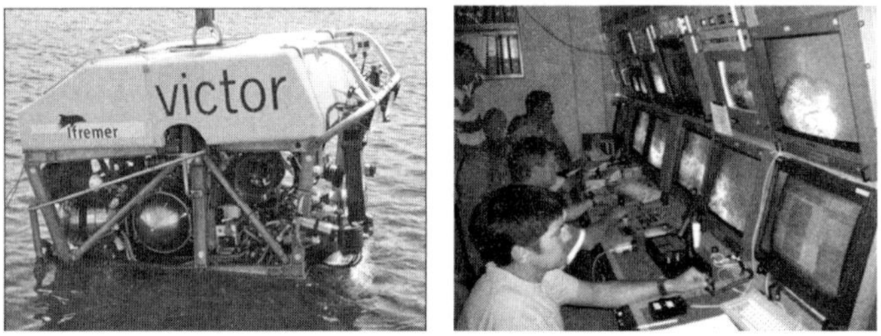

图 1-7 Victor 6000 ROV 及其操作台

ROV 由母船上的操作者实时控制和导航，这就要求有高带宽、短延迟的通信链与航行器连接。连接电缆限制了 ROV 必须在靠近母船的区域工作，同时海水作用在线缆上也会产生巨大的阻力和干扰，这就对 ROV 的推进能力和控制系统的抗干扰能力提出了挑战。

1.1.4 自主水下航行器

到了 20 世纪 80 年代末，随着微电子技术、计算机技术、人工智能技术、小型化导航设备的发展，AUV 脱颖而出，成为世界各国开展海洋技术研究的前沿[13-14]。AUV 是一种无人操纵的无系缆水下航行器，携带能源、推进器和自主导航设备，依靠嵌入式控制计算机和自主控制软件来执行预定航行任务，并具备较为完善的安全保障能力。

在民用领域中，AUV 可高效地完成包括水文探测、水下考古、海底资源探测、沉船打捞、海底光缆铺设等任务。在军事领域，除了作为水中攻击武器鱼雷之外，AUV能够自主航行或与潜艇、舰艇、空基平台协同，完成水雷等水中武器的运载、布放，配合完成武器海底发射、侦察、反潜、警戒、布雷、猎雷等军事任务。AUV代表了未来水下航行器发展的重要方向，是当前世界各国海洋工程领域研究工作的热点[14-15]。

与HOV和ROV相比，AUV具有以下特点：

(1)航程远：AUV是以实施远距离水下探测或负载投送为目标的，因此远航程、长航时是AUV的生命力之所在。例如，美国蒙特利尔海洋研究所(MBARI)的Tethys AUV可以航行上千千米。

(2)智能化水平高：AUV可自主精确定位和智能控制，完成预定任务使命，并可基于对周围环境的探测进行航路的二次规划(Re-planning)和避碰。

(3)隐蔽性强：与其他水下航行器相比，AUV可以长时间水下潜航，无需水面船舶在附近支持，航行噪声低，这对于军事领域尤为重要。

(4)机动能力高：AUV可实现大范围快速机动航行，适于执行水下搜索和测量任务。

(5)经济性好：AUV可以从小而简易的母船上发射，甚至从船坞或码头上发射，航行时不需人工操作，使用成本远低于HOV和ROV。

(6)高风险：AUV在工作时，航路上的渔网等障碍物严重威胁着AUV的安全，由于水声通信和定位的距离十分有限，操作人员几乎没有有效手段对AUV的航行进行跟踪和干预。

(7)作业能力弱：AUV主要携带声呐、温盐深(CTD)等传感器，以巡航方式进行海洋环境测量，通常情况下不具备通过机械手进行水下精确作业的能力。

上述特点决定了AUV执行任务的能力受其导航与控制系统性能的制约。同时，AUV只能依赖于其自身的动力源，由此减少了可能的任务持续时间。因此，能源动力、导航、控制成为未来AUV应用的三大关键技术。

自从AUV诞生以来，尤其是近20年来，世界各国的研究机构相继开发了多型形态各异的AUV，如图1-8所示。其中比较有代表性的AUV有麻省理工学院(MIT)的Odyssey系列，美国Bluefin公司的Bluefin系列(包括Bluefin-9，Bluefin-12和Bluefin-21等，见图1-9)，瑞典Kongsberg Maritime公司的REMUS系列(包括REMUS 100，REMUS 600，REMUS 1500和REMUS 6000等)，HUGIN系列(包括HUGIN 1000，HUGIN 1000 for 3 000 m，HUGIN 3000和HUGIN 4500等)。

国内的中国科学院沈阳自动化研究所、哈尔滨工程大学、西北工业大学等科研院所从20世纪90年代开始了AUV的理论研究和工程研制，开发出多台军用和民用AUV，达到或接近世界先进水平，其中包括沈阳自动化研究所的“探索者”“CR-01”“CR-02”“潜龙一号”和“潜龙二号”（见图1-2(c)）等，哈尔滨工程大学的智水系列AUV和“海灵”号等，西北工业大学水下航行器研究所开发的远程AUV[16]、外场试验平台[17]和50 kg级便携式AUV等，如图1-10所示。

图1-8 世界各国的自主水下航行器

图1-9 Bluefin AUV，从左到右为Bluefin-9，Bluefin-12，Bluefin-21

发展具备水下作业能力的干预型AUV(Intervention AUV，I-AUV)是目前AUV领域的一个重要方向，其目标是AOV携带机械手或其他装置，自主完成打捞、维修、安装敷设水下设施、扫雷等水下作业任务，如图1-11所示。

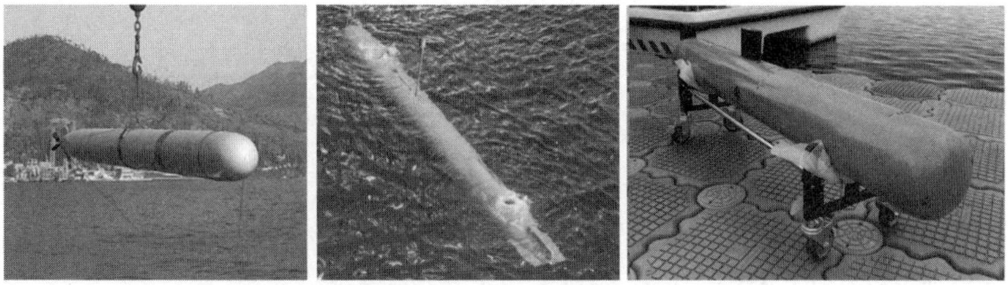

(a)　　(b)　　(c)

图 1－10　西北工业大学水下航行器研究所开发的 AUV

(a)远程 AUV；（b)外场试验平台；（c)50 kg 级便携式 AUV

(a)　　(b)

图 1－11　干预型 AUV

(a)ALIVE；（b)SAUVIM

一方面，由于 AUV 一般都是流线外形，前后方向阻力小，侧向阻力大，考虑到水下航行的特点，前后方向配备的推进器数目往往多于侧向配备的推进器数目，所以I－AUV侧向抗流能力较差。另一方面，机械手在作业时必须展开，而机械手在不同的展开状态时，流体动力特性是不同的，机械手作业时，也会对 AUV 产生反作用力。这些因素都对 I－AUV 的定位控制和作业控制提出了挑战。

除了精确的运动控制和机械手控制外，发展 I－AUV 的核心是应用工业机器人领域的模式识别、智能控制与自主决策等先进技术，提高 AUV 的自主能力(Autonomy)，使其能够在复杂的水下环境中进行自主作业，并保证自身安全。

表 1－1 总结了上述三类水下航行器的特点。

表 1-1 水下航行器特点比较

水下航行器	优点	缺点
HOV	(1)引入不可替代的人类智慧;(2)人可以直接进行海洋环境现场观测与作业	(1)需要庞大的水面支持;(2)造价、运行和维护成本高;(3)潜水器、操作要求与操纵系统复杂;(4)存在人员安全问题
ROV	(1)动力由水面提供,工作时间几乎不受限制;(2)人参与操作;(3)能够完成复杂、长时间、大功率的水下观察和作业	(1)需要庞大的水面支持;(2)脐带电缆限制了 ROV 的灵活性与活动范围;(3)电缆可能缠绕或断损
AUV	(1)不需要庞大的水面支持系统,运行和维修费用低;(2)活动范围广,可进入复杂水下结构中;(3)自动化能力高,尺寸小,质量轻;(4)噪声辐射小,可贴近观测的对象,获取高质量数据和图像,隐蔽性高	(1)对控制技术要求高;(2)水下作业能力弱;(3)使用风险较高

1.2 无人水下航行器控制技术

无人水下航行器的运动控制包括对其自身运动状态、各执行机构和传感器的综合控制。水下航行器的 6 自由度空间运动具有很强的非线性和不确定性,各自由度运动之间交叉耦合,同时 UUV 受到水下工作环境的时变干扰,这些因素要求运动控制算法必须具有足够的鲁棒性和自适应性[18-19]。

根据驱动器配置的不同,UUV 分为两类:全驱动 UUV 和欠驱动 UUV。全驱动 UUV 通过安装在不同位置和指向的螺旋桨推进器,产生运动控制所需的力和力矩,可独立控制多个运动自由度,尤其可以实现悬停和位置姿态保持,包括大多数 ROV 和 I-AUV。对于全驱动 UUV 的运动控制问题,国内外学者采用反馈线性化、反演(Backstepping)控制、滑模控制(Sliding Mode Control,SMC)、模糊控制、神经网络(Neural Network,NN)控制、模型预测控制(Model Predictive Control,MPC)等非线性控制和智能控制方法,开展了大量的研究工作。

而欠驱动 UUV 则出于运行成本和效率的考虑,对于某些运动自由度是没有直接控制的。大多数 AUV 和部分 ROV 仅能直接控制其前进、横滚、俯仰和偏航 4 个自由度的运动,而不具备侧向和垂向运动控制能力,属于欠驱动 UUV。欠驱动 UUV 是一类典型的欠驱动系统,其运动控制问题的研究具有重要的理论和实际价值[20]。欠驱动机械手包含被动关节,其二阶非完整约束是在全局坐标系中用广义坐标的二阶导数描述的，而欠驱动 UUV 的欠驱动特性，即二阶非完整约束是在局部的运载体坐标系中用动力学方程描述的，处理起来更加困难。

目前，UUV 控制技术领域主要开展以下方面的研究：

(1)动力定位(Dynamic Positioning)：控制 UUV 从任意初始位置和姿态出发到达并稳定在期望的位置和姿态，克服海流等周围环境干扰。动力定位一般针对采用多推进器的全驱动 UUV，位置传感器主要采用水声定位系统。近年来，人们将机器人视觉伺服控制的方法应用到 UUV，开展了视觉动力定位控制的研究[21]。

(2)轨迹跟踪(Trajectory Tracking)：控制 UUV 跟踪以时间为参数的空间参考轨迹，并保证跟踪误差的全局渐近稳定性。参考轨迹由坐标和欧拉角的时间函数定义，或由一个具有相同模型的虚拟参考 UUV 产生。

(3)路径跟踪(Path Following)：路径跟踪的目标是使 UUV 以期望前向速度跟踪给定空间曲线路径，与轨迹跟踪不同的是，路径跟踪问题中的空间参考曲线由与时间无关的曲线参数定义。由于路径跟踪没有时间上的要求，更适于欠驱动 UUV 的运动控制。

此外，还有航路点跟踪(Way - Point Tracking)、位置跟踪(Position Tracking)，以及速度不可测量时的输出反馈控制(Output Feedback Control)等问题。

1.3　本书的主要内容

本书采用自适应反演控制、神经网络控制、模型预测控制等先进控制方法研究 UUV 的运动控制问题，内容包括下述几方面。

1. 全驱动 UUV 自适应非线性跟踪控制

采用自适应反演设计方法，研究全驱动 UUV 单自由度和多自由度跟踪控制问题，考虑 UUV 仅能获得相对未知水流的速度，并且动力学模型中包含不确定参数。自适应反演方法保证了跟踪误差的全局一致渐近稳定性。另外，为了解决非线性自适应控制对线性化未知参数的限制，采用单隐层神经网络逼近 UUV 动力学模型中的不确定项，在自适应动态逆控制(Adaptive Dynamic Inversion，ADI)的框架下设计全驱动 UUV 轨迹跟踪控制律，并基于 Lyapunov 方法证明了跟踪误差的一致最终有界。

2. 基于逆 USBL 系统的全驱动 UUV 动力定位控制

针对具有逆 USBL 系统的全驱动 UUV 动力定位控制问题，设计了“运动学-

动力学"分层控制结构。在运动学控制层,采用非线性模型预测控制,通过求解一定预测时域内的最优控制输入获得速度指令,使得由信标位置测量定义的 UUV 跟踪误差最小。在动力学控制层,采用神经网络自适应控制方法,用单隐层神经网络补偿动力学模型中的不确定项,确保跟踪误差的一致最终有界。

3. 欠驱动 UUV 控制特性分析

研究欠驱动 UUV 的非完整特性、可控性和可镇定性。采用微分几何控制理论证明了当重力场在欠驱动自由度上的分量为零时,UUV 的加速度约束是不可积的,属于二阶非完整系统,水平面欠驱动 UUV 是强可达的、小时间局部可控的,并基于 Brockett 定理证明欠驱动 UUV 不能通过连续可微反馈控制律镇定。

4. 欠驱动 UUV 水平面轨迹跟踪控制

研究欠驱动 UUV 的轨迹跟踪控制问题,将跟踪误差分解为位置跟踪和航向角跟踪两个相互级联的系统,借鉴移动机器人全局轨迹跟踪控制方法,分别采用反演方法设计控制器,证明系统的全局一致稳定性,并依据非自治非线性级联系统理论,证明了轨迹跟踪误差的全局一致渐近稳定性。

5. 欠驱动 UUV 直线航迹跟踪控制

针对欠驱动 UUV 的水平面直线航迹跟踪问题,采用反演思想设计期望的航向角,并将系统分解为相互级联的包含欠驱动特性的横向跟踪误差和航向角跟踪误差系统,证明了横向跟踪误差系统在参数满足一定条件时是全局$\mathcal{K}$指数稳定的,应用级联系统理论,证明了直线航迹跟踪的全局$\mathcal{K}$指数稳定性。在此基础上,考虑 UUV 的俯仰运动,研究了 3 维直线航迹跟踪问题,并充分利用 3 维直线航迹跟踪模型的结构特点,逐级应用级联方法,证明了 3 维直线跟踪的稳定性。最后研究了欠驱动 UUV 的编队直线跟踪控制问题,通过协调 UUV 的速度,使多个 UUV 以一定队形沿直线航迹运动。

6. 欠驱动 UUV 路径跟踪控制

研究欠驱动 UUV 的水平面路径跟踪控制问题,采用以自由参考点为原点的 Serret - Frenet 坐标系,建立路径跟踪误差模型,将路径跟踪误差分解为横向跟踪误差和航向角、速度跟踪误差,以曲线参数的变化率为控制输入,并设计控制律使航向角、速度跟踪误差全局指数收敛,基于级联系统理论获得系统的全局渐近稳定性。在此基础上,研究了速度为未知常量情况下的路径跟踪控制算法,设计了速度幅值和侧滑角的自适应估计算法,保证了路径跟踪误差的全局渐近稳定性。此外,本书还对路径跟踪控制过程中的避碰问题和基于路径参数一致性的编队路径跟踪控制问题进行了研究。

7. 欠驱动 AUV 自主回收控制

针对 AUV 水下自主回收的问题，分别采用多航路点导引、人工势场法、偶极势场法、回坞路径跟踪等方法，研究了欠驱动 AUV 的回坞导引与跟踪控制问题，使得 AUV 从任意初始位置出发，沿入口方向到达回收站，确保回收位置和姿态的控制精度。

参考文献

[1] 徐德民，李俊，严卫生，等. 自主水下航行器(AUV)的发展与关键技术. 中国科学技术前沿. 北京：高等教育出版社，2004.

[2] 陈强. 水下无人航行器. 北京：国防工业出版社，2014.

[3] 蒋新松，封锡盛，王棣棠. 水下机器人. 沈阳：辽宁科学技术出版社，2000.

[4] 徐玉如，肖坤. 智能海洋机器人技术进展. 自动化学报，2007，33(5)：518 -521.

[5] 徐玉如，李彭超. 水下机器人发展趋势. 自然杂志，2011，33(3)：125 - 132.

[6] 上海海洋科技研究中心，海洋地质国家重点实验室. 海洋观测：科学与技术的结合，上海：同济大学出版社，2011.

[7] Department of the Navy. The Navy Unmanned Undersea Vehicle (UUV) Master Plan. http://www.nay.mil/navdata/technology，2004.

[8] Department of the Navy. The Navy Unmanned Undersea Vehicle (UUV) Master Plan. http://www.nay.mil/navdata/technology，2000.

[9] 封锡盛，李一平，徐红利. 下一代海洋机器人——写在人类创造下潜深度世界纪录 10912 米 20 周年之际. 机器人，2011，33(1)：113 - 118.

[10] 晏勇，马培荪，王道炎，等. 深海 ROV 及其作业系统综述. 机器人，2005，27(1)：82 - 89.

[11] 封锡盛. 从有缆遥控水下机器人到自治水下机器人. 中国工程科学，2000，2(12)：29 - 33.

[12] Wu B，Li S，Zeng J，et al. ARV Navigation and Control System at Arctic Research. Proceedings of the IEEE/MTS OCEANS Conference，2009.

[13] 燕奎臣，李一平，袁学庆. 远程自治水下机器人研究. 机器人，2002，24(4)：299 - 303.

[14] 封锡盛，刘永宽. 自治式水下机器人研究开发的现状与趋势. 高技术通信，

1999，3(2)：55－59.

[15] Curtin T B，Crimmins D M，Curcio J，et al. Autonomous Underwater Vehicles：Trends and Transformations. Marine Technology Society Journal，2005，39：75－86.

[16] 高剑，杨立，严卫生，等. 一种用于AUV导航控制软件开发与系统测试的半实物仿真系统. 西北工业大学学报，2007，25(1)：87－90.

[17] 高剑，严卫生，张福斌，等. 一种自主水下航行器分布式控制系统. 兵工学报，2009，30(8)：1139－1142.

[18] Fossen T I. Marine Control Systems：Guidance，Navigation，and Control of Ships，Rigs and Underwater Vehicles. Marine Cybernetics，Trondheim，Norway，2002.

[19] 高剑. 自主式水下航行器的建模与自适应滑模控制[D]. 西安：西北工业大学，2004.

[20] 高剑. 欠驱动AUV的控制特性及跟踪控制研究[D]. 西安：西北工业大学，2007.

[21] Gao J，Proctor A，Bradley C. Adaptive Neural Network Visual Servo Control for Dynamic Positioning of Underwater Vehicles. Neurocomputing，2015，167(1)：604－613.

第 2 章　UUV 空间运动模型

UUV 空间运动模型是开展运动特性分析和控制算法研究的基础。对于水下航行器在 3 维空间中的 6 自由度运动，国内外学者已开展了大量研究。为了适应水下航行器非线性控制研究的需要，挪威科技大学(NTNU)的 Fossen 提出了包括水下航行器和水面船舶在内的海洋航行器(Marine Vessels)的矢量化非线性运动模型[1-2]，该模型具有清晰的"运动学-动力学"结构，在国内外水下航行器的仿真和控制研究中得到广泛的应用。

本章描述 UUV 6 自由度空间运动的矢量化运动学和动力学模型，考虑常值水流对运动模型的影响，以及用广义坐标描述的运动模型，并给出 UUV 的水平面和垂直面运动方程[3]，最后在 MSS 工具箱[4] 的基础上，采用 S 函数模块建立 UUV 的 Matlab/Simulink 仿真模型。

2.1　坐标系定义

为了描述 UUV 的空间运动，定义如下全局和局部坐标系[2]。

1. 地心惯性(ECI)坐标系$\{\boldsymbol{I}\}$

ECI 坐标系 $O_i x_i y_i z_i$ 是用于导航的惯性坐标系，原点位于地球的中心，z_i 轴沿地球自转轴方向，x_i，y_i 轴在地球赤道平面内，x_i 轴指向某恒星(如太阳)方向，满足右手坐标系法则。本书为叙述方便，采用$\{I\}$ 形式表示 $O_i x_i y_i z_i$ 坐标系，以下类同。

2. 地心地球固连(ECEF) 坐标系$\{\boldsymbol{E}\}$

ECEF 坐标系 $O_e x_e y_e z_e$ 原点在地球中心，坐标轴随地球相对 ECI 旋转，z_e 轴沿地球自转轴方向，x_e 轴在赤道平面内指向格林威治子午线，y_e 轴在赤道平面内，构成右手坐标系。

3. 地面坐标系$\{\boldsymbol{G}\}$

对于小范围局部运动的 UUV，忽略地球的曲率而认为在与地球固连的切平面内进行导航，称为平面地球导航。以地面上某基准点为原点 O，建立地面坐标系，x 轴指向地理北极，y 轴指向东方，z 轴与切平面垂直向下，又称为全局坐标系，记为$\{G\}$，如图 2-1 所示。忽略地球的转动而假定地面坐标系为惯性坐标系，牛顿定律成立。

4. 北东地(NED) 地理参考坐标系$\{N\}$

NED 坐标系 $Nxyz$ 定义在地球的切平面上，原点定义在运载体 UUV 上，其坐标轴定义与地面坐标系相同，可以看作是原点随 UUV 运动的地面坐标系。$\{N\}$坐标系相对$\{E\}$ 坐标系的位置可以用经度 l、纬度 μ 和高度 h 表示。

5. 运载体坐标系$\{B\}$

运载体坐标系 $O_bx_by_bz_b$ 为与 UUV 固连的动坐标系，原点通常选在重心或浮心，坐标轴沿惯性主轴方向，其中 x_b 轴沿 UUV 纵轴并指向前方；y_b 轴位于横平面内并垂直于 x_b 轴向右；z_b 轴垂直于 x_b 轴和 y_b 向下，构成右手坐标系，如图 2-1 所示。

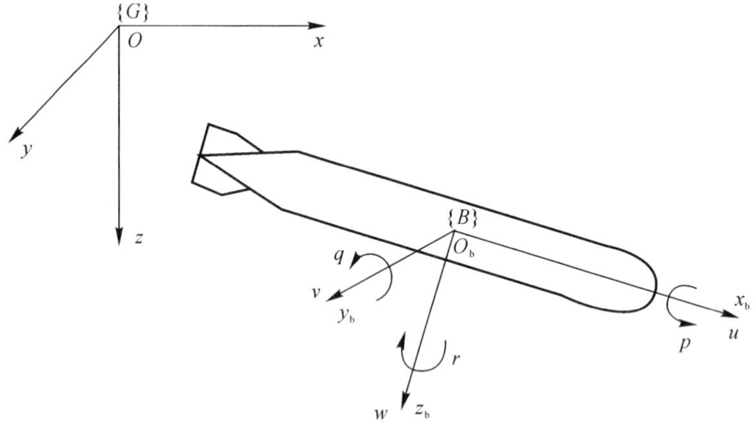

图 2-1　地面坐标系与载体坐标系

NED 坐标系与运载体坐标系之间的角度可用欧拉角定义，即 NED 坐标系经过下面的三次转动与运载体坐标系重合，如图 2-2 所示。

(1) 绕 NED 坐标系的 z 轴转动 ψ 到坐标系$\{1\}$，此时 x_1 轴位于 z 轴与 x_b 轴构成的平面内；

(2) 绕坐标系$\{1\}$$y_1$ 轴转动 θ 到坐标系$\{2\}$，此时 x_2 轴与 x_b 轴重合；

(3) 绕坐标系$\{2\}$ 的 x_2 轴转动 ϕ 到坐标系$\{B\}$，此时与运载体坐标完全重合。

三次转动的角度称为欧拉角，其中 ψ,θ,ϕ 分别称为航向角、俯仰角和横滚角，它们的角速度矢量方向分别沿 z 轴、y_1 轴和 x_2 轴。注意到欧拉角的定义与坐标系的转动顺序有关，不同的转动顺序得到不同的欧拉角定义。

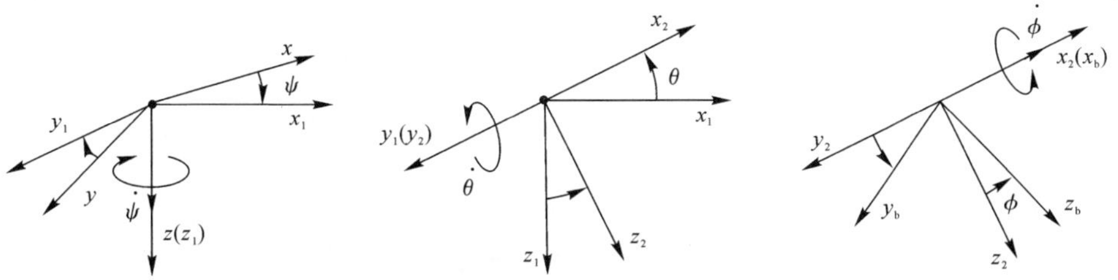

图 2-2　偏航-俯仰-横滚坐标变换

根据上述定义，地面坐标系到运载体坐标系的坐标转换矩阵 $\boldsymbol{R}_{\mathrm{n}}^{\mathrm{b}} \in \mathrm{SO}(3)$（正交矩阵群）可以表示为

$$\boldsymbol{R}_{\mathrm{n}}^{\mathrm{b}}(\phi,\theta,\psi)=\boldsymbol{R}_{x}(\phi)\boldsymbol{R}_{y}(\theta)\boldsymbol{R}_{z}(\psi) \tag{2.1}$$

式中，$\boldsymbol{R}_{z}(\psi)$，$\boldsymbol{R}_{y}(\theta)$，$\boldsymbol{R}_{x}(\phi)$ 分别为三次转动对应的坐标转换矩阵，定义为

$$\boldsymbol{R}_{z}(\psi)=\begin{bmatrix}\cos\psi & \sin\psi & 0\\ -\sin\psi & \cos\psi & 0\\ 0 & 0 & 1\end{bmatrix},\quad \boldsymbol{R}_{y}(\theta)=\begin{bmatrix}\cos\theta & 0 & -\sin\theta\\ 0 & 1 & 0\\ \sin\theta & 0 & \cos\theta\end{bmatrix}$$

$$\boldsymbol{R}_{x}(\phi)=\begin{bmatrix}1 & 0 & 0\\ 0 & \cos\phi & \sin\phi\\ 0 & -\sin\phi & \cos\phi\end{bmatrix}$$

从运载体坐标系到地面坐标系的坐标转换矩阵 $\boldsymbol{R}_{\mathrm{b}}^{\mathrm{n}}=(\boldsymbol{R}_{\mathrm{n}}^{\mathrm{b}})^{\mathrm{T}}$。$\boldsymbol{R}_{\mathrm{b}}^{\mathrm{n}}$ 的分量形式可以表示为

$$\boldsymbol{R}_{\mathrm{b}}^{\mathrm{n}}(\phi,\theta,\psi)=\begin{bmatrix}\cos\psi\cos\theta & -\sin\psi\cos\phi+\cos\psi\sin\theta\sin\phi & \sin\psi\sin\phi+\cos\psi\sin\theta\cos\phi\\ \sin\psi\cos\theta & \cos\psi\cos\phi+\sin\psi\sin\theta\sin\phi & -\cos\psi\sin\phi+\sin\psi\sin\theta\cos\phi\\ -\sin\theta & \cos\theta\sin\phi & \cos\theta\cos\phi\end{bmatrix} \tag{2.2}$$

对于坐标转换矩阵 $\boldsymbol{R}_{\mathrm{b}}^{\mathrm{n}}$ 的导数有下面的等式成立：

$$\dot{\boldsymbol{R}}_{\mathrm{b}}^{\mathrm{n}}=\boldsymbol{R}_{\mathrm{b}}^{\mathrm{n}}\boldsymbol{S}(\boldsymbol{v}_{2}) \tag{2.3}$$

式中，$\boldsymbol{S}(\cdot)$ 为斜对称矩阵算子，由矢量叉乘 $\boldsymbol{S}(\boldsymbol{a})\boldsymbol{b}\overset{\mathrm{def}}{=\!=}\boldsymbol{a}\times\boldsymbol{b}$ 定义

$$\boldsymbol{S}(\boldsymbol{a})=\begin{bmatrix}0 & -a_{3} & a_{2}\\ a_{3} & 0 & -a_{1}\\ -a_{2} & a_{1} & 0\end{bmatrix} \tag{2.4}$$

2.2 运动学模型

采用国际水池会议(ITTC)及造船和轮机工程学会(SNAME)推荐的坐标系和参数符号[2]描述UUV的运动。x,y,z 为运载体坐标系原点在地面坐标系中的坐标,表示UUV的全局位置,用运载体坐标系与NED坐标系之间的3个欧拉角 ψ,θ,ϕ 表示UUV的姿态。在运载体坐标系下,UUV沿3个坐标轴的速度分别为 u,v,w,受到的外力分别为 X,Y,Z,绕3个坐标轴的角速度分别为 p,q,r,外力矩分别为 K,M,N。

将以上定义的运动变量写作下面的矢量形式:

$$\boldsymbol{\eta}=[\boldsymbol{\eta}_1^{\mathrm{T}}\quad \boldsymbol{\eta}_2^{\mathrm{T}}]^{\mathrm{T}},\quad \boldsymbol{\eta}_1=[x\quad y\quad z]^{\mathrm{T}},\quad \boldsymbol{\eta}_2=[\phi\quad \theta\quad \psi]^{\mathrm{T}}$$
$$\boldsymbol{v}=[\boldsymbol{v}_1^{\mathrm{T}}\quad \boldsymbol{v}_2^{\mathrm{T}}]^{\mathrm{T}},\quad \boldsymbol{v}_1=[u\quad v\quad w]^{\mathrm{T}},\quad \boldsymbol{v}_2=[p\quad q\quad r]^{\mathrm{T}}$$
$$\boldsymbol{\tau}=[\boldsymbol{\tau}_1^{\mathrm{T}}\quad \boldsymbol{\tau}_2^{\mathrm{T}}]^{\mathrm{T}},\quad \boldsymbol{\tau}_1=[X\quad Y\quad Z]^{\mathrm{T}},\quad \boldsymbol{\tau}_2=[K\quad M\quad N]^{\mathrm{T}}$$

式中,$\boldsymbol{\eta}$ 称为广义坐标(Generalized Coordinates)矢量;$\boldsymbol{v}$ 称为广义速度(Generalized Velocities)矢量;$\dot{\boldsymbol{v}}$ 称为广义加速度(Generalized Accelerations)矢量;$\boldsymbol{\tau}$ 称为广义力(Generalized Forces)矢量。

将运载体坐标系下的速度投影到NED坐标系,可以得到

$$\begin{bmatrix}\dot{x}\\ \dot{y}\\ \dot{z}\end{bmatrix}=\boldsymbol{R}_{\mathrm{b}}^{\mathrm{n}}\begin{bmatrix}u\\ v\\ w\end{bmatrix} \tag{2.5}$$

写作矢量形式为

$$\dot{\boldsymbol{\eta}}_1=\boldsymbol{R}_{\mathrm{b}}^{\mathrm{n}}\boldsymbol{v}_1 \tag{2.6}$$

将3个欧拉角速度矢量投影到运载体坐标系下,有

$$\boldsymbol{R}_x(\phi)\boldsymbol{R}_y(\theta)\begin{bmatrix}0\\ 0\\ \dot{\psi}\end{bmatrix}+\boldsymbol{R}_x(\phi)\begin{bmatrix}0\\ \dot{\theta}\\ 0\end{bmatrix}+\begin{bmatrix}\dot{\phi}\\ 0\\ 0\end{bmatrix}=\begin{bmatrix}p\\ q\\ r\end{bmatrix} \tag{2.7}$$

于是,欧拉角的一阶导数可以用角速度矢量 $\boldsymbol{v}_2$ 表示为

$$\begin{bmatrix}\dot{\phi}\\ \dot{\theta}\\ \dot{\psi}\end{bmatrix}=\boldsymbol{T}_{\Theta}(\phi,\theta)\begin{bmatrix}p\\ q\\ r\end{bmatrix} \tag{2.8}$$

式中,

$$T_{\Theta}(\phi,\theta)=\begin{bmatrix}1 & \sin\phi\tan\theta & \cos\phi\tan\theta \\ 0 & \cos\phi & -\sin\phi \\ 0 & \sin\phi/\cos\theta & \cos\phi/\cos\theta\end{bmatrix} \tag{2.9}$$

将式(2.5) 与式(2.8) 组合，得到矢量化 UUV 运动学方程

$$\dot{\boldsymbol{\eta}}=\boldsymbol{J}(\boldsymbol{\eta})\boldsymbol{v} \tag{2.10}$$

式中，

$$\boldsymbol{J}(\eta)=\begin{bmatrix}\boldsymbol{R}_{\mathrm{b}}^{\mathrm{n}} & \boldsymbol{0}_{3\times3} \\ \boldsymbol{0}_{3\times3} & \boldsymbol{T}_{\Theta}\end{bmatrix} \tag{2.11}$$

由转动运动学方程式(2.9) 可以看出，当 $\theta=\pm\pi/2$ 时矩阵 $\boldsymbol{T}_{\Theta}$ 是奇异的。对于 UUV 在空间运动过程中可能出现 $\theta=\pm\pi/2$，或接近 $\pm\pi/2$ 的情况，采用 3 个欧拉角表示姿态的运动学方程就难以适用。此时需要采用哈密尔顿四元数法[2] 表示水下航行器的姿态，消除 $\theta=\pm\pi/2$ 出现的奇异值，同时四元数法用乘法代替了三角函数，降低了运算的要求，在 UUV 的惯性导航及系统仿真中得到广泛应用。但是，用四元数法表示的运动学方程，没有直观的物理含义，不利于控制律设计，在控制领域中的应用十分有限。

远航程、长时间持续工作是现代 UUV 发展的一个重要方向[5]，当 UUV 的运动范围达几十甚至上百千米时，必须考虑地球的曲率，并用 UUV 在地心地球固连坐标系中的坐标 (l,μ,h) 描述 UUV 的全局位置。Fossen[2] 详细给出了 NED 与 ECEF 之间的坐标变换矩阵 $\boldsymbol{R}_{\mathrm{n}}^{\mathrm{e}}(l,\mu)$，以及在 ECEF 坐标系中，$(l,\mu,h)$ 与 $(x_{\mathrm{e}},y_{\mathrm{e}},z_{\mathrm{e}})$ 两种坐标之间的转换关系。

用经纬度和高度描述的远航程 UUV 运动学方程可以表示为

$$\boldsymbol{v}_{\mathrm{n}}=\begin{bmatrix}v_{\mathrm{n}} \\ v_{\mathrm{e}} \\ v_{\mathrm{d}}\end{bmatrix}=\dot{\boldsymbol{\eta}}_1=\boldsymbol{R}_{\mathrm{b}}^{\mathrm{n}}\boldsymbol{v}_1 \tag{2.12}$$

$$\left.\begin{aligned}\dot{l}&=\frac{v_{\mathrm{e}}}{(R_{\mathrm{N}}+h)\cos\mu} \\ \dot{\mu}&=\frac{v_{\mathrm{n}}}{R_{\mathrm{M}}+h} \\ \dot{h}&=v_{\mathrm{d}}\end{aligned}\right\} \tag{2.13}$$

式中，$\boldsymbol{v}_{\mathrm{n}}$ 为 UUV 在 NED 坐标系中的速度矢量；R_{N}，R_{M} 分别为 UUV 所在位置的地球卯西圈和子午圈半径。

描述运载体坐标系相对 NED 坐标系的转动的运动学方程仍用式(2.9) 表示。当考虑地球曲率时，UUV 在切平面内沿地球表面的运动会产生 NED 坐标系

相对 ECEF 坐标系的转动,其角速度在 NED 坐标系中的投影为

$$\boldsymbol{\omega}_{en}^{n}=\begin{bmatrix}\dot{l}\cos\mu\\-\dot{\mu}\\-\dot{l}\sin\mu\end{bmatrix}=\begin{bmatrix}\dfrac{v_e}{R_N+h}\\-\dfrac{v_n}{R_M+h}\\-\dfrac{v_e}{R_N+h}\tan\mu\end{bmatrix}\tag{2.14}$$

于是,UUV 的运载体坐标系相对 ECEF 坐标系的角速度在运载体坐标下表示为

$$\boldsymbol{\omega}_{eb}^{b}=\boldsymbol{v}_2+\boldsymbol{R}_n^b\boldsymbol{\omega}_{en}^{n}\tag{2.15}$$

2.3 动力学模型

2.3.1 刚体动力学

假定 UUV 为刚体,并且质量 m 不随时间变化,忽略地球的转动,根据非惯性坐标系中的牛顿运动定律,可以得到 UUV 在运载体坐标系中的动量方程和动量矩方程为

$$m(\dot{\boldsymbol{v}}_1+\boldsymbol{v}_2\times\boldsymbol{v}_1+\dot{\boldsymbol{v}}_2\times\boldsymbol{r}_g+\boldsymbol{v}_2\times(\boldsymbol{v}_2\times\boldsymbol{r}_g))=\boldsymbol{\tau}_1\tag{2.16}$$

$$\boldsymbol{I}\dot{\boldsymbol{v}}_2+\boldsymbol{v}_2\times(\boldsymbol{I}\boldsymbol{v}_2)+m\boldsymbol{r}_g\times(\dot{\boldsymbol{v}}_1+\boldsymbol{v}_2\times\boldsymbol{v}_1)=\boldsymbol{\tau}_2\tag{2.17}$$

式中,$\boldsymbol{r}_g=[x_g\quad y_g\quad z_g]^{\mathrm{T}}$ 是 UUV 重心在运载体坐标系下的坐标;$\boldsymbol{I}$ 是 UUV 相对于运载体坐标系原点(浮心)的转动惯量矩阵,表达式为

$$\boldsymbol{I}=\begin{bmatrix}I_{xx}&-I_{xy}&I_{xz}\\-I_{yx}&I_{yy}&I_{yz}\\-I_{zx}&-I_{zy}&I_{zz}\end{bmatrix},\quad \boldsymbol{I}=\boldsymbol{I}^{\mathrm{T}}>\boldsymbol{0},\quad \dot{\boldsymbol{I}}=\boldsymbol{0}\tag{2.18}$$

式中,I_{xx},I_{yy},I_{zz} 是 UUV 关于运载体坐标系 x_b,y_b,z_b 轴的转动惯量。$I_{xy}=I_{yx}$,$I_{yz}=I_{zy}$,$I_{xz}=I_{zx}$ 是惯性积。

动量方程式(2.16)和动量矩方程式(2.17)可以写作矢量形式

$$\boldsymbol{M}_{RB}\dot{\boldsymbol{v}}+\boldsymbol{C}_{RB}(\boldsymbol{v})\boldsymbol{v}=\boldsymbol{\tau}_{RB}\tag{2.19}$$

式中,惯性矩阵

$$\boldsymbol{M}_{RB}=\begin{bmatrix}m\boldsymbol{I}_3&-m\boldsymbol{S}(\boldsymbol{r}_G)\\m\boldsymbol{S}(\boldsymbol{r}_G)&\boldsymbol{I}_3\end{bmatrix}\tag{2.20}$$

$\boldsymbol{C}_{\mathrm{RB}}(\boldsymbol{v})$ 为哥氏力和向心力矩阵，定义为

$$\boldsymbol{C}_{\mathrm{RB}}(\boldsymbol{v})=\begin{bmatrix}\boldsymbol{0}_{3\times 3} & -m\boldsymbol{S}(\boldsymbol{v}_1)-m\boldsymbol{S}(\boldsymbol{S}(\boldsymbol{v}_2)\boldsymbol{r}_{\mathrm{g}}) \\ -m\boldsymbol{S}(\boldsymbol{v}_1)-m\boldsymbol{S}(\boldsymbol{S}(\boldsymbol{v}_2)\boldsymbol{r}_{\mathrm{g}}) & -\boldsymbol{S}(\boldsymbol{I}\boldsymbol{v}_2)+m\boldsymbol{S}(\boldsymbol{S}(\boldsymbol{v}_1)\boldsymbol{r}_{\mathrm{g}})\end{bmatrix} \tag{2.21}$$

根据产生的机制不同，UUV 所受外力和外力矩可以分解为

$$\boldsymbol{\tau}_{\mathrm{RB}}=\boldsymbol{\tau}_{\mathrm{AM}}+\boldsymbol{\tau}_{\mathrm{D}}+\boldsymbol{\tau}_{\mathrm{G}}+\boldsymbol{\tau}_{\mathrm{E}}+\boldsymbol{\tau} \tag{2.22}$$

式中，$\boldsymbol{\tau}_{\mathrm{AM}}$ 为理想流体力；$\boldsymbol{\tau}_{\mathrm{D}}$ 为黏性流体阻尼力和升力；$\boldsymbol{\tau}_{\mathrm{G}}$ 为重力和浮力产生的恢复力；$\boldsymbol{\tau}_{\mathrm{E}}$ 为外部环境产生的慢变扰动力；$\boldsymbol{\tau}$ 为控制力，包括由推进器产生的力 $\boldsymbol{\tau}_{\mathrm{T}}$ 以及操纵面产生的操纵力 $\boldsymbol{\tau}_{\delta}$。

2.3.2　理想流体力

根据势流理论，理想流体力可以用附加质量矩阵和附加哥氏力和向心力矩阵表示

$$\boldsymbol{\tau}_{\mathrm{AM}}=-\boldsymbol{M}_{\mathrm{AM}}\dot{\boldsymbol{v}}-\boldsymbol{C}_{\mathrm{AM}}(\boldsymbol{v})\boldsymbol{v} \tag{2.23}$$

式中，$\boldsymbol{M}_{\mathrm{AM}}$ 为附加质量矩阵；$\boldsymbol{C}_{\mathrm{AM}}(\boldsymbol{v})$ 是附加质量哥氏力和向心力矩阵

$$\boldsymbol{M}_{\mathrm{AM}}=-\left[\begin{array}{ccc:ccc} X_{\dot u} & X_{\dot v} & X_{\dot w} & X_{\dot p} & X_{\dot q} & X_{\dot r} \\ Y_{\dot u} & Y_{\dot v} & Y_{\dot w} & Y_{\dot p} & Y_{\dot q} & Y_{\dot r} \\ Z_{\dot u} & Z_{\dot v} & Z_{\dot w} & Z_{\dot p} & Z_{\dot q} & Z_{\dot r} \\ \hdashline K_{\dot u} & K_{\dot v} & K_{\dot w} & K_{\dot p} & K_{\dot q} & K_{\dot r} \\ M_{\dot u} & M_{\dot v} & M_{\dot w} & M_{\dot p} & M_{\dot q} & M_{\dot r} \\ N_{\dot u} & N_{\dot v} & N_{\dot w} & N_{\dot p} & N_{\dot q} & N_{\dot r} \end{array}\right]=\begin{bmatrix}\boldsymbol{A}_{11} & \boldsymbol{A}_{12} \\ \boldsymbol{A}_{21} & \boldsymbol{A}_{22}\end{bmatrix} \tag{2.24}$$

$$\boldsymbol{C}_{\mathrm{AM}}(\boldsymbol{v})=\begin{bmatrix}\boldsymbol{0}_3 & -\boldsymbol{S}(\boldsymbol{A}_{11}\boldsymbol{v}_1+\boldsymbol{A}_{12}\boldsymbol{v}_2) \\ -\boldsymbol{S}(\boldsymbol{A}_{11}\boldsymbol{v}_1+\boldsymbol{A}_{12}\boldsymbol{v}_2) & -\boldsymbol{S}(\boldsymbol{A}_{21}\boldsymbol{v}_1+\boldsymbol{A}_{22}\boldsymbol{v}_2)\end{bmatrix} \tag{2.25}$$

附加质量矩阵关于对角线对称，若 UUV 具有一个或多个对称面，附加质量矩阵可进一步化简。对于常见的 UUV 来说，若其外形左右、上下、前后对称，可以忽略非主对角线元素，$\boldsymbol{M}_{\mathrm{AM}}$ 简化为

$$\boldsymbol{M}_{\mathrm{AM}}=-\mathrm{diag}\{X_{\dot u},Y_{\dot v},Z_{\dot w},K_{\dot p},M_{\dot q},N_{\dot r}\} \tag{2.26}$$

流体动能 T_f 可以用附加质量矩阵表示为

$$T_f=\frac{1}{2}\boldsymbol{v}^{\mathrm{T}}\boldsymbol{M}_{\mathrm{AM}}\boldsymbol{v} \tag{2.27}$$

2.3.3　流体阻尼力

在实际的流体中运动时，作用在 UUV 上的阻尼力主要由与边界层有关的线

性摩擦力，与紊流层有关的二次摩擦力，以及与涡流有关的二次阻力组成，称为黏性类阻力。当UUV静止或低速运动时，线性项占主要地位；当UUV高速运动时，非线性项占主要地位。另外，UUV在水下以一定的攻角和侧滑角运动时，会产生一定的升力以及升力矩。升力可以分解为航行器体产生的升力和操纵舵面产生的升力两部分。将舵面产生的升力看成是控制力，这里仅考虑由航行器体所产生的升力。黏性流体阻尼力和升力可以表示为

$$\boldsymbol{\tau}_{\mathrm{D}} = -\boldsymbol{D}(\boldsymbol{v})\boldsymbol{v} \tag{2.28}$$

式中，$\boldsymbol{D}(\boldsymbol{v})$ 称为阻尼矩阵。对于低速 UUV，忽略阻尼矩阵的非对角项即耦合项

$$\begin{aligned}\boldsymbol{D}(\boldsymbol{v}) = &-\mathrm{diag}\{X_u, Y_v, Z_w, K_p, M_q, N_r\} - \\ &\mathrm{diag}\{X_{u|u|}\,|u|, Y_{v|v|}\,|v|, Z_{w|w|}\,|w|, K_{p|p|}\,|p|, M_{q|q|}\,|q|, N_{r|r|}\,|r|\}\end{aligned} \tag{2.29}$$

2.3.4 恢复力

将重力和浮力产生的力和力矩投影到运载体坐标系中，恢复力可以表示为

$$\boldsymbol{\tau}_{\mathrm{G}} = \boldsymbol{g}(\boldsymbol{\eta}) = \begin{bmatrix} (W-B)\sin\theta \\ -(W-B)\cos\theta\sin\phi \\ -(W-B)\cos\theta\cos\phi \\ -(y_{\mathrm{g}}W - y_{\mathrm{b}}B)\cos\theta\cos\phi + (z_{\mathrm{g}}W - z_{\mathrm{b}}B)\cos\theta\sin\phi \\ (z_{\mathrm{g}}W - z_{\mathrm{b}}B)\sin\theta + (x_{\mathrm{g}}W - x_{\mathrm{b}}B)\cos\theta\cos\phi \\ -(x_{\mathrm{g}}W - x_{\mathrm{b}}B)\cos\theta\sin\phi - (y_{\mathrm{g}}W - y_{\mathrm{b}}B)\sin\theta \end{bmatrix} \tag{2.30}$$

式中，B 为浮力；W 为重力；$\boldsymbol{r}_{\mathrm{b}} = [x_{\mathrm{b}} \quad y_{\mathrm{b}} \quad z_{\mathrm{b}}]^{\mathrm{T}}$ 为浮心在运载体坐标系中的坐标，当选择浮心为运载体坐标系原点时，$\boldsymbol{r}_{\mathrm{b}} = \boldsymbol{0}_{3\times 1}$。

2.3.5 推力

对于UUV来说，控制力主要是由各推进器产生的推力 $\boldsymbol{\tau}_{\mathrm{T}}$ 和由操纵舵面产生的操纵力 $\boldsymbol{\tau}_{\delta}$ 产生的。推进器推力可以表示为

$$\boldsymbol{\tau}_{\mathrm{T}} = \boldsymbol{BT} \tag{2.31}$$

式中，$\boldsymbol{B} \in \mathbf{R}^{6\times l}$ 为由推进器安装位置和方向决定的推力分配矩阵；$\boldsymbol{T} \in \mathbf{R}^{l}$ 为 l 个推进器产生的推力矢量。

全驱动UUV需要通过不断调节推力来实现精确的速度和位置控制，建模时

必须考虑螺旋桨推进器的动态特性。约翰一霍普金斯大学(JHU)、WHOI 和 NTNU 的学者从 20 世纪 90 年代初就注意到推进器特性对 UUV 运动控制性能的影响,开展了水下航行器的推进器动态建模和控制研究。Yoerger 以水下航行器的悬停控制结果为例,提出了以螺旋桨转速为状态变量的一阶模型[6]。Healey 等人研究了以螺旋桨注入水流速度和螺旋桨转速为变量的二阶非线性模型[7]。Whitcomb 和 Yoerger 用实验验证了以上两个模型[8],结果发现它们在 UUV 悬停或低速运动时与实际情况吻合,但是在高速运动时有较大出入。Blanke 等人提出在推进器模型中加入航行器轴向运动方程[9],并为了方便控制器和观测器的设计,采用简化的推力和负载转矩计算公式。

考虑到实际中水流速度难以建模和测量,这里采用以螺旋桨转速为变量的一阶模型,具体包括:

1. 螺旋桨推力和负载力矩模型

当 UUV 低速运动时,可采用如下的准静态(Quasi - Steady)推进器模型:

$$\begin{aligned} T &= \rho D_p^4 K_T(J_0)\Omega|\Omega| \\ Q &= \rho D_p^5 K_Q(J_0)\Omega|\Omega| \end{aligned} \tag{2.32}$$

式中,T 是螺旋桨推力;Q 是螺旋桨负载力矩;Ω 是转速;D_p 是螺旋桨直径;ρ 是流体密度;$J_0=\dfrac{v_a}{\Omega D_p}$ 是进速比,v_a 为进入推进器的水流速度;K_T,K_Q 分别是无量纲推力因数和负载力矩因数,可由螺旋桨敞水试验测得。

2. 推进电机的动态特性

与一般的电机工作特性相同,螺旋桨和电机组成的系统机电动态特性可以描述为

$$J_{eq}\dot{\Omega}=\sigma-k_f\Omega-Q \tag{2.33}$$

式中,J_{eq} 是电机、减速器和螺旋桨的等效转动惯量;σ 是电机施加转矩,当电机由电流驱动时,$\sigma=k_I I_m$,当由电压驱动时,$\sigma=k_V V_m$;k_f 是黏性摩擦因数;Q 是式(2.32)定义的螺旋桨负载转矩。

2.3.6　操纵力

对于完成远程水下巡航任务的 AUV,除由尾部推进器提供前进所需的推力外,其操纵力主要由舵面产生,表示为

$$\tau_\delta(\boldsymbol{\delta})=\begin{bmatrix}0 & Y_{\delta_r}\delta_r & Z_{\delta_e}\delta_e & K_{\delta_d}\delta_d & M_{\delta_e}\delta_e & N_{\delta_r}\delta_r\end{bmatrix}^{\mathrm{T}} \tag{2.34}$$

式中，$\boldsymbol{\delta}=[\delta_e \quad \delta_r \quad \delta_d]^{\mathrm{T}}$，$\delta_e$，$\delta_r$，$\delta_d$ 分别为升降舵（水平舵）、方向舵（垂直舵）和差动舵；Y_{δ_r}，Z_{δ_e}，K_{δ_d}，M_{δ_e}，N_{δ_r} 为与速度有关的力和力矩系数，当 UUV 以固定速度航行时可看作常值。

注意到式(2.34)中，升降舵除了产生俯仰力矩外还产生垂向力，方向舵除了产生偏航力矩外还产生侧向力，这使得 UUV 成为非最小相位系统。例如当 UUV 操上舵时，会受到向下的流体力而向下运动，然后再在俯仰力矩的作用下抬头爬升。

一般而言，与运动方向垂直的垂向和侧向推进器产生的推进效率随航行速度的增加而降低，因此适用于 ROV 或低速运动的 AUV；而操纵面产生的升力与航行速度的二次方成正比，随速度的降低而迅速减小，因此适用于高速运动 AUV 的运动控制。

AUV 常见的操纵配置有以下几种：

(1)依靠轴向主推进器产生前进方向的推力，由方向舵、升降舵和差动舵分别控制航行器的航向、俯仰和横滚，或者没有差动舵，靠重力产生的恢复力矩稳定横滚角。

(2)依靠两台平行水平安装的轴向主推进器产生前进方向的推力和偏航力矩，由升降舵控制俯仰运动，一般横滚运动靠重力产生的恢复力矩稳定。

(3)在前两个基本配置的基础上增加垂向和侧向的辅助推进器，用于低速航行时的控制，如美国海军研究生院(NPS)的 Phoenix，在高速航行时用舵控制，低速航行、动力定位时用辅助推进器，如图 2-3 所示。

图 2-3　Phoenix UUV

对于前两种航行器，由于仅仅能够直接控制前向速度、俯仰、偏航和横滚，而不能直接控制侧向移动和垂向移动，属于欠驱动系统。

2.3.7　动力学模型

将外力式(2.23)、式(2.28)、式(2.30)、式(2.31)、式(2.34)代入式(2.19)的右端，得到

$$\boldsymbol{M}_{\mathrm{RB}}\dot{\boldsymbol{v}}+\boldsymbol{C}_{\mathrm{RB}}(\boldsymbol{v})\boldsymbol{v}=-\boldsymbol{M}_{\mathrm{AM}}\dot{\boldsymbol{v}}-\boldsymbol{C}_{\mathrm{AM}}(\boldsymbol{v})\boldsymbol{v}-\boldsymbol{D}(\boldsymbol{v})\boldsymbol{v}-\boldsymbol{g}(\boldsymbol{\eta})+\boldsymbol{\tau}_{\mathrm{E}}+\boldsymbol{\tau} \tag{2.35}$$

整理后得到 UUV 的矢量化动力学模型

$$\boldsymbol{M}\dot{\boldsymbol{v}}+\boldsymbol{C}(\boldsymbol{v})\boldsymbol{v}+\boldsymbol{D}(\boldsymbol{v})\boldsymbol{v}+\boldsymbol{g}(\boldsymbol{\eta})=\boldsymbol{\tau}_{\mathrm{E}}+\boldsymbol{\tau} \tag{2.36}$$

式中，$\boldsymbol{M}=\boldsymbol{M}_{\mathrm{RB}}+\boldsymbol{M}_{\mathrm{AM}}$，$\boldsymbol{C}(\boldsymbol{v})=\boldsymbol{C}_{\mathrm{RB}}(\boldsymbol{v})+\boldsymbol{C}_{\mathrm{AM}}(\boldsymbol{v})$。

UUV 动力学模型式(2.36)有如下特性：

(1) 惯性矩阵 $\boldsymbol{M}$ 是对称正定的，即 $\boldsymbol{M}=\boldsymbol{M}^{\mathrm{T}}>0$；

(2) 哥氏力和向心力矩阵 $\boldsymbol{C}(\boldsymbol{v})$ 是斜对称的，即 $\boldsymbol{C}(\boldsymbol{v})=-\boldsymbol{C}^{\mathrm{T}}(\boldsymbol{v})$，$\forall\,\boldsymbol{v}\in\mathbf{R}^{6}$；

(3) 阻尼矩阵 $\boldsymbol{D}(\boldsymbol{v})$ 是正定的，即 $\boldsymbol{v}^{\mathrm{T}}\boldsymbol{D}(\boldsymbol{v})\boldsymbol{v}>0$，$\forall\,\boldsymbol{v}\neq 0$。

2.3.8　水流影响下的动力学模型

在上面的模型中，假定 UUV 周围的水流是静止的。在实际情况中，往往需要考虑 UUV 周围流体的运动，此时 UUV 的动力学模型应表示为[2]

$$\boldsymbol{M}_{\mathrm{RB}}\dot{\boldsymbol{v}}+\boldsymbol{C}_{\mathrm{RB}}(\boldsymbol{v})\boldsymbol{v}+\boldsymbol{M}_{\mathrm{AM}}\dot{\boldsymbol{v}}_r+\boldsymbol{C}_{\mathrm{AM}}(\boldsymbol{v}_r)\boldsymbol{v}_r+\boldsymbol{D}(\boldsymbol{v}_r)\boldsymbol{v}_r+\boldsymbol{g}(\boldsymbol{\eta})=\boldsymbol{\tau}_{\mathrm{E}}+\boldsymbol{\tau} \tag{2.37}$$

式中，$\boldsymbol{v}_r$ 为 UUV 在运载体坐标系下相对流体的广义速度，即 $\boldsymbol{v}_r=\boldsymbol{v}-\boldsymbol{v}_c$；$\boldsymbol{v}_c$ 为运载体坐标系下水流的速度。

做如下假设：

(1) 运载体坐标系下的水流速度 $\boldsymbol{v}_c$ 为慢变的，$\dot{\boldsymbol{v}}_c\approx 0$；

(2) $\boldsymbol{v}_c$ 相对 UUV 的速度 $\boldsymbol{v}$ 为小量，近似有 $\boldsymbol{C}(\boldsymbol{v})\boldsymbol{v}\approx\boldsymbol{C}(\boldsymbol{v}_r)\boldsymbol{v}_r$。

此时动力学模型式(2.37)简化为

$$\boldsymbol{M}\dot{\boldsymbol{v}}_r+\boldsymbol{C}(\boldsymbol{v}_r)\boldsymbol{v}_r+\boldsymbol{D}(\boldsymbol{v}_r)\boldsymbol{v}_r+\boldsymbol{g}(\boldsymbol{\eta})=\boldsymbol{\tau}_{\mathrm{E}}+\boldsymbol{\tau} \tag{2.38}$$

大多数情况下流体运动为恒定的，并且是无旋的，在地面坐标系下，流体速度可表示为

$$\boldsymbol{v}_f=\begin{bmatrix}\boldsymbol{v}_{1f}^{\mathrm{T}} & \boldsymbol{v}_{2f}^{\mathrm{T}}\end{bmatrix}^{\mathrm{T}}=\begin{bmatrix}v_{f_x} & v_{f_y} & v_{f_z} & 0 & 0 & 0\end{bmatrix}^{\mathrm{T}}$$

海流影响下的运动学模型可以表示为

$$\dot{\boldsymbol{\eta}}=\boldsymbol{J}(\boldsymbol{\eta})\boldsymbol{v}_r+\boldsymbol{v}_f \tag{2.39}$$

在很多情况下，仅能获得 UUV 相对水流的速度 $\boldsymbol{v}_r$，而水流速度 $\boldsymbol{v}_f$ 则是未知的，当进行控制系统研究时，必须设计水流速度的观测器进行补偿，或者采用自适

应控制技术进行在线估计。

2.4 由广义坐标描述的UUV运动模型

由UUV运动学模型式(2.10)得到

$$\boldsymbol{v}=\boldsymbol{J}^{-1}(\boldsymbol{\eta})\dot{\boldsymbol{\eta}} \tag{2.40}$$

并对两边进行求导得到

$$\dot{\boldsymbol{v}}=\boldsymbol{J}^{-1}(\boldsymbol{\eta})\ddot{\boldsymbol{\eta}}-\boldsymbol{J}^{-1}(\boldsymbol{\eta})\dot{\boldsymbol{J}}(\boldsymbol{\eta})\boldsymbol{J}^{-1}(\boldsymbol{\eta})\dot{\boldsymbol{\eta}} \tag{2.41}$$

将式(2.40)和式(2.41)代入动力学模型式(2.36),整理得到

$$\boldsymbol{M}_\eta(\boldsymbol{\eta})\ddot{\boldsymbol{\eta}}+\boldsymbol{C}_\eta(\boldsymbol{v},\boldsymbol{\eta})+\boldsymbol{D}_\eta(\boldsymbol{v},\boldsymbol{\eta})\dot{\boldsymbol{\eta}}+\boldsymbol{g}_\eta(\boldsymbol{\eta})=\boldsymbol{J}^{-\mathrm{T}}(\boldsymbol{\eta})(\boldsymbol{\tau}_{\mathrm{E}}+\boldsymbol{\tau}) \tag{2.42}$$

其中,

$$\boldsymbol{M}_\eta(\boldsymbol{\eta})=\boldsymbol{J}^{-\mathrm{T}}(\boldsymbol{\eta})\boldsymbol{M}\boldsymbol{J}^{-1}(\boldsymbol{\eta})$$

$$\boldsymbol{C}_\eta(\boldsymbol{v},\boldsymbol{\eta})=\boldsymbol{J}^{-\mathrm{T}}(\boldsymbol{\eta})(\boldsymbol{C}(\boldsymbol{v})-\boldsymbol{M}\boldsymbol{J}^{-1}(\boldsymbol{\eta})\dot{\boldsymbol{J}}(\boldsymbol{\eta}))\boldsymbol{J}^{-1}(\boldsymbol{\eta})$$

$$\boldsymbol{D}_\eta(\boldsymbol{v},\boldsymbol{\eta})=\boldsymbol{J}^{-\mathrm{T}}(\boldsymbol{\eta})\boldsymbol{D}(\boldsymbol{v})\boldsymbol{J}^{-1}(\boldsymbol{\eta})$$

$$\boldsymbol{g}_\eta(\boldsymbol{\eta})=\boldsymbol{J}^{-\mathrm{T}}(\boldsymbol{\eta})\boldsymbol{g}(\boldsymbol{\eta})$$

对于用广义坐标描述的UUV运动模型式(2.42),有下面的性质:

(1) 惯性矩阵$\boldsymbol{M}_\eta(\boldsymbol{\eta})$是对称正定的,即$\boldsymbol{M}_\eta(\boldsymbol{\eta})=\boldsymbol{M}_\eta^{\mathrm{T}}(\boldsymbol{\eta})>0,\forall\boldsymbol{\eta}\in\mathbf{R}^6$;

(2) 对于惯性矩阵$\boldsymbol{M}_\eta(\boldsymbol{\eta})$和$\boldsymbol{C}_\eta(\boldsymbol{v},\boldsymbol{\eta})$有$\boldsymbol{s}^{\mathrm{T}}(\dot{\boldsymbol{M}}_\eta(\boldsymbol{\eta})-2\boldsymbol{C}_\eta(\boldsymbol{v},\boldsymbol{\eta}))\boldsymbol{s}=0$, $\forall\boldsymbol{s}\in\mathbf{R}^6,\boldsymbol{v}\in\mathbf{R}^6,\boldsymbol{\eta}\in\mathbf{R}^6$;

(3) 阻尼矩阵$\boldsymbol{D}_\eta(\boldsymbol{v},\boldsymbol{\eta})$是正定的,即$\boldsymbol{D}_\eta(\boldsymbol{v},\boldsymbol{\eta})>0,\forall\boldsymbol{v}\in\mathbf{R}^6,\boldsymbol{\eta}\in\mathbf{R}^6$。

广义坐标描述的UUV运动模型与机械手模型具有相似的结构,在进行UUV运动分析、控制器和速度观测器设计中有着广泛的运用。

2.5 UUV运动模型的分解

UUV的6自由度空间运动方程式(2.10)和式(2.36)是一个非常复杂的多变量非线性系统。实践中,为了便于研究UUV运动规律,常将空间运动分解为平面3自由度的水平面运动和垂直面运动,忽略它们之间的耦合,并假定横滚运动在重力的恢复力矩作用下是稳定的。

2.5.1　UUV 的水平面运动模型

令垂直面运动参数$\{z,w,\theta,q\}$、横滚运动参数$\{\phi,p\}$为零，用前向速度 u、侧向速度 v 和航向角速度 r 描述 UUV 的水平面运动，广义坐标矢量为 $\boldsymbol{\eta}_{\mathrm{h}}=[x\quad y\quad \psi]^{\mathrm{T}}$，广义速度矢量为 $\boldsymbol{v}_{\mathrm{h}}=[u\quad v\quad r]^{\mathrm{T}}$。假定 UUV 具有良好的上下、左右和前后的对称性，忽略动力学模型中惯性矩阵和阻尼矩阵的非对角项，得到水平面运动方程

$$\dot{\boldsymbol{\eta}}_{\mathrm{h}}=\boldsymbol{R}_{\mathrm{h}}(\psi)\boldsymbol{v}_{\mathrm{h}} \tag{2.43}$$

$$\boldsymbol{M}_{\mathrm{h}}\dot{\boldsymbol{v}}_{\mathrm{h}}+\boldsymbol{C}_{\mathrm{h}}(\boldsymbol{v}_{\mathrm{h}})\boldsymbol{v}_{\mathrm{h}}+\boldsymbol{D}_{\mathrm{h}}(\boldsymbol{v}_{\mathrm{h}})\boldsymbol{v}_{\mathrm{h}}=\boldsymbol{\tau}_{\mathrm{h}} \tag{2.44}$$

式中，

$$\boldsymbol{R}_{\mathrm{h}}(\psi)=\begin{bmatrix}\cos\psi & -\sin\psi & 0\\ \sin\psi & \cos\psi & 0\\ 0 & 0 & 1\end{bmatrix} \tag{2.45}$$

$$\boldsymbol{M}_{\mathrm{h}}=\begin{bmatrix}m-X_{\dot{u}} & 0 & 0\\ 0 & m-Y_{\dot{v}} & 0\\ 0 & 0 & I_{zz}-N_{\dot{r}}\end{bmatrix} \tag{2.46}$$

$$\boldsymbol{C}_{\mathrm{h}}(\boldsymbol{v}_{\mathrm{h}})=\begin{bmatrix}0 & 0 & -(m-Y_{\dot{v}})v\\ 0 & 0 & (m-X_{\dot{u}})u\\ (m-Y_{\dot{v}})v & -(m-X_{\dot{u}})u & 0\end{bmatrix} \tag{2.47}$$

$$\boldsymbol{D}_{\mathrm{h}}(\boldsymbol{v}_{\mathrm{h}})=\begin{bmatrix}-X_u & 0 & 0\\ 0 & -Y_v & 0\\ 0 & 0 & -N_r\end{bmatrix}+\begin{bmatrix}-X_{u|u|}\,|u| & 0 & 0\\ 0 & -Y_{v|v|}\,|v| & 0\\ 0 & 0 & -N_{r|r|}\,|r|\end{bmatrix} \tag{2.48}$$

$$\boldsymbol{\tau}_{\mathrm{h}}=[X\quad Y\quad N]^{\mathrm{T}} \tag{2.49}$$

对于低速运动的 UUV，可以进一步忽略阻尼矩阵中的非线性项。当研究欠驱动 UUV 的水平面运动时，$Y=0$，即 UUV 没有侧向控制力。模型式(2.44)同样可以用来描述水面船舶、气垫船的运动。

2.5.2　UUV 的垂直面运动模型

用前向速度 u、垂向速度 w 和俯仰角 θ、角速度 q 描述 UUV 的垂直面运动，水平面运动变量$\{y,v,\psi,r\}$、横滚运动变量$\{\phi,p\}$为零，取广义坐标矢量为 $\boldsymbol{\eta}_{\mathrm{v}}=$

$[x \quad z \quad \theta]^{\mathrm{T}}$，广义速度矢量为 $\boldsymbol{v}_{\mathrm{v}}=[u \quad w \quad q]^{\mathrm{T}}$。假定 UUV 具有良好的上下、左右和前后的对称性，忽略动力学模型中惯性矩阵和阻尼矩阵的非对角项，得到垂直面运动方程

$$\dot{\boldsymbol{\eta}}_{\mathrm{v}}=\boldsymbol{R}_{\mathrm{v}}(\theta)\boldsymbol{v}_{\mathrm{v}} \tag{2.50}$$

$$\boldsymbol{M}_{\mathrm{v}}\dot{\boldsymbol{v}}_{\mathrm{v}}+\boldsymbol{C}_{\mathrm{v}}(\boldsymbol{v}_{\mathrm{v}})\boldsymbol{v}_{\mathrm{v}}+\boldsymbol{D}_{\mathrm{v}}(\boldsymbol{v}_{\mathrm{v}})\boldsymbol{v}_{\mathrm{v}}+\boldsymbol{g}_{\mathrm{v}}(\theta)=\boldsymbol{\tau}_{\mathrm{v}} \tag{2.51}$$

式中，

$$\boldsymbol{R}_{\mathrm{v}}(\theta)=\begin{bmatrix}\cos\theta & \sin\theta & 0\\ -\sin\theta & \cos\theta & 0\\ 0 & 0 & 1\end{bmatrix} \tag{2.52}$$

$$\boldsymbol{M}_{\mathrm{v}}=\begin{bmatrix}m-X_{\dot{u}} & 0 & 0\\ 0 & m-Z_{\dot{w}} & 0\\ 0 & 0 & I_{yy}-M_{\dot{q}}\end{bmatrix} \tag{2.53}$$

$$\boldsymbol{C}_{\mathrm{v}}(\boldsymbol{v}_{\mathrm{v}})=\begin{bmatrix}0 & 0 & (m-Z_{\dot{w}})w\\ 0 & 0 & -(m-X_{\dot{u}})u\\ -(m-Z_{\dot{w}})w & (m-X_{\dot{u}})u & 0\end{bmatrix} \tag{2.54}$$

$$\boldsymbol{D}_{\mathrm{v}}(\boldsymbol{v}_{\mathrm{v}})=\begin{bmatrix}-X_u & 0 & 0\\ 0 & -Z_w & 0\\ 0 & 0 & -M_q\end{bmatrix}+\begin{bmatrix}-X_{|u|u}|u|u & 0 & 0\\ 0 & -Z_{|w|w}|w| & 0\\ 0 & 0 & -M_{|q|q}|q|\end{bmatrix} \tag{2.55}$$

$$\boldsymbol{g}_{\mathrm{v}}(\theta)=\begin{bmatrix}(W-B)\sin\theta\\ -(W-B)\cos\theta\\ (z_{\mathrm{g}}W-z_{\mathrm{b}}B)\sin\theta+(x_{\mathrm{g}}W-x_{\mathrm{b}}B)\cos\theta\end{bmatrix} \tag{2.56}$$

$$\boldsymbol{\tau}_{\mathrm{v}}=[X \quad Z \quad M]^{\mathrm{T}} \tag{2.57}$$

2.6 UUV 的 Matlab 仿真建模

2.6.1 基于 Matlab/Simulink 的仿真建模

仿真建模是指，在系统模型建立以后，设计一种算法以使系统模型等为计算机所接受，然后再将其编制成程序，并在计算机上运行。Matlab 软件及动态系统 Simulink 仿真工具，是一个进行动态系统建模、仿真和综合分析的集成软件包，是

众多仿真软件中功能最强大、最优秀、最容易使用的一种，可以处理线性和非线性系统，离散、连续以及混合系统，单任务和多任务离散事件系统等。

Matlab 科学计算软件提供了两种建模仿真方法。一种是编写 M 脚本文件，该仿真过程与基于 C 或 Fortran 等传统编程语言相似，需要编写较多的代码，可读性较差。同时，Matlab 的 M 程序是一种解释语言，它不能编译产生可执行文件，而是逐条语句扫描、运行，因此程序运行速度慢。

另一种方法是采用图形化仿真工具 Simulink，它提供了图形用户界面 GUI，表达直观，各个模块独立性好，仿真运行速度快。从建模角度讲，这既适合于 Top－down的设计流程（概念、功能、系统、子系统，直至器件），又适合于 Bottom－up 逆程设计。从分析研究角度讲，研究人员可以清晰地了解各控制模块间的信息传递，并可通过 Scope 模块对信号进行观察。

采用 Simulink 建立 UUV 运动模型可采用下面两种方法：

(1)用 Simulink 中的数学计算基本模块搭建 UUV 的运动学和动力学模型[10-11]，其结构如图 2－4 所示。该方法的优点是运行速度快，但难以建立 UUV 这样的复杂仿真模型，并且容易出现代数环等问题。

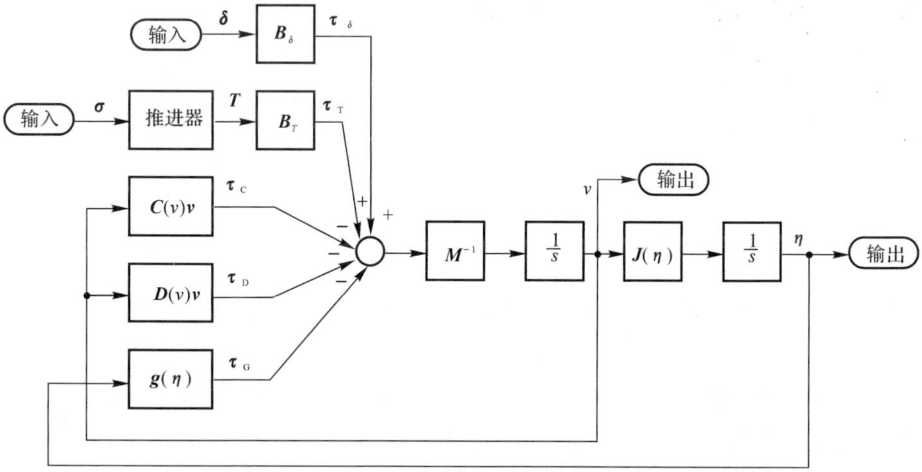

图 2－4　UUV 仿真模型

(2)用 Simulink 提供的动态模型模块 S 函数[12]建立 UUV 仿真模型。S 函数是一种用程序来对动态系统（连续、离散或者混合系统）进行描述的方法，通过 S 函数模块调用 M 文件或者 C 语言编写的程序文件实现。该方法的仿真模型与数学模型之间有较为直接的对应关系，同时 Simulink 模型采用图形化编程，各控制仿真功能模块独立清晰，运行效率比单纯采用 M 文件更高也更容易维护。

2.6.2 UUV 的 S 函数模型

UUV 的运动模型由非线性微分方程组描述，定义水下航行器的位置、欧拉角、速度、角速度等 12 个变量为状态，输出为所有的状态，输入为控制力和力矩矢量。若输入为舵角时，需增加控制力和力矩计算模块，该模块为一简单的矩阵相乘，系数为舵力和力矩系数。UUV 的 S 函数模型包括以下部分。

1. 主函数

```
function [sys,x0,str,ts] = sfun_uuv_6dof (t,x,u,flag,xi)
% state x includes: linear and angular velocities, coordinates and Euler angles.
% input u includes: forces and torques.
% output is the vector of all the states.
switch flag,
    case 0,
        [sys,x0,str,ts]=mdlInitializeSizes(xi);
    case 1,
        sys=mdlDerivatives(t,x,u);
    case 3,
        sys=mdlOutputs(t,x,u);
    case { 2, 4, 9 },
        sys = [];
    otherwise
        error(['Unhandled flag = ',num2str(flag)]);
end
```

2. S 初始化函数

```
function [sys,x0,str,ts]=mdlInitializeSizes(xi)
sizes = simsizes;
sizes.NumContStates   = 12;
sizes.NumDiscStates   = 0;
sizes.NumOutputs      = 12;
sizes.NumInputs       = 6;
sizes.DirFeedthrough = 0;
sizes.NumSampleTimes = 1;
```

```
sys = simsizes(sizes);
x0   = xi;%初始状态
str = [];
ts   = [0 0];
```

说明：S 函数模型的输入为推进器产生的 6 个控制力和力矩，若输入为主推进器推力、升降舵 δ_e、方向舵 δ_r 和差动舵 δ_d，则 sizes. NumInputs = 4。

3. UUV 模型微分方程

```
function sys=mdlDerivatives(t,x,u)%
global M B W r_g r_b D M_inv   %全局变量，UUV 模型参数
nu          = x(1:6);
v_o         = nu(1:3);
w_nb        = nu(4:6);
phi         = x(10);
theta       = x(11);
psi         = x(12);
tau         = u;
%
[J,J1,J2]     = eulerang(phi,theta,psi);
P_dot         = J1 * v_o;
Theta_dot     = J2 * w_nb;
%
Cv            = m2c(M,nu) * nu;
Dv            = D * nu;
g             = gvect(W,B,theta,phi,r_g,r_b);
nu_dot        = M_inv * (tau-Cv-Dv-g);
sys = [nu_dot;P_dot;Theta_dot];
```

说明：模型计算中使用了 MSS 工具箱[4]提供的函数，包括

(1)eulerang——根据欧拉角计算转换矩阵 $\boldsymbol{J}$；

(2)m2c——由惯性矩阵计算哥氏力矩阵 $\boldsymbol{C}(\boldsymbol{v})$；

(3)gvect——计算重力和浮力产生的力和力矩 $\boldsymbol{g}(\boldsymbol{\eta})$。

4. 输出函数

```
function sys=mdlOutputs(t,x,u)
sys = x';
```

说明：输出为所有 UUV 的状态变量。

2.7 本章小结

本章给出了 UUV 的矢量化运动学和动力学模型，分析了常值水流速度对运动模型的影响，以及解耦后的 UUV 水平面和垂直面运动模型，为后面的研究提供了被控对象模型。

从控制系统的角度来说，UUV 模型具有以下特点：

(1)运动学和动力学模型都具有高度非线性，包括运动学模型中的三角函数和动力学模型中的高次项；

(2)各个自由度之间存在强非线性耦合，这使得控制律的设计非常困难，但另一方面，这些耦合作用也是实现欠驱动系统运动控制的基础；

(3)动力学模型参数，尤其是流体动力学参数很难精确测量，同时 UUV 受到未知外部扰动，包括水流的影响和环境干扰力，因此在设计 UUV 控制规律时必须采用自适应控制和鲁棒控制技术，克服模型参数的不确定性。

参考文献

[1] Fossen T I, Fjellstad O E. Nonlinear Modeling of Marine Vehicles in 6 Degrees of Freedom. International Journal of Mathematical Modelling of Systems, 1995, 1(1): 17 - 28.

[2] Fossen T I. Marine Control Systems. Trondheim, Norway: Marine Cybernetics, 2002.

[3] 高剑. 欠驱动 AUV 的控制特性及跟踪控制研究[D]. 西安：西北工业大学，2007.

[4] http://www.marinecontrol.org/.

[5] 严卫生，徐德民，李俊，等. 远程自主水下航行器建模研究. 西北工业大学学报，2004，22(4)：500 - 504.

[6] Yoerger D R, Cooke J G, Slotine J - J E. The Influence of Thruster Dynamics on Underwater Vehicle Behavior and Their Incorporation into Control System Design. IEEE Journal of Oceanic Engineering, 1991, 15 (3):167 - 178.

[7] Healey A J, Rock S M, Cody S, et al. Toward an Improved Understanding of Thruster Dynamics for Underwater Vehicles. IEEE Journal of Oceanic Engineering, 1995, 20: 354 - 361.

[8] Whitcomb L, Yoerger D, Singh H, et al. Towards Precision Robotic Maneuvering, Survey, and Manipulation in Unstructured Undersea Environments. In Y. Shirai and S. Hirose, Editors, Robotics Research — The Eighth International Symposium, chapter 2, Spring - Verlag, London, 1998:45 - 54.

[9] Blanke M, Lindegaard K P, Fossen T I. Dynamic Model for Thrust Generation of Marine Propellors. Proceedings of IFAC Conference of Maneuvering of Marine Craft (MCMC2000), Aalborg, Denmark, 2000:23 - 25.

[10] 高剑，徐德民，严卫生，等. 鱼雷 6 自由度空间运动的矢量化模型与仿真. 计算机仿真，2005，22(5)：16 - 18.

[11] 高剑，严卫生，徐德民，等. 水下航行器自动驾驶仪开发中的虚拟原型技术. 计算机仿真，2007，24(2)：216 - 218.

[12] http://cn. mathworks. com/help/simulink/slref/sfunction. html.

第3章 全驱动UUV自适应非线性跟踪控制

UUV是一个典型的多变量、强耦合非线性系统，既具有一般刚体空间运动模型的结构特点，又由于与流体之间复杂的相互作用而比一般刚体包含更强的参数和模型不确定性。在UUV的运动控制研究中，通常考虑以下三类不确定性。

1.未知水流速度

一般而言，UUV周围的水体不是静止的，利用UUV携带的传感器很难测量到UUV的绝对速度，例如多普勒测速声呐，一般只有在距离海底一定距离时才能获得相对海底的绝对速度，此时必须考虑运动学模型中的未知水流速度。由于不在输入通道中，未知水流为非匹配不确定项。

2.动力学模型中的参数不确定性

与空间、空中和陆地航行器相比，流体中运动的UUV的受力情况要复杂得多，即使忽略惯性矩阵和阻尼矩阵中的非对角项，动力学模型中仍包含非常多的未知参数，尤其是难以精确测量的附加质量、阻尼系数等流体动力学参数。对于未知参数具有线性化形式的非线性系统，可采用自适应控制技术，在线估计未知参数。但对于不具有参数线性化形式的系统，尤其是包含未建模特性时，则可采用神经网络补偿系统的不确定项，保证跟踪误差的稳定性。

3.动力学模型中非参数的未建模动态特性

由于UUV与环境交互情况非常复杂，当进行受力分析建立动力学模型时忽略了很多因素，例如螺旋桨推进器和操舵机构中均包含边界不确定的死区特性。因此，UUV运动控制必须具有一定的鲁棒性，以克服动力学模型中的未建模动态特性，保证控制精度。

本章采用自适应反演设计方法，考虑未知海流干扰，研究了全驱动UUV的轨迹跟踪控制问题，包括单自由度UUV跟踪控制和基于矢量化模型的多自由度UUV跟踪控制。此外，采用了基于神经网络的自适应动态逆控制技术，研究了UUV的6自由度轨迹跟踪控制问题。

3.1 非线性反演设计方法

自 20 世纪 90 年代发展起来的自适应反演控制为一大类可反馈线性化的、具有未知常参数的非线性系统提供了系统化的控制策略，保证了闭环系统的全局镇定和跟踪特性[1-3]。同时，在自适应反演设计的最后一步中，引入滑模控制机制，使控制系统对有界的非参数不确定性也具有良好的鲁棒性。

由 Krstic 等人[1]提出的自适应反演设计方法，针对常值非匹配不确定系统，通过逐步递推的过程来设计自适应控制器，实现系统的全局渐近镇定或跟踪。纯粹的自适应反演方法存在对同一个未知参数的重复估计的缺点，而调节函数设计方法避免了这一问题。

在调节函数设计方法的每一步设计中，都包含状态变换、对不确定参数的调节函数和使虚拟系统在 Lyapunov 意义下稳定的镇定函数(Stabilizing Function)三个要素。这一方法要求被控系统能够表示成所谓的严格参数反馈形式：

$$\left.\begin{aligned}\dot{x}_i &= x_{i+1} + \boldsymbol{\varphi}_i^{\mathrm{T}}(x_1,\cdots,x_i)\boldsymbol{\theta}, \quad i=1,\cdots,n-1\\ \dot{x}_n &= \varphi_0(\boldsymbol{x}) + \boldsymbol{\varphi}_n^{\mathrm{T}}(\boldsymbol{x})\boldsymbol{\theta} + \beta(\boldsymbol{x})u\\ y &= x_1\end{aligned}\right\} \tag{3.1}$$

式中，$\boldsymbol{x}=[x_1 \quad \cdots \quad x_n]^{\mathrm{T}} \in \mathbf{R}^n$ 为状态矢量；$u \in \mathbf{R}$，$y \in \mathbf{R}$ 分别为系统的输入和输出变量；$\boldsymbol{\theta} \in \mathbf{R}^p$ 是未知常参数矢量；$\varphi_0(\boldsymbol{x})$ 和 $\beta(\boldsymbol{x})$ 为已知的光滑非线性标量函数，并且有 $\beta(\boldsymbol{x}) \neq 0$，$\boldsymbol{\varphi}_i(x_1,\cdots,x_i)$，$i=1,\cdots,n$ 是光滑的非线性矢量函数。控制器设计的目标是使系统的输出 y 跟踪光滑指令输出 y_d，并保证跟踪误差全局渐近稳定。

反演设计是一种递推的控制器设计方法，基本思路是从第 1 个等式开始，将其中的 x_2 看作“虚拟控制”，设计 x_2 的镇定函数 α_1 及参数自适应律即调节函数，使跟踪误差 $z_1=x_1-y_d$ 渐近稳定。然后定义 x_2 的跟踪误差 $z_2=x_2-\alpha_1$，设计 x_3 的镇定函数 α_2 和不确定参数的自适应律，使跟踪误差 z_2 渐近稳定。这样一直进行到最后一个方程，设计出真正的控制 u 和最终的不确定参数的自适应律，实现闭环跟踪系统的全局渐近稳定。具体的设计过程参考文献[1,2]。

文献[2] 还讨论了虚拟控制系数未知的单输入单输出(SISO) 非线性系统

$$\left.\begin{aligned}\dot{x}_i &= b_i x_{i-1} + \boldsymbol{\varphi}_i^{\mathrm{T}}(x_1,\cdots,x_i)\boldsymbol{\theta}, \quad i=1,\cdots,n-1\\ \dot{x}_n &= \varphi_0(\boldsymbol{x}) + \boldsymbol{\varphi}_n^{\mathrm{T}}(\boldsymbol{x})\boldsymbol{\theta} + b_n u\end{aligned}\right\} \tag{3.2}$$

式中，b_i，$1 \leqslant i \leqslant n$ 为符号已知的控制系数。

当最后一个方程中存在未建模不确定性时，在自适应反演的最后一步引入滑模控制，滑动面即为最后一步的状态与镇定函数之间的误差 $z_n = x_n - \alpha_{n-1}$，在控制中增加滑模控制切换项，保证系统能够到达滑动面，根据虚拟控制函数的选择，系统在滑动面上是稳定的。当然，该非参数不确定性应当在控制通道中，为匹配不确定性。

对于多输入多输出（MIMO）非线性系统，Fossen 等人[4]提出了矢量反演（Vectorial Backstepping）技术，即模型式（3.1）中的状态 x_i 和输入 u 分别为状态矢量 $\boldsymbol{x}_i \in \mathbf{R}^l$ 和输入矢量 $\boldsymbol{u} \in \mathbf{R}^m$，并且一般情况下，$\boldsymbol{x}_i$ 和 $\boldsymbol{u}$ 具有相同的维数，$\boldsymbol{\varphi}_i \in \mathbf{R}^{l \times p}$ 为已知的矩阵函数。经过类似的推导，可以获得系统的全局渐近稳定跟踪或镇定控制器。

3.2 UUV 单自由度运动跟踪控制

UUV 6 自由度空间运动模型是高度非线性、强耦合的，这为控制系统的设计带来了很大困难，因此研究者往往将其分解为水平面和垂直面两个 3 自由度的运动模型。对于全驱动 UUV，如果进一步忽略惯性矩阵和阻尼矩阵的非对角项，则可获得 6 个解耦的单自由度模型，分别为前进 $\{x,u\}$、侧移 $\{y,v\}$、升降 $\{z,w\}$、横滚 $\{\phi,p\}$、俯仰 $\{\theta,q\}$ 和偏航 $\{\psi,r\}$，它们可以用下面的统一模型[4]来表示：

$$\left.\begin{aligned} &\dot{\eta} = \upsilon_r + \upsilon_f \\ &m_\upsilon \dot{\upsilon}_r = -d_\upsilon \upsilon_r - d_{\upsilon|\upsilon|} \upsilon_r |\upsilon_r| + k_{\tau\upsilon} \tau_\upsilon + b_\upsilon + \Delta_\upsilon(\upsilon_r) \end{aligned}\right\} \tag{3.3}$$

式中，$\eta \in \{x, y, z, \phi, \theta, \psi\}$，$\upsilon_r \in \{u_r, v_r, w_r, p_r, q_r, r_r\}$ 为广义坐标和相对水流的广义速度；υ_f 为相应的水流速度；$m_\upsilon, d_\upsilon, d_{\upsilon|\upsilon|}$ 分别为包含附加质量的惯性质量、一次阻尼和二次阻尼系数；τ_υ 为控制力；$k_{\tau\upsilon}$ 为控制系数；b_υ 为常值恢复力和环境扰动力；$\Delta_\upsilon(\upsilon_r)$ 为有界的未建模动态特性。6 个单自由度运动具有相同的模型结构，可以用相同的方法设计跟踪控制器。

20 世纪 90 年代以来，UUV 的运动控制问题得到了人们的广泛关注，研究人员采用反馈线性化控制、非线性自适应控制、滑动模态控制、神经网络控制等方法，开展了理论和实验研究。其中，Smallwood 和 Whitcomb[5]分别采用线性 PID 控制、线性化控制、自适应非线性控制等方法，研究了解耦的 UUV 动力定位控制问题，并通过仿真和实验进行了比较研究。Riedel[6]针对解耦模型提出了基于滑模控制的干扰补偿控制器。

本节以前进运动 $\{x,u\}$ 为例，采用自适应反演控制方法，研究 UUV 在参数不确定情况下的单自由度位置跟踪控制问题[7-9]，在线估计水流速度和模型参数，并引入滑模控制以克服速度动态特性中的未建模动态特性。

3.2.1 问题描述

UUV的前进运动非线性模型可以描述为

$$\left.\begin{aligned}&\dot{x}=u_r+u_f\\&(m-X_{\dot{u}})\dot{u}_r=X_{u|u|}u_r|u_r|+(1-t)T_\tau\tau_u+\Delta_u(u_r)\end{aligned}\right\}\tag{3.4}$$

其中，x为UUV的前向位置；u_r为相对水流的前向速度；u_f为常值水流速度，m为UUV质量；$X_{\dot{u}}<0$为流体附加质量；$X_{u|u|}<0$为流体二次阻尼系数；$T_\tau\tau_u$为螺旋桨推进器产生的推力；τ_u为电机电压或电流等控制量；T_τ为推力系数，$0<t<1$为推力减额系数；$\Delta_u(u_r)$为模型中的未建模动态。

为设计方便，将式(3.4)简化为如下形式：

$$\left.\begin{aligned}&\dot{x}=u_r+u_f\\&\dot{u}_r=\frac{\tau_u}{\gamma}+\beta u_r|u_r|+\delta(u_r)\end{aligned}\right\}\tag{3.5}$$

其中，$\gamma=\dfrac{m-X_{\dot{u}}}{(1-t)T_\tau}>0$，$\beta=\dfrac{X_{u|u|}}{m-X_{\dot{u}}}<0$，$\delta(u_r)=\dfrac{\Delta_u(u_r)}{m-X_{\dot{u}}}$。模型式(3.5)中包含不确定参数$u_f$，$\gamma$，$\beta$，其中未知水流速度$u_f$不在控制通道中，为常值非匹配不确定性。

3.2.2 自适应反演滑模控制器设计

UUV前进运动跟踪控制的目标是，在有未知水流、未知模型参数以及未建模动态特性的条件下，设计跟踪控制器，使UUV的位置跟踪给定参考指令x_d，并保证跟踪误差的全局渐近稳定性。

做如下假设：

(1) 模型式(3.5)中的未建模不确定项$\delta(u_r)$是有界的，满足

$$|\delta(u_r)|\leqslant\bar{\delta}\tag{3.6}$$

其中，$\bar{\delta}$为正的已知常数。

(2) 参考位置指令x_d及其导数$\dot{x}_d$，$\ddot{x}_d$是有界的。

定义UUV位置跟踪误差

$$z_1=x-x_d\tag{3.7}$$

其导数为

$$\dot{z}_1=u_r+u_f-\dot{x}_d \tag{3.8}$$

以前进速度 u_r 作为虚拟控制输入，考虑到水流速度 u_f 未知，选择镇定函数

$$\alpha_1=-\hat{u}_f+\dot{x}_d-\lambda_1 z_1 \tag{3.9}$$

其中，$\hat{u}_f$ 为水流速度的估计值；$\lambda_1>0$ 为控制参数。

定义速度跟踪误差 $z_2=u_r-\alpha_1$，代入式(3.8)

$$\dot{z}_1=z_2-\lambda_1 z_1+\tilde{u}_f \tag{3.10}$$

其中，$\tilde{u}_f=u_f-\hat{u}_f$ 为水流速度估计误差。

选择 Lyapunov 函数

$$V_1=\frac{1}{2}z_1^2 \tag{3.11}$$

求导有

$$\dot{V}_1=-\lambda_1 z_1^2+z_1 z_2+\tilde{u}_f z_1 \tag{3.12}$$

速度跟踪误差 z_2 的导数为

$$\dot{z}_2=\frac{\tau_u}{\gamma}+\beta u_r|u_r|+\delta(u_r)+\dot{\hat{u}}_f-\ddot{x}_d+\lambda_1(u_r+u_f-\dot{x}_d) \tag{3.13}$$

选择第二个 Lyapunov 函数

$$V_2=V_1+\frac{1}{2}z_2^2 \tag{3.14}$$

对 V_2 求导有

$$\dot{V}_2=-\lambda_1 z_1^2+\tilde{u}_f z_1+z_2\left(z_1+\frac{\tau_u}{\gamma}+\beta u_r|u_r|+\delta(u_r)+\dot{\hat{u}}_f-\ddot{x}_d+\lambda_1(u_r+u_f-\dot{x}_d)\right) \tag{3.15}$$

为获得期望的稳定特性，并考虑到参数 β 和 γ 未知，选择如下的控制输入：

$$\tau_u=-\hat{\gamma}(\hat{\beta}u_r|u_r|+\dot{\hat{u}}_f-\ddot{x}_d+\lambda_1(u_r+\hat{u}_f-\dot{x}_d)+\lambda_2 z_2+\eta_s\text{sign}(z_2)+z_1) \tag{3.16}$$

其中，$\hat{\beta}$，$\hat{\gamma}$ 为未知参数的估计值；$\tilde{\beta}=\beta-\hat{\beta}$，$\tilde{\gamma}=\gamma-\hat{\gamma}$ 为对应的估计误差；$\eta_s\text{sign}(z_2)$ 是为克服未建模不确定性而设计的滑模控制项，且满足 $\eta_s\geqslant\bar{\delta}$；$\lambda_2>0$ 为控制参数。

代入式(3.15) 并整理得到

$$\dot{V}_2=-\lambda_1 z_1^2-\lambda_2 z_2^2-(\eta_s\text{sign}(z_2)-\delta(u_r))z_2+\tilde{u}_f(z_1+\lambda_1 z_2)+\tilde{\beta}z_2 u_r|u_r|+\frac{\tilde{\gamma}}{\gamma}z_2\Phi \tag{3.17}$$

其中，$\Phi=\hat{\beta}u_r|u_r|+\dot{\hat{u}}_f+\lambda_1(u_r+\hat{u}_f-\dot{x}_d)-\ddot{x}_d+\lambda_2 z_2+\eta_s\text{sign}(z_2)+z_1$。

为了获得参数自适应律，消除参数估计误差对系统稳定性的影响，选择新的 Lyapunov 函数

$$V_3 = V_2 + \frac{1}{2\xi_1}\tilde{u}_f^2 + \frac{1}{2\xi_2}\tilde{\beta}^2 + \frac{1}{2\xi_3\gamma}\tilde{\gamma}^2 \tag{3.18}$$

其中，ξ_1，ξ_2，ξ_3 为正的自适应参数。对式(3.18) 求导有

$$\begin{aligned}\dot{V}_3 = & -\lambda_1 z_1^2 - \lambda_2 z_2^2 - (\eta_s \operatorname{sign}(z_2) - \delta(u_r))z_2 + \\ & \tilde{u}_f\left(z_1 + \lambda_1 z_2 - \frac{\dot{\hat{u}}_f}{\xi_1}\right) + \tilde{\beta}\left(z_2 u_r |u_r| - \frac{\dot{\hat{\beta}}}{\xi_2}\right) + \frac{\tilde{\gamma}}{\gamma}\left(z_2 \Phi - \frac{\dot{\hat{\gamma}}}{\xi_3}\right)\end{aligned} \tag{3.19}$$

设计自适应律消除式(3.19) 中的参数估计误差项

$$\left.\begin{aligned}\dot{\hat{u}}_f &= \xi_1(z_1 + \lambda_1 z_2) \\ \dot{\hat{\beta}} &= \xi_2 z_2 u_r |u_r| \\ \dot{\hat{\gamma}} &= \xi_3 z_2 \Phi\end{aligned}\right\} \tag{3.20}$$

并代入式(3.19) 得

$$\dot{V}_3 = -\lambda_1 z_1^2 - \lambda_2 z_2^2 - z_2(\eta_s \operatorname{sign}(z_2) - \delta(u_r)) \tag{3.21}$$

定理 3.1　由方程式(3.5) 描述的 UUV 前向运动模型在控制律式(3.16) 及自适应律式(3.20) 的作用下，能够跟踪有界参考信号 x_d，并且跟踪误差全局渐近稳定。

证明　由式(3.18) 定义的标量函数 V_3 正定，导数 $\dot{V}_3 \leqslant 0$ 且对时间是连续的，根据 Barbalat 引理有

$$\lim_{t\to\infty} z_1 = \lim_{t\to\infty} z_2 = 0 \tag{3.22}$$

参考指令 x_d，$\dot{x}_d$，$\ddot{x}_d$ 均是有界的，因此，闭环系统是全局渐近稳定的。

值得注意的是，上述控制律和自适应律能够保证位置跟踪误差的全局渐近稳定性，但若自适应律中的误差信号不满足持续激励的条件，只能获得参数估计误差是有界的，而不能保证其收敛到零。

3.2.3　仿真研究

通过数学仿真验证自适应反演滑模运动控制算法的性能。仿真中，取 UUV 运动模型参数为 $m = 1\,000$ kg，$X_{\dot{u}} = -50$ kg，$X_{uu} = -500$ kg·m^{-1}，$t = 0.1$，$T_\tau = 1$，$u_f = 0.5$ m·s^{-1}。

参考位置指令取为

$$x_d = 10\sin\left(\frac{2\pi}{50}t\right)$$

控制参数取为 $\lambda_1 = 1, \lambda_2 = 1$，参数自适应估计的初值为 $\hat{u}_f(0) = 0, \hat{\gamma}(0) = 1\ 500, \hat{\beta}(0) = -0.5$，自适应参数为 $\xi_1 = \xi_2 = \xi_3 = 0.1$，并假定真实对象中存在如下的未建模阻尼特性：

$$\Delta_u(u_r) = -5\mathrm{sign}(u_r)$$

为了避免滑模控制的抖动问题，控制律式(3.16)式中采用饱和函数 sat 来代替符号函数 sign，定义为

$$\mathrm{sat}(z_2) = \begin{cases} 1, & z_2 \geqslant \varphi \\ z_2/\varphi, & -\varphi < z_2 < \varphi \\ -1, & z_2 \leqslant -\varphi \end{cases} \tag{3.23}$$

其中，$\varphi > 0$ 为边界层的厚度。通过引入边界层使得控制输入在滑动面两边连续，从而削弱了抖动，但同时造成了系统的稳态误差，φ 的选择应满足对控制误差的要求。

仿真结果如图 3-1、图 3-2 所示。

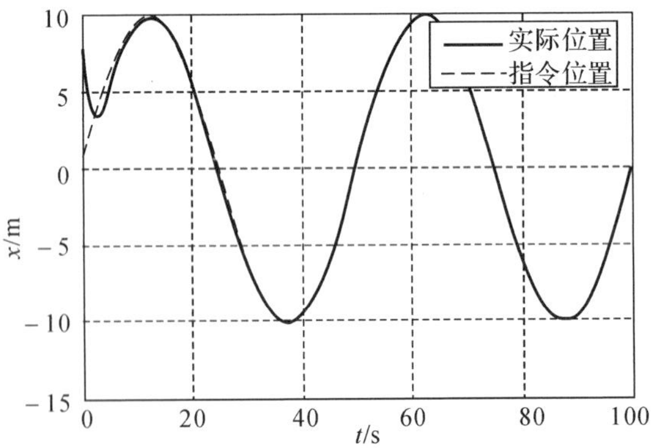

图 3-1　位置跟踪曲线

从仿真结果可以看出，在本节提出的自适应反演控制器作用下，UUV 闭环控制系统是稳定的，跟踪误差收敛到零，具有良好的动态品质和稳态性能，对未知定常水流、未知模型参数，以及未建模动态均具有良好的鲁棒性和自适应性。从式(3.20)的第 1 式知，在运行的初期，较大的位置和速度跟踪误差造成了较大的水流速度估计误差，如图 3-2 所示。

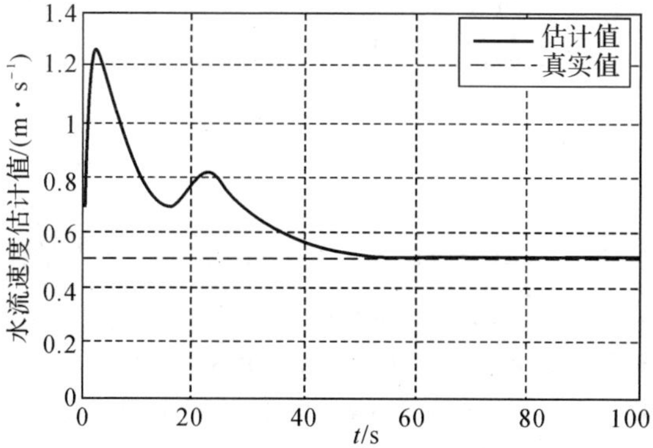

图 3-2　水流速度估计曲线

3.3　UUV 空间轨迹跟踪控制

上一节中,将复杂的 UUV 6 自由度空间运动模型解耦为 6 个单自由度运动模型,采用自适应反演方法,研究 UUV 的跟踪控制问题。本节将以全驱动 UUV 的矢量化 6 自由度模型为对象,采用矢量自适应反演方法,研究空间轨迹跟踪问题,参考轨迹由参考广义坐标及其导数的形式给出,并考虑了系统的不确定性。

针对 UUV 的多变量控制问题,Fossen 等人[10 11]考虑了测量噪声,设计了线速度的全局稳定非线性观测器,并比较了 ASB 和 DCAL 两种自适应控制算法,分析得出 DCAL 算法更适用于 UUV 实时控制的结论。Antonelli 等人[12]重点研究了全局坐标系下描述的恢复力和干扰力的参数线性化问题,并在文献[13]中采用四元数描述 UUV 的姿态以克服欧拉角建模的奇异值问题,并通过 ODIN UUV 对自适应控制进行了实验验证,取得了较好的控制效果。Yuh[14]提出了一种不依赖于运动模型的自适应控制策略,可调节参数为系统参数矩阵的未知边界,因此不需要对系统进行线性参数化,通过自适应律估计控制增益,并证明了跟踪误差的渐近稳定性。Fossen[4]研究了矢量反演方法的船舶跟踪控制。Chiaverini 等人[15]设计了多输入多输出自适应动力定位控制方法,考虑了未知模型参数和时变环境干扰。闫茂德等人[16]针对模型不确定性和不确定环境干扰,提出一种基于反演技术的自适应变结构控制策略。

综上所述,以往的全驱动 UUV 自适应跟踪控制研究均针对动力学模型中的匹配参数不确定性,而未考虑不在控制通道的常值非匹配不确定性——水流速度。

这里将针对这一问题，采用自适应矢量反演技术，解决非匹配不确定性的参数自适应问题，获得 UUV 轨迹跟踪误差的全局渐近稳定性[17]。

3.3.1 问题描述

为了研究方便，重新给出全驱动 UUV 的运动学和动力学模型

$$\dot{\boldsymbol{\eta}}=\boldsymbol{J}(\boldsymbol{\eta})\boldsymbol{v}_r+\boldsymbol{v}_f \tag{3.24}$$

$$\boldsymbol{M}\dot{\boldsymbol{v}}_r+\boldsymbol{C}(\boldsymbol{v}_r)\boldsymbol{v}_r+\boldsymbol{D}(\boldsymbol{v}_r)\boldsymbol{v}_r+\boldsymbol{g}(\boldsymbol{\eta})=\boldsymbol{\tau}+\boldsymbol{\tau}_E+\boldsymbol{\tau}_U \tag{3.25}$$

式中，$\boldsymbol{\tau}_U=[\Delta_1 \quad \cdots \quad \Delta_n]^{\mathrm{T}}$ 为动力学模型中的有界未建模动态特性及非定常环境扰动。该模型既可以描述 UUV 6 自由度空间运动($n=6$)，也可以描述 3 自由度的水平面或垂直面运动($n=3$)。

UUV 轨迹跟踪控制的目标是，选择控制力 $\boldsymbol{\tau}$，使得从任意初始状态出发的 UUV 跟踪期望的广义坐标 $\boldsymbol{\eta}_d(t)$，并保证跟踪误差的全局渐近稳定性。

UUV 的水平面运动学和动力学模型具有严格的反馈结构，其中运动学模型包含非匹配不确定项 $\boldsymbol{v}_f$，而动力学模型则存在匹配的未建模不确定性和参数不确定性，因此适于采用自适应反演设计方法进行非线性控制器设计，并采用滑模控制技术来保证控制系统对未建模不确定项的鲁棒性。

3.3.2 自适应反演滑模轨迹跟踪控制器设计

对 UUV 模型和参考轨迹做如下假设：

(1)UUV 动力学模型中的不确定项是一致有界的，满足

$$|\Delta_i|\leqslant\bar{\Delta}_i,\quad i=1,\cdots,n \tag{3.26}$$

(2) 动力学模型中的参数具有线性化参数形式

$$\boldsymbol{M}\dot{\boldsymbol{\alpha}}+\boldsymbol{C}(\boldsymbol{v}_r)\boldsymbol{\alpha}+\boldsymbol{D}(\boldsymbol{v}_r)\boldsymbol{\alpha}+\boldsymbol{g}(\boldsymbol{\eta})-\boldsymbol{\tau}_E=\boldsymbol{\Theta}(\dot{\boldsymbol{\alpha}},\boldsymbol{\alpha},\boldsymbol{v}_r,\boldsymbol{\eta})\boldsymbol{\theta} \tag{3.27}$$

式中，$\boldsymbol{\theta}\in\mathbf{R}^l$ 为未知参数矢量，l 为未知参数个数；$\boldsymbol{\Theta}(\dot{\boldsymbol{\alpha}},\boldsymbol{\alpha},\boldsymbol{v}_r,\boldsymbol{\eta})\in\mathbf{R}^{n\times l}$ 为已知的状态函数矩阵。

(3) 参考广义坐标 $\boldsymbol{\eta}_d$ 及其导数 $\dot{\boldsymbol{\eta}}_d$，$\ddot{\boldsymbol{\eta}}_d$ 是有界的。

首先定义广义坐标的跟踪误差

$$\boldsymbol{z}_1=\boldsymbol{\eta}-\boldsymbol{\eta}_d \tag{3.28}$$

选取第一个 Lyapunov 函数

$$V_1=\frac{1}{2}\boldsymbol{z}_1^{\mathrm{T}}\boldsymbol{z}_1 \tag{3.29}$$

求导有

$$\dot{V}_1 = \boldsymbol{z}_1^{\mathrm{T}}(\boldsymbol{J}(\boldsymbol{\eta})\boldsymbol{v}_r + \boldsymbol{v}_f - \dot{\boldsymbol{\eta}}_d) \tag{3.30}$$

以 $\boldsymbol{v}_r$ 为虚拟控制输入，设计镇定函数为

$$\boldsymbol{\alpha} = -\boldsymbol{J}^{-1}(\boldsymbol{\eta})(\boldsymbol{\Gamma}_1\boldsymbol{z}_1 + \hat{\boldsymbol{v}}_f - \dot{\boldsymbol{\eta}}_d) \tag{3.31}$$

式中，$\hat{\boldsymbol{v}}_f$ 为水流速度的估计值，$\tilde{\boldsymbol{v}}_f = \boldsymbol{v}_f - \hat{\boldsymbol{v}}_f$ 为估计误差；$\boldsymbol{\Gamma}_1 > 0$ 为对角常数矩阵。注意到，其导数 $\dot{\boldsymbol{\alpha}}$ 包含了水流速度这一不确定参数，即

$$\begin{aligned}\dot{\boldsymbol{\alpha}} = &-\dot{\boldsymbol{J}}^{-1}(\boldsymbol{\eta})(\boldsymbol{\Gamma}_1\boldsymbol{z}_1 + \hat{\boldsymbol{v}}_f - \dot{\boldsymbol{\eta}}_d) - \\ &\boldsymbol{J}^{-1}(\boldsymbol{\eta})(\boldsymbol{\Gamma}_1(\boldsymbol{J}(\boldsymbol{\eta})\boldsymbol{v}_r + \hat{\boldsymbol{v}}_f + \tilde{\boldsymbol{v}}_f - \dot{\boldsymbol{\eta}}_d) + \dot{\hat{\boldsymbol{v}}}_f - \ddot{\boldsymbol{\eta}}_d) = \hat{\dot{\boldsymbol{\alpha}}} - \boldsymbol{J}^{-1}(\boldsymbol{\eta})\boldsymbol{\Gamma}_1\tilde{\boldsymbol{v}}_f\end{aligned} \tag{3.32}$$

式中

$$\hat{\dot{\boldsymbol{\alpha}}} = -\dot{\boldsymbol{J}}^{-1}(\boldsymbol{\eta})(\boldsymbol{\Gamma}_1\boldsymbol{z}_1 + \hat{\boldsymbol{v}}_f - \dot{\boldsymbol{\eta}}_d) - \boldsymbol{J}^{-1}(\boldsymbol{\eta})(\boldsymbol{\Gamma}_1(\boldsymbol{J}(\boldsymbol{\eta})\boldsymbol{v}_r + \hat{\boldsymbol{v}}_f - \dot{\boldsymbol{\eta}}_d) + \dot{\hat{\boldsymbol{v}}}_f - \ddot{\boldsymbol{\eta}}_d) \tag{3.33}$$

定义速度跟踪误差 $\boldsymbol{z}_2 = \boldsymbol{v}_r - \boldsymbol{\alpha}$，有

$$\dot{V}_1 = -\boldsymbol{z}_1^{\mathrm{T}}\boldsymbol{\Gamma}_1\boldsymbol{z}_1 + \boldsymbol{z}_1^{\mathrm{T}}\boldsymbol{J}(\boldsymbol{\eta})\boldsymbol{z}_2 + \boldsymbol{z}_1^{\mathrm{T}}\tilde{\boldsymbol{v}}_f \tag{3.34}$$

选取第二个 Lyapunov 函数

$$V_2 = V_1 + \frac{1}{2}\boldsymbol{z}_2^{\mathrm{T}}\boldsymbol{M}\boldsymbol{z}_2 \tag{3.35}$$

由于惯性矩阵 $\boldsymbol{M}$ 正定，知 V_2 正定，其导数为

$$\begin{aligned}\dot{V}_2 = &-\boldsymbol{z}_1^{\mathrm{T}}\boldsymbol{\Gamma}_1\boldsymbol{z}_1 + \boldsymbol{z}_1^{\mathrm{T}}\boldsymbol{J}(\boldsymbol{\eta})\boldsymbol{z}_2 + \boldsymbol{z}_1^{\mathrm{T}}\tilde{\boldsymbol{v}}_f + \\ &\boldsymbol{z}_2^{\mathrm{T}}(\boldsymbol{\tau} + \boldsymbol{\tau}_U + \boldsymbol{\tau}_E - \boldsymbol{C}(\boldsymbol{v}_r)(\boldsymbol{z}_2 + \boldsymbol{\alpha}) - \boldsymbol{D}(\boldsymbol{v}_r)(\boldsymbol{z}_2 + \boldsymbol{\alpha}) - \boldsymbol{g}(\boldsymbol{\eta}) - \\ &\boldsymbol{M}(\hat{\dot{\boldsymbol{\alpha}}} - \boldsymbol{J}^{-1}(\boldsymbol{\eta})\boldsymbol{\Gamma}_1\tilde{\boldsymbol{v}}_f)) = \\ &-\boldsymbol{z}_1^{\mathrm{T}}\boldsymbol{\Gamma}_1\boldsymbol{z}_1 - \boldsymbol{z}_2^{\mathrm{T}}\boldsymbol{D}(\boldsymbol{v}_r)\boldsymbol{z}_2 - \boldsymbol{z}_2^{\mathrm{T}}\boldsymbol{C}(\boldsymbol{v}_r)\boldsymbol{z}_2 + (\boldsymbol{z}_1^{\mathrm{T}} + \boldsymbol{z}_2^{\mathrm{T}}\boldsymbol{M}\boldsymbol{J}^{-1}(\boldsymbol{\eta})\boldsymbol{\Gamma}_1)\tilde{\boldsymbol{v}}_f + \\ &\boldsymbol{z}_2^{\mathrm{T}}(\boldsymbol{\tau} + \boldsymbol{\tau}_U - \boldsymbol{z}_2^{\mathrm{T}}\boldsymbol{\Theta}(\hat{\dot{\boldsymbol{\alpha}}}, \boldsymbol{\alpha}, \boldsymbol{v}_r, \boldsymbol{\eta})\tilde{\boldsymbol{\theta}} + \boldsymbol{J}^{\mathrm{T}}(\boldsymbol{\eta})\boldsymbol{z}_1)\end{aligned} \tag{3.36}$$

哥氏力和向心力矩阵 $\boldsymbol{C}(\boldsymbol{v})$ 为斜对称矩阵，故有 $\boldsymbol{z}_2^{\mathrm{T}}\boldsymbol{C}(\boldsymbol{v})\boldsymbol{z}_2 = 0$。取控制输入

$$\boldsymbol{\tau} = -\boldsymbol{\Gamma}_2\boldsymbol{z}_2 - \boldsymbol{J}^{\mathrm{T}}(\boldsymbol{\eta})\boldsymbol{z}_1 - \boldsymbol{\Lambda}\mathrm{sign}(\boldsymbol{z}_2) + \boldsymbol{\Theta}(\hat{\dot{\boldsymbol{\alpha}}}, \boldsymbol{\alpha}, \boldsymbol{v}_r, \boldsymbol{\eta})\hat{\boldsymbol{\theta}} \tag{3.37}$$

其中，$\boldsymbol{\Lambda} = \mathrm{diag}\{k_1, \cdots, k_n\}$，满足 $k_i > \bar{\Delta}_i$；$\mathrm{sign}(\cdot)$ 为符号函数；$\boldsymbol{\Gamma}_2 \geqslant 0$ 为对角常数矩阵。注意到这里保留了有利于系统稳定的 $\boldsymbol{z}_2^{\mathrm{T}}\boldsymbol{D}(\boldsymbol{v}_r)\boldsymbol{z}_2$ 项，$\boldsymbol{\Gamma}_2$ 可以为零，充分利用 UUV 自身的稳定特性。

代入式(3.36)有

$$\dot{V}_2 = -\boldsymbol{z}_1^{\mathrm{T}}\boldsymbol{\Gamma}_1\boldsymbol{z}_1 - \boldsymbol{z}_2^{\mathrm{T}}(\boldsymbol{\Gamma}_2 + \boldsymbol{D}(\boldsymbol{v}_r))\boldsymbol{z}_2 - \boldsymbol{z}_2^{\mathrm{T}}(\boldsymbol{\Lambda}\mathrm{sign}(\boldsymbol{z}_2) - \boldsymbol{\tau}_U) +$$

$$(\boldsymbol{z}_1^{\mathrm{T}}+\boldsymbol{z}_2^{\mathrm{T}}\boldsymbol{M}\boldsymbol{J}^{-1}(\boldsymbol{\eta})\boldsymbol{\Gamma}_1)\tilde{\boldsymbol{v}}_f-\boldsymbol{z}_2^{\mathrm{T}}\boldsymbol{\Theta}(\dot{\hat{\boldsymbol{\alpha}}},\boldsymbol{\alpha},\boldsymbol{v}_r,\boldsymbol{\eta})\tilde{\boldsymbol{\theta}} \tag{3.38}$$

为了得到水流速度和模型参数的自适应律，选择第 3 个 Lyapunov 函数

$$V_3=V_2+\frac{1}{2}\tilde{\boldsymbol{v}}_f^{\mathrm{T}}\boldsymbol{\Xi}^{-1}\tilde{\boldsymbol{v}}_f+\frac{1}{2}\tilde{\boldsymbol{\theta}}^{\mathrm{T}}\boldsymbol{\Gamma}^{-1}\tilde{\boldsymbol{\theta}} \tag{3.39}$$

其中，$\boldsymbol{\Xi}_f\in\mathbf{R}^{n\times n}$，$\boldsymbol{\Xi}_\theta\in\mathbf{R}^{l\times l}$ 为常值对称正定矩阵。对式(3.39) 求导得到

$$\begin{aligned}\dot{V}_3=&-\boldsymbol{z}_1^{\mathrm{T}}\boldsymbol{\Gamma}_1\boldsymbol{z}_1-\boldsymbol{z}_2^{\mathrm{T}}(\boldsymbol{\Gamma}_2+\boldsymbol{D}(\boldsymbol{v}_r))\boldsymbol{z}_2-\boldsymbol{z}_2^{\mathrm{T}}(\boldsymbol{\Lambda}\mathrm{sign}(\boldsymbol{z}_2)-\boldsymbol{\tau}_U)+\\&\tilde{\boldsymbol{v}}_f^{\mathrm{T}}(\boldsymbol{z}_1^{\mathrm{T}}+\boldsymbol{z}_2^{\mathrm{T}}\boldsymbol{M}\boldsymbol{J}^{-1}(\boldsymbol{\eta})\boldsymbol{\Gamma}_1-\boldsymbol{\Xi}^{-1}\dot{\hat{\boldsymbol{v}}}_f)+\tilde{\boldsymbol{\theta}}^{\mathrm{T}}(-\boldsymbol{\Theta}^{\mathrm{T}}(\dot{\hat{\boldsymbol{\alpha}}},\boldsymbol{\alpha},\boldsymbol{v}_r,\boldsymbol{\eta})\boldsymbol{z}_2-\boldsymbol{\Gamma}^{-1}\dot{\hat{\boldsymbol{\theta}}})\end{aligned} \tag{3.40}$$

设计自适应律

$$\dot{\hat{\boldsymbol{v}}}_f=\boldsymbol{\Xi}_f(\boldsymbol{z}_1^{\mathrm{T}}+\boldsymbol{z}_2^{\mathrm{T}}\boldsymbol{M}\boldsymbol{J}^{-1}(\boldsymbol{\eta})\boldsymbol{\Gamma}_1) \tag{3.41}$$

$$\dot{\hat{\boldsymbol{\theta}}}=-\boldsymbol{\Xi}_\theta\boldsymbol{\Theta}^{\mathrm{T}}(\dot{\hat{\boldsymbol{\alpha}}},\boldsymbol{\alpha},\boldsymbol{v}_r,\boldsymbol{\eta})\boldsymbol{z}_2 \tag{3.42}$$

消除水流速度和模型参数估计误差对系统稳定性的影响，得到

$$\dot{V}_3=-\boldsymbol{z}_1^{\mathrm{T}}\boldsymbol{\Gamma}_1\boldsymbol{z}_1-\boldsymbol{z}_2^{\mathrm{T}}(\boldsymbol{\Gamma}_2+\boldsymbol{D}(\boldsymbol{v}_r))\boldsymbol{z}_2-\boldsymbol{z}_2^{\mathrm{T}}(\boldsymbol{\Lambda}\mathrm{sgn}\ (\boldsymbol{z}_2)-\boldsymbol{\tau}_U)\leqslant 0 \tag{3.43}$$

定理 3.2 由式(3.24)、式(3.25) 描述的 UUV，从任意初始状态出发，在控制律式(3.37) 和自适应律式(3.41)、式(3.42) 的作用下，能够跟踪参考轨迹 $\boldsymbol{\eta}_d$，并且跟踪误差是全局渐近稳定的，并对满式(3.26) 的外部扰动具有鲁棒性。

证明 由式(3.39) 定义的 Lyapunov 函数 V_3 正定，且径向无界，其导数 $\dot{V}_3$ 负半定，根据 Barbalat 引理知

$$\lim_{t\to\infty}\|\boldsymbol{z}_1\|=\lim_{t\to\infty}\|\boldsymbol{z}_2\|=0 \tag{3.44}$$

因此跟踪误差是全局渐近稳定的。

为了克服由于控制输入的不连续性导致的抖动问题，用饱和函数 sat(•) 代替式(3.37) 中的符号函数 sign(•)，定义为

$$\begin{gathered}\mathrm{sat}(\boldsymbol{s})=[\mathrm{sat}(s_1)\quad\cdots\quad\mathrm{sat}(s_n)]^{\mathrm{T}}\\ \mathrm{sat}(s_i)=\begin{cases}1, & s_i\geqslant\varphi_i\\ s_i/\varphi_i, & -\varphi_i<s_i<\varphi_i,\quad i=1,\cdots,n\\ -1, & s_i\leqslant-\varphi_i\end{cases}\end{gathered} \tag{3.45}$$

其中，$\varphi_i>0$ 为边界层的厚度，φ_i 的选择应满足对控制误差的要求。

3.3.3 仿真研究

为了验证提出的全驱动 UUV 的自适应矢量反演轨迹跟踪控制，本小节将该

方法分别应用于 6 自由度 3 维空间轨迹跟踪和 3 自由度水平面动力定位的控制中。

1. 空间轨迹跟踪

研究 UUV 6 自由度 3 维空间螺旋线轨迹跟踪，定义由广义坐标描述的参考轨迹为

$$\left.\begin{aligned} x_d(t) &= 100\cos\ (t/100) \\ y_d(t) &= 100\sin\ (t/100) \\ z_d(t) &= 0.1t \\ \phi_d(t) &= 0 \\ \theta_d(t) &= 0 \\ \psi_d(t) &= \pi/2 + 0.01t \end{aligned}\right\} \tag{3.46}$$

采用 Kambara UUV 的模型参数，具体参数见附录。仅考虑水平面内的无旋水流，取运动学模型中的水流速度为

$$\boldsymbol{v}_f = [0.2\quad 0.2\quad 0\quad 0\quad 0\quad 0]^{\mathrm{T}} \tag{3.47}$$

选择控制参数和自适应参数为

$$\left.\begin{aligned} \boldsymbol{\Gamma}_1 &= \boldsymbol{I}_6 \\ \boldsymbol{\Gamma}_2 &= \boldsymbol{MI}_6 \\ \boldsymbol{\Xi}_f &= 0.1\boldsymbol{I}_6 \end{aligned}\right\} \tag{3.48}$$

仿真结果如图 3－3、图 3－4 所示。

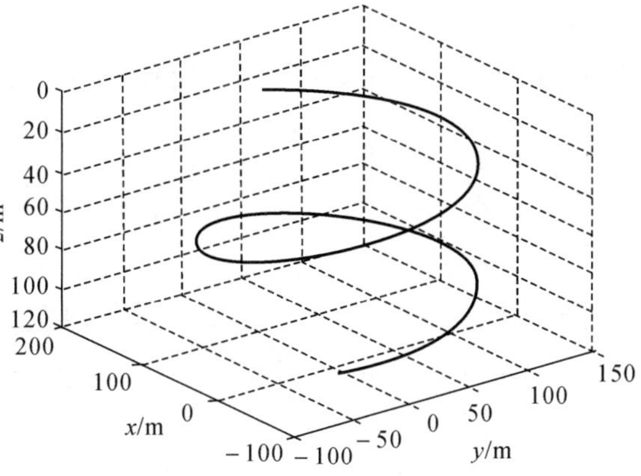

图 3－3 UUV 3 维轨迹跟踪曲线

从仿真结果分析，本节提出的自适应反演跟踪控制方法很好地实现了 UUV

的空间轨迹跟踪控制，保证了轨迹跟踪误差的全局一致渐近稳定性，具有良好的控制品质。同时，跟踪误差信号的持续激励特性保证了水流速度估计误差收敛到零。

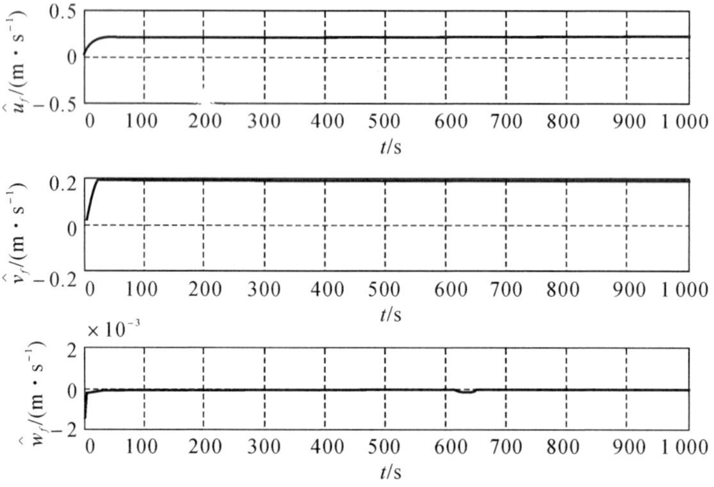

图 3-4　水流速度估计曲线

2. 水平面动力定位

研究 UUV 轨迹跟踪的一个特例——水平面动力定位问题，其中 $\boldsymbol{\eta}=[x\quad y\quad \psi]^{\mathrm{T}}$，$\boldsymbol{v}=[u\quad v\quad r]^{\mathrm{T}}$，$\boldsymbol{\tau}=[X\quad Y\quad N]^{\mathrm{T}}$，期望的位置姿态 $\boldsymbol{\eta}_d(t)=[0\quad 0\quad 0]^{\mathrm{T}}$。UUV 水平面运动模型参数为[17]

$$\boldsymbol{M}=\begin{bmatrix}186 & 0 & 0\\ 0 & 268 & 0\\ 0 & 0 & 29\end{bmatrix},\quad \boldsymbol{D}(\boldsymbol{v}_r)=\begin{bmatrix}119 & 0 & 0\\ 0 & 208 & 0\\ 0 & 0 & 15\end{bmatrix}$$

水流速度为 $\boldsymbol{v}_f=[0.5\quad 0.2\quad 0]^{\mathrm{T}}$，外部扰动力取为

$$\boldsymbol{\tau}_U(t)=[5\sin(0.2\pi t)\quad 8\cos(0.2\pi t)\quad 0.1\sin(0.2\pi t)]^{\mathrm{T}}$$

仿真中，UUV 的初始位置为 $\boldsymbol{\eta}(0)=[10\quad 10\quad \pi/2]^{\mathrm{T}}$，初始速度为 $\boldsymbol{v}_r(0)=[0\quad 0\quad 0]^{\mathrm{T}}$。控制参数和自适应参数选择为

$$\left.\begin{aligned}&\boldsymbol{\Gamma}_1=\boldsymbol{I}_3\\&\boldsymbol{\Gamma}_2=\boldsymbol{M}\boldsymbol{I}_3\\&\boldsymbol{\Lambda}=\mathrm{diag}\{10,10,0.2\}\\&\boldsymbol{\Xi}_f=0.1\boldsymbol{I}_3\end{aligned}\right\}\tag{3.49}$$

仿真结果如图 3-5 和图 3-6 所示。从仿真结果来看，采用自适应反演滑模控

制的 UUV 动力定位控制系统稳定，具有良好的瞬态和稳态控制品质，位置跟踪稳态误差小于 0.05 m，航向角跟踪稳态误差小于 0.005 rad，并且对外部的干扰力和力矩具有较好的鲁棒性，满足动力定位控制的设计要求。

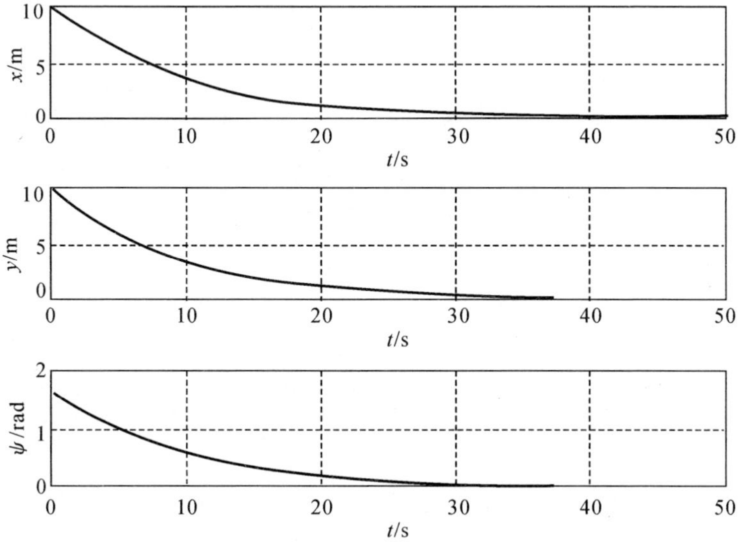

图 3-5　广义坐标曲线

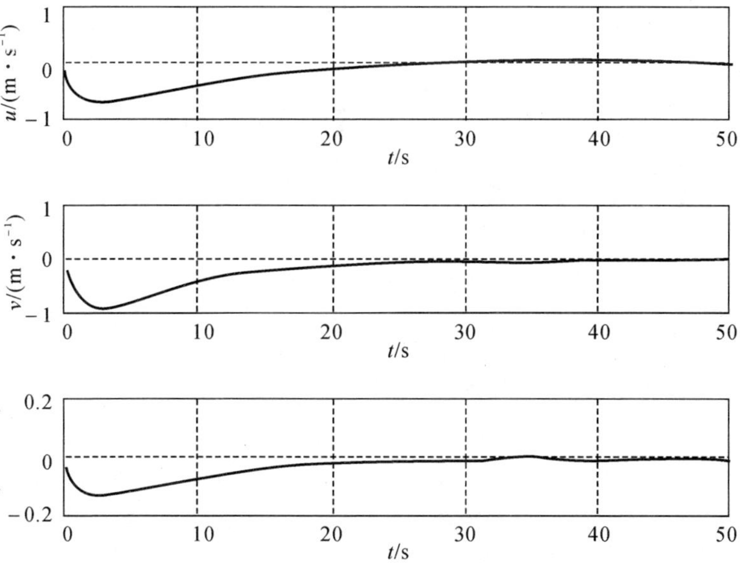

图 3-6　广义速度曲线

3.4 一类低速 UUV 的垂直面运动控制

传统的巡航式 UUV 由主推进器产生前向推力，依靠安装在尾部的操纵舵面进行运动控制，为了保证舵面产生足够的操纵力，要求 UUV 必须以一定的前进速度运动。而随着现代水下航行器的不断发展，功能不断完善，对自身的机动能力也提出了越来越高的要求，尤其是低速航行甚至主推进器停机时的稳定性。为了满足这一要求，必须改变传统的依靠舵面的控制方式，在 UUV 运载体的不同位置沿垂向和侧向安装辅助槽道推进器，完成低速航行时的运动控制[18]。

本节研究此类低速 UUV 以定常速度巡航时的垂直面运动控制问题，应用自适应反演技术，考虑动力学模型的参数不确定性，设计出垂直面运动控制器，跟踪常值深度、俯仰角指令，并保证跟踪误差全局渐近稳定[19]。对于用 UUV 的水平面运动，采用侧向辅助推进器进行航向角和侧移控制，可以用同样的方法解决。

3.4.1 具有垂向推进器的 UUV 垂直面运动模型

考虑如图 3-7 所示的安装了前、后垂向推进器的低速水下航行器。

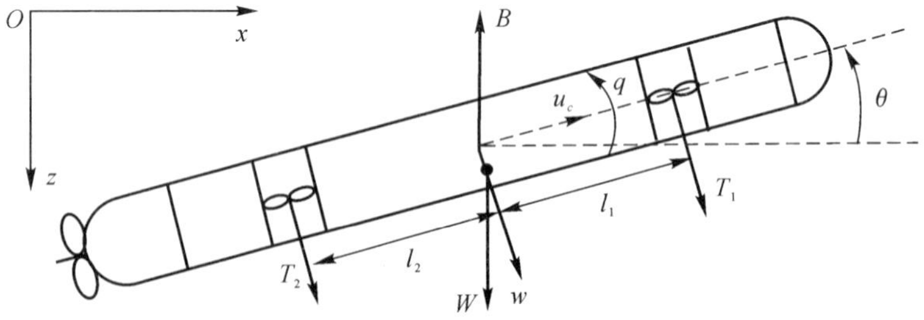

图 3-7 安装垂向推进器的 UUV 垂直面运动

图中，x，z 分别为 UUV 在地面坐标系下的前向和垂向位置坐标；θ 为俯仰角；u_c，w 分别为运载体坐标系下的前向速度和垂向速度，并假定 UUV 具有良好的速度控制，认为前向速度为常值 u_c；q 为俯仰角速度；B 为航行器所受浮力；W 为重力；T_1，T_2 分别为前垂推和后垂推产生的推力；l_1，l_2 分别为前垂推和后垂推沿载体纵轴方向到运载体坐标系原点的距离。

UUV 在垂直面内的运动模型可以表示为

$$
\begin{aligned}
&\dot{z} = -u_c \sin\theta + w\cos\theta \\
&\dot{\theta} = q \\
&(m - Z_{\dot{w}})\dot{w} + (-mx_g - Z_{\dot{q}})\dot{q} = mu_c q + mz_g q^2 + Z_{w|w|} w\,|\,w\,| + Z_{q|q|} q\,|\,q\,| + \\
&\qquad Z_{uq} u_c q + Z_{uw} u_c w + (W - B)\cos\theta + T_1 + T_2 \\
&(-mx_g - M_{\dot{w}})\dot{w} + (I_{yy} - M_{\dot{q}})\dot{q} = -mz_g wq - mx_g u_c q + M_{w|w|} w\,|\,w\,| + \\
&\qquad M_{q|q|} q\,|\,q\,| + M_{uq} u_c q + M_{uw} u_c w - \\
&\qquad (z_g W - z_b B)\sin\theta - (x_g W - x_b B)\cos\theta + \\
&\qquad l_2 T_2 - l_1 T_1
\end{aligned}
\tag{3.50}
$$

其中，m 为 UUV 质量；I_{yy} 为俯仰转动惯量；(x_g, z_g) 和 (x_b, z_b) 分别为重心和浮心在运载体坐标系中的坐标；$Z_{\dot{w}}$，$Z_{\dot{q}}$，$M_{\dot{w}}$，$M_{\dot{q}}$ 为流体附加质量；$Z_{w|w|}$，$Z_{q|q|}$，Z_{uq}，Z_{uw}，$M_{w|w|}$，$M_{q|q|}$，M_{uq}，M_{uw} 为流体阻尼系数。

为表达方便，将式(3.50)写作下面的矢量形式

$$
\begin{bmatrix} \dot{z} \\ \dot{\theta} \end{bmatrix} = \boldsymbol{J}(\theta)\begin{bmatrix} w \\ q \end{bmatrix} + \begin{bmatrix} -u_c \sin\theta \\ 0 \end{bmatrix} \tag{3.51}
$$

$$
\boldsymbol{M}\begin{bmatrix} \dot{w} \\ \dot{q} \end{bmatrix} = \boldsymbol{\tau} + \boldsymbol{f}_C(w,q) + \boldsymbol{f}_D(w,q) + \boldsymbol{f}_G(\theta) \tag{3.52}
$$

式中，

$$
\boldsymbol{J}(\theta) = \begin{bmatrix} \cos\theta & 0 \\ 0 & 1 \end{bmatrix}
$$

$$
\boldsymbol{M} = \begin{bmatrix} m - Z_{\dot{w}} & -mx_g - Z_{\dot{q}} \\ -mx_g - M_{\dot{w}} & I_{yy} - M_{\dot{q}} \end{bmatrix}
$$

$$
\boldsymbol{\tau} = \begin{bmatrix} 1 & 1 \\ -l_1 & l_2 \end{bmatrix}\begin{bmatrix} T_1 \\ T_2 \end{bmatrix} = \boldsymbol{B}\begin{bmatrix} T_1 \\ T_2 \end{bmatrix}
$$

$$
\boldsymbol{f}_C(w,q) = \begin{bmatrix} m(u_c q + z_g q^2) \\ -m(z_g wq + x_g u_c q) \end{bmatrix}
$$

$$
\boldsymbol{f}_D(w,q) = \begin{bmatrix} Z_{w|w|} w\,|\,w\,| + Z_{q|q|} q\,|\,q\,| + Z_{uq} u_c q + Z_{uw} u_c w \\ M_{w|w|} w\,|\,w\,| + M_{q|q|} q\,|\,q\,| + M_{uq} u_c q + M_{uw} u_c w \end{bmatrix}
$$

$$
\boldsymbol{f}_G(\theta) = \begin{bmatrix} (W - B)\cos\theta \\ -(z_g W - z_b B)\sin\theta - (x_g W - x_b B)\cos\theta \end{bmatrix}
$$

UUV 垂直面运动控制的目标是，在模型参数未知的条件下，设计控制输入 T_1，T_2，设计控制器使 UUV 的深度和俯仰角跟踪常值参考指令 z_d，θ_d，并保证跟踪误差的全局渐近稳定性。

3.4.2 自适应反演控制器设计

做如下假设：

(1) $\theta \in D \subset (-\pi/2, \pi/2)$。

(2) 动力学模型式(3.52)具有线性参数化的表示形式，即

$$\boldsymbol{M}\begin{bmatrix}\dot{\alpha}_1 \\ \dot{\alpha}_2\end{bmatrix} - \boldsymbol{f}_{\mathrm{C}}(w,q) - \boldsymbol{f}_{\mathrm{D}}(w,q) - \boldsymbol{f}_{\mathrm{G}}(\theta) = \boldsymbol{\Phi}(w,q,\dot{\alpha}_1,\dot{\alpha}_2,\theta)\boldsymbol{\Theta} \tag{3.53}$$

式中，$\boldsymbol{\Theta} \in \mathbf{R}^l$ 为未知参数矢量；$\boldsymbol{\Phi}(w,q,\dot{\alpha}_1,\dot{\alpha}_2,\theta) \in \mathbf{R}^{2\times l}$ 为已知函数矩阵。

(3) 控制输入矩阵 $\boldsymbol{B}$ 已知，即 l_1, l_2 已知。

系统输出矢量为 $\boldsymbol{y} = [z \quad \theta]^{\mathrm{T}}$，常值参考输出矢量为 $\boldsymbol{y}_d = [z_d \quad \theta_d]^{\mathrm{T}}$。采用自适应反演设计方法，首先定义输出跟踪误差 $\boldsymbol{z}_1 = \boldsymbol{y} - \boldsymbol{y}_d$，及 Lyapunov 函数

$$V_1 = \frac{1}{2}\boldsymbol{z}_1^{\mathrm{T}}\boldsymbol{z}_1 \tag{3.54}$$

求导有

$$\dot{V}_1 = \boldsymbol{z}_1^{\mathrm{T}}\left(\boldsymbol{J}(\theta)\begin{bmatrix}w \\ q\end{bmatrix} + \begin{bmatrix}-u_c\sin\theta \\ 0\end{bmatrix}\right) \tag{3.55}$$

将广义速度矢量 $\boldsymbol{v} = [w \quad q]^{\mathrm{T}}$ 看作是虚拟的控制输入，选择期望的镇定函数为

$$\boldsymbol{\alpha} = \begin{bmatrix}\alpha_1 \\ \alpha_2\end{bmatrix} = \boldsymbol{J}^{-1}(\theta)\left(-\Gamma_1\boldsymbol{z}_1 + \begin{bmatrix}u_c\sin\theta \\ 0\end{bmatrix}\right) \tag{3.56}$$

其导数为

$$\dot{\boldsymbol{\alpha}} = \dot{\boldsymbol{J}}^{-1}(\theta)\left(-\Gamma_1\boldsymbol{z}_1 + \begin{bmatrix}u_c\sin\theta \\ 0\end{bmatrix}\right) + \boldsymbol{J}^{-1}(\theta)\left(-\Gamma_1\dot{\boldsymbol{z}}_1 + q\begin{bmatrix}u_c\cos\theta \\ 0\end{bmatrix}\right) \tag{3.57}$$

并定义速度跟踪误差 $\boldsymbol{z}_2 = \boldsymbol{v} - \boldsymbol{\alpha}$，代入式(3.55)得到

$$\dot{V}_1 = -\boldsymbol{z}_1^{\mathrm{T}}\Gamma_1\boldsymbol{z}_1 + \boldsymbol{z}_1^{\mathrm{T}}\boldsymbol{J}(\theta)\boldsymbol{z}_2 \tag{3.58}$$

对 $\boldsymbol{z}_2$ 求导有

$$\begin{aligned}\dot{\boldsymbol{z}}_2 &= \boldsymbol{M}^{-1}(\boldsymbol{\tau} + \boldsymbol{f}_{\mathrm{C}}(w,q) + \boldsymbol{f}_{\mathrm{D}}(w,q) + \boldsymbol{f}_{\mathrm{G}}(\theta) - \boldsymbol{M}\dot{\boldsymbol{\alpha}}) = \\ &\boldsymbol{M}^{-1}(\boldsymbol{\tau} - \boldsymbol{\Phi}(w,q,\dot{\alpha}_1,\dot{\alpha}_2,\theta)\boldsymbol{\Theta})\end{aligned} \tag{3.59}$$

设计第 2 个 Lyapunov 函数

$$V_2 = V_1 + \frac{1}{2}\boldsymbol{z}_2^{\mathrm{T}}\boldsymbol{M}\boldsymbol{z}_2 \tag{3.60}$$

对其求导有

$$\dot{V}_2 = -\boldsymbol{z}_1^{\mathrm{T}}\boldsymbol{\Gamma}_1\boldsymbol{z}_1 + \boldsymbol{z}_2^{\mathrm{T}}(\boldsymbol{\tau} - \boldsymbol{\Phi}(w,q,\dot{\alpha}_1,\dot{\alpha}_2,\theta)\boldsymbol{\Theta} + \boldsymbol{J}(\theta)\boldsymbol{z}_1) \tag{3.61}$$

为使 $\dot{V}_2 \leqslant 0$，选择如下控制输入：

$$\boldsymbol{\tau} = -\boldsymbol{\Gamma}_2\boldsymbol{z}_2 + \boldsymbol{\Phi}(w,q,\dot{\alpha}_1,\dot{\alpha}_2,\theta)\hat{\boldsymbol{\Theta}} - \boldsymbol{J}(\theta)\boldsymbol{z}_1 \tag{3.62}$$

其中，$\hat{\boldsymbol{\Theta}}$ 为 $\boldsymbol{\Theta}$ 的估计值。代入式(3.61) 有

$$\dot{V}_2 = -\boldsymbol{z}_1^{\mathrm{T}}\boldsymbol{\Gamma}_1\boldsymbol{z}_1 - \boldsymbol{z}_2^{\mathrm{T}}\boldsymbol{\Gamma}_2\boldsymbol{z}_2 - \boldsymbol{z}_2^{\mathrm{T}}\boldsymbol{\Phi}(w,q,\dot{\alpha}_1,\dot{\alpha}_2,\theta)\tilde{\boldsymbol{\Theta}} \tag{3.63}$$

其中，$\tilde{\boldsymbol{\Theta}} = \boldsymbol{\Theta} - \hat{\boldsymbol{\Theta}}$ 为参数估计误差矢量。

为获得参数估计矢量的自适应律，保证系统的全局渐近稳定性，定义第 3 个 Lyapunov 函数

$$V_3 = V_2 + \frac{1}{2}\tilde{\boldsymbol{\Theta}}^{\mathrm{T}}\boldsymbol{\Lambda}^{-1}\tilde{\boldsymbol{\Theta}} \tag{3.64}$$

其中，$\boldsymbol{\Lambda} > 0$ 为对角正定设计矩阵，对 V_3 求导得

$$\dot{V}_3 = -\boldsymbol{z}_1^{\mathrm{T}}\boldsymbol{\Gamma}_1\boldsymbol{z}_1 - \boldsymbol{z}_2^{\mathrm{T}}\boldsymbol{\Gamma}_2\boldsymbol{z}_2 + \tilde{\boldsymbol{\Theta}}^{\mathrm{T}}(-\boldsymbol{\Phi}^{\mathrm{T}}(w,q,\dot{\alpha}_1,\dot{\alpha}_2,\theta)\boldsymbol{z}_2 - \boldsymbol{\Lambda}^{-1}\dot{\hat{\boldsymbol{\Theta}}}) \tag{3.65}$$

设计下面的自适应律，消除参数估计误差对系统稳定性的影响

$$\dot{\hat{\boldsymbol{\Theta}}} = -\Lambda\boldsymbol{\Phi}^{\mathrm{T}}(w,q,\dot{\alpha}_1,\dot{\alpha}_2,\theta)\boldsymbol{z}_2 \tag{3.66}$$

代入式(3.65) 得

$$\dot{V}_3 = -\boldsymbol{z}_1^{\mathrm{T}}\boldsymbol{\Gamma}_1\boldsymbol{z}_1 - \boldsymbol{z}_2^{\mathrm{T}}\boldsymbol{\Gamma}_2\boldsymbol{z}_2 \leqslant 0 \tag{3.67}$$

定理 3.3　给定深度、俯仰角参考指令，由式(3.51) 和式(3.52) 描述的低速 UUV，在控制律式(3.62) 和自适应律式(3.66) 的作用下，深度、俯仰角能够跟踪常值参考指令 z_d，θ_d，并且跟踪误差全局渐近稳定。

证明　由式(3.64) 定义的 Lyapunov 函数 V_3 正定，且径向无界，由式(3.67) 知其导数 $\dot{V}_3$ 负半定。根据 Barbalat 引理得

$$\lim_{t\to\infty}\boldsymbol{z}_1 = \lim_{t\to\infty}\boldsymbol{z}_2 = 0 \tag{3.68}$$

因此，跟踪误差 $\boldsymbol{z}_1$，$\boldsymbol{z}_2$ 全局渐近稳定。

3.4.3　仿真研究

为了验证本节提出的自适应反演控制器的有效性，采用 REMUS 水下航行器[20] 的数学模型进行仿真研究。由于 REMUS 水下航行器依靠舵进行控制，没有安装垂向推进器，为仿真研究需要增加参数 $l_1 = l_2 = 0.35$ m，REMUS 垂直面运动模型参数见附录。

选择控制参数和自适应参数为

$$\boldsymbol{\Gamma}_1 = 0.5\boldsymbol{I}_2$$

$$\boldsymbol{\Gamma}_2 = 5\boldsymbol{I}_2$$

$$\boldsymbol{\Lambda} = 0.1\boldsymbol{I}_{18}$$

初始状态为 $w_0 = q_0 = z_0 = \theta_0 = 0$，位置姿态指令为 $z_d = 10\ \mathrm{m}, \theta_d = 0.174\,5\mathrm{rad}(10^\circ)$，仿真结果如图 3-8 所示。

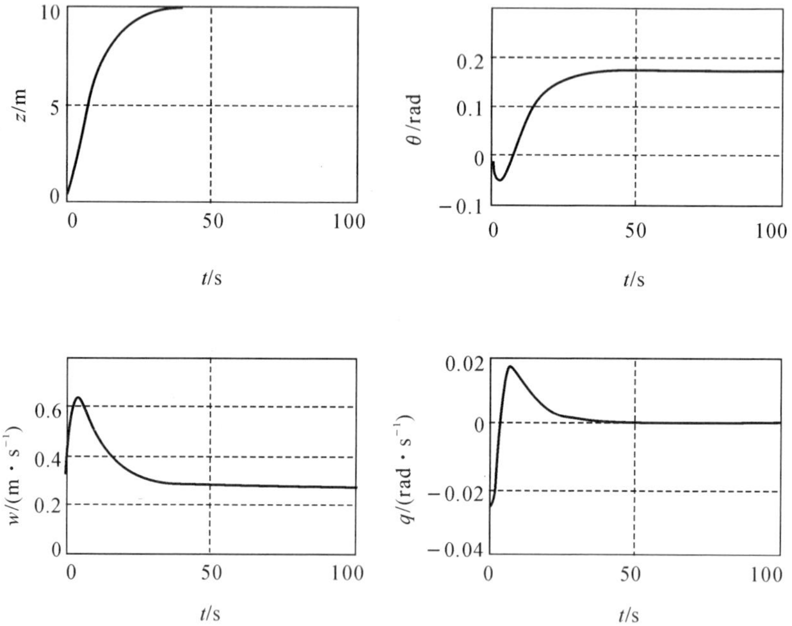

图 3-8　仿真结果曲线

从仿真结果可以看出，本节设计的自适应反演垂直面运动控制成功地实现了 REMUS 水下航行器垂直面内的深度、俯仰角控制，控制误差渐近收敛到零，同时该控制器对未知动力学模型参数具有良好的自适应性。通过对运动模型的分析，在系统稳定后，运动参数满足

$$\dot{z}_\infty = -u_c \sin\theta_\infty + w_\infty \cos\theta_\infty = 0$$

即 $w_\infty = u_c \tan\theta_\infty$，这与数学仿真结果一致。另外，从角速度 q 曲线看到，仿真初始阶段的角速度 $q < 0$，这是垂向加速度 $\dot{w}$ 对角速度产生的耦合作用的结果。

3.5　基于神经网络的 UUV 自适应动态逆轨迹跟踪控制

非线性自适应控制要求 UUV 的不确定性满足线性化参数条件，但对于 UUV 而言，某些参数无法满足这一假设条件，例如在哥氏力和向心力 $\boldsymbol{C}_{RB}(\boldsymbol{v})\boldsymbol{v}$ 中，常值海流速度和惯性系数具有非线性耦合，在前面的研究中，假设 UUV 相对水流的速度可以测量，并近似认为 $\boldsymbol{M}_{RB}\dot{\boldsymbol{v}}\approx\boldsymbol{M}_{RB}\dot{\boldsymbol{v}}_r$ 和 $\boldsymbol{C}_{RB}(\boldsymbol{v})\boldsymbol{v}\approx\boldsymbol{C}_{RB}(\boldsymbol{v}_r)\boldsymbol{v}_r$。由于水下航行器运动的时变性、环境的复杂性和不确定性，建模中的流体阻尼力和理想流体力都经过了假设，难以建立精确的水下航行器运动模型。

近年来，有学者采用神经网络作为通用逼近器来近似模型不确定性，设计自适应动力定位控制器，并取得了良好的控制效果。Zhang 等人[21] 基于动态回归模糊神经网络估计模型不确定性，设计了 UUV 的输出反馈控制。Leonessa 等人[22] 针对水面船和水下航行器，提出了基于单隐层神经网络的模型参考自适应控制，基于 Lyapunov 稳定性理论推导了神经网络权重的自适应律，保证跟踪误差的最终一致有界。Xia 等人[23] 设计了径向基神经网络逼近不确定非线性函数，同样基于 Lyapunov 稳定性理论设计了网络权重的自适应律。

动态逆控制是一种反馈线性化方法，其基本思想是，对于给定的 n 阶非线性系统，以该系统的 n 阶导数作为伪控制(Pseudo Control)信号，并采用线性系统控制方法设计控制输入，然后对系统的 n 阶动态模型求逆，从而获得实际的控制输入。该方法要求系统模型精确已知，并且可以求逆。而自适应动态逆控制则是考虑系统的模型不确定性，在设计伪控制输入时增加一项用于补偿模型误差的自适应控制项，从而保证系统的稳定性。神经网络能够充分逼近任意复杂的非线性关系，因此可用于设计自适应补偿项，构成了基于神经网络的自适应动态逆控制。单隐层(Single - Hidden Layer，SHL)神经网络是一种典型的非线性神经网络，广泛用于控制系统的辨识和建模，具有全局作用域、神经网络参数少、收敛速度快、鲁棒性强等优点。

本节采用基于单隐层神经网络的自适应动态逆控制[24] 方法，在非线性动态逆控制结构中加入由神经网络构成的自适应环节，通过将其输出信号叠加到伪控制输入中，用以补偿 UUV 的动力学模型误差，保证轨迹跟踪误差的稳定性。

3.5.1 自适应动态逆轨迹跟踪控制

考虑第 2 章中给出的全局坐标系下的 UUV 运动模型

$$\ddot{\boldsymbol{\eta}}=\dot{\boldsymbol{J}}(\boldsymbol{\eta})\boldsymbol{v}+\boldsymbol{J}(\boldsymbol{\eta})\dot{\boldsymbol{v}}=\boldsymbol{F}(\boldsymbol{\eta},\boldsymbol{v},\boldsymbol{T}) \tag{3.69}$$

由于 UUV 动力学模型中的参数存在不确定性，因此

$$\boldsymbol{F}(\boldsymbol{\eta},\boldsymbol{v},\boldsymbol{T})=\hat{\boldsymbol{F}}(\boldsymbol{\eta},\boldsymbol{v},\boldsymbol{T})+\Delta\boldsymbol{F}(\boldsymbol{\eta},\boldsymbol{v},\boldsymbol{T}) \tag{3.70}$$

其中，$\hat{\boldsymbol{F}}(\boldsymbol{\eta},\boldsymbol{v},\boldsymbol{T})$ 为已知的 UUV 运动模型；$\Delta\boldsymbol{F}(\boldsymbol{\eta},\boldsymbol{v},\boldsymbol{T})$ 为动力学模型误差。

轨迹跟踪控制的目标是，基于标称模型 $\ddot{\boldsymbol{\eta}}=\hat{\boldsymbol{F}}(\boldsymbol{\eta},\boldsymbol{v},\boldsymbol{T})$ 设计控制力 $\boldsymbol{\tau}=\boldsymbol{BT}$，使得 UUV 以任意初始状态跟踪期望的轨迹 $\boldsymbol{\eta}_d(t)$，在系统模型不确定的条件下保证跟踪误差的稳定性。

这里采用单隐层神经网络设计 UUV 的自适应动态逆轨迹跟踪控制，其结构如图3-9 所示。

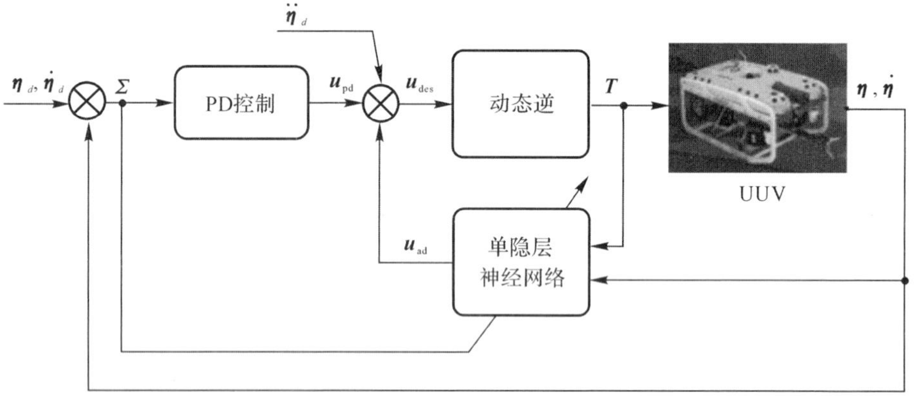

图 3-9 基于单隐层神经网络的自适应逆动态控制结构

图中，$\boldsymbol{\Sigma}$ 为轨迹跟踪误差矢量，定义为

$$\boldsymbol{\Sigma}=\begin{bmatrix}\boldsymbol{\eta}_d-\boldsymbol{\eta}\\ \dot{\boldsymbol{\eta}}_d-\dot{\boldsymbol{\eta}}\end{bmatrix} \tag{3.71}$$

$\boldsymbol{u}_{des}$ 为伪控制量，即期望的 UUV 全局加速度，$\boldsymbol{u}_{des}$ 由三部分组成

$$\boldsymbol{u}_{des}=\boldsymbol{u}_{rm}+\boldsymbol{u}_{pd}-\boldsymbol{u}_{ad}=\hat{\boldsymbol{F}}(\boldsymbol{\eta},\boldsymbol{v},\boldsymbol{T}) \tag{3.72}$$

其中，$\boldsymbol{u}_{rm}=\ddot{\boldsymbol{\eta}}_d$ 是参考轨迹的加速度信号；$\boldsymbol{u}_{pd}$ 是比例-微分线性控制信号；$\boldsymbol{u}_{ad}$ 是由神经网络构成的自适应补偿信号。对近似动力学模型式(3.72) 求逆，可以得到控制输入为

$$\boldsymbol{T}=\hat{\boldsymbol{F}}^{-1}(\boldsymbol{\eta},\boldsymbol{v},\boldsymbol{u}_{\mathrm{des}}) \tag{3.73}$$

若考虑 UUV 的动力定位问题，即期望状态 $\boldsymbol{\eta}^*$ 为常值，则可选择二阶线性稳定系统作为参考模型（Reference Model）产生参考轨迹[24]，有

$$\boldsymbol{A}_{\mathrm{rm}}\ddot{\boldsymbol{\eta}}_d+\boldsymbol{B}_{\mathrm{rm}}\dot{\boldsymbol{\eta}}_d+\boldsymbol{\eta}_d=\boldsymbol{\eta}^* \tag{3.74}$$

其中，参考模型系统矩阵定义为

$$\boldsymbol{A}_{\mathrm{rm}}=\mathrm{diag}\left\{\frac{1}{w_{n1}^2},\frac{1}{w_{n2}^2},\frac{1}{w_{n3}^2},\frac{1}{w_{n4}^2},\frac{1}{w_{n5}^2},\frac{1}{w_{n6}^2}\right\}$$

$$\boldsymbol{B}_{\mathrm{rm}}=\mathrm{diag}\left\{\frac{2\zeta_1}{w_{n1}},\frac{2\zeta_2}{w_{n2}},\frac{2\zeta_3}{w_{n3}},\frac{2\zeta_4}{w_{n4}},\frac{2\zeta_5}{w_{n5}},\frac{2\zeta_6}{w_{n6}}\right\}$$

其中，$\xi_i,w_{ni}(i=1,\cdots,6)$ 为参考模型的阻尼比和自然频率。

定义参考轨迹的初值为 $\boldsymbol{\eta}_d(0)=\boldsymbol{\eta}(0)$。

为了保证跟踪误差的稳定性，在状态反馈系统中采用了比例-微分线性控制器 $\boldsymbol{u}_{\mathrm{pd}}$，比例和微分系数矩阵分别选为正定对称矩阵 $\boldsymbol{K}_{\mathrm{p}}$ 和 $\boldsymbol{K}_{\mathrm{d}}$，控制器的输出为

$$\boldsymbol{u}_{\mathrm{pd}}=[\boldsymbol{K}_{\mathrm{p}}\quad \boldsymbol{K}_{\mathrm{d}}]\boldsymbol{\Sigma} \tag{3.75}$$

综合式(3.69)、式(3.72)、式(3.73)、式(3.75)，可以得到轨迹跟踪误差模型

$$\dot{\boldsymbol{\Sigma}}=\boldsymbol{A}\boldsymbol{\Sigma}+\boldsymbol{B}(\boldsymbol{u}_{\mathrm{ad}}-\Delta\boldsymbol{F}(\boldsymbol{\eta},\boldsymbol{v},\boldsymbol{T})) \tag{3.76}$$

其中，$\boldsymbol{A}=\begin{bmatrix}\boldsymbol{0} & \boldsymbol{I}\\ -\boldsymbol{K}_{\mathrm{p}} & -\boldsymbol{K}_{\mathrm{d}}\end{bmatrix}$ 为 Hurwitz 矩阵，$\boldsymbol{B}=\begin{bmatrix}\boldsymbol{0}\\ \boldsymbol{I}\end{bmatrix}$。显然，当自适应信号完全补偿模型误差时，系统是指数稳定的。

3.5.2　神经网络控制设计与稳定性证明

作为通用逼近器，当神经元个数足够多时的单隐层神经网络可以任意精度逼近系统模型误差 $\Delta\boldsymbol{F}(\boldsymbol{\eta},\boldsymbol{v},\boldsymbol{T})$，即

$$\Delta\boldsymbol{F}(\boldsymbol{\eta},\boldsymbol{v},\boldsymbol{T})=\boldsymbol{W}^{\mathrm{T}}\boldsymbol{\sigma}(\boldsymbol{V}^{\mathrm{T}}\bar{\boldsymbol{x}})+\boldsymbol{\varepsilon} \tag{3.77}$$

各中，$\boldsymbol{\varepsilon}$ 是逼近误差；$\boldsymbol{W}^{\mathrm{T}}\boldsymbol{\sigma}(\boldsymbol{V}^{\mathrm{T}}\bar{\boldsymbol{x}})$ 为单隐层神经网络输出，其结构如图 3-10 所示。图中，n_1,n_2 和 n_3 分别为神经网络输入个数、隐层神经元个数和神经网络输出个数。$\boldsymbol{V}$ 和 $\boldsymbol{W}$ 是神经网络权重矩阵，定义为

$$\boldsymbol{V}=\begin{bmatrix}\theta_{v,1} & \cdots & \theta_{v,n_2}\\ v_{1,1} & \cdots & v_{1,n_2}\\ \vdots & & \vdots\\ v_{n_1,1} & \cdots & v_{n_1,n_2}\end{bmatrix}\in\mathbf{R}^{(n_1+1)\times n_2}$$

$$\boldsymbol{W}=\begin{bmatrix}\theta_{w,1} & \cdots & \theta_{w,n_3}\\ w_{1,1} & \cdots & w_{1,n_3}\\ \vdots & & \vdots\\ w_{n_2,1} & \cdots & w_{n_2,n_3}\end{bmatrix}\in\mathbf{R}^{(n_2+1)\times n_3}$$

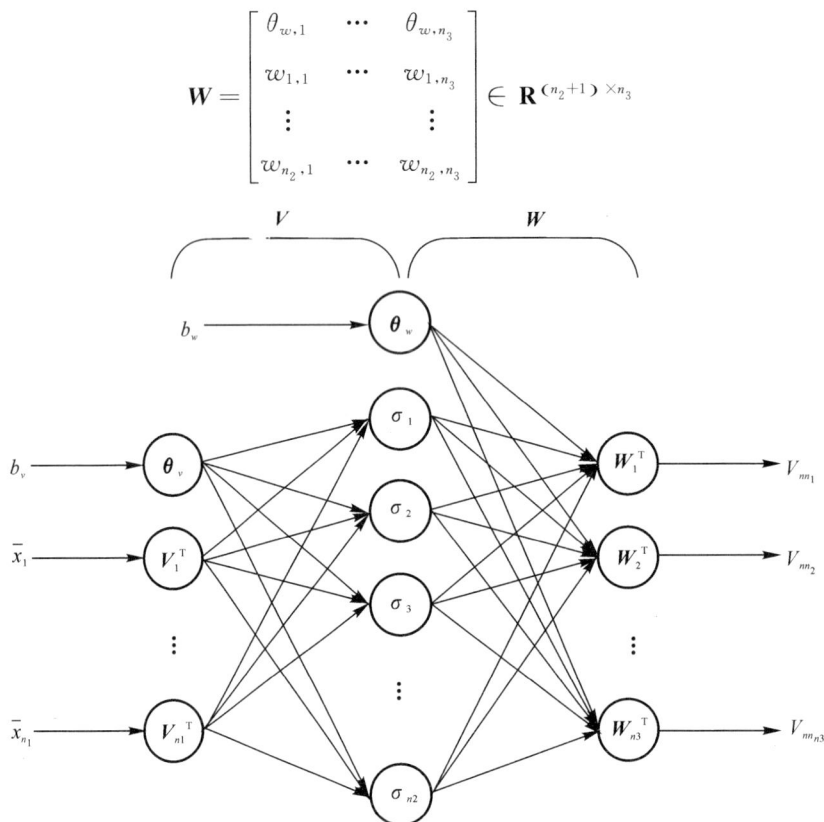

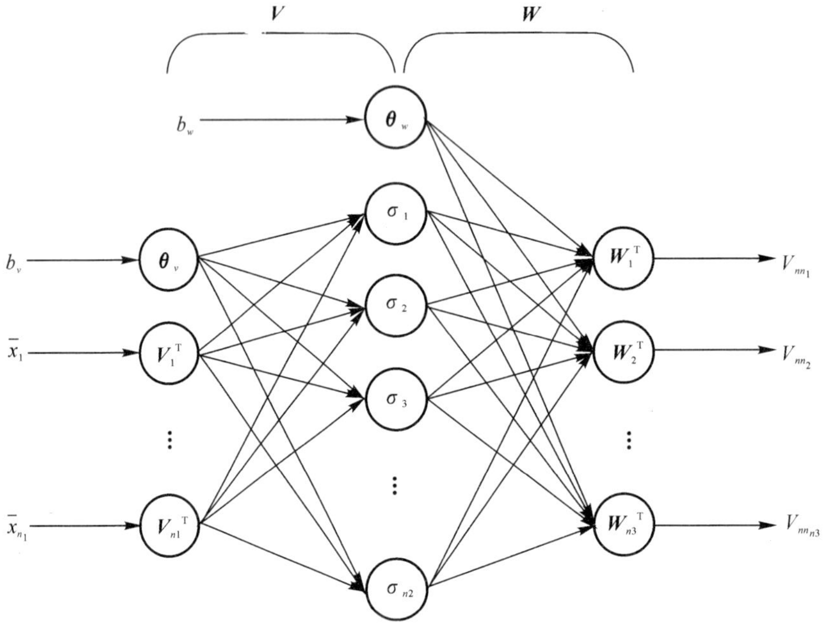

图 3-10　单隐层神经网络结构图

矢量 $\bar{\boldsymbol{x}}$ 定义为

$$\bar{\boldsymbol{x}}=[b_v\quad \boldsymbol{x}_{\text{in}}^{\text{T}}]\in\mathbf{R}^{n_1+1}\tag{3.78}$$

其中，输入偏置 $b_v>0$，$\boldsymbol{x}_{\text{in}}=[\boldsymbol{\eta}^{\text{T}}\quad \boldsymbol{v}^{\text{T}}\quad \boldsymbol{T}^{\text{T}}]^{\text{T}}\in\mathbf{R}^{n_1}$ 为神经网络输入。

Sigmoid 矢量 $\boldsymbol{\sigma}(\boldsymbol{z})$ 定义为

$$\boldsymbol{\sigma}(\boldsymbol{z})=[b_w\quad \sigma_1(z_1)\quad \sigma_2(z_2)\quad \cdots\quad \sigma_{n_2}(z_{n_2})]^{\text{T}}\tag{3.79}$$

其中，b_w 为隐层偏置；激活函数 $\sigma_j(z_j)=1/(1+\mathrm{e}^{-a_jz_j})$；系数 a_j 对每个隐层神经元可选择不同的值，$j=1,2,\cdots,n_2$。

理想权重矩阵 $\boldsymbol{V},\boldsymbol{W}$ 在输入信号可达域 Ω 内满足

$$\sup_{\bar{x}\in\Omega}\|\Delta\boldsymbol{F}(\boldsymbol{\eta},\boldsymbol{v},\boldsymbol{T})-\boldsymbol{W}^{\text{T}}\boldsymbol{\sigma}(\boldsymbol{V}^{\text{T}}\bar{\boldsymbol{x}})\|=\boldsymbol{\varepsilon}^*\tag{3.80}$$

其中，$\boldsymbol{\varepsilon}^*>0$ 为逼近误差的上界，即满足 $\|\boldsymbol{\varepsilon}\|\leqslant\boldsymbol{\varepsilon}^*$。定义矩阵 $\boldsymbol{\Xi}=\text{diag}\{\boldsymbol{V},\boldsymbol{W}\}$，并假定其为有界的，即 $\|\boldsymbol{\Xi}\|_F\leqslant\bar{\Xi}$，$\bar{\Xi}>0$，$\|\cdot\|_F$ 是 Frobenius 范数，

设计神经网络自适应补偿为

$$\boldsymbol{u}_{\mathrm{ad}}=\hat{\boldsymbol{W}}^{\mathrm{T}}\boldsymbol{\sigma}(\hat{\boldsymbol{V}}^{\mathrm{T}}\bar{\boldsymbol{x}})+\boldsymbol{u}_r \tag{3.81}$$

其中，$\hat{\boldsymbol{W}}$ 和 $\hat{\boldsymbol{V}}$ 是神经网络权重矩阵 $\boldsymbol{W}$ 和 $\boldsymbol{V}$ 的估计值，估计误差定义为 $\widetilde{\boldsymbol{W}}=\boldsymbol{W}-\hat{\boldsymbol{W}}$ 和 $\widetilde{\boldsymbol{V}}=\boldsymbol{V}-\hat{\boldsymbol{V}}$。

在线训练权重矩阵的自适应律[25] 为

$$\begin{aligned}\dot{\hat{\boldsymbol{W}}}&=-\boldsymbol{\Gamma}_w\{[\boldsymbol{\sigma}(\boldsymbol{V}^{\mathrm{T}}\bar{\boldsymbol{x}})-\boldsymbol{\sigma}'(\boldsymbol{V}^{\mathrm{T}}\bar{\boldsymbol{x}})\boldsymbol{V}^{\mathrm{T}}\bar{\boldsymbol{x}}]\boldsymbol{r}^{\mathrm{T}}+\kappa\|\boldsymbol{\Sigma}\|\hat{\boldsymbol{W}}\}\\ \dot{\hat{\boldsymbol{V}}}&=-\boldsymbol{\Gamma}_v[\bar{\boldsymbol{x}}\boldsymbol{r}^{\mathrm{T}}\boldsymbol{W}^{\mathrm{T}}\boldsymbol{\sigma}'(\boldsymbol{V}^{\mathrm{T}}\bar{\boldsymbol{x}})+\kappa\|\boldsymbol{\Sigma}\|\hat{\boldsymbol{V}}]\end{aligned} \tag{3.82}$$

其中，$\boldsymbol{\Gamma}_w>\boldsymbol{0}$，$\boldsymbol{\Gamma}_v>\boldsymbol{0}$，$\kappa>0$，$\boldsymbol{r}^{\mathrm{T}}=\boldsymbol{\Sigma}^{\mathrm{T}}\boldsymbol{PB}$，$\boldsymbol{P}$ 是 $\boldsymbol{A}^{\mathrm{T}}\boldsymbol{P}+\boldsymbol{PA}+\boldsymbol{Q}=\boldsymbol{0}$ 的正定解，$\boldsymbol{Q}$ 为正定矩阵。鲁棒控制信号 $\boldsymbol{u}_r$ 为 Riccati 方程

$$\boldsymbol{u}_r=-\boldsymbol{K}_r(\|\hat{\boldsymbol{\Xi}}\|_F+\bar{\Xi})(\|\boldsymbol{\Sigma}\|/\|\boldsymbol{r}\|)\boldsymbol{r} \tag{3.83}$$

其中，$\hat{\boldsymbol{\Xi}}=\mathrm{diag}\{\hat{\boldsymbol{V}},\hat{\boldsymbol{W}}\}$，$\boldsymbol{K}_r>0$ 是正定对角矩阵。

定理 3.4　对于 UUU 轨迹跟踪误差模型式(3.76)，若选择神经网络自适应控制式(3.81) 和式(3.83)，神经网络权重矩阵在线训练自适应律为式(3.82) 时，在输入信号域 Ω 内，跟踪误差 $\boldsymbol{\Sigma}$ 和权重矩阵估计误差 $\widetilde{\boldsymbol{W}}$ 和 $\widetilde{\boldsymbol{V}}$ 一致最终有界(Uniformly Ultimately Bounded，UUB)。

证明　单隐层神经网络对不确定函数 $\Delta\boldsymbol{F}(\boldsymbol{\eta},\boldsymbol{v},\boldsymbol{T})$ 的逼近误差可以表示为

$$\boldsymbol{e}_{\mathrm{nn}}=\Delta\boldsymbol{F}(\boldsymbol{\eta},\boldsymbol{v},\boldsymbol{T})-\hat{\boldsymbol{W}}^{\mathrm{T}}\boldsymbol{\sigma}(\hat{\boldsymbol{V}}^{\mathrm{T}}\bar{\boldsymbol{x}}) \tag{3.84}$$

将式(3.77) 代入式(3.84)，并加减 $\boldsymbol{W}^{\mathrm{T}}\boldsymbol{\sigma}(\hat{\boldsymbol{V}}^{\mathrm{T}}\bar{\boldsymbol{x}})$ 得到

$$\begin{aligned}\boldsymbol{e}_{\mathrm{nn}}&=\boldsymbol{W}^{\mathrm{T}}\boldsymbol{\sigma}(\boldsymbol{V}^{\mathrm{T}}\bar{\boldsymbol{x}})-\hat{\boldsymbol{W}}^{\mathrm{T}}\boldsymbol{\sigma}(\hat{\boldsymbol{V}}^{\mathrm{T}}\bar{\boldsymbol{x}})-\boldsymbol{W}^{\mathrm{T}}\boldsymbol{\sigma}(\hat{\boldsymbol{V}}^{\mathrm{T}}\bar{\boldsymbol{x}})+\boldsymbol{W}^{\mathrm{T}}\boldsymbol{\sigma}(\hat{\boldsymbol{V}}^{\mathrm{T}}\bar{\boldsymbol{x}})+\boldsymbol{\varepsilon}=\\&\widetilde{\boldsymbol{W}}^{\mathrm{T}}\boldsymbol{\sigma}(\hat{\boldsymbol{V}}^{\mathrm{T}}\bar{\boldsymbol{x}})+\boldsymbol{W}^{\mathrm{T}}(\boldsymbol{\sigma}(\boldsymbol{V}^{\mathrm{T}}\bar{\boldsymbol{x}})-\boldsymbol{\sigma}(\hat{\boldsymbol{V}}^{\mathrm{T}}\bar{\boldsymbol{x}}))+\boldsymbol{\varepsilon}\end{aligned} \tag{3.85}$$

将函数 $\boldsymbol{\sigma}(\boldsymbol{V}^{\mathrm{T}}\bar{\boldsymbol{x}})$ 在 $\hat{\boldsymbol{V}}^{\mathrm{T}}\bar{\boldsymbol{x}}$ 点进行 Taylor 级数展开有

$$\boldsymbol{\sigma}(\boldsymbol{V}^{\mathrm{T}}\bar{\boldsymbol{x}})-\boldsymbol{\sigma}(\hat{\boldsymbol{V}}^{\mathrm{T}}\bar{\boldsymbol{x}})=\boldsymbol{\sigma}'(\hat{\boldsymbol{V}}^{\mathrm{T}}\bar{\boldsymbol{x}})\widetilde{\boldsymbol{V}}^{\mathrm{T}}\bar{\boldsymbol{x}}+\boldsymbol{O}(\widetilde{\boldsymbol{V}}^{\mathrm{T}}\bar{\boldsymbol{x}})^2 \tag{3.86}$$

于是，

$$\begin{aligned}\boldsymbol{e}_{\mathrm{nn}}&=\widetilde{\boldsymbol{W}}^{\mathrm{T}}\boldsymbol{\sigma}[\hat{\boldsymbol{V}}^{\mathrm{T}}\bar{\boldsymbol{x}})+\boldsymbol{W}^{\mathrm{T}}(\boldsymbol{\sigma}'(\hat{\boldsymbol{V}}^{\mathrm{T}}\bar{\boldsymbol{x}})\widetilde{\boldsymbol{V}}^{\mathrm{T}}\bar{\boldsymbol{x}}+\boldsymbol{O}(\widetilde{\boldsymbol{V}}^{\mathrm{T}}\bar{\boldsymbol{x}})^2]+\boldsymbol{\varepsilon}=\\&\widetilde{\boldsymbol{W}}^{\mathrm{T}}\boldsymbol{\sigma}(\hat{\boldsymbol{V}}^{\mathrm{T}}\bar{\boldsymbol{x}})+\hat{\boldsymbol{W}}^{\mathrm{T}}\boldsymbol{\sigma}'(\hat{\boldsymbol{V}}^{\mathrm{T}}\bar{\boldsymbol{x}})\widetilde{\boldsymbol{V}}^{\mathrm{T}}\bar{\boldsymbol{x}}+\widetilde{\boldsymbol{W}}^{\mathrm{T}}\boldsymbol{\sigma}'(\hat{\boldsymbol{V}}^{\mathrm{T}}\bar{\boldsymbol{x}})\widetilde{\boldsymbol{V}}^{\mathrm{T}}\bar{\boldsymbol{x}}+\boldsymbol{W}^{\mathrm{T}}\boldsymbol{O}(\widetilde{\boldsymbol{V}}^{\mathrm{T}}\bar{\boldsymbol{x}})^2+\boldsymbol{\varepsilon}=\\&\widetilde{\boldsymbol{W}}^{\mathrm{T}}[\boldsymbol{\sigma}(\hat{\boldsymbol{V}}^{\mathrm{T}}\bar{\boldsymbol{x}})-\boldsymbol{\sigma}'(\hat{\boldsymbol{V}}^{\mathrm{T}}\bar{\boldsymbol{x}})\hat{\boldsymbol{V}}^{\mathrm{T}}\bar{\boldsymbol{x}}]+\hat{\boldsymbol{W}}^{\mathrm{T}}\boldsymbol{\sigma}'(\hat{\boldsymbol{V}}^{\mathrm{T}}\bar{\boldsymbol{x}})\widetilde{\boldsymbol{V}}^{\mathrm{T}}\bar{\boldsymbol{x}}+w\end{aligned} \tag{3.87}$$

其中，$w=\widetilde{\boldsymbol{W}}^{\mathrm{T}}\boldsymbol{\sigma}'(\hat{\boldsymbol{V}}^{\mathrm{T}}\bar{\boldsymbol{x}})\boldsymbol{V}^{\mathrm{T}}\bar{\boldsymbol{x}}+\boldsymbol{W}^{\mathrm{T}}\boldsymbol{O}(\widetilde{\boldsymbol{V}}^{\mathrm{T}}\bar{\boldsymbol{x}})^2+\boldsymbol{\varepsilon}$ 为干扰项，存在正常数 c_0，c_1，c_2 和 c_3 有[25]

$$\|\boldsymbol{w}\|\leqslant c_0+c_1\|\widetilde{\boldsymbol{\Xi}}\|_F+c_2\|\widetilde{\boldsymbol{\Xi}}\|_F\|\boldsymbol{\Sigma}\|+c_3\|\widetilde{\boldsymbol{\Xi}}\|_F^2 \tag{3.88}$$

定义 Lyapunov 函数

$$V_{\mathrm{nn}}=\frac{1}{2}\boldsymbol{\Sigma}^{\mathrm{T}}\boldsymbol{P\Sigma}+\frac{1}{2}\mathrm{tr}\{\widetilde{\boldsymbol{W}}^{\mathrm{T}}\boldsymbol{\Gamma}_w^{-1}\widetilde{\boldsymbol{W}}\}+\frac{1}{2}\mathrm{tr}\{\widetilde{\boldsymbol{V}}^{\mathrm{T}}\boldsymbol{\Gamma}_v^{-1}\widetilde{\boldsymbol{V}}\} \tag{3.89}$$

求导并代入误差模型式(3.76)和神经网络自适应律式(3.82)有

$$\dot{V}_{nn}=-\frac{1}{2}\boldsymbol{\Sigma}^{T}Q\boldsymbol{\Sigma}-\boldsymbol{r}^{T}\widetilde{\boldsymbol{W}}^{T}(\boldsymbol{\sigma}(\hat{\boldsymbol{V}}^{T}\bar{\boldsymbol{x}})-\boldsymbol{\sigma}'(\hat{\boldsymbol{V}}^{T}\bar{\boldsymbol{x}})\hat{\boldsymbol{V}}^{T}\bar{\boldsymbol{x}})-\boldsymbol{r}^{T}\hat{\boldsymbol{W}}^{T}\boldsymbol{\sigma}'(\hat{\boldsymbol{V}}^{T}\bar{\boldsymbol{x}})\widetilde{\boldsymbol{V}}^{T}\bar{\boldsymbol{x}}+$$
$$\boldsymbol{r}^{T}(\boldsymbol{u}_{r}+\boldsymbol{w})+\mathrm{tr}\{\widetilde{\boldsymbol{W}}^{T}\boldsymbol{\Gamma}_{w}^{-1}\dot{\widetilde{\boldsymbol{W}}}\}+\mathrm{tr}\{\widetilde{\boldsymbol{V}}^{T}\boldsymbol{\Gamma}_{v}^{-1}\dot{\widetilde{\boldsymbol{V}}}\}=$$
$$-\frac{1}{2}\boldsymbol{\Sigma}^{T}Q\boldsymbol{\Sigma}+\boldsymbol{r}^{T}(-\boldsymbol{w}+\boldsymbol{u}_{r})-$$
$$\mathrm{tr}(\widetilde{\boldsymbol{W}}^{T}((\boldsymbol{\sigma}(\hat{\boldsymbol{V}}^{T}\bar{\boldsymbol{x}})-\boldsymbol{\sigma}'(\hat{\boldsymbol{V}}^{T}\bar{\boldsymbol{x}})\hat{\boldsymbol{V}}^{T}\bar{\boldsymbol{x}})\boldsymbol{r}^{T}+\boldsymbol{\Gamma}_{w}^{-1}\dot{\hat{\boldsymbol{W}}}))-$$
$$\mathrm{tr}(\widetilde{\boldsymbol{V}}^{T}(\bar{\boldsymbol{x}}\boldsymbol{r}^{T}\hat{\boldsymbol{W}}^{T}\boldsymbol{\sigma}'(\hat{\boldsymbol{V}}^{T}\bar{\boldsymbol{x}})+\boldsymbol{\Gamma}_{v}^{-1}\dot{\hat{\boldsymbol{V}}}))=$$
$$-\frac{1}{2}\boldsymbol{\Sigma}^{T}Q\boldsymbol{\Sigma}+\boldsymbol{r}^{T}(-\boldsymbol{w}+\boldsymbol{u}_{r})+\kappa\|\boldsymbol{\Sigma}\|\mathrm{tr}(\widetilde{\boldsymbol{\Xi}}^{T}\hat{\boldsymbol{\Xi}}) \tag{3.90}$$

考虑到下面的不等式

$$\begin{aligned}&\mathrm{tr}(\widetilde{\boldsymbol{\Xi}}^{T}\hat{\boldsymbol{\Xi}})=\mathrm{tr}(\widetilde{\boldsymbol{\Xi}}^{T}(\boldsymbol{\Xi}-\widetilde{\boldsymbol{\Xi}}))\leqslant\|\widetilde{\boldsymbol{\Xi}}\|_{F}\bar{\Xi}-\|\widetilde{\boldsymbol{\Xi}}\|_{F}^{2}\\&\|\widetilde{\boldsymbol{\Xi}}\|_{F}\leqslant(\|\hat{\boldsymbol{\Xi}}\|_{F}+\bar{\Xi})\end{aligned} \tag{3.91}$$

和式(3.88),选择控制参数满足 $\lambda_{\min}(\boldsymbol{K}_{r})>c_{2}$ 和 $\kappa>c_{3}\|\boldsymbol{PB}\|$,有

$$\dot{V}_{nn}\leqslant-\frac{1}{2}\boldsymbol{\Sigma}^{T}Q\boldsymbol{\Sigma}+\|\boldsymbol{r}\|(c_{0}+c_{1}\|\widetilde{\boldsymbol{\Xi}}\|_{F}+c_{2}\|\widetilde{\boldsymbol{\Xi}}\|_{F}\|\boldsymbol{\Sigma}\|+c_{3}\|\widetilde{\boldsymbol{\Xi}}\|_{F}^{2})-$$
$$\boldsymbol{r}^{T}\boldsymbol{K}_{r}\boldsymbol{r}(\|\hat{\boldsymbol{\Xi}}\|_{F}+\bar{\Xi})(\|\boldsymbol{\Sigma}\|/\|\boldsymbol{r}\|)+\kappa\|\boldsymbol{\Sigma}\|(\|\widetilde{\boldsymbol{\Xi}}\|_{F}\bar{\Xi}-\|\widetilde{\boldsymbol{\Xi}}\|_{F}^{2})\leqslant$$
$$-\frac{1}{2}\lambda_{\min}(\boldsymbol{Q})\|\boldsymbol{\Sigma}\|^{2}+c_{0}\|\boldsymbol{PB}\|\|\boldsymbol{\Sigma}\|+$$
$$(c_{1}\|\boldsymbol{PB}\|+\kappa\bar{\Xi})\|\boldsymbol{\Sigma}\|\|\widetilde{\boldsymbol{\Xi}}\|_{F}-(\lambda_{\min}(\boldsymbol{K}_{r})-c_{2})\|\boldsymbol{\Sigma}\|\|\boldsymbol{r}\|\|\widetilde{\boldsymbol{\Xi}}\|_{F}-$$
$$(\kappa-c_{3}\|\boldsymbol{PB}\|)\|\boldsymbol{\Sigma}\|\|\widetilde{\boldsymbol{\Xi}}\|_{F}^{2}\leqslant$$
$$-\frac{1}{2}\lambda_{\min}(\boldsymbol{Q})\|\boldsymbol{\Sigma}\|^{2}-a_{2}\|\boldsymbol{\Sigma}\|\|\widetilde{\boldsymbol{\Xi}}\|_{F}^{2}+a_{0}\|\boldsymbol{\Sigma}\|+a_{1}\|\boldsymbol{\Sigma}\|\|\widetilde{\boldsymbol{\Xi}}\|_{F} \tag{3.92}$$

其中,

$$a_{0}=c_{0}\|\boldsymbol{PB}\|,\quad a_{1}=c_{1}\|\boldsymbol{PB}\|+\kappa\bar{\Xi},\quad a_{2}=\kappa-c_{3}\|\boldsymbol{PB}\| \tag{3.93}$$

当满足下面的条件时,有 $\dot{V}_{nn}<0$

$$\|\widetilde{\boldsymbol{\Xi}}\|_{F}>\Xi_{m} \tag{3.94}$$

或

$$\|\boldsymbol{\Sigma}\|>2\frac{a_{0}+a_{1}\Xi_{m}}{\lambda_{\min}(\boldsymbol{Q})} \tag{3.95}$$

其中,$\Xi_{m}=\dfrac{a_{1}+\sqrt{a_{1}^{2}+4a_{0}a_{2}}}{2a_{2}}$。因此,UUV 轨迹跟踪误差 $\boldsymbol{\Sigma}$ 和神经网络权重 $\widetilde{\boldsymbol{W}}$,$\widetilde{\boldsymbol{V}}$ 是一致最终有界的。

3.5.3　仿真研究

采用 Kambara UUV 模型进行仿真研究，UUV 的期望轨迹为一条向下的螺旋线，定义为

$$x_d(t)=\left(10-\frac{10}{360}t\right)\sin\left(\frac{\pi t}{90}\right)$$

$$y_d(t)=\left(10-\frac{10}{360}t\right)\cos\left(\frac{\pi t}{90}\right)$$

$$z_d(t)=-12+\frac{12}{360}t,\quad \phi_d(t)=0$$

$$\theta_d(t)=0,\quad \psi_d(t)=\frac{10\pi}{180}\cos\left(\frac{\pi t}{90}\right)$$

UUV 初始状态为 $\boldsymbol{\eta}(0)=\left[0,0,-12,\frac{5\pi}{180},-\frac{5\pi}{180},0,0,0,0,0,0,0\right]^{\mathrm{T}}$。控制参数选择为 $n_2=25$，$b_w=b_v=25$，$\boldsymbol{\Gamma}_w=0.2\boldsymbol{I}_{n_3}$，$\boldsymbol{K}_p=\mathrm{diag}\{2,2,2,6,6,6\}$，$\Gamma_v=2\boldsymbol{I}_{n_2}$，$\kappa=0.1$，$\boldsymbol{K}_d=0.1\boldsymbol{I}_6$，$\boldsymbol{K}_r=\boldsymbol{I}_{12}$。

参考模型中，$\xi_i=1$，$w_{ni}=1$，$i=1,\cdots,6$。

仿真结果如图 3-11～图 3-14 所示。

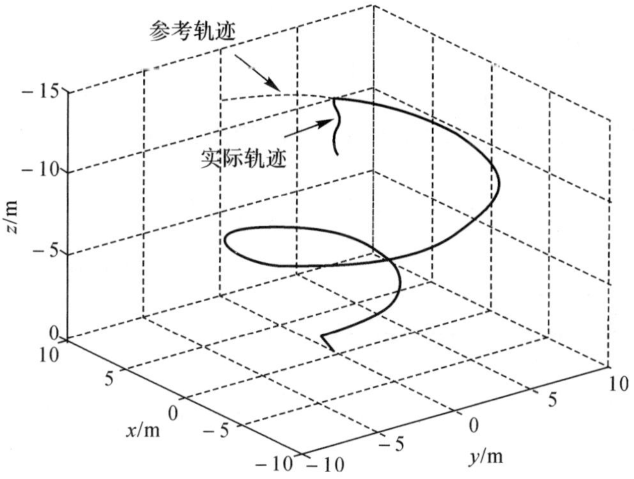

图 3-11　三维轨迹跟踪曲线

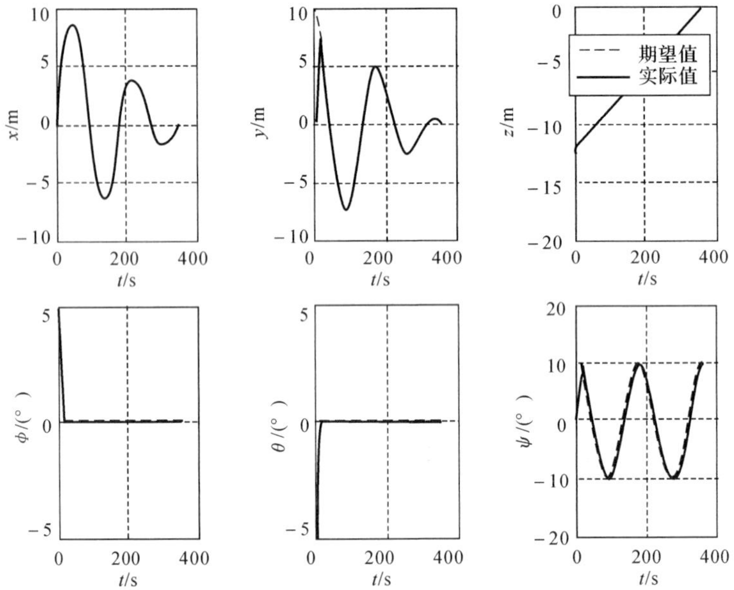

图 3-12　UUV 位置坐标和欧拉角的跟踪曲线

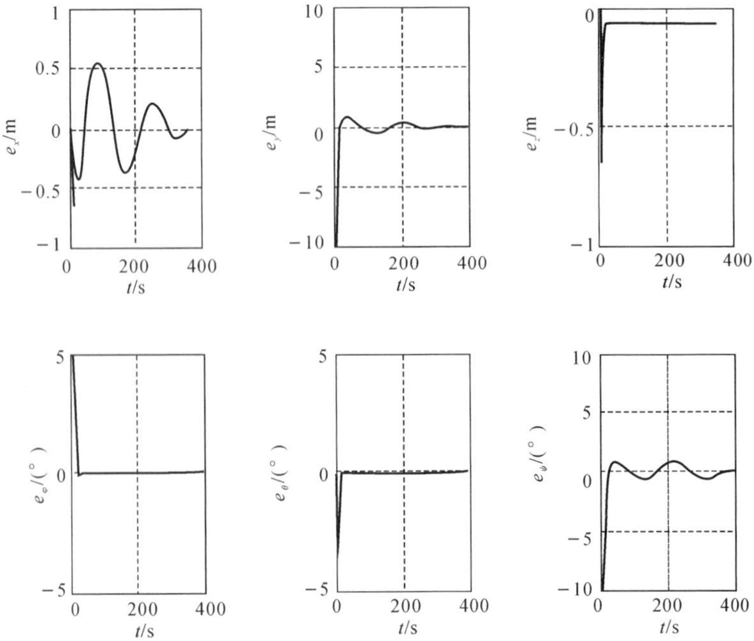

图 3-13　UUV 位置坐标和姿态角跟踪误差曲线

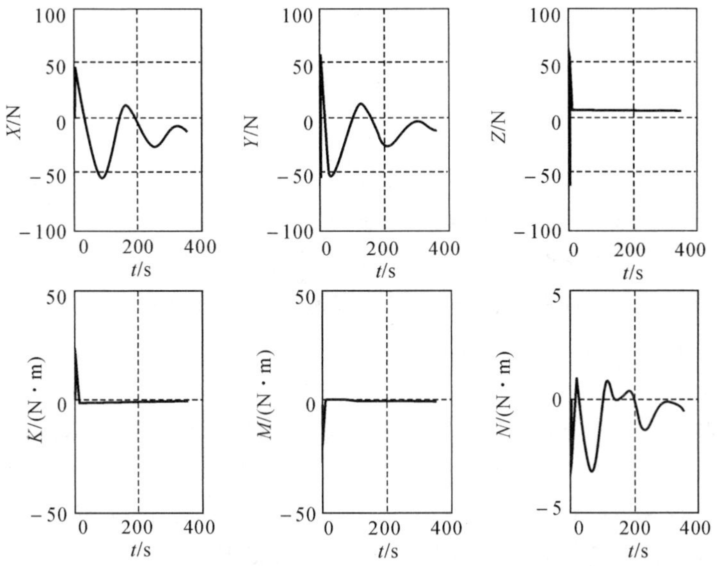

图 3-14　UUV 控制输入力和力矩曲线

从上面的仿真结果可以看到，在基于神经网络的自适应动态逆控制下，UUV 可以很好地跟踪时变参考轨迹，具有良好的控制精度和动态性能。在模型不确定的情况下，保证了跟踪误差满足控制精度要求。

3.6　本章小结

本章针对全驱动 UUV 的轨迹跟踪控制问题，采用自适应反演设计方法，基于 UUV 的运动学-动力学模型的结构特点，分别研究了解耦单自由度运动、空间运动，以及一类具有垂向推进器的低速 UUV 的定深、定姿巡航控制问题，考虑了运动学模型中广泛存在的常值水流干扰，以及动力学模型的未知参数，并在控制中增加滑模控制项，以克服动力学模型中的有界未建模动态特性和环境扰动。

同时，针对 UUV 模型中的非线性化参数不确定性，本章设计了基于神经网络的自适应动态逆控制方法，用单隐层神经网络补偿系统的不确定性，结合比例微分控制设计伪控制输入，基于标称模型计算实际的推力输入，基于 Lyapunov 方法证明了轨迹跟踪误差和神经网络参数是一致最终有界的。

参考文献

[1] Krstic M, Kokotovic P V, Kanellakopoulos I. Nonlinear and Adaptive Control Design. John Wiley & Sons, Inc, 1995.

[2] 李俊.不确定非线性系统的反演变结构控制研究[D].西北工业大学,1998.

[3] 杨俊华，吴捷，胡跃明. 反步方法原理及在非线性鲁棒控制中的应用. 控制与决策，2002,17(S1):641-647.

[4] Fossen T I. Marine Control Systems: Guidance, Navigation and Control of Ships, Rigs and Underwater Vehicles. Marine Cybernetics AS, Trondheim, Norway, 2002.

[5] Smallwood D A, Whitcomb L L. Model-based Dynamic Positioning of Underwater Robotic Vehicles: Theory and Experiment. IEEE Journal of Ocean Engineering 2004, 29(1): 169-186.

[6] Riedel J S. Shallow Water Station Keeping of an Autonomous Underwater Vehicle: the Experimental Results of a Disturbance Compensation Controller. Proceedings of the MTS/IEEE Oceans Conference, 2000: 1017-1028.

[7] 高剑，赵宁宁，徐德民. 水下航行器轴向运动的自适应积分反演跟踪控制. 兵工学报，2008, 29(3):374-378.

[8] 高剑，徐德民，李俊，等. 自主水下航行器轴向运动的自适应反演滑模控制. 西北工业大学学报，2007, 25(4):552-555.

[9] 严卫生，高剑，杨立，等. 一种远程自主水下航行器纵向滑模控制研究. 西北工业大学学报，2007, 25(4):538-542.

[10] Fossen T I, Sagatun S I. Adaptive Control of Nonlinear Underwater Robotic Systems. Modeling Identification & Control, 1991, 2(2):95-105.

[11] Fossen T I, Ola-Erik F. Robust Adaptive Control of Underwater Vehicles: A Comparative Study. Modeling Identification & Control, 1996, 17(1):66-74.

[12] Antonelli G, Caccavle F, Chiaverini S, et al. A Novel Adaptive Control Law for Autonomous Underwater Vehicles. Proceedings of IEEE

International Conference of Robotics and Automation，2001:447－452.

[13] Antonelli G，Chiaverini S，Sarkar N，et al. Adaptive Control of an Autonomous Underwater Vehicle：Experimental Results on ODIN. IEEE Transactions on Control Systems Technology，2001，9(5):756－765.

[14] Yuh J，West M E，Lee P M. An Autonomous Underwater Vehicle Control with a Non－regressor based Algorithm. IEEE International Conference on Robotics & Automation. 2001(3):2363－2368.

[15] Chiaverini A G，Sarkar S，West N. Adaptive Control of an Autonomous Underwater Vehicle：Experimental Results on ODIN. IEEE Transactions on Control System Technology,2001,9(5):756－765.

[16] 闫茂德，许化龙，贺昱曜. 自主水下航行器的自适应反演变结构控制器设计. 火力与指挥控制，2005，30(3):18－21.

[17] 高剑，徐德民，严卫生. 基于自适应反演滑模控制的 AUV 水平面动力定位方法. 机械科学与技术，2007,(6):738－740.

[18] 严卫生. 某新型远程自主水下航行器建模研究. 西北工业大学学报，2006，24(04):457－462.

[19] 高剑，徐德民，赵宁宁,等. 一类低速水下航行器的自适应反演运动控制. 系统仿真学报，2008，20(7)：1800－1802.

[20] Prestero T J. Verification of a Six－degree of Freedom Simulation Model for the REMUS Autonomous Underwater Vehicle. Massachusetts Institute of Technology，2001.

[21] Zhang L J，Pan Q X，Pang Y J. Adaptive Output Feedback Control based on DRFNN for AUV. Ocean Engineering，2009,36(9－10)：716－722.

[22] Leoness A，VanZwiete T，More Y. Neural Network Model Reference Adaptive Control of Marine Vehicles. In：Current Trends in Nonlinear Systems and Control Systems and Control：Foundations & Applications，2006：421－440.

[23] Xia G，Pang C，Wang H，et al. Adaptive Neural Network Controller Applied to Dynamic Positioning of a Remotely Operated Vehicle. Proceedings of the MTS/IEEE Oceans Conference，2013：1－6.

[24] Johnson E N，Kannan S K. Adaptive Trajectory Control for Autonomous Helicopters. Journal of Guidance，Control，and Dynamics，2005，28(3)：524－538.

[25] Lewis F L, Jagannathan S, Yeşildirek A. Neural Network Control of Robot Arms and Nonlinear Systems. In: Neural Systems for Control, Academic Press, San Diego, 1997: 161-211.
[26] Silpa-Anan C. Autonomous Underwater Robot: Vision and Control. Master's thesis, Australian National University, Australia, 2001.

第4章　基于逆USBL系统的全驱动UUV动力定位控制

动力定位是指UUV通过多台推进器的操纵，克服海流等环境干扰，保持自身的位置和姿态的稳定或沿给定航迹运动，它是保证UUV正确、有效地执行水下作业的关键技术之一[1-2]。从20世纪90年代开始，人们采用PID控制、自适应控制、滑模控制和神经网络控制等方法，开展了UUV动力定位的理论和实验研究。

高精度、高数据更新率、低噪声的三维空间位置和姿态信息，尤其是水平面位置信息，是实现UUV精确动力定位的关键。对于水面动力定位船舶来说，可以利用差分GPS定位系统获得自身的经纬度信息，而在水下工作的UUV则主要依靠水声定位系统，包括长基线(Long Baseline，LBL)和超短基线(Ultra - Short Baseline，USBL)等，获得全局位置信息。对于远离母船在深海工作的UUV，动力定位系统的性能会由于水声信号远距离传输的延时以及水声传播信道的弯曲而下降，尤其对于作业型AUV，必须依靠其自身携带的定位传感器获得相对工作环境的位置和姿态信息，并通过嵌入式控制器实现动力定位控制。

近年来，有学者针对利用机械手进行作业的UUV，分别采用被动机械臂(Passive Arm)[3-4]和视觉系统(Visual System)[5-7]来获得UUV相对位置信息。采用被动机械臂时，受物理结构的限制，UUV只能在几米的局部工作区域内运动。视觉系统具有低成本、高分辨率和高数据率的优点，在UUV动力定位系统中具有独特的优势，但光线在水下衰减很快，可视距离十分有限，甚至只有几米的距离，同时在浑浊的水体中会被水中的粒子散射，使得水下目标的识别和特征提取变得异常困难。

为此，本章提出了一种基于逆USBL系统的UUV水下动力定位控制方案，为了避免水声信号的远距离传输，将多个USBL应答器(Transponder)固定在UUV工作区域，同时将USBL收发器(Transceiver)安装在UUV上，UUV运动控制器则可以通过收发器获得应答器相对UUV的三维位置信息，从而实现动力定位控制[8]。

动力定位控制策略依据反馈信息的不同分为以下两种：

(1)基于位姿的动力定位控制(Pose - Based Dynamic Positioning，PBDP)：利用应答器相对UUV的三维位置测量，基于收发器与应答器之间的几何变换关系或者非线性滤波算法求解 UUV 的全局位置和姿态，而动力定位控制则采用常规的全局坐标系下的非线性控制方法。基于全局位姿的动力定位控制精度依赖于准确的应答器位置标定，也就是说，UUV 必须事先精确已知应答器的全局坐标。

(2) 基于应答器测量的动力定位控制（Transponder－Based Dynamic Positioning，TBDP）：直接利用应答器相对 UUV 的坐标作为动力定位系统输出，设计反馈控制使其收敛到期望 UUV 位置和姿态下所获得的应答器坐标，称为水声伺服控制（Acoustic Servo Control，ASC）。该方法不依赖于应答器的准确位置标定，只要事先获得 UUV 在目标位姿下的应答器测量即可实现动力定位，对标定误差具有良好的鲁棒性。

对于 PBDP 方法，本书的第 3 章已经采用自适应反演方法和神经网络控制方法进行了研究。本章采用基于优化的“运动学-动力学”分层控制结构，研究了 TBDP 方法。

4.1 基于逆 USBL 系统的 UUV 动力定位模型

UUV 的水平面运动学和动力学模型[2]可以描述为

$$\dot{\boldsymbol{\eta}} = \boldsymbol{R}_B^G(\psi)\boldsymbol{v} \tag{4.1}$$

$$\boldsymbol{M}\dot{\boldsymbol{v}} + \boldsymbol{C}_{\mathrm{RB}}(\boldsymbol{v})\boldsymbol{v} + \boldsymbol{C}_{\mathrm{AM}}(\boldsymbol{v}_r)\boldsymbol{v}_r + \boldsymbol{D}(\boldsymbol{v}_r)\boldsymbol{v}_r = \boldsymbol{BT}(\boldsymbol{\delta}) \tag{4.2}$$

其中，$\boldsymbol{\eta} = [x \quad y \quad \psi]^{\mathrm{T}} \in \mathbf{R}^3$；$\boldsymbol{v} = [u \quad v \quad r]^{\mathrm{T}} \in \mathbf{R}^3$；$\boldsymbol{R}_B^G(\psi)$ 为坐标转换矩阵

$$\boldsymbol{R}_B^G(\psi) \overset{\mathrm{def}}{=\!=\!=} \begin{bmatrix} \cos(\psi) & -\sin(\psi) & 0 \\ \sin(\psi) & \cos(\psi) & 0 \\ 0 & 0 & 1 \end{bmatrix}$$

$\boldsymbol{v}_r = \boldsymbol{v} - \boldsymbol{R}_G^B(\psi)\boldsymbol{v}_f \in \mathbf{R}^3$ 为相对海流的速度；$\boldsymbol{\delta} \in \mathbf{R}^m$ 是 UUV 推进器的驱动指令。忽略推进器的内部动态特性而采用静态模型，即

$$\boldsymbol{T} = \boldsymbol{K}_c \boldsymbol{V}_c \tag{4.3}$$

其中，$\boldsymbol{V}_c = [V_{c1} \quad \cdots \quad V_{cm}]^{\mathrm{T}} \in \mathbf{R}^m$ 为推进器驱动电压指令；$\boldsymbol{K}_c = \mathrm{diag}(k_{c1}, \cdots, k_{cm})$ 为控制增益矩阵。UUV 水平面运动模型的其他运动参数和模型参数的定义详见第 2 章。

基于逆 USBL 系统的 UUV 动力定位系统如图 4-1 所示，两个应答器 B_1 和 B_2 固定在 UUV 周围的工作区域，它们在全局坐标系下的坐标分别为 $B_1(x_{T1}^G, y_{T1}^G)$ 和 $B_2(x_{T2}^G, y_{T2}^G)$。

考虑 USBL 收发器安装在 UUV 运载体坐标系的原点，并指向 x_B 轴方向，应答

器位置测量可以表示为

$$\boldsymbol{p} \stackrel{\text{def}}{=\!=} [x_{T1}^B \quad y_{T1}^B \quad x_{T2}^B \quad y_{T2}^B]^{\mathrm{T}} \tag{4.4}$$

其中，(x_{T1}^B, y_{T1}^B) 和 (x_{T2}^B, y_{T2}^B) 是应答器在运载体坐标系下的坐标，定义为

$$\begin{bmatrix} x_{Tl}^B \\ y_{Tl}^B \end{bmatrix} = \begin{bmatrix} \cos\psi & \sin\psi \\ -\sin\psi & \cos\psi \end{bmatrix} \left(\begin{bmatrix} x_{Tl}^G \\ y_{Tl}^G \end{bmatrix} - \begin{bmatrix} x \\ y \end{bmatrix} \right), \quad l=1,2 \tag{4.5}$$

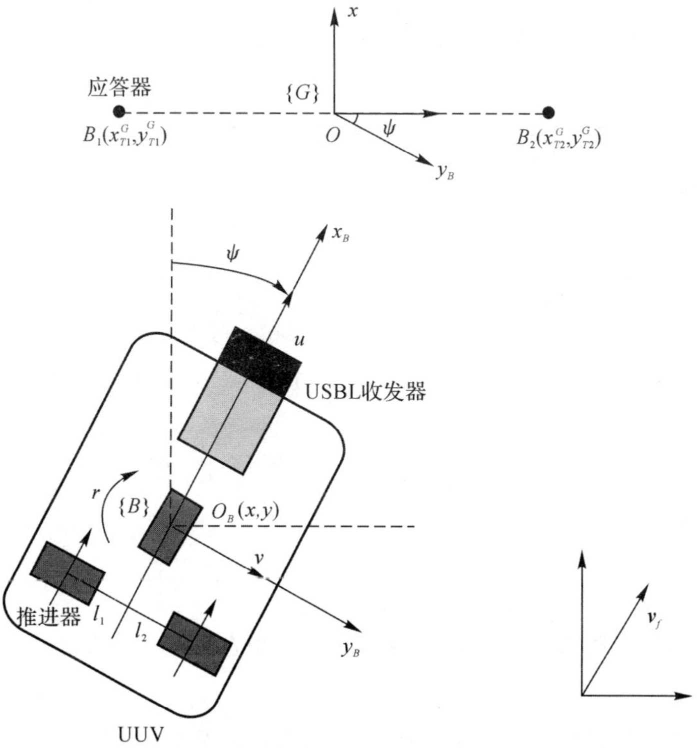

图 4 - 1　基于逆 USBL 系统的 UUV 动力定位示意图

对式(4.5)求导，得到应答器位置矢量 $\boldsymbol{p}$ 的导数为

$$\dot{\boldsymbol{p}} = \begin{bmatrix} -\begin{bmatrix} u \\ v \end{bmatrix} + r\begin{bmatrix} y_{T1}^B \\ -x_{T1}^B \end{bmatrix} \\ -\begin{bmatrix} u \\ v \end{bmatrix} + r\begin{bmatrix} y_{T2}^B \\ -x_{T2}^B \end{bmatrix} \end{bmatrix} = \boldsymbol{L}(\boldsymbol{p})\boldsymbol{v} \tag{4.6}$$

其中，$\boldsymbol{L}(\boldsymbol{p})$ 为 Jacobian 矩阵，定义为

$$\boldsymbol{L}(\boldsymbol{p}) \stackrel{\text{def}}{=\!=} \begin{bmatrix} -1 & 0 & y_{T1}^{B} \\ 0 & -1 & -x_{T1}^{B} \\ -1 & 0 & y_{T2}^{B} \\ 0 & -1 & -x_{T2}^{B} \end{bmatrix} \tag{4.7}$$

显然，Jacobian 矩阵 $\boldsymbol{L}(\boldsymbol{p})$ 中仅包含应答器位置坐标，而与 UUV 全局位置和航向角无关。考虑到 UUV 在工作空间内的任意位置和航向角下均有 $(x_{T1}^{B}, y_{T1}^{B}) \neq (x_{T2}^{B}, y_{T2}^{B})$，因此，$\mathrm{rank}(\boldsymbol{L}(\boldsymbol{p}))=3$。

4.2 全驱动 UUV 模型预测动力定位控制

4.2.1 问题描述

定义期望位姿矢量 $\boldsymbol{\eta}^{*}=[x^{*} \quad y^{*} \quad \psi^{*}]^{\mathrm{T}}$，在该位姿下得到期望的应答器位置为

$$\boldsymbol{p}^{*} \stackrel{\text{def}}{=\!=} [x_{T1}^{B*} \quad y_{T1}^{B*} \quad x_{T2}^{B*} \quad y_{T2}^{B*}]^{\mathrm{T}} \tag{4.8}$$

其中，

$$\begin{bmatrix} x_{Tl}^{B*} \\ y_{Tl}^{B*} \end{bmatrix} = \begin{bmatrix} \cos\psi^{*} & \sin\psi^{*} \\ -\sin\psi^{*} & \cos\psi^{*} \end{bmatrix} \left(\begin{bmatrix} x_{Tl}^{G} \\ y_{Tl}^{G} \end{bmatrix} - \begin{bmatrix} x^{*} \\ y^{*} \end{bmatrix} \right), \quad l=1,2 \tag{4.9}$$

以应答器位置测量为系统输出，定义 UUV 动力定位误差为

$$\boldsymbol{\varepsilon} \stackrel{\text{def}}{=\!=} \boldsymbol{p}^{*} - \boldsymbol{p} \tag{4.10}$$

由于期望应答器位置矢量 $\boldsymbol{p}^{*}$ 为常数，动力定位误差 $\boldsymbol{\varepsilon}$ 的导数为

$$\dot{\boldsymbol{\varepsilon}} = -\boldsymbol{L}(\boldsymbol{p})\boldsymbol{v} \tag{4.11}$$

动力定位控制的目标是，给定 UUV 运动模型式(4.2)和应答器位置动态模型式(4.6)和误差模型式(4.11)，设计合适的推进器控制电压 $\boldsymbol{V}_c$，UUV 在任意初始位置和航向条件下，使应答器位置测量 $\boldsymbol{p}$ 收敛到期望值 $\boldsymbol{p}^{*}$，并保证 UUV 动力学模型式(4.2)不确定情况下跟踪误差 $\boldsymbol{\varepsilon}$ 的稳定性。

对 UUV 模型作如下假设：

假设 4.1 UUV 的水平面运动是全驱动的，即 $\mathrm{rank}(\boldsymbol{B})=3$。

假设 4.2 UUV 的线速度 u 和 v、角速度 r 可以通过 DVL 和 IMU 等运动传感器测量。

若将速度矢量 $\boldsymbol{v}$ 看作是动力定位误差模型式(4.11) 的控制输入,则可以设计如下的线性反馈控制以获得动力定位误差的解耦和指数收敛。

$$\boldsymbol{v}_{\mathrm{cmd}}=k_v\boldsymbol{L}^{+}(\boldsymbol{p})\boldsymbol{\varepsilon} \tag{4.12}$$

其中,$\boldsymbol{L}^{+}(\boldsymbol{p})=(\boldsymbol{L}^{\mathrm{T}}\boldsymbol{L})^{-1}\boldsymbol{L}^{\mathrm{T}}\in\mathbf{R}^{3\times4}$ 是矩阵 $\boldsymbol{L}(\boldsymbol{p})$ 的伪逆;$k_v>0$ 为控制参数。

线性控制律式(4.12)中没有考虑 UUV 的速度约束和 USBL 系统的水声信号测量范围约束,在控制过程中有可能出现超过 UUV 机动能力的速度指令,或者 UUV 无法获得应答器位置测量的情况。为了考虑系统输入和测量约束,获得比线性控制器更优的控制性能,这里采用基于优化的模型预测控制方法,在系统约束下通过对一定时域内的预测轨迹进行优化来求解速度指令。

4.2.2 分层式动力定位控制系统结构

对于 UUV 这一典型的不确定非线性系统,将控制系统划分为运动学控制和动力学控制是一种广泛采用的方法,在这种分层结构下,不同的控制层可以实现不同的自主控制目标,即在运动学控制层实现空间运动轨迹的优化,而在动力学控制层实现对不确定模型和外部干扰的自适应性和鲁棒性。图 4-2 描述了所提出的 UUV 分层动力定位控制系统结构。在运动学控制层,采用非线性模型预测控制求解动力定位轨迹的优化问题,满足应答器可见性约束和 UUV 速度约束;而在动力学控制层,提出一种基于神经网络的模型参考自适应控制(Neural Network - based Model Reference Adaptive Control,NN - MRAC),在线补偿 UUV 模型中的耦合非线性和动力学不确定性,保证速度跟踪误差的稳定性。

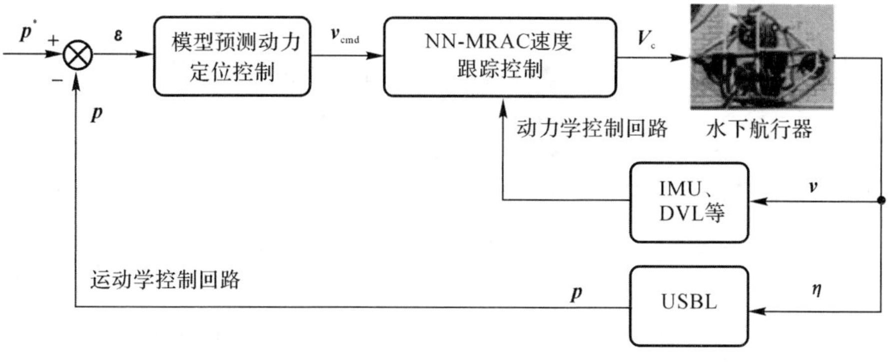

图 4-2 基于逆 USBL 系统的分层式 UUV 动力定位控制结构

4.2.3 模型预测动力定位控制

模型预测控制[9-10]，又称滚动时域控制（Moving Horizon Control，MHC），基于系统模型预测当前时刻开始的一定时域内的运动轨迹，通过对系统性能代价函数的优化寻找控制输入序列并应用于系统输入，在下一控制周期重复进行系统状态预测和优化问题求解，从而实现系统的闭环控制。由于控制输入是通过求解线性或非线性优化问题获得的，模型预测控制可以很好地处理系统约束，包括输入约束和状态约束。非线性模型预测控制（Nonlinear Model Predictive Control，NMPC）是模型预测控制在非线性系统和非线性约束问题上的扩展，广泛应用于移动机器人[11]、无人机[12]和水下航行器[13]。

为了应用模型预测控制方法求解动力定位问题，首先给出以应答器坐标为系统状态的离散化动力定位模型

$$\boldsymbol{p}_{k+1}=\boldsymbol{p}_k+T_c\boldsymbol{L}(\boldsymbol{p}_k)\boldsymbol{v}_k=\boldsymbol{f}(\boldsymbol{p}_k,\boldsymbol{v}_k) \tag{4.13}$$

其中，$\boldsymbol{p}_k$ 和 $\boldsymbol{v}_k$ 分别为 k 时刻的应答器坐标矢量和 UUV 速度矢量；T_c 为控制周期。

非线性模型预测动力定位控制问题为，给定动力定位系统模型式(4.13)，在 k 时刻通过求解下面的约束优化问题计算速度指令：

$$\boldsymbol{v}_k^*=\arg\min_{\boldsymbol{v}_k^{N_p}} J(\boldsymbol{p}_k,\boldsymbol{v}_k^{N_p}) \tag{4.14}$$

其中

$$J(\boldsymbol{p}_k,\boldsymbol{v}_k^{N_p})=\sum_{j=1}^{N_p}\boldsymbol{\varepsilon}_{j|k}^{\mathrm{T}}\boldsymbol{Q}_j\boldsymbol{\varepsilon}_{j|k}+\sum_{j=0}^{N_c-1}\boldsymbol{v}_{j|k}^{\mathrm{T}}\boldsymbol{R}_j\boldsymbol{v}_{j|k} \tag{4.15}$$

满足

$$\left.\begin{aligned}&\boldsymbol{p}_{j+1|k}=\boldsymbol{f}(\boldsymbol{p}_{j|k},\boldsymbol{v}_{j|k}),\quad \boldsymbol{p}_{0|k}=\boldsymbol{p}_k\\&\boldsymbol{v}_{j|k}\in\boldsymbol{U},\quad j\in[0,N_c-1]\\&\boldsymbol{p}_{j|k}\in\boldsymbol{X},\quad j\in[1,N_p]\end{aligned}\right\} \tag{4.16}$$

其中，$\boldsymbol{p}_{j|k}=[x_{T1,j|k}^B\quad y_{T1,j|k}^B\quad x_{T2,j|k}^B\quad y_{T2,j|k}^B]^{\mathrm{T}}\in\mathbf{R}^4$ 和 $\boldsymbol{\varepsilon}_{j|k}=\boldsymbol{p}^*-\boldsymbol{p}_{j|k}$ 分别为从当前时刻 k 开始的 j 时刻，依据系统模型预测的应答器坐标矢量和动力定位误差矢量，$\boldsymbol{v}_k^{N_p}=[\boldsymbol{v}_{0|k},\cdots,\boldsymbol{v}_{N_c-1|k},\cdots,\boldsymbol{v}_{N_c-1|k}]\in\mathbf{R}^{3\times N_p}$ 为速度矢量序列，作为优化问题的输入变量，N_p 为预测时域，$N_c\leqslant N_p$ 为控制时域，$\boldsymbol{Q}_j\in\mathbf{R}^{4\times4}$ 和 $\boldsymbol{R}_j\in\mathbf{R}^{3\times3}$ 分别表示 j 时刻系统状态和速度输入的对称正定加权矩阵，$\boldsymbol{U}\subset\mathbf{R}^3$ 和 $\boldsymbol{X}\subset\mathbf{R}^4$ 分别为输入和状态约束集合。

考虑下面的输入约束和状态约束：

(1) 最大速度约束

$$\boldsymbol{v}_{j|k} \in [\boldsymbol{v}^{\min}, \boldsymbol{v}^{\max}] \tag{4.17}$$

其中，$\boldsymbol{v}^{\min} = [u^{\min} \quad v^{\min} \quad r^{\min}]^{\mathrm{T}}$ 和 $\boldsymbol{v}^{\max} = [u^{\max} \quad v^{\max} \quad r^{\max}]^{\mathrm{T}}$ 分别为最小和最大速度。

(2)USBL 系统的可见性约束，也就是在 UUV 运动过程中，每一个应答器必须在 USBL 系统的测量范围内。

$$\alpha_{l,j|k} \overset{\text{def}}{=\!=\!=} \arctan 2(y^{B}_{Tl,j|k}, x^{B}_{Tl,j|k}) \in [-\alpha^{\max}, \alpha^{\max}], \quad l=1,2 \tag{4.18}$$

其中，$\alpha_{l,j|k}$ 为预测的第 l 个应答器的方位角；$\alpha^{\max}$ 为 USBL 系统工作波束范围内的最大方位角。

在 k 时刻求解优化问题获得的最优速度序列为 $\boldsymbol{v}_k^* = [\bar{\boldsymbol{v}}_{0,k}^* \quad \bar{\boldsymbol{v}}_{1,k}^* \quad \cdots \quad \bar{\boldsymbol{v}}_{N_c-1,k}^*]$，将第 1 个速度作为期望的速度，即 $\boldsymbol{v}_{\mathrm{cmd}} = \bar{\boldsymbol{v}}_{0,k}^*$。在下一个控制周期，重新求解上述优化问题获得速度指令。

4.2.4　神经网络自适应速度跟踪控制

为了在不确定动力学参数和未建模推进器特性的条件下，保证速度跟踪误差和神经网络自适应权重矩阵的稳定性，这里采用 Johnson[14] 提出的基于伪控制隔离(Pseudo Control Hedging，PCH)的神经网络模型参考自适应控制解决速度跟踪控制问题，其控制结构如图 4 - 3 所示。

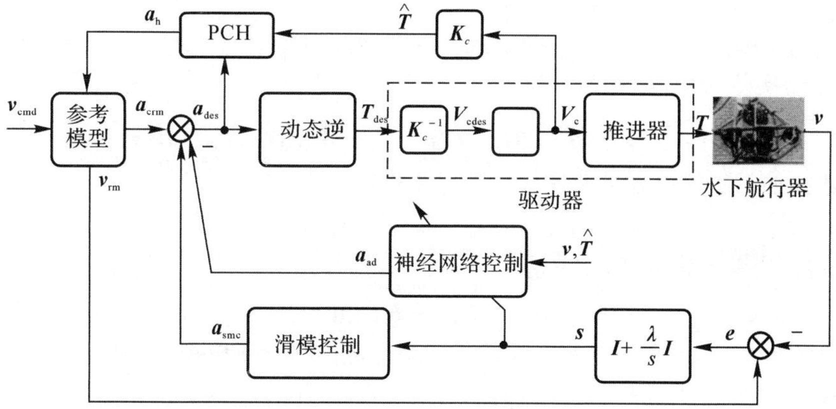

图 4 - 3　基于 NN - MRAC 的 UUV 速度跟踪控制框图

具有伪控制隔离的速度参考模型定义为

$$\dot{\boldsymbol{v}}_{\mathrm{rm}} = \boldsymbol{a}_{\mathrm{crm}} - \boldsymbol{a}_{\mathrm{h}} \tag{4.19}$$

其中，$\boldsymbol{v}_{\mathrm{rm}}$ 为参考速度；$\boldsymbol{a}_{\mathrm{crm}}$ 为参考加速度，定义为

$$\boldsymbol{a}_{\mathrm{crm}} = \boldsymbol{A}_r(\boldsymbol{v}_{\mathrm{cmd}} - \boldsymbol{v}_{\mathrm{rm}}) \tag{4.20}$$

$\boldsymbol{A}_r$ 为 Hurwitz 矩阵，$\boldsymbol{a}_{\mathrm{h}}$ 为伪控制隔离信号。定义伪控制 $\boldsymbol{a}_{\mathrm{des}}$ 为某个时刻的期望加速度，而伪控制隔离信号则是伪控制中由于驱动器输入饱和特性而无法实现的部分，用公式表示为

$$\boldsymbol{a}_{\mathrm{h}} = \boldsymbol{a}_{\mathrm{des}} - \hat{\boldsymbol{a}}(\boldsymbol{v}, \hat{\boldsymbol{T}}) \tag{4.21}$$

其中，$\hat{\boldsymbol{a}}(\boldsymbol{v}, \hat{\boldsymbol{T}})$ 是根据系统输入、状态和标称模型估计的加速度，定义为

$$\hat{\boldsymbol{a}}(\boldsymbol{v}, \hat{\boldsymbol{T}}) = \hat{\boldsymbol{M}}^{-1}(\hat{\boldsymbol{B}}\hat{\boldsymbol{T}} - \hat{\boldsymbol{C}}_{\mathrm{RB}}(\boldsymbol{v})\boldsymbol{v} - \hat{\boldsymbol{C}}_{\mathrm{AM}}(\hat{\boldsymbol{v}}_r)\hat{\boldsymbol{v}}_r - \hat{\boldsymbol{D}}(\hat{\boldsymbol{v}}_r)\hat{\boldsymbol{v}}_r) \tag{4.22}$$

其中，$\hat{\boldsymbol{M}}$，$\hat{\boldsymbol{C}}_{\mathrm{RB}}(\cdot)$，$\hat{\boldsymbol{C}}_{\mathrm{AM}}(\cdot)$，$\hat{\boldsymbol{D}}(\cdot)$ 和 $\hat{\boldsymbol{B}}$ 为标称的模型参数和函数；$\hat{\boldsymbol{v}}_r = \boldsymbol{v} - \boldsymbol{R}_G^B(\psi)\hat{\boldsymbol{v}}_f$ 为相对海流速度估计；$\hat{\boldsymbol{v}}_f$ 为全局坐标系下的海流速度估计；$\hat{\boldsymbol{T}} = \hat{\boldsymbol{K}}_c\boldsymbol{V}_c$ 为估计的推力；$\hat{\boldsymbol{K}}_c$ 为估计的 $\boldsymbol{K}_c$ 矩阵。

注意到，如果推进器模型是准确已知的，并且没有饱和特性，实际的推力和期望的推力完全相同，伪控制隔离信号 $\boldsymbol{a}_{\mathrm{h}}$ 将不会对参考模型产生作用。

定义速度跟踪误差为

$$\boldsymbol{e} \overset{\mathrm{def}}{=\!=\!=} \boldsymbol{v}_{\mathrm{rm}} - \boldsymbol{v} \in \mathbf{R}^3 \tag{4.23}$$

为了加强速度跟踪的稳定性，引入误差信号的积分定义滤波跟踪误差 $\boldsymbol{s}$ 为

$$\boldsymbol{s} \overset{\mathrm{def}}{=\!=\!=} \boldsymbol{e} + \lambda\int \mathrm{d}\boldsymbol{e} \in \mathbf{R}^3 \tag{4.24}$$

其中，$\lambda > 0$ 为控制参数。滤波跟踪误差的导数为

$$\dot{\boldsymbol{s}} = \boldsymbol{a}_{\mathrm{crm}} - \boldsymbol{a}_{\mathrm{h}} - \boldsymbol{a} + \lambda\boldsymbol{e} \tag{4.25}$$

其中，$\boldsymbol{a}$ 为实际的加速度，表示为

$$\boldsymbol{a}(\boldsymbol{v}, \boldsymbol{T}) \overset{\mathrm{def}}{=\!=\!=} \dot{\boldsymbol{v}} = \boldsymbol{M}^{-1}(\boldsymbol{B}\boldsymbol{T} - \boldsymbol{C}_{\mathrm{RB}}(\boldsymbol{v})\boldsymbol{v} - \boldsymbol{C}_{\mathrm{AM}}(\boldsymbol{v}_r)\boldsymbol{v}_r - \boldsymbol{D}(\boldsymbol{v}_r)\boldsymbol{v}_r) \tag{4.26}$$

选择如下的伪控制量使速度跟踪误差稳定：

$$\boldsymbol{a}_{\mathrm{des}} = \boldsymbol{a}_{\mathrm{crm}} + \boldsymbol{a}_{\mathrm{smc}} - \boldsymbol{a}_{\mathrm{ad}} + \lambda\boldsymbol{e} \tag{4.27}$$

其中，$\boldsymbol{a}_{\mathrm{smc}}$ 为滑模控制项，定义为

$$\boldsymbol{a}_{\mathrm{smc}} = \boldsymbol{K}_p\boldsymbol{s} + \boldsymbol{K}_\eta \operatorname{sgn}(\boldsymbol{s}) \tag{4.28}$$

其中，$\boldsymbol{K}_p$ 和 $\boldsymbol{K}_\eta$ 为对角正定增益矩阵；$\boldsymbol{a}_{\mathrm{ad}}$ 是神经网络自适应控制，用于补偿非线性模型误差。

基于期望加速度 $\boldsymbol{a}_{\mathrm{des}}$，可以通过对 UUV 动力学模型式(4.2) 求逆获得控制推力指令。然而在实际情况下，动力学模型中的参数无法准确获得，也无法对海流速度进行准确测量，因此必须采用近似动力学模型 $\boldsymbol{a}_{\mathrm{des}} = \hat{\boldsymbol{a}}(\boldsymbol{v}, \boldsymbol{T}_{\mathrm{des}})$ 计算推力输入指令

$$\boldsymbol{T}_{\mathrm{des}}=\hat{\boldsymbol{a}}^{-1}(\boldsymbol{a}_{\mathrm{des}},\boldsymbol{v})=\hat{\boldsymbol{B}}^{+}(\hat{\boldsymbol{M}}\boldsymbol{a}_{\mathrm{des}}+\hat{\boldsymbol{C}}_{\mathrm{RB}}(\boldsymbol{v})\boldsymbol{v}+\hat{\boldsymbol{C}}_{\mathrm{AM}}(\hat{\boldsymbol{v}}_r)\hat{\boldsymbol{v}}_r+\hat{\boldsymbol{D}}(\hat{\boldsymbol{v}}_r)\hat{\boldsymbol{v}}_r) \tag{4.29}$$

其中，$\hat{\boldsymbol{a}}^{-1}(\cdot,\cdot)$ 为近似模型 $\hat{\boldsymbol{a}}(\cdot,\cdot)$ 对 $\hat{\boldsymbol{T}}$ 的逆函数；$\hat{\boldsymbol{B}}^{+}=\hat{\boldsymbol{B}}^{\mathrm{T}}(\hat{\boldsymbol{B}}\hat{\boldsymbol{B}}^{\mathrm{T}})^{-1}$ 是 $\hat{\boldsymbol{B}}$ 的伪逆，当推进器数量 $m=3$ 时，$\hat{\boldsymbol{B}}^{+}=\hat{\boldsymbol{B}}^{-1}$。

依据近似推进器模型，可以得到期望的推进器控制电压为

$$\boldsymbol{V}_{c\mathrm{des}}=\hat{\boldsymbol{K}}_c^{-1}\boldsymbol{T}_{\mathrm{des}} \tag{4.30}$$

其中，$\hat{\boldsymbol{K}}_c=\mathrm{diag}(\hat{k}_{c1},\cdots,\hat{k}_{cm})$ 是系数矩阵 $\boldsymbol{K}_c$ 的估计值。$\boldsymbol{V}_{c\mathrm{des}}$ 经过限幅实际施加到推进器上，即

$$\boldsymbol{V}_c=\mathrm{sat}(\boldsymbol{V}_{c\mathrm{des}}) \tag{4.31}$$

将 PCH 信号式(4.21) 和伪控制信号式(4.27) 代入式(4.25)，得到

$$\begin{aligned}\dot{\boldsymbol{s}}&=\boldsymbol{a}_{\mathrm{crm}}-\boldsymbol{a}_{\mathrm{des}}-(\boldsymbol{a}(\boldsymbol{v},\boldsymbol{T})-\hat{\boldsymbol{a}}(\boldsymbol{v},\hat{\boldsymbol{T}}))+\lambda\boldsymbol{e}=\\&-\boldsymbol{K}_p\boldsymbol{s}-\boldsymbol{K}_\eta\mathrm{sgn}(\boldsymbol{s})+\boldsymbol{a}_{\mathrm{ad}}-\Delta\boldsymbol{a}(\boldsymbol{v},\boldsymbol{T},\hat{\boldsymbol{T}})\end{aligned} \tag{4.32}$$

其中，$\Delta\boldsymbol{a}(\boldsymbol{v},\boldsymbol{T},\hat{\boldsymbol{T}})=\boldsymbol{a}(\boldsymbol{v},\boldsymbol{T})-\hat{\boldsymbol{a}}(\boldsymbol{v},\hat{\boldsymbol{T}})$。

由于无法获得实际推力的准确测量作为神经网络的输入，这里将建模误差分解为两部分

$$\Delta\boldsymbol{a}(\boldsymbol{v},\boldsymbol{T},\hat{\boldsymbol{T}})=\Delta\boldsymbol{a}_{\mathrm{nn}}(\boldsymbol{v},\hat{\boldsymbol{T}})+\boldsymbol{\varepsilon}_g(\boldsymbol{v},\boldsymbol{T},\hat{\boldsymbol{T}}) \tag{4.33}$$

其中，$\Delta\boldsymbol{a}_{\mathrm{nn}}(\boldsymbol{v},\hat{\boldsymbol{T}})\overset{\mathrm{def}}{=\!=}\boldsymbol{a}(\boldsymbol{v},\hat{\boldsymbol{T}})-\hat{\boldsymbol{a}}(\boldsymbol{v},\hat{\boldsymbol{T}})$ 是由于动力学模型参数不确定引起的建模误差，$\boldsymbol{\varepsilon}_g(\boldsymbol{v},\boldsymbol{T},\hat{\boldsymbol{T}})\overset{\mathrm{def}}{=\!=}\boldsymbol{a}(\boldsymbol{v},\boldsymbol{T})-\boldsymbol{a}(\boldsymbol{v},\hat{\boldsymbol{T}})$ 则是由于输入的推进器估计误差引起的建模误差，该误差无法通过神经网络进行补偿，作如下假设：

假设 4.3　模型误差 $\boldsymbol{\varepsilon}_g$ 是有界的，其上界为 $\bar{\varepsilon}_g>0$

$$\|\boldsymbol{\varepsilon}_g(\boldsymbol{v},\boldsymbol{T},\hat{\boldsymbol{T}})\|\leqslant\bar{\varepsilon}_g \tag{4.34}$$

根据神经网络所具有的通用逼近特性，具有充分多神经元的单隐层神经网络可以以任意精度逼近连续函数 $\Delta\boldsymbol{a}_{\mathrm{nn}}$，其逼近误差为 $\boldsymbol{\varepsilon}$，表示为

$$\Delta\boldsymbol{a}_{\mathrm{nn}}(\boldsymbol{v},\hat{\boldsymbol{T}})=\boldsymbol{W}^{\mathrm{T}}\boldsymbol{\sigma}(\boldsymbol{V}^{\mathrm{T}}\bar{\boldsymbol{x}})+\boldsymbol{\varepsilon} \tag{4.35}$$

其中，$\boldsymbol{W}$ 和 $\boldsymbol{V}$ 分别为内层和外层神经网络权重系数矩阵，定义为

$$\boldsymbol{V}=\begin{bmatrix}\theta_{v,1}&\cdots&\theta_{v,n_2}\\\nu_{1,1}&\cdots&\nu_{1,n_2}\\\vdots&\cdots&\vdots\\\nu_{n_1,1}&\cdots&\nu_{n_1,n_2}\end{bmatrix}\in\mathbf{R}^{(n_1+1)\times n_2} \tag{4.36}$$

$$\boldsymbol{W}=\begin{bmatrix}\theta_{\omega,1}&\cdots&\theta_{\omega,n_3}\\\omega_{1,1}&\cdots&\omega_{1,n_3}\\\vdots&\cdots&\vdots\\\omega_{n_2,1}&\cdots&\omega_{n_2,n_3}\end{bmatrix}\in\mathbf{R}^{(n_2+1)\times n_3} \tag{4.37}$$

其中，n_1，n_2 和 n_3 分别为输入层、隐层和输出层的节点数。矢量又定义为

$$\bar{\boldsymbol{x}} \overset{\text{def}}{=\!=} [b_v \quad \boldsymbol{x}_{\text{in}}^{\text{T}}]^{\text{T}} \in \mathbf{R}^{n_1+1} \tag{4.38}$$

其中，b_v是输入偏置；$\boldsymbol{x}_{\text{in}} = [\boldsymbol{v}^{\text{T}} \quad \hat{\boldsymbol{T}}^{\text{T}}]^{\text{T}} \in \mathbf{R}^{n_1}$ 为神经网络的输入。在输入的紧集 D 上定义神经网络的理想权重矩阵 $\boldsymbol{W}$ 和 $\mathbf{V}$，对应逼近误差的上界为 $\boldsymbol{\varepsilon}^*$，表示为

$$\sup_{\bar{\boldsymbol{x}} \in D} \| \Delta \boldsymbol{a}_{\text{nn}}(\boldsymbol{v}, \hat{\boldsymbol{T}}) - \boldsymbol{W}^{\text{T}} \boldsymbol{\sigma}(\mathbf{V}^{\text{T}} \bar{\boldsymbol{x}}) \| = \boldsymbol{\varepsilon}^* \tag{4.39}$$

假设 4.4 理想权重矩阵($\boldsymbol{W}$,$\mathbf{V}$)是有界的

$$0 < \| \mathbf{Z} \|_F \leqslant Z_M \tag{4.40}$$

其中，Z_M 为正的上界，$\mathbf{Z} \overset{\text{def}}{=\!=} \begin{bmatrix} \mathbf{V} & 0 \\ 0 & \boldsymbol{W} \end{bmatrix}$；$\| \cdot \|_F$ 为 Frobenius 范数。

$\boldsymbol{\sigma}(\boldsymbol{y})$ 为激活函数矢量，定义为

$$\boldsymbol{\sigma}(\boldsymbol{y}) \overset{\text{def}}{=\!=} [b_w \quad \sigma(y_1) \quad \sigma(y_2) \quad \cdots]^{\text{T}} \in \mathbf{R}^{n_2+1} \tag{4.41}$$

其中，b_w 为输出的偏置；$\boldsymbol{y} = \mathbf{V}^{\text{T}} \bar{\boldsymbol{x}} = [y_1 \quad \cdots \quad y_{n_2}]^{\text{T}}$；sigmoid 激活函数为

$$\sigma(y_i) = \frac{1}{1 + \mathrm{e}^{-a y_i}}, i \in [1, n_2] \tag{4.42}$$

其中，a 为激活势，对于不同的神经元可以取不同值。

采用权重矩阵估计值设计自适应控制

$$\boldsymbol{a}_{\text{ad}} = \hat{\boldsymbol{W}}^{\text{T}} \boldsymbol{\sigma}(\hat{\mathbf{V}}^{\text{T}} \bar{\boldsymbol{x}}) + \boldsymbol{a}_r \tag{4.43}$$

其中，$\hat{\boldsymbol{W}}$，$\hat{\mathbf{V}}$ 为矩阵 $\boldsymbol{W}$，$\mathbf{V}$ 的估计值；$\hat{\mathbf{Z}} = \begin{bmatrix} \hat{\mathbf{V}} & \mathbf{0} \\ \mathbf{0} & \hat{\boldsymbol{W}} \end{bmatrix}$，定义相应的估计误差为 $\tilde{\boldsymbol{W}} = \boldsymbol{W} - \hat{\boldsymbol{W}}$，$\tilde{\mathbf{V}} = \mathbf{V} - \hat{\mathbf{V}}$ 和 $\tilde{\mathbf{Z}} = \mathbf{Z} - \hat{\mathbf{Z}}$；$\boldsymbol{a}_r$ 为鲁棒控制项，定义为

$$\boldsymbol{a}_r = -\boldsymbol{K}_r(\| \hat{\mathbf{Z}} \|_F + Z_M) \boldsymbol{s} \tag{4.44}$$

其中，$\boldsymbol{K}_r$ 为对角正定矩阵。

与第 3 章相同，神经网络的在线训练采用具有 e 修正项的自适应律[15]

$$\left.\begin{aligned} \dot{\hat{\boldsymbol{W}}} &= -\boldsymbol{\Gamma}_w \{ [\boldsymbol{\sigma}(\hat{\mathbf{V}}^{\text{T}} \bar{\boldsymbol{x}}) - \boldsymbol{\sigma}'(\hat{\mathbf{V}}^{\text{T}} \bar{\boldsymbol{x}}) \hat{\mathbf{V}}^{\text{T}} \bar{\boldsymbol{x}}] \boldsymbol{s}^{\text{T}} + \kappa \| \boldsymbol{s} \| \hat{\boldsymbol{W}} \} \\ \dot{\hat{\mathbf{V}}} &= -\boldsymbol{\Gamma}_v [\bar{\boldsymbol{x}} \boldsymbol{s}^{\text{T}} \hat{\boldsymbol{W}}^{\text{T}} \boldsymbol{\sigma}'(\hat{\mathbf{V}}^{\text{T}} \bar{\boldsymbol{x}}) + \kappa \| \boldsymbol{s} \| \hat{\mathbf{V}}] \end{aligned}\right\} \tag{4.45}$$

其中，$\boldsymbol{\Gamma}_w$ 和 $\boldsymbol{\Gamma}_v$为正定自适应矩阵；$\kappa > 0$ 为一个正的系数。

$$\boldsymbol{\sigma}'(\boldsymbol{y}) = \begin{bmatrix} 0 & \cdots & 0 \\ \dfrac{\partial \sigma(y_1)}{\partial y_1} & \cdots & 0 \\ \vdots & & \vdots \\ 0 & \cdots & \dfrac{\partial \sigma(y_{n_2})}{\partial y_{n_2}} \end{bmatrix} \in \mathbf{R}^{(n_2+1) \times n_2} \tag{4.46}$$

下面的定理给出了 NN－MRAC 速度跟踪控制的稳定性。

定理 4.1　给定 UUV 的动力学模型式(4.2) 和速度参考模型式(4.19)、式(4.21)，采用由式(4.27)、式(4.28)、式(4.29)、式(4.43) 和式(4.44) 定义的控制输入，以及式(4.45) 描述的神经网络权重矩阵自适应律，那么速度跟踪误差 $\boldsymbol{s}$ 渐近收敛到零，并且神经网络权重矩阵的估计值 $(\widetilde{\boldsymbol{W}},\widetilde{\boldsymbol{V}})$ 是最终一致有界的。

证明　首先，未知函数 $\Delta\boldsymbol{a}(\boldsymbol{v},\boldsymbol{T},\hat{\boldsymbol{T}})$ 的 SHL 神经网络逼近误差可以表示为

$$\begin{aligned}\boldsymbol{e}_{\mathrm{nn}} \overset{\mathrm{def}}{=\!=} & \Delta\boldsymbol{a}(\boldsymbol{v},\boldsymbol{T},\hat{\boldsymbol{T}})-\hat{\boldsymbol{W}}^{\mathrm{T}}\boldsymbol{\sigma}(\hat{\boldsymbol{V}}^{\mathrm{T}}\bar{\boldsymbol{x}})= \\ & \boldsymbol{W}^{\mathrm{T}}\boldsymbol{\sigma}(\boldsymbol{V}^{\mathrm{T}}\bar{\boldsymbol{x}})-\hat{\boldsymbol{W}}^{\mathrm{T}}\boldsymbol{\sigma}(\hat{\boldsymbol{V}}^{\mathrm{T}}\bar{\boldsymbol{x}})+\boldsymbol{\varepsilon}+\boldsymbol{\varepsilon}_g= \\ & \widetilde{\boldsymbol{W}}^{\mathrm{T}}\boldsymbol{\sigma}(\hat{\boldsymbol{V}}^{\mathrm{T}}\bar{\boldsymbol{x}})+\boldsymbol{W}^{\mathrm{T}}(\boldsymbol{\sigma}(\boldsymbol{V}^{\mathrm{T}}\bar{\boldsymbol{x}})-\boldsymbol{\sigma}(\hat{\boldsymbol{V}}^{\mathrm{T}}\bar{\boldsymbol{x}}))+\boldsymbol{\varepsilon}+\boldsymbol{\varepsilon}_g\end{aligned} \tag{4.47}$$

在参数为 $\hat{\boldsymbol{V}}^{\mathrm{T}}\bar{\boldsymbol{x}}$ 处将函数 $\boldsymbol{\sigma}(\boldsymbol{V}^{\mathrm{T}}\bar{\boldsymbol{x}})$ 进行 Taylar 级数展开得到

$$\boldsymbol{\sigma}(\boldsymbol{V}^{\mathrm{T}}\bar{\boldsymbol{x}})-\boldsymbol{\sigma}(\hat{\boldsymbol{V}}^{\mathrm{T}}\bar{\boldsymbol{x}})=\boldsymbol{\sigma}'(\hat{\boldsymbol{V}}^{\mathrm{T}}\bar{\boldsymbol{x}})\widetilde{\boldsymbol{V}}^{\mathrm{T}}\bar{\boldsymbol{x}}+\boldsymbol{O}(\widetilde{\boldsymbol{V}}^{\mathrm{T}}\bar{\boldsymbol{x}})^2 \tag{4.48}$$

于是，

$$\begin{aligned}\boldsymbol{e}_{\mathrm{nn}}= & \widetilde{\boldsymbol{W}}^{\mathrm{T}}\boldsymbol{\sigma}(\hat{\boldsymbol{V}}^{\mathrm{T}}\bar{\boldsymbol{x}})+(\hat{\boldsymbol{W}}^{\mathrm{T}}+\widetilde{\boldsymbol{W}}^{\mathrm{T}})\boldsymbol{\sigma}'(\hat{\boldsymbol{V}}^{\mathrm{T}}\bar{\boldsymbol{x}})\widetilde{\boldsymbol{V}}^{\mathrm{T}}\bar{\boldsymbol{x}}+\boldsymbol{W}^{\mathrm{T}}\boldsymbol{O}(\widetilde{\boldsymbol{V}}^{\mathrm{T}}\bar{\boldsymbol{x}})^2+\boldsymbol{\varepsilon}+\boldsymbol{\varepsilon}_g= \\ & \widetilde{\boldsymbol{W}}^{\mathrm{T}}(\boldsymbol{\sigma}(\hat{\boldsymbol{V}}^{\mathrm{T}}\bar{\boldsymbol{x}})-\boldsymbol{\sigma}'(\hat{\boldsymbol{V}}^{\mathrm{T}}\bar{\boldsymbol{x}})\hat{\boldsymbol{V}}^{\mathrm{T}}\bar{\boldsymbol{x}})+\hat{\boldsymbol{W}}^{\mathrm{T}}\boldsymbol{\sigma}'(\hat{\boldsymbol{V}}^{\mathrm{T}}\bar{\boldsymbol{x}})\widetilde{\boldsymbol{V}}^{\mathrm{T}}\bar{\boldsymbol{x}}+\boldsymbol{w}\end{aligned} \tag{4.49}$$

其中，$\boldsymbol{w}=\widetilde{\boldsymbol{W}}^{\mathrm{T}}\boldsymbol{\sigma}'(\hat{\boldsymbol{V}}^{\mathrm{T}}\bar{\boldsymbol{x}})\boldsymbol{V}^{\mathrm{T}}\bar{\boldsymbol{x}}+\boldsymbol{W}^{\mathrm{T}}\boldsymbol{O}(\widetilde{\boldsymbol{V}}^{\mathrm{T}}\bar{\boldsymbol{x}})^2+\boldsymbol{\varepsilon}+\boldsymbol{\varepsilon}_g$ 为干扰项，其满足约束[29]

$$\|\boldsymbol{w}\|\leqslant c_0+c_1\|\widetilde{\boldsymbol{Z}}\|_F+c_2\|\widetilde{\boldsymbol{Z}}\|_F\|\boldsymbol{s}\| \tag{4.50}$$

其中，c_0，c_1 和 c_2 为正常数。

定义如下的 Lyapunov 函数：

$$V_{\mathrm{nn}}=\frac{1}{2}\boldsymbol{s}^{\mathrm{T}}\boldsymbol{s}+\frac{1}{2}\mathrm{tr}\{\widetilde{\boldsymbol{W}}^{\mathrm{T}}\boldsymbol{\Gamma}_w^{-1}\widetilde{\boldsymbol{W}}\}+\frac{1}{2}\mathrm{tr}\{\widetilde{\boldsymbol{V}}^{\mathrm{T}}\boldsymbol{\Gamma}_v^{-1}\widetilde{\boldsymbol{V}}\} \tag{4.51}$$

对 Lypunov 函数式(4.51) 求导，并代入误差模型式(4.32)，神经网络自适应控制式(4.43) 和式(4.44)，权重矩阵自适应律式(4.45)，可得

$$\begin{aligned}\dot{V}_{\mathrm{nn}}= & -\boldsymbol{s}^{\mathrm{T}}\boldsymbol{K}_p\boldsymbol{s}-\boldsymbol{s}^{\mathrm{T}}\boldsymbol{K}_\eta\mathrm{sign}(\boldsymbol{s})- \\ & \boldsymbol{s}^{\mathrm{T}}(\widetilde{\boldsymbol{W}}^{\mathrm{T}}(\boldsymbol{\sigma}(\hat{\boldsymbol{V}}^{\mathrm{T}}\bar{\boldsymbol{x}})-\boldsymbol{\sigma}'(\hat{\boldsymbol{V}}^{\mathrm{T}}\bar{\boldsymbol{x}})\hat{\boldsymbol{V}}^{\mathrm{T}}\bar{\boldsymbol{x}})+\hat{\boldsymbol{W}}^{\mathrm{T}}\boldsymbol{\sigma}'(\hat{\boldsymbol{V}}^{\mathrm{T}}\bar{\boldsymbol{x}})\widetilde{\boldsymbol{V}}^{\mathrm{T}}\bar{\boldsymbol{x}}+\boldsymbol{w})+\boldsymbol{s}^{\mathrm{T}}\boldsymbol{a}_r+ \\ & \mathrm{tr}\{\widetilde{\boldsymbol{W}}^{\mathrm{T}}\boldsymbol{\Gamma}_w^{-1}\dot{\widetilde{\boldsymbol{W}}}\}+\mathrm{tr}\{\widetilde{\boldsymbol{V}}^{\mathrm{T}}\boldsymbol{\Gamma}_v^{-1}\dot{\widetilde{\boldsymbol{V}}}\}=-\boldsymbol{s}^{\mathrm{T}}\boldsymbol{K}_p\boldsymbol{s}-\boldsymbol{s}^{\mathrm{T}}\boldsymbol{K}_\eta\mathrm{sign}(\boldsymbol{s})+\boldsymbol{s}^{\mathrm{T}}(-\boldsymbol{w}+\boldsymbol{a}_r)- \\ & \mathrm{tr}(\widetilde{\boldsymbol{W}}^{\mathrm{T}}((\boldsymbol{\sigma}(\hat{\boldsymbol{V}}^{\mathrm{T}}\bar{\boldsymbol{x}})-\boldsymbol{\sigma}'(\hat{\boldsymbol{V}}^{\mathrm{T}}\bar{\boldsymbol{x}})\hat{\boldsymbol{V}}^{\mathrm{T}}\bar{\boldsymbol{x}})\boldsymbol{s}^{\mathrm{T}}+\boldsymbol{\Gamma}_w^{-1}\dot{\hat{\boldsymbol{W}}}))- \\ & \mathrm{tr}(\widetilde{\boldsymbol{V}}^{\mathrm{T}}(\bar{\boldsymbol{x}}\boldsymbol{s}^{\mathrm{T}}\hat{\boldsymbol{W}}^{\mathrm{T}}\boldsymbol{\sigma}'(\hat{\boldsymbol{V}}^{\mathrm{T}}\bar{\boldsymbol{x}})+\boldsymbol{\Gamma}_v^{-1}\dot{\hat{\boldsymbol{V}}}))\leqslant-\boldsymbol{s}^{\mathrm{T}}\boldsymbol{K}_p\boldsymbol{s}-\boldsymbol{s}^{\mathrm{T}}\boldsymbol{K}_\eta\mathrm{sign}(\boldsymbol{s})+ \\ & \|\boldsymbol{s}\|(c_0+c_1\|\widetilde{\boldsymbol{Z}}\|_F+c_2\|\widetilde{\boldsymbol{Z}}\|_F\|\boldsymbol{s}\|)+ \\ & \kappa\|\boldsymbol{s}\|\mathrm{tr}(\widetilde{\boldsymbol{Z}}^{\mathrm{T}}\hat{\boldsymbol{Z}})-\boldsymbol{s}^{\mathrm{T}}\boldsymbol{K}_r(\|\hat{\boldsymbol{Z}}\|_F+Z_M)\boldsymbol{s}\end{aligned} \tag{4.52}$$

考虑不等式

$$\mathrm{tr}(\widetilde{\boldsymbol{Z}}^{\mathrm{T}}\hat{\boldsymbol{Z}})=\mathrm{tr}(\widetilde{\boldsymbol{Z}}^{\mathrm{T}}(\boldsymbol{Z}-\widetilde{\boldsymbol{Z}}))\leqslant\|\widetilde{\boldsymbol{Z}}\|_F Z_M-\|\widetilde{\boldsymbol{Z}}\|_F^2 \tag{4.53}$$

$$\|\widetilde{\boldsymbol{Z}}\|_F\leqslant\|\hat{\boldsymbol{Z}}\|_F+Z_M \tag{4.54}$$

选择控制参数满足 $\lambda_{\min}(\boldsymbol{K}_r)>c_2$ 有

$$\begin{aligned}\dot{V}_{\mathrm{nn}} \leqslant & -\boldsymbol{s}^{\mathrm{T}}\boldsymbol{K}_p\boldsymbol{s}-\boldsymbol{s}^{\mathrm{T}}\boldsymbol{K}_\eta \operatorname{sign}(\boldsymbol{s})+\|\boldsymbol{s}\|(c_0+c_1\|\widetilde{\boldsymbol{Z}}\|_F+c_2\|\widetilde{\boldsymbol{Z}}\|_F\|\boldsymbol{s}\|)+ \\ & \kappa\|\boldsymbol{s}\|(\|\widetilde{\boldsymbol{Z}}\|_F Z_M-\|\widetilde{\boldsymbol{Z}}\|_F^2)-\boldsymbol{s}^{\mathrm{T}}\boldsymbol{K}_r\|\widetilde{\boldsymbol{Z}}\|_F\boldsymbol{s} \leqslant \\ & -\boldsymbol{s}^{\mathrm{T}}\boldsymbol{K}_p\boldsymbol{s}-\|\boldsymbol{s}\|(\lambda_{\min}(\boldsymbol{K}_\eta)-c_0-(c_1+\kappa Z_M)\|\widetilde{\boldsymbol{Z}}\|_F+\kappa\|\widetilde{\boldsymbol{Z}}\|_F^2) \leqslant \\ & -\boldsymbol{s}^{\mathrm{T}}\boldsymbol{K}_p\boldsymbol{s}-\|\boldsymbol{s}\|\left(\kappa\left(\|\widetilde{\boldsymbol{Z}}\|_F-\frac{c_1+\kappa Z_M}{2\kappa}\right)^2+\left(\lambda_{\min}(\boldsymbol{K}_\eta)-c_0-\frac{(c_1+\kappa Z_M)^2}{4\kappa}\right)\right)\end{aligned} \tag{4.55}$$

其中，$\lambda_{\min}(\boldsymbol{K})$ 表示矩阵 $\boldsymbol{K}$ 的最小特征值。

当控制矩阵满足

$$\lambda_{\min}(\boldsymbol{K}_\eta) \geqslant c_0+\frac{(c_1+\kappa Z_M)^2}{4\kappa} \tag{4.56}$$

时，Lyapunov 函数的导数 $\dot{V}_{\mathrm{nn}}$ 是半负定的。

由于 Lyapunov 函数 V_{nn} 正定，而其导数 $\dot{V}_{\mathrm{nn}}$ 为半负定，因此神经网络权重矩阵的逼近误差 $\widetilde{\boldsymbol{W}}$ 和 $\widetilde{\boldsymbol{V}}$ 是最终一致有界的。根据 Barbalat 引理，$\dot{V}_{\mathrm{nn}}$ 在 $t\to\infty$ 时趋近于零，因此误差 $\boldsymbol{s}$ 渐近收敛到零，也就意味着跟踪误差 $\boldsymbol{e}$ 也会收敛到零。

符号函数 signum 的不连续性会造成控制输出的抖振现象。为了消除这一现象，这里采用边界层技术，用饱和函数代替符号函数，即

$$\operatorname{sat}(s_i)=\begin{cases}\operatorname{sign}(s_i), & \text{for } |s_i|>\delta \\ s_i/\delta, & \text{for } |s_i|\leqslant\delta\end{cases} \tag{4.57}$$

其中，s_i 为 $\boldsymbol{s}$ 的第 i 个元素；$\delta>0$ 为边界层厚度。

4.2.5 仿真研究

采用全驱动 Kambara UUV 开展仿真实验，验证所提出的动力定位控制的有效性，其水平面运动模型参数如下：

$$\boldsymbol{M}_{\mathrm{RB}}=\begin{bmatrix}117 & 0 & 0 \\ 0 & 117 & 0 \\ 0 & 0 & 13.4\end{bmatrix},\quad \boldsymbol{M}_{\mathrm{AM}}=\begin{bmatrix}58.4 & 0 & 0 \\ 0 & 23.8 & 0 \\ 0 & 0 & 2.67\end{bmatrix}$$

$$\boldsymbol{D}(\boldsymbol{v})=\begin{bmatrix}120+90|u| & 0 & 0 \\ 0 & 90+90|v| & 0 \\ 0 & 0 & 18+15|r|\end{bmatrix},\quad \boldsymbol{B}=\begin{bmatrix}1 & 1 & 0 \\ 0 & 0 & 1 \\ l_1 & -l_2 & 0\end{bmatrix}$$

其中，$l_1=0.52$ m，$l_2=0.47$ m 为推进器到运载体坐标系 x 轴的距离，如图 4-1 所示。全局海流速度为 $\boldsymbol{v}_f=[0.2\quad 0.1\quad 0]^{\mathrm{T}}$。推进器模型参数为 $k_c=25$。推进器在控制电压 5 V 时对应的最大推力为 125 N。

为了验证动力学控制器的自适应能力，在标称模型中的参数比真实值有 20%

的偏差。估计的推力分配矩阵 $\hat{\boldsymbol{B}}$ 中 $\hat{l}_1=\hat{l}_2=0.5$ m。海流速度估计为 $\hat{\boldsymbol{v}}_f=\boldsymbol{0}_3$。静态推进器模型参数 $\hat{k}_c=30$,这意味着实际的推进器推力要小于所期望的推力。

两个 USBL 应答器的全局坐标为 $B_1(0,-10)$ 和 $B_2(0,10)$。期望的 UUV 位姿为 $\boldsymbol{\eta}^*=[-10\quad 0\quad 0]^{\mathrm{T}}$，对应的应答器坐标矢量为 $\boldsymbol{p}^*=[10\quad -10\quad 10\quad 10]^{\mathrm{T}}$。UUV 的初始状态为 $x(0)=-30$ m,$y(0)=-30$ m,$\psi(0)=\pi/2$ rad,$u(0)=v(0)=0$ m/s,$r(0)=0$ rad/s。

通过仿真比较验证所提出的基于 NMPC 的动力定位方法与传统的线性控制方法的性能,同时比较具有不同代价函数的 NMPC 方法的性能。NMPC 运动学控制中,控制周期 $T_c=0.1$ s,预测时域为 $N_p=10$,为了降低计算量控制时域为 $N_c=1$。速度约束和应答器方位角约束为 $u^{\max}=-u^{\min}=1.0$ m/s,$v^{\max}=-v^{\min}=0.5$ m/s,$r^{\max}=-r^{\min}=\pi/9$ rad/s 和 $\alpha^{\max}=\pi/3$ rad。代价函数中的位置误差权重矩阵为单位 $\boldsymbol{Q}_i=\boldsymbol{I}_4$,为了分析不同的输入权重矩阵对系统性能的影响,分别选择 $\boldsymbol{R}_i=\boldsymbol{I}_3, 10\boldsymbol{I}_3, 50\boldsymbol{I}_3$ 和 $100\boldsymbol{I}_3$ 进行仿真。线性控制器式(4.12)中的控制增益 $k=0.1$,并且将得到的速度指令进行与 NMPC 约束相同的限幅。

NN-MRAC 动力学控制参数为 $n_2=10,\lambda=1,\boldsymbol{K}_p=\mathrm{diag}(2,2,4),\boldsymbol{K}_r=\boldsymbol{I}_3$,$\boldsymbol{K}_\eta=0.1\boldsymbol{I}_3,b_w=b_v=0.5,\boldsymbol{\Gamma}_w=0.2\boldsymbol{I}_{n3},\boldsymbol{\Gamma}_v=2\boldsymbol{I}_{n2},\kappa=0.1$。

仿真结果如图 4-4～图 4-7 所示。其中,图 4-4 所示为 UUV 全局位置和航向角曲线,图 4-5 所示为运载体坐标系下的应答器坐标曲线。可以看到,应答器的坐标平滑地收敛到期望值,相应地,UUV 的位置和航向角也收敛到目标点,表明本章所提出的 NMPC 运动学控制和神经网络速度跟踪控制能够很好地完成动力定位任务,驱动 UUV 准确到达指定的位置和航向。

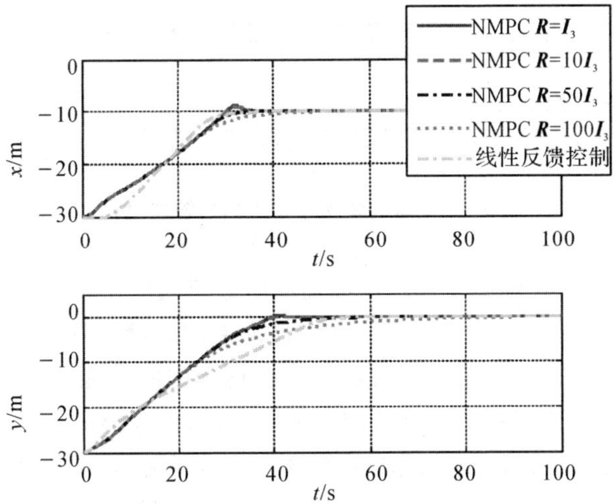

图 4-4　实际位置(x,y)和航向角 ψ

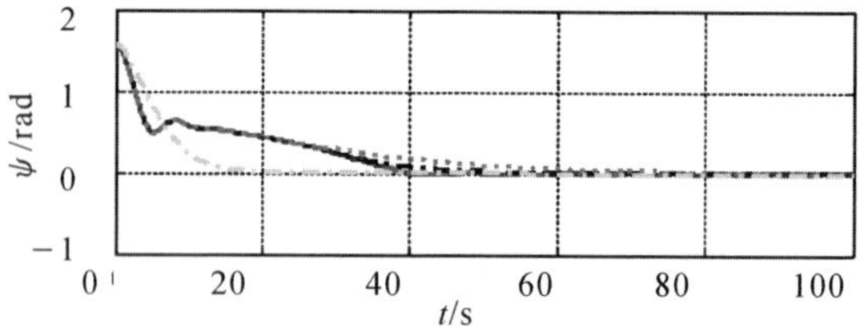

续图 4-4　实际位置(*x*, *y*)和航向角 *ψ*

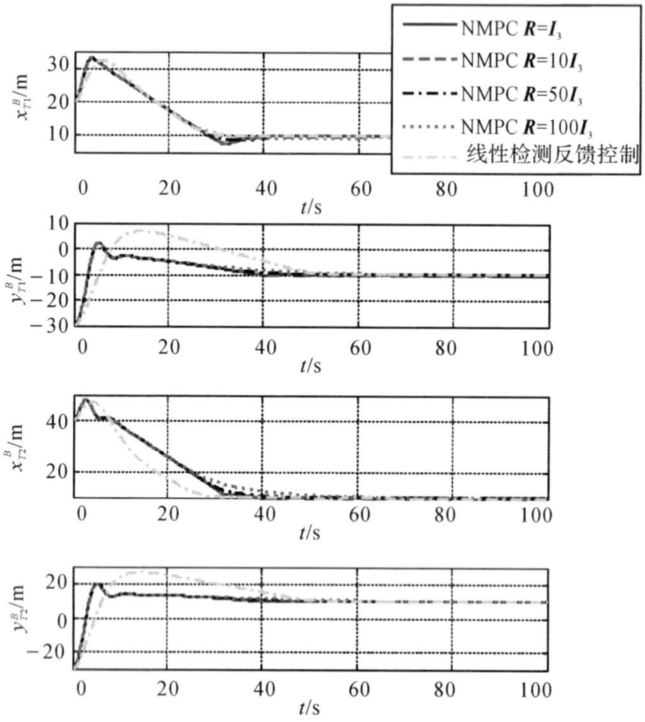

图 4-5　运载体坐标系下的应答器坐标

同时,采用 NMPC 动力定位控制的运动轨迹与线性控制结果有很大的不同。线性控制方法通过对逆雅可比矩阵将各个自由度的运动解耦,以获得各个自由度独立的指数收敛,但由于速度的约束而无法获得期望的性能;而 NMPC 方法则能在满足速度约束下,依据系统模型预测未来轨迹,从而选择最优速度指令使得动力定位误差快速收敛。可以看到,随着系统输入权重矩阵 $\boldsymbol{R}_i$ 的减小,系统表现出更快的收敛速度。由于受速度约束,在动力定位的前一阶段 UUV 以最大的速度运动，系统的轨迹差别并不大。

图 4-6 所示为 NMPC 和线性运动学控制产生的速度指令，可以看到，在开始运行的前几秒内，NMPC 产生的偏航速度指令为最大值 $-\pi/9$ rad/s，使 UUV 快速转向。同时，侧向速度指令为 -0.5 m/s，与线性控制产生的 0.5 m/s 指令相比，该指令能够在当前航向角下使位置误差更快地收敛。此后，NMPC 给出0.5 m/s的最大侧向速度指令。随着权重矩阵的减小，基于 NMPC 的动力定位控制的速度指令收敛更快，当 $\boldsymbol{R}=\boldsymbol{I}_3$ 时，速度曲线表现出类似于欠阻尼系统的振荡特性。

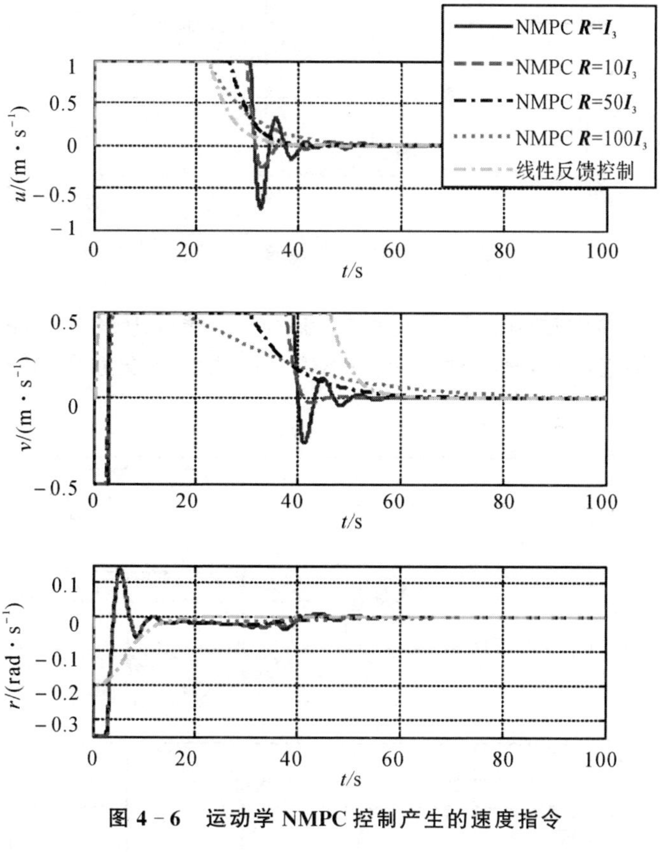

图 4-6　运动学 NMPC 控制产生的速度指令

图 4-7 所示为应答器位置误差范数 $\|\boldsymbol{\varepsilon}\|$ 的曲线，与线性控制相比，基于 NMPC 的动力定位控制在满足速度约束的条件下，其位置误差收敛地更快。在最后阶段，具有更小输入权重矩阵的 NMPC 控制下的跟踪误差收敛更快，当 $\boldsymbol{R}_i=\boldsymbol{I}_3$ 时，跟踪误差在收敛到零时表现出一定的振荡特性。

图 4-8 所示为 NN-MRAC 速度跟踪控制仿真结果，包括速度指令、参考速

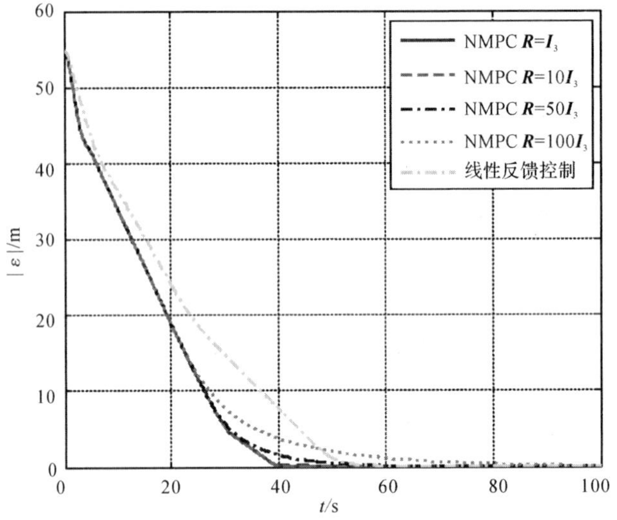

图 4-7　动力定位误差 ε 的范数

度和实际速度。速度指令由 NMPC 产生,输入权重矩阵为 $\boldsymbol{R}_i = 10\boldsymbol{I}_3$。结果表明,神经网络控制器能够很好地补偿系统的不确定特性,实际速度能够精确跟踪参考速度,跟踪误差收敛到零。

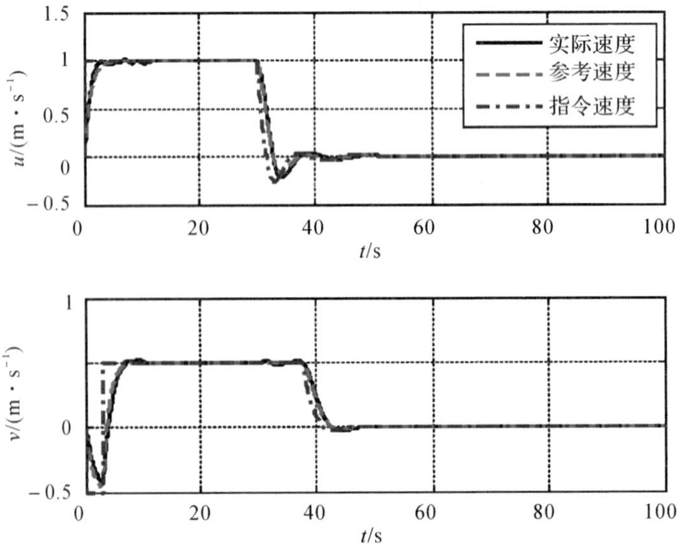

图 4-8　速度指令、参考速度和实际速度曲线

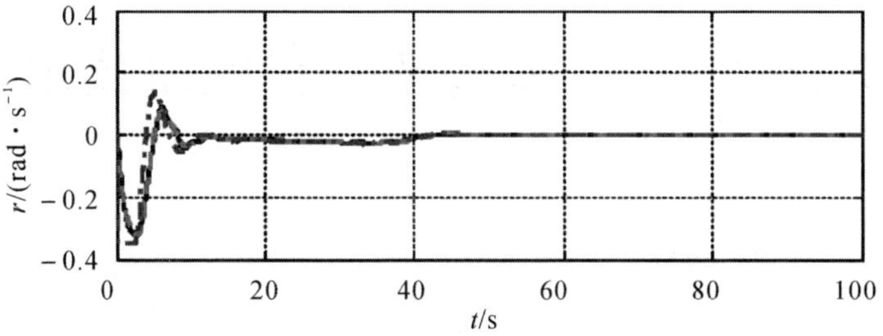

续图4-8 速度指令、参考速度和实际速度曲线

图4-9所示为期望推力和实际推力曲线。产生偏差的原因在于，期望的推进器控制信号是根据近似推进器模型计算得到的，而不是真实模型。但是，基于SHL神经网络的自适应控制器能够补偿模型误差，从而保证了速度跟踪误差的稳定性。在NMPC中合理地选择速度约束，从而有效地保证实际推力在推进器所能够提供的推力范围内。

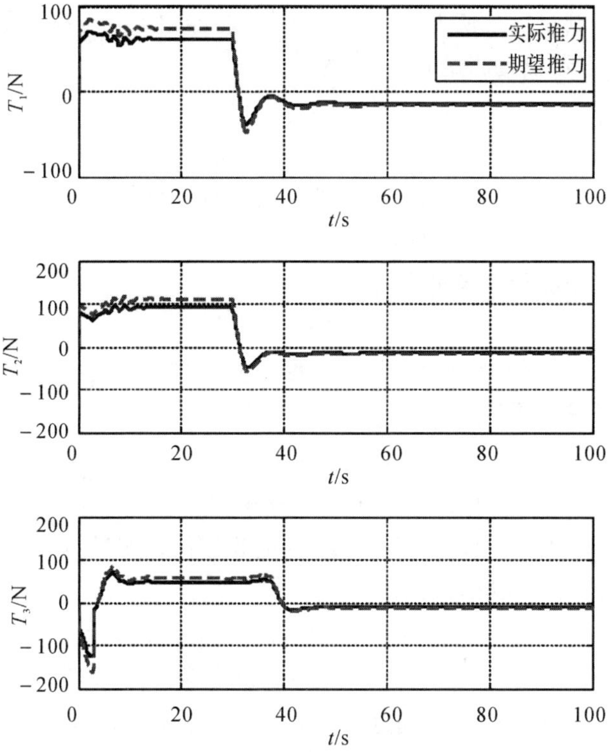

图4-9 期望推力和实际推力

4.3 全驱动 UUV 模型预测直线航迹跟踪控制

4.3.1 问题描述

本节主要研究基于逆 USBL 系统的全驱动 UUV 直线航迹跟踪控制问题[16]。直线航迹跟踪控制的目标是，UUV 通过 USBL 收发器获得周围固定安装的应答器的位置坐标，设计非线性控制，使 UUV 沿与通过应答器中点并且与应答器连线相垂直的直线运动。

定义全局坐标系 Oxy 的原点为 B_1B_2 的中点 O，x 轴沿期望运动方向，y 轴与 x 轴垂直，如图 4-1 所示。在 UUV 靠近应答器的过程中，UUV 通过 USBL 定位系统获取应答器在运载体坐标系中的位置，表示为 $B_l^B(x_{Tl}^B, y_{Tl}^B)$，$l=1,2$。

直线跟踪控制目标是使 UUV 沿着通过应答器中点并与应答器连线垂直的直线运动，可用应答器位置测量表示[17]为

$$\left.\begin{aligned} x_{T1}^B - x_{T2}^B \rightarrow 0 \\ y_{T1}^B + y_{T2}^B \rightarrow 0 \end{aligned}\right\} \tag{4.58}$$

其中，方程 $x_{T1}^B - x_{T2}^B \rightarrow 0$ 定义了 UUV 的航向与直线路径平行，而方程 $y_{T1}^B + y_{T2}^B \rightarrow 0$ 则定义了 UUV 指向应答器的中点。

定义为直线跟踪误差矢量为

$$\boldsymbol{\sigma} \stackrel{\text{def}}{=\!=} \begin{bmatrix} x_{T1}^B - x_{T2}^B \\ y_{T1}^B + y_{T2}^B \end{bmatrix} \tag{4.59}$$

对误差矢量求导得到

$$\dot{\boldsymbol{\sigma}} = \begin{bmatrix} r(y_{T1}^B - y_{T2}^B) \\ -2v - r(x_{T1}^B + x_{T2}^B) \end{bmatrix} = \boldsymbol{L}_\sigma(\boldsymbol{p}_k)\boldsymbol{v}_l \tag{4.60}$$

其中，$\boldsymbol{v}_l = [v \quad r]^{\mathrm{T}}$ 是 UUV 速度矢量；$\boldsymbol{L}_\sigma$ 为应答器位置测量与 UUV 速度矢量间的 Jacobian 矩阵，或交互矩阵，定义为

$$\boldsymbol{L}_\sigma = \begin{bmatrix} 0 & y_{T1}^B - y_{T2}^B \\ -2 & -(x_{T1}^B + x_{T2}^B) \end{bmatrix} \tag{4.61}$$

显然，当 $y_{T1}^B \neq y_{T2}^B$ 时，矩阵 $\boldsymbol{L}_\sigma$ 可逆。

值得注意的是，跟踪误差矢量的导数中没有 UUV 前向速度 u，而 Jacobian 矩

阵 $\boldsymbol{L}_\sigma$ 只与应答器的位置有关。因此，对于全驱动 UUV 来说，可以通过调节侧向速度和偏航角速度实现直线航迹跟踪，而前向速度可以设为常值，或者独立进行控制。

在跟踪误差模型式(4.60) 的基础上，UUV 直线跟踪运动学回路的控制目标在满足系统速度约束的条件下，求解速度指令 $\boldsymbol{v}_l$ 使得 $\boldsymbol{\sigma}$ 渐近收敛到零。

为了使航迹跟踪误差指数收敛，可以简单地选择线性反馈速度指令为

$$\boldsymbol{v}_{l\mathrm{cmd}}=\begin{bmatrix} v_{\mathrm{cmd}} \\ r_{\mathrm{cmd}} \end{bmatrix}=-\boldsymbol{L}_\sigma^{-1}\boldsymbol{\Gamma}_1\boldsymbol{\sigma} \tag{4.62}$$

其中，$\boldsymbol{\Gamma}_1=\mathrm{diag}(\gamma_1,\gamma_2)$ 为常数正定增益矩阵；$\boldsymbol{L}_\sigma^{-1}$ 为 $\boldsymbol{L}_\sigma$ 的逆，即

$$\boldsymbol{L}_0^{-1}=\begin{bmatrix} \dfrac{x_{T_1}^B+x_{T_2}^B}{2(y_{T_1}^B-y_{T_2}^B)} & -\dfrac{1}{2} \\ \dfrac{1}{y_{T_1}^B-y_{T_2}^B} & 0 \end{bmatrix} \tag{4.63}$$

线性反馈控制式(4.63) 中没有考虑 UUV 的速度约束和 USBL 系统测量范围约束，因此实际中的控制性能无法保证。本节采用模型预测控制方法求解满足系统约束的速度指令[18-19]。

4.3.2　模型预测直线航迹跟踪控制

为了设计非线性预测控制器，首先将系统模型式(4.6) 以及系统输出用欧拉法进行离散化

$$\left.\begin{aligned} \boldsymbol{p}_{k+1}&=\boldsymbol{f}(\boldsymbol{p}_k,\boldsymbol{v}_k)=\boldsymbol{p}_k+T_c\boldsymbol{L}_l(\boldsymbol{p}_k)\boldsymbol{v}_{lk}+\boldsymbol{D}_k \\ \boldsymbol{\sigma}_k&=\begin{bmatrix} x_{T1,k}^B-x_{T2,k}^B \\ y_{T1,k}^B+y_{T2,k}^B \end{bmatrix} \end{aligned}\right\} \tag{4.64}$$

其中，$\boldsymbol{v}_{lk}=[v_k\quad r_k]^{\mathrm{T}}$ 为 k 时刻系统的速度输入矢量；$\boldsymbol{\sigma}_k$ 为 k 时刻的直线跟踪误差矢量；T_c 为控制周期；矩阵 $\boldsymbol{L}_l$ 和 $\boldsymbol{D}_k$ 定义为

$$\boldsymbol{L}_l(\boldsymbol{p}_k)=\begin{bmatrix} 0 & y_{T1,k}^B \\ 1 & -x_{T1,k}^B \\ 0 & y_{T2,k}^B \\ 1 & -x_{T2,k}^B \end{bmatrix},\quad \boldsymbol{D}_k=T_c u_k\begin{bmatrix} -1 \\ 0 \\ -1 \\ 0 \end{bmatrix}$$

式中，u_k 为 k 时刻的前向速度。

非线性预测控制器的代价函数定义为

$$J(\boldsymbol{p}_k,\boldsymbol{v}_{lk}^{N_p})=\sum_{j=1}^{N_p-1}\boldsymbol{\sigma}_{j|k}^{\mathrm{T}}\boldsymbol{Q}_j\boldsymbol{\sigma}_{j|k}+\sum_{j=0}^{N_c-1}\boldsymbol{v}_{lj|k}^{\mathrm{T}}\boldsymbol{R}_j\boldsymbol{v}_{lj|k} \tag{4.65}$$

其中，$\boldsymbol{\sigma}_{j|k}$ 和 $\boldsymbol{v}_{lj|k}$ 分别表示依据时刻 k 的系统状态 $\boldsymbol{p}_k$ 和模型式(4.64)预测的第 j 步的系统误差与输入，$\boldsymbol{Q}_j$ 和 $\boldsymbol{R}_j$ 为第 j 步的对称正定权值矩阵。

在求解优化问题时，根据 UUV 的机动能力和 USBL 系统的测量范围定义如下约束：

(1) 速度约束

$$\boldsymbol{v}_l\in[\boldsymbol{v}_{l\min},\boldsymbol{v}_{l\max}] \tag{4.66}$$

其中，$\boldsymbol{v}_{l\max}=[v_{\max}\quad r_{\max}]^{\mathrm{T}}$ 和 $\boldsymbol{v}_{l\min}=[v_{\min}\quad r_{\min}]^{\mathrm{T}}$ 为 UUV 的最大和最小速度指令。

(2) 应答器测量范围约束。

为了保证在直线跟踪过程中，UUV 总是能成功获取应答器的位置，定义满足 USBL 定位系统的可见性约束如下：

$$\alpha_{Ti,j|k}=\arctan2(y_{Ti,j|k}^{B},x_{Ti,j|k}^{B})\in[-\alpha_{\max},\alpha_{\max}],\quad i=1,2 \tag{4.67}$$

其中，$\alpha_{\max}$ 是 USBL 定位系统最大角度。

在 k 时刻求解优化问题获得的最优速度序列为 $\boldsymbol{v}_{lk}^{*}=[\bar{\boldsymbol{v}}_{l0,k}^{*}\quad\bar{\boldsymbol{v}}_{l1,k}^{*}\quad\cdots\quad\bar{\boldsymbol{v}}_{l(N_c-1),k}^{*}]$，将第 1 个速度作为期望的速度，即 $\boldsymbol{v}_{l\mathrm{cmd}}=\bar{\boldsymbol{v}}_{l0,k}^{*}$。在下一个控制周期，重新求解优化问题获得速度指令。

在 UUV 的动力学控制层中，采用 4.2.4 节给出的神经网络自适应控制方法，其中前向速度指令 u_{cmd} 设定为常值。

4.3.3 仿真研究

采用 REMUS UUV 的模型参数对本节所提出的直线跟踪控制策略进行仿真验证。仿真中设置 UUV 前向速度指令 u_{cmd} 为 0.8 m/s，UUV 起始位置为(−120，−30)，全局坐标系下起始航向角为 30°，起始侧向速度 v 和角速度 r 分别为 0 m/s 和 0 rad/s。

两个 USBL 应答器在全局坐标系下的坐标分别为 $B_1(0,-1)$ 和 $B_2(0,1)$。在非线性预测控制器中，取加权矩阵 $\boldsymbol{Q}=\boldsymbol{R}=\boldsymbol{I}_2$，采样周期 $T_c=0.5$ s，且 $N_c=N_p=20$，速度约束和可见性约束分别为 $v_{\max}=-v_{\min}=0.3$ m/s，$r_{\max}=-r_{\min}=0.174\,5$ rad/s，$\alpha_{\max}=\pi/3$ rad。

采用线性直线航迹跟踪控制式(4.62)与模型预测直线航迹跟踪控制进行仿真研究和比较。UUV 航行轨迹如图 4-10 所示，USBL 应答器由十字标出，从图中可以看到，在预测控制下 UUV 能较快航行到期望直线路径。基于 USBL 应答器位置测量的直线跟踪误差如图 4－11 所示，预测算法误差的收敛速度要比线性反馈控制更快，且误差收敛轨迹更平滑。图 4－12 所示为 UUV 航向角曲线。

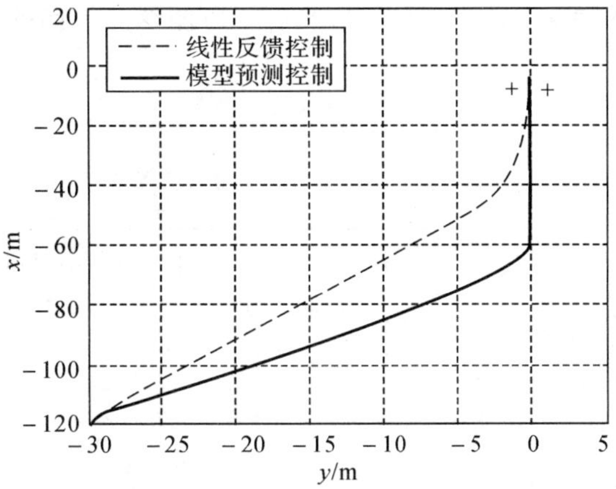

图 4－10　UUV 航行轨迹

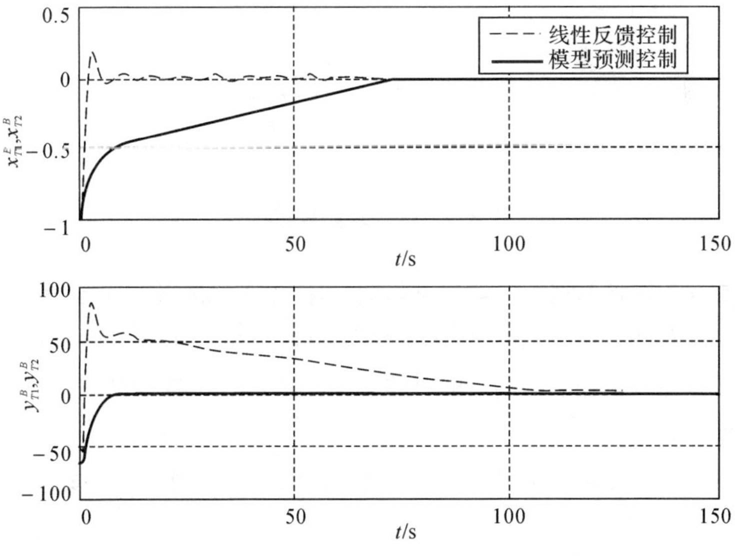

图 4－11　直线跟踪控制误差曲线

从仿真结果可以看出，由于两种控制方法的策略不同，线性控制方法是简单地将两个误差解耦，由速度 v 控制 $y_{T1}^B + y_{T2}^B$，r 控制 $x_{T1}^B - x_{T2}^B$，不考虑速度的限幅，而模型预测控制则是将 v 和 r 综合起来，在满足约束的条件下，先控制误差大的量 $y_{T1}^B + y_{T2}^B$，使 UUV 先指向应答器中点，然后一边侧移一边调整方向，所以优化指标收敛更快。

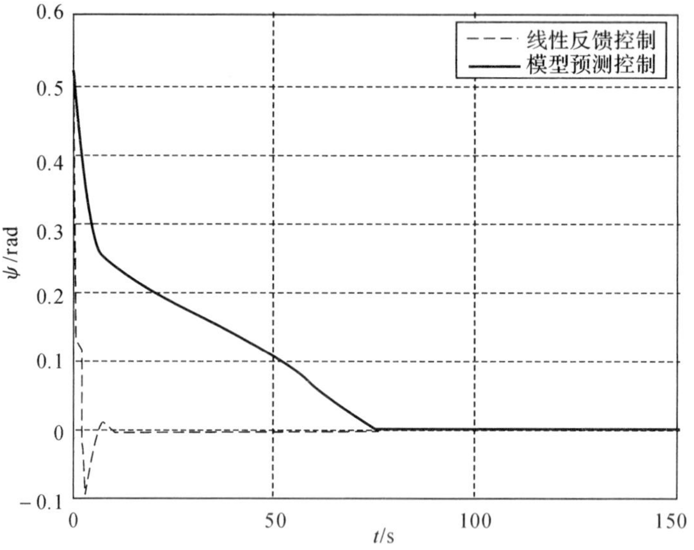

图 4-12　航向角曲线

预测直线跟踪控制器因为对代价函数最小化的求取，在处理约束的同时也对轨迹进行了优化，能更好地利用输入和状态之间的耦合，在满足约束条件下使指标更快地收敛。而线性控制器则只能以简单的期望误差指数收敛，在输入约束的条件下无法实现指数收敛。

预测直线跟踪控制下 UUV 航行速度跟踪曲线和控制力与力矩曲线分别如图 4-13 和图 4-14 所示，预测控制器考虑了 UUV 的航行速度约束，使其满足 UUV 的驱动能力。神经网络自适应速度跟踪控制在存在参数不确定性时具有良好的跟踪性能。

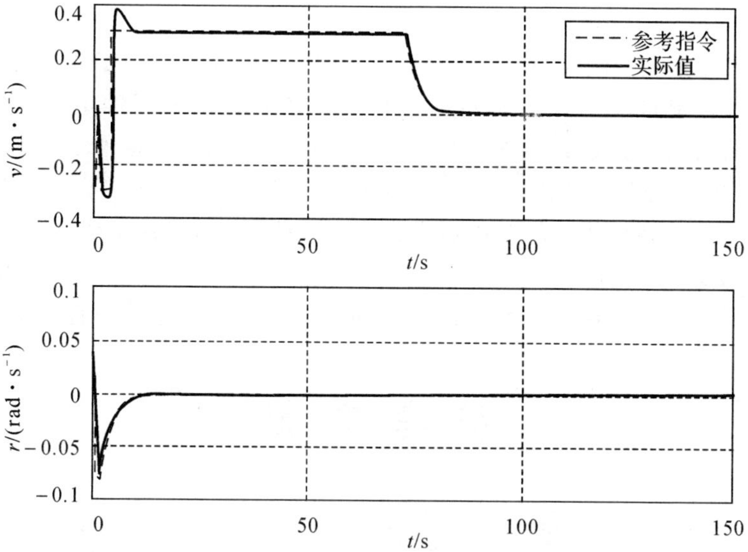

图 4 - 13　采用模型预测控制的速度指令与实际速度曲线

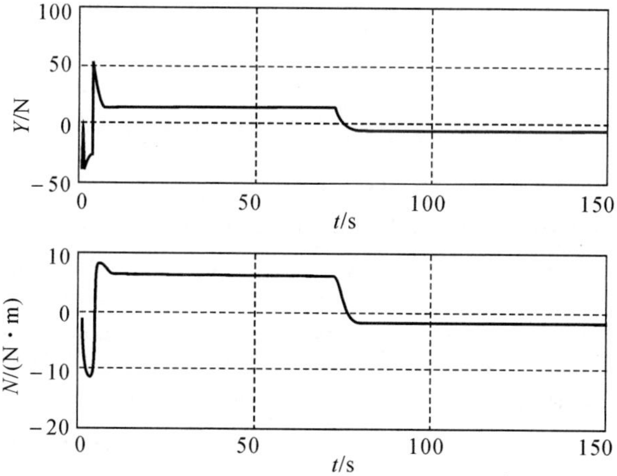

图 4 - 14　直线跟踪控制输入曲线

4.4 本章小结

本章采用模型预测控制方法研究了基于逆 USBL 系统的 UUV 动力定位和直线航迹跟踪控制问题。UUV 通过 USBL 水声定位系统,获得固定于作业区域的水声应答器的位置信息,与传统的动力定位控制不同,这里直接采用应答器位置测量作为动力定位系统的输出,与期望的应答器位置比较定义控制误差。为了解决输入和测量约束下的自适应控制问题,提出了一种分层式控制结构,包括基于非线性模型预测控制的运动学控制层,和基于神经网络模型参考自适应控制的动力学控制层。通过与传统的线性反馈控制方法的比较验证了该方法的有效性。

参考文献

[1] Sørensen A J. A Survey of Dynamic Positioning Control Systems. Annual Reviews in Control, 2011, 35: 123 - 136.

[2] Fossen T I. Marine Control Systems: Guidance, Navigation and Control of Ships, Rigs and Underwater Vehicles. Marine Cybernetics AS, Trondheim, Norway, 2002.

[3] Hoang N Q, Kreuzer E. Adaptive PD - controller for Positioning of a Remotely Operated Vehicle Close to an Underwater Structure: Theory and Experiments. Control Engineering Practice, 2007, 15:411 - 419.

[4] Costa R R, Lizarralde F, Cunha J D. Dynamic Positioning of Remotely Operated Underwater Vehicles. IEEE Robotics Automation Magazine, 2000, 7(3):21 - 31.

[5] Caccia M. Vision - based ROV Horizontal Motion Control: Near - seafloor Experimental Results. Control Engineering Practice, 2007, 15: 703 - 714.

[6] Lots J F. Application of Visual Servoing to the Dynamic Positioning of an Underwater Vehicle. Doctor ' s thesis, Heriot — Watt University, UK, 2002.

[7] Silpa - Anan C. Autonomous Underwater Robot: Vision and Control. Master's thesis, Australian National University, Australia, 2001.

[8] Gao J，Liu C，Proctor A. Nonlinear Model Predictive Dynamic Positioning Control of an Underwater Vehicle with an Onboard USBL System. Journal of Marine Science and Technology，2016，21(1)：57－69.

[9] 陈虹. 模型预测控制. 北京：科学出版社，2013.

[10] Mayne D Q，Rawlings J B，Rao C V，et al. Constrained Model Predictive Control：Stability and Optimality. Automatica，2000，(36)6：789－814.

[11] Maurovic I，Baotic M，Petrovic I. Explicit Model Predictive Control for Trajectory Tracking with Mobile Robots. IEEE/ASME International Conference on Advanced Intelligent Mechatronics，2011：712－717.

[12] Dauer J，Faulwasser T，Lorenz S，et al. Optimization－based Feedforward Path Following for Model Reference Adaptive Control of an Unmanned Helicopter. AIAA Guidance，Navigation and Control Conference，2013.

[13] Molero A，Dunia R，Cappelletto J，et al. Model Predictive Control of Remotely Operated Underwater Vehicles. IEEE Conference on Decision and Control and European Control Conference，2011：2058－2063.

[14] Johnson E N. Limited Authority Adaptive Flight Control. Doctor's thesis，Georgia Institute of Technology，USA，2000.

[15] Lewis F L，Jagannathan S，Yeşildirek A. Neural Network Control of Robot Arms and Nonlinear Systems. Neural Systems for Control，Academic Press，San Diego，1997：161－211.

[16] Batista P，Silvestre C，Oliveira P. A two－step Control Approach for Docking of Autonomous Underwater Vehicles. International Journal of Robust Nonlinear Control，2014，25(10)：1528－1547.

[17] Gao J，Liu C，Wang Y. Backstepping Adaptive Docking Control for a Full－actuated Autonomous Underwater Vehicle with Onboard USBL system. Proceedings of the MTS/IEEE Oceans Conference，2014：1－6.

[18] 高剑，刘昌鑫. 基于应答器位置测量的 AUV 非线性模型预测对接控制. 西北工业大学学报，2015，33(5)：860－866.

[19] 刘昌鑫. 基于模型预测的自主水下航行器路径跟踪控制研究[D]. 西安：西北工业大学，2015.

第 5 章　欠驱动 UUV 控制特性分析

由第 2 章中 UUV 的动力学模型知，当其中某个自由度上没有控制输入时，动力学特性就成为该自由度运动的广义加速度约束，此时控制输入不能在所有自由度方向上产生期望的加速度，于是就提出了下面几个问题。

(1)由于缺少控制输入而产生的加速度约束能否积分为速度约束，甚至空间位置约束，即欠驱动 UUV 的非完整性问题；

(2)欠驱动 UUV 能否通过连续可微时不变(Continuously Differentiable Time－Invariant)状态反馈控制律镇定到平衡点，即可镇定性问题；

(3)在加速度约束下，欠驱动 UUV 是否经过一定时间到达任意一个期望状态，即可控性问题。

从 20 世纪 70 年代发展起来的微分几何，成为非线性系统分析和综合的重要工具。把微分几何引入非线性系统控制的研究，是现代数学发展的产物，也是对非线性动态系统研究的重大突破。对于非完整控制系统，微分几何理论应用 Frobenius 定理描述了系统的非完整特性，应用李括号和分布的性质描述了系统的可控性，并应用动/静态反馈线性化方法将非完整系统的轨迹跟踪问题转化为线性控制理论能够处理的问题。

本章采用微分几何工具，研究了欠驱动 UUV 的非完整特性、平衡点可镇定性以及可控性，并对水平面欠驱动 UUV 与轮式移动机器人的控制特性进行了比较。

5.1　微分几何工具

通过 Brockett，Krener，Sussmann，Hermann 以及 Tarn 等人的开创性工作，非线性系统的微分几何理论成为研究非线性系统控制问题，尤其是非完整系统的非完整特性和可控性分析的重要工具[1-2]。

微分几何理论从几何的角度深入分析非线性系统的性质，将非线性系统定义在微分流形上，用微分流形上的矢量场来描述系统的状态方程，而与状态方程相应的状态运动轨迹则是这个矢量场的一条积分曲线，并用流形上的映射来描述系统的输出方程，通过讨论与系统相关的各类子流形的性质来研究系统。

定义 5.1(矢量场) 矢量函数 $\boldsymbol{f}:\mathbf{R}^n \to \mathbf{R}^n$ 称为 $\mathbf{R}^n$ 上的一个矢量场(Vector Field),如果 $\boldsymbol{f}$ 的所有直到 r 的偏导数都存在并且连续,则称 $\boldsymbol{f}$ 是 r 次可微的,记为 $\boldsymbol{f} \in C^r$,这里 r 可以是所有的正整数。如果 $\boldsymbol{f}$ 具有任意阶的连续偏导数,则称 $\boldsymbol{f}$ 是光滑的,记为 $\boldsymbol{f} \in C^\infty$。

定义 5.2(光滑流形) 子集 $M \subset \mathbf{R}^k$,若对任意一点 $\boldsymbol{x} \in M$,都有在 M 中的一个邻域同胚于 m 维欧氏空间的一个开子集,则称 M 是一个 m 维流形。若在 M 上定义了一个 C^r 微分结构,则称 M 是一个 C^r 微分流形。若在 M 上定义了一个 C^∞ 微分结构,则称 M 是一个光滑流形。

概略地说,流形就是矢量空间中适当光滑的曲面,流形的概念是欧氏空间的推广。流形在每一点附近和欧氏空间的一个开集是同胚的,因此可以引入局部坐标系。流形可以抽象为由许多同胚于欧氏空间上开集的片粘起来的几何体,若粘的光滑便可支持微分运算,构成微分流形。

定义 5.3(微分同胚) 设 M 和 N 分别为 m 维和 n 为光滑流形。若 M 和 N 之间存在一个 C^∞ 映射 $\boldsymbol{f}$,其逆映射 $\boldsymbol{f}^{-1}$ 存在且光滑,则称 $\boldsymbol{f}$ 为微分同胚映射,M 和 N 是微分同胚的。

微分同胚本质上是线性代数或线性系统理论中线性变换概念的进一步推广。在一定条件下,可以通过适当的微分同胚映射将非线性系统转化为结构简单的系统,如线性系统、三角系统、链式系统等。

定义 5.4(切空间) 流形 N 上过 $\boldsymbol{p}$ 点所有切矢量的集合记为 T_pN,称为 N 上 $\boldsymbol{p}$ 点的切空间,而 $\mathrm{T}(N) = \{\mathrm{T}_pN : p \in N\}$ 指 N 上所有点的切空间的集合。

定义 5.5(李导数) 给定一个光滑矢量场 $\boldsymbol{f}:\mathbf{R}^n \to \mathbf{R}^n$ 和一个光滑标量函数 h:$\mathbf{R}^n \to \mathbf{R}$,定义 h 对矢量场 $\boldsymbol{f}$ 的李导数为

$$L_f h(\boldsymbol{p}) = \boldsymbol{\nabla} h \boldsymbol{f}$$

式中,$\boldsymbol{\nabla} h = \partial h / \partial \boldsymbol{x}$ 为 h 的梯度。

李导数是 h 沿矢量 $\boldsymbol{f}$ 的方向导数。多重李导数可以递归地定义为

$$L_f^0 h = h$$

$$L_f^i h = L_f(L_f^{i-1} h) = \boldsymbol{\nabla}(L_f^{i-1} h)\boldsymbol{f}, \quad i = 1, 2, \cdots$$

定义 5.6(李括号) 两个矢量场 $\boldsymbol{f}(\boldsymbol{x})$ 和 $\boldsymbol{g}(\boldsymbol{x})$ 的李括号 $[\boldsymbol{f}, \boldsymbol{g}]$ 在坐标系中表示为

$$[\boldsymbol{f}, \boldsymbol{g}] = \frac{\partial \boldsymbol{g}}{\partial \boldsymbol{x}} \boldsymbol{f}(\boldsymbol{x}) - \frac{\partial \boldsymbol{f}}{\partial \boldsymbol{x}} \boldsymbol{g}(\boldsymbol{x})$$

通常,李括号 $[\boldsymbol{f}, \boldsymbol{g}]$ 又记为 $\mathrm{ad}_f \boldsymbol{g}$。多重李括号可以递归地定义

$$\mathrm{ad}_f^0 \boldsymbol{g} = \boldsymbol{g}$$

$$\mathrm{ad}_f^k \boldsymbol{g} = [\boldsymbol{f}, \mathrm{ad}_f^{k-1} \boldsymbol{g}], \quad k = 1, 2, \cdots$$

李括号 $[\boldsymbol{f},\boldsymbol{g}]$ 反映了矢量场 $\boldsymbol{g}$ 在矢量场 $\boldsymbol{f}$ 方向的变化率。如果将 $\boldsymbol{f},\boldsymbol{g}$ 看成是一个控制系统的两个输入通道，则当 $\boldsymbol{f},\boldsymbol{g}$ 在 $\boldsymbol{x}$ 的某邻域内为常矢量时，两个输入通道将不会产生交互影响；当 $\boldsymbol{f},\boldsymbol{g}$ 不是常矢量时，两个输入通道将产生交互影响，产生一个新的方向 $[\boldsymbol{f},\boldsymbol{g}]$ 。李括号运算是非线性系统几何方法的核心之一。

定义 5.7(分布)　给定流形 N 上的一组光滑矢量场 $\boldsymbol{f}_1,\boldsymbol{f}_2,\cdots,\boldsymbol{f}_m$，对于每个 $\boldsymbol{x} \in N$ 定义其分布 $\Delta(\boldsymbol{x})$ 为

$$\Delta(\boldsymbol{x}) = \mathrm{span}\{\boldsymbol{f}_1(\boldsymbol{x}),\cdots,\boldsymbol{f}_m(\boldsymbol{x})\}$$

其中span表示张成，即 $\Delta(\boldsymbol{x})$ 是由 $\boldsymbol{f}_1(\boldsymbol{x}),\cdots,\boldsymbol{f}_m(\boldsymbol{x})$ 线性组合形成的子空间。如果分布 $\Delta(\boldsymbol{x})$ 的秩在 $\boldsymbol{x}$ 的一个邻域中是常数，则称 $\boldsymbol{x}$ 为分布的正则点，否则称为奇异的。如果分布在每一个点均是正则的，则称该分布是正则的。

定义 5.8(对合分布)　对于一个分布 Δ，如果属于 Δ 的任意两个矢量场 $\boldsymbol{f}_i,\boldsymbol{f}_j$ 的李括号 $[\boldsymbol{f}_i,\boldsymbol{f}_j]$ 仍属于 Δ，则称分布 Δ 是对合分布。对合分布保证了李括号运算下的封闭性。对于任一分布，存在唯一一个最小对合分布 $\bar{\Delta}$ 包含 Δ，则称 $\bar{\Delta}$ 为 Δ 的对合闭包。

定义 5.9(李代数)　由光滑矢量场 $\boldsymbol{f}_1,\cdots,\boldsymbol{f}_m$ 张成的分布 Δ 的对合闭包 $\bar{\Delta}$ 称为由 $\boldsymbol{f}_1,\cdots,\boldsymbol{f}_m$ 生成的李代数。

定义 5.10(协分布)　给定 k 个光滑协矢量场 $\boldsymbol{\omega}_1,\cdots,\boldsymbol{\omega}_k$，称 $\Omega=\{\omega_1,\cdots,\omega_k\}$ 为其协分布。

协分布是分布的对偶概念。

定义 5.11(零化子)　如果对于任意 $\boldsymbol{\omega} \in \Omega, \boldsymbol{f} \in \Delta$，有 $\boldsymbol{\omega f} \equiv 0$，则称协分布 Ω 是分布 Δ 的零化子或与 Δ 是正交的。

给定一分布，可以构造它的零化子为将 Δ 化为零的所有协矢量的协分布，记为 $\Omega=\Delta^{\perp}$ 或 $\Delta=\Omega^{\perp}$ 。

定理 5.1(Frobenius)　一个正则分布完全可积的充要条件是它是对合的。

Frobenius 定理刻画了可积分布与对合分布概念之间的等价性，将复杂的偏微分方程可积性问题转化为简单的分布或矢量函数集合的对合性判断问题，只需通过求矢量场间的李括号并检验是否满足对合条件。Frobenius 定理是研究欠驱动系统的非完整特性的重要理论依据。

5.2　欠驱动系统

5.2.1　基本概念

通常，一般空间运动的力学机械系统在其系统内部，以及和外部环境之间广泛存在着运动约束，这些约束条件分为两类——完整约束和非完整约束。完整约束指约束受控对象的空间位置，或者限制运动速度或加速度，但经积分可转化为空间位置的约束，因此也称其为几何约束；而非完整约束则是限制运动的速度或加速度，并且不能通过积分转化为空间位置的约束，称为不可积约束。相应地称具有完整约束的系统为完整系统（Holonomic Systems），而具有非完整约束的系统为非完整系统（Nonholonomic Systems）[3]。

根据约束的不同，典型的非完整系统包括以下三类：

(1)运动学无滑动约束，在几何上限定了系统自由度的方向，可以表示为广义坐标及其一阶微分的函数，称为一阶非完整系统，如轮式移动机器人、滚动接触的机械手都属于这种约束；

(2)动力学角动量守恒约束，它可以表达为广义坐标的一阶微分方程，形式与运动学约束相同，属于一阶非完整系统，如太空机器人、跳跃机器人；

(3)动力学欠驱动约束，该约束涉及广义坐标的二阶微分，不能积分为速度约束的形式，称为二阶非完整约束，如有被动关节的机械手、仅有推力和偏航力矩两个控制输入的水面船舶、欠驱动水下航行器等。

显然，对于完整系统而言，由于可以从约束条件中解出若干个状态变量，进而可将原系统转化为低维系统，故此类系统的分析与综合问题与无约束系统相比而言没有太大的困难，在理论与应用研究方面已取得令人满意的进展。但是，对于非完整系统而言，由于受到速度、加速度约束，其镇定、轨迹跟踪、路径跟踪以及路径规划等运动控制问题变得十分困难和复杂，提出了极大的挑战。

自 20 世纪 80 年代末以来，随着机器人及自动驾驶等应用技术的发展，需要考虑受控对象与外部环境的滚动接触等非完整约束因素，大大推动了非完整控制系统理论与应用方面的研究工作，在以移动机器人为代表的一阶非完整系统的运动控制领域取得了众多研究成果，运动控制问题得到了较好的解决[4-7]。

欠驱动系统（Underactuated Systems）是指由控制输入矢量的维数小于位置

姿态空间(Configurations Space,简称位姿空间)维数的系统[8-10],简单地说就是独立控制输入个数小于系统自由度的一类机械系统,其特点是可由较少的控制输入确定其位姿空间的运动。由于欠驱动特性,系统在未驱动自由度上受到由动力学方程描述的加速度约束。可以证明对于许多欠驱动系统,该约束不能积分成速度约束或位姿约束,属于二阶非完整系统。可以说,对于欠驱动系统的研究是对一阶非完整系统研究的延续。

在过去的10年中,欠驱动系统的特性分析和控制器设计问题得到学者的广泛重视,研究领域涉及非线性控制理论、机器人、自主运载器(Autonomous Vehicles)控制、柔性机构控制等。目前,国内外学者研究的欠驱动机械系统主要有两类,一是包含被动关节的欠驱动机械手[11-13],二是欠驱动水下航行器[8,14]和水面船舶(Underactuated Surface Vehicles,USV)[10]。

欠驱动系统的控制问题是当前非线性控制领域的热点和难点,主要原因:

(1)欠驱动系统广泛存在于现实世界中,其中既有为降低系统成本、质量而设计的欠驱动系统,也有由于部分执行器故障失灵而导致的欠驱动系统。如何用少于标准数目的执行器来实现系统的镇定或跟踪控制是一项有重要实际价值的研究。

(2)欠驱动系统是一类本质非线性系统,其在平衡点附近的线性化系统是不可控的,不能通过微分同胚变换转化为线性系统,并且不能通过连续可微状态反馈控制律镇定,这些都对控制的分析和综合提出了巨大的挑战。

(3)一般而言,欠驱动系统的空间运动受加速度约束,并且是不可积的,属于二阶非完整系统,不能像一阶非完整系统那样降低广义速度的维数,因此在控制器设计中,不但要考虑欠驱动的广义速度对广义坐标的影响,并且要保证广义速度的平衡点稳定性或跟踪误差的稳定性。

根据驱动器的配置不同,UUV分为两类:全驱动和欠驱动。全驱动UUV通过安装在不同位置和指向的螺旋桨推进器,产生运动控制所需的力和力矩,对6个运动自由度均可以独立控制。对于全驱动UUV的运动控制问题,通过非线性控制理论中的反馈线性化、反演设计、神经网络自适应控制等方法已经得到了很好的解决。

而欠驱动UUV则出于运行成本和效率的考虑,对于某些运动自由度是没有直接控制的,大多数UUV仅能直接控制其前向速度、横滚、俯仰和航向4个自由度的运动。欠驱动UUV是一类典型的欠驱动系统,其运动控制问题的研究具有重要的理论和实际价值。与研究较早的包含被动关节的欠驱动机械手不同,欠驱动UUV的欠驱动特性,即二阶非完整约束是在局部的运载体坐标系中用动力学方程描述的；而欠驱动机械手的二阶非完整约束则是在全局坐标系中用广义坐标的二阶导数描述的，处理起来更为容易。目前，由于 6 自由度空间运动模型的复杂性，欠驱动 UUV 运动控制问题的研究仍集中在 3 自由度水平面运动控制上，尤其是较为复杂的点镇定和轨迹跟踪控制问题。

5.2.2　非完整系统

定义 5.12(非完整系统)[8,15]　考虑如下二阶非线性系统：

$$\ddot{\boldsymbol{q}} = \boldsymbol{f}(\boldsymbol{q}, \dot{\boldsymbol{q}}, \boldsymbol{u}) \tag{5.1}$$

其中，$\boldsymbol{q}$ 是广义坐标矢量，其中 $\boldsymbol{q}$ 的维数即为系统的自由度数；$\boldsymbol{f}(\cdot)$ 是的描述系统动态特性的矢量场；$\dot{\boldsymbol{q}}$ 是广义速度矢量；$\boldsymbol{u}$ 是广义输入矢量。假定某些约束限制了系统的运动，如果这些约束是完全可积（Totally Integrable）的，可以表示为如下形式：

$$\boldsymbol{h}(\boldsymbol{q}, t) = \boldsymbol{0} \tag{5.2}$$

则称为完整约束（Holonomic Constraints）。如果这些约束不能写作式(5.2)的形式，则称为非完整约束，系统式(5.1)称为非完整系统。

如果非完整约束是部分可积的（Partially Integrable），可以表示为速度的约束

$$\boldsymbol{h}(\dot{\boldsymbol{q}}, \boldsymbol{q}, t) = \boldsymbol{0} \tag{5.3}$$

则称为一阶非完整系统。大多数情况，如移动机器人，这些约束可以表示为 Pfaffian 形式，即

$$\boldsymbol{A}^{\mathrm{T}}(\boldsymbol{q})\dot{\boldsymbol{q}} = \boldsymbol{0}, \quad \boldsymbol{A}^{\mathrm{T}}(\boldsymbol{q}) \in \mathbf{R}^{m \times n} \tag{5.4}$$

如果非完整约束仅能表示为加速度的约束

$$\boldsymbol{h}(\ddot{\boldsymbol{q}}, \dot{\boldsymbol{q}}, \boldsymbol{q}, t) = \boldsymbol{0} \tag{5.5}$$

而不能积分为式(5.3)的形式，则称为二阶非完整系统。

根据定义可知，完整约束可将系统的运动限制在位姿空间的某个子空间内。而非完整约束只能表示为不可积的微分方程形式，而不能表示为位姿空间的几何约束方程，非完整约束不会降低位姿空间的维数。

对于完整系统而言，由于可以从约束条件中解出若干个状态变量，进而可将原系统转化为低维系统，故此类系统的分析与综合问题与无约束系统相比没有太大的困难。但是，对于非完整系统而言，其运动受到不可积的约束，因而其镇定、跟踪控制及路径规划等问题变得相当困难和复杂。

5.2.3 欠驱动系统

定义 5.13(欠驱动系统)[8,15] 考虑仿射非线性系统

$$\ddot{\boldsymbol{q}}=\boldsymbol{f}(\boldsymbol{q},\dot{\boldsymbol{q}})+\boldsymbol{G}(\boldsymbol{q})\boldsymbol{u} \tag{5.6}$$

其中,$\boldsymbol{q}$ 是线性独立的广义坐标矢量;$\boldsymbol{f}(\cdot,\cdot)$ 是描述系统动态特性的矢量场;$\dot{\boldsymbol{q}}$ 是广义速度矢量;$\boldsymbol{G}$ 是输入矩阵;$\boldsymbol{u}$ 是广义输入矢量。如果外部广义输入矢量不能在位姿空间的所有方向上产生即时加速度,或者更正式地说,$\mathrm{rank}(\boldsymbol{G})<\dim(\boldsymbol{q})$,则称系统式(5.6)是欠驱动的。

简单地说,欠驱动系统就是独立控制数小于系统自由度的系统。显然,欠驱动特性会在未受控制的自由度上产生加速度约束。典型的欠驱动系统包括包含被动关节的欠驱动机械手、水面船舶、UUV、卫星等。

Reyhanoglu[16]研究了一类由 Lagrange 方程描述的欠驱动机械系统

$$\boldsymbol{M}_{11}(\boldsymbol{q})\ddot{\boldsymbol{q}}_1+\boldsymbol{M}_{12}(\boldsymbol{q})\ddot{\boldsymbol{q}}_2+\boldsymbol{F}_1(\boldsymbol{q},\dot{\boldsymbol{q}})=\boldsymbol{B}(\boldsymbol{q})\boldsymbol{u} \tag{5.7}$$

$$\boldsymbol{M}_{12}(\boldsymbol{q})\ddot{\boldsymbol{q}}_1+\boldsymbol{M}_{22}(\boldsymbol{q})\ddot{\boldsymbol{q}}_2+\boldsymbol{F}_2(\boldsymbol{q},\dot{\boldsymbol{q}})=\boldsymbol{0} \tag{5.8}$$

式中,$\boldsymbol{q}_1\in\mathbf{R}^m$ 为驱动自由度的广义坐标;$\boldsymbol{q}_2\in\mathbf{R}^{n-m}$ 为欠驱动自由度的广义坐标,这类欠驱动系统的典型代表是欠驱动机械手,但显然无法用来描述欠驱动 UUV。

矩阵 $\boldsymbol{M}_{22}(\boldsymbol{q})$ 是可逆的,由式(5.8)可以得到

$$\ddot{\boldsymbol{q}}_2=-\boldsymbol{M}_{22}^{-1}(\boldsymbol{q})(\boldsymbol{M}_{12}(\boldsymbol{q})\ddot{\boldsymbol{q}}_1+\boldsymbol{F}_2(\boldsymbol{q},\dot{\boldsymbol{q}})) \tag{5.9}$$

于是,欠驱动约束式(5.8)降低了系统广义加速度矢量的维数。

5.3 欠驱动 UUV 的非完整特性

微分几何理论为非完整约束的可积性分析提供了重要的理论依据。Oriolo 和 Nakamura[17]研究了欠驱动机械手的一般模型,给出了欠驱动约束的可积性的充分必要条件,并且假定动力学模型中的重力项为零,证明了欠驱动机械手不能通过连续时不变反馈控制渐近稳定。但欠驱动 UUV 的哥氏力和向心力矩阵 $C(v)$ 不满足其中的假设条件,并且动力学模型中包含阻力项,广义速度与广义坐标之间存在坐标变换,因此不能直接应用于欠驱动 UUV 的非完整特性分析。Wichlund[18]将 Oriolo 和 Nakamura 的研究结果扩展到一类欠驱动运载器(包括 UUV、水面船

舶、空间飞行器、卫星等)，给出了部分可积和完全可积的充分必要条件，并且证明重力(浮力)在欠驱动动态中的分量为零时，该欠驱动运载器不能通过连续可微函数渐近稳定到独立平衡点。Pettersen 和 Leonard 等人[19]证明了欠驱动水面船舶不能由连续时不变反馈控制律渐近镇定。Reyhanoglu 等人[16]深入讨论了一类欠驱动拉格朗日系统的可控性和可镇定性，证明具有不可积动态特性，不能通过连续时不变反馈控制律渐近镇定。

欠驱动 UUV 的运动模型可以描述为

$$\dot{\boldsymbol{\eta}} = \boldsymbol{J}(\boldsymbol{\eta})\boldsymbol{v} \tag{5.10}$$

$$\boldsymbol{M}\dot{\boldsymbol{v}} + \boldsymbol{C}(\boldsymbol{v})\boldsymbol{v} + \boldsymbol{D}(\boldsymbol{v})\boldsymbol{v} + \boldsymbol{g}(\boldsymbol{\eta}) = \begin{bmatrix} \boldsymbol{\tau} \\ \boldsymbol{0} \end{bmatrix} \tag{5.11}$$

其中，$\boldsymbol{\eta} \in \mathbf{R}^n$ 为广义坐标矢量；$\boldsymbol{v} \in \mathbf{R}^n$ 为广义速度矢量；$\boldsymbol{\tau} \in \mathbf{R}^m$ 为输入矢量，$m < n$，$\dot{\boldsymbol{M}}=0$；$\boldsymbol{M}$ 和 $\boldsymbol{J}$ 为非奇异矩阵。注意到第 2 章给出的模型中，$\boldsymbol{\eta}$，$\boldsymbol{v}$ 的元素顺序可能与这里的不同，与该自由度是否受驱动有关，可以通过适当的坐标变换转化成式(5.10) 和式(5.11) 的形式。

令 $\boldsymbol{M}_u$，$\boldsymbol{C}_u(\boldsymbol{v})$，$\boldsymbol{D}_u(\boldsymbol{v})$ 分别表示矩阵 $\boldsymbol{M}$，$\boldsymbol{C}(\boldsymbol{v})$，$\boldsymbol{D}(\boldsymbol{v})$ 的后 $n-m$ 行，$\boldsymbol{g}_u(\boldsymbol{\eta})$ 表示矢量 $\boldsymbol{g}(\boldsymbol{\eta})$ 的最后 $n-m$ 个元素。欠驱动约束可以用下面的方程表示：

$$\boldsymbol{M}_u\dot{\boldsymbol{v}} + \boldsymbol{C}_u(\boldsymbol{v})\boldsymbol{v} + \boldsymbol{D}_u(\boldsymbol{v})\boldsymbol{v} + \boldsymbol{g}_u(\boldsymbol{\eta}) = \boldsymbol{0} \tag{5.12}$$

下面的定理给出了系统部分可积和完全可积的充分必要条件。

定理 5.2(部分可积)[18]　约束式(5.12) 是部分可积的，当且仅当：

(1)$\boldsymbol{g}_u$ 为常值；

(2)$(\boldsymbol{C}_u(\boldsymbol{v}) + \boldsymbol{D}_u(\boldsymbol{v}))$ 是常值矩阵；

(3) 分布 $\Omega^{\perp} = \ker\ ((\boldsymbol{C}_u(\boldsymbol{v}) + \boldsymbol{D}_u(\boldsymbol{v}))\boldsymbol{J}^{-1}(\boldsymbol{\eta}))$ 是完全可积的。

并且如果约束式(5.12) 是部分可积的，其积分具有如下形式：

$$\boldsymbol{h}_p(\boldsymbol{v}, \boldsymbol{\eta}, t) = \boldsymbol{M}_u\boldsymbol{v} + h_{\eta}(\boldsymbol{\eta}) + \boldsymbol{g}_u t + \boldsymbol{C}_1 = \boldsymbol{0} \tag{5.13}$$

定理 5.3(完全可积)[18]　约束式(5.12) 是完全可积的，当且仅当：

(1) 部分可积；

(2)$\boldsymbol{C}_u(\boldsymbol{v}) + \boldsymbol{D}_u(\boldsymbol{v}) = \boldsymbol{0}$；

(3) 分布 $\Delta(\boldsymbol{\eta}) = \ker\ (\boldsymbol{M}_u\boldsymbol{J}^{-1}(\boldsymbol{\eta}))$ 是完全可积的。

引理 5.1　由式(5.11) 描述的欠驱动 UUV 是二阶非完整系统。

证明　显然，在欠驱动 UUV 的加速度约束式(5.12) 中，$(\boldsymbol{C}_u(\boldsymbol{v}) + \boldsymbol{D}_u(\boldsymbol{v}))$ 的所有元素均包含广义速度，不是常值矩阵，根据定理 3.2，该约束不是部分可积的，属于二阶非完整约束。

5.4 欠驱动 UUV 的平衡点可镇定性

著名的 Brockett 定理给出了非线性系统可通过连续可微控制镇定的必要条件,是研究非完整系统可镇定性的重要依据。

定理 5.4(Brockett)[20] 设系统 $\dot{\boldsymbol{x}}=\boldsymbol{f}(\boldsymbol{x},\boldsymbol{u})$ 满足 $\boldsymbol{f}(\boldsymbol{0},\boldsymbol{0})=\boldsymbol{0}$,$\boldsymbol{f}$ 在 $(\boldsymbol{0},\boldsymbol{0})$ 的一个邻域内连续可微,则存在连续可微函数 $\boldsymbol{g}(\boldsymbol{x})$ 使得系统 $\dot{\boldsymbol{x}}=\boldsymbol{f}(\boldsymbol{x},\boldsymbol{g}(\boldsymbol{x}))$ 的原点 $(\boldsymbol{0},\boldsymbol{0})$ 在 Lyapunov 意义下渐近稳定的必要条件是,函数 $\boldsymbol{f}(\boldsymbol{x},\boldsymbol{u})$ 的映像必须包含原点的一个开邻域。

推论 5.1 对于有漂非线性仿射系统 $\dot{\boldsymbol{q}}=\boldsymbol{g}_0(\boldsymbol{q})+\boldsymbol{g}_1(\boldsymbol{q})u_1+\cdots+\boldsymbol{g}_m(\boldsymbol{q})u_m$,如果存在一个包含 $\boldsymbol{g}_0,\boldsymbol{g}_1,\cdots,\boldsymbol{g}_m$ 的光滑分布 D,并且 $\dim D<n$,则该系统不存在连续可微反馈控制律。

推论 5.2 对于无漂非线性仿射系统 $\dot{\boldsymbol{q}}=\boldsymbol{g}_1(\boldsymbol{q})u_1+\cdots+\boldsymbol{g}_m(\boldsymbol{q})u_m$,满足 $\boldsymbol{g}_1,\cdots,g_m$ 在 $\boldsymbol{x}_0$ 线性独立,则该系统存在连续可微反馈控制律的充分必要条件是 $m=n$。

基于 Brockett 定理,Wichlund 研究了欠驱动 UUV 的可镇定性。

定理 5.5[18] 考虑欠驱动 UUV 式(5.10) 和式(5.11),如果恢复力项 $\boldsymbol{g}(\boldsymbol{\eta})$ 对应欠驱动特性的元素为零,即

$$\boldsymbol{g}(\boldsymbol{\eta})=\begin{bmatrix}\boldsymbol{g}_1(\boldsymbol{\eta})\\ \boldsymbol{0}_{n-m}\end{bmatrix} \tag{5.14}$$

令 $(\boldsymbol{\eta},\boldsymbol{v})=(\boldsymbol{\eta}_e,\boldsymbol{0})$ 为系统的一个平衡点,则不存在连续可微状态反馈控制

$$\boldsymbol{\alpha}(\boldsymbol{\eta},\boldsymbol{v}):\mathbf{R}^n\times\mathbf{R}^n\rightarrow\mathbf{R}^m$$

使 $(\boldsymbol{\eta}_e,\boldsymbol{0})$ 为渐近稳定的。

证明 根据 Brockett 定理,存在连续可微状态反馈控制使系统渐近稳定的必要条件是映射

$$\boldsymbol{f}(\boldsymbol{\eta},\boldsymbol{v},\boldsymbol{\tau})=\begin{bmatrix}-\boldsymbol{M}^{-1}(\boldsymbol{C}(\boldsymbol{v})\boldsymbol{v}+\boldsymbol{D}(\boldsymbol{v})\boldsymbol{v})-\boldsymbol{M}^{-1}\boldsymbol{g}(\boldsymbol{\eta})+\boldsymbol{M}^{-1}\begin{bmatrix}\boldsymbol{\tau}\\ \boldsymbol{0}\end{bmatrix}\\ \boldsymbol{J}(\boldsymbol{\eta})\boldsymbol{v}\end{bmatrix} \tag{5.15}$$

的映像包含原点的某个邻域。

考虑具有如下形式的点:

$$\boldsymbol{\varepsilon}=\begin{bmatrix}\boldsymbol{M}^{-1}\begin{bmatrix}\boldsymbol{\alpha}\\ \boldsymbol{\beta}\end{bmatrix}\\ \boldsymbol{0}\end{bmatrix} \tag{5.16}$$

式中，$\boldsymbol{\alpha} \in \mathbf{R}^m$，$\boldsymbol{\beta} \in \mathbf{R}^{n-m}$ 为任意非零矢量。方程 $\boldsymbol{f}(\boldsymbol{\eta},\boldsymbol{v},\boldsymbol{\tau})=\boldsymbol{\varepsilon}$ 意味着 $\boldsymbol{v}=\mathbf{0}$，因此

$$\begin{bmatrix}\boldsymbol{\tau}\\ \mathbf{0}\end{bmatrix}-\begin{bmatrix}\boldsymbol{g}_1(\boldsymbol{\eta})\\ \mathbf{0}\end{bmatrix}=\begin{bmatrix}\boldsymbol{\alpha}\\ \boldsymbol{\beta}\end{bmatrix} \tag{5.17}$$

由于 $\boldsymbol{\beta}$ 非零，方程式(5.17)无解，因此 $\boldsymbol{\varepsilon}$ 不在 $\boldsymbol{f}(\boldsymbol{\eta},\boldsymbol{v},\boldsymbol{\tau})$ 的像中。而具有 $\boldsymbol{\varepsilon}$ 形式的点包含在任意原点的邻域中，不满足 Brockett 必要条件。

引理 5.2　水平面欠驱动 UUV 和水面船舶不能通过连续可微状态反馈控制律镇定。

证明　对于水平面欠驱动 UUV 和水面船舶，恢复力 $\boldsymbol{g}(\boldsymbol{\eta})=\mathbf{0}$，因此不能通过连续可微反馈控制律镇定。

5.5　欠驱动 UUV 的可控性

可控性是控制系统最基本的特性之一，一般非线性系统的局部和全局可控性分析是十分困难的。对于完整系统而言，可以找到由一组独立广义坐标描述的空间，在此空间内系统的任意运动都是可行的。而非完整系统，只有满足非完整约束的运动才是可行的。非完整系统在平衡点附近的线性化系统是不可控的，并且不能通过微分同胚变换转换为线性能控系统。经典的非线性控制方法很难对非完整系统进行分析和综合。

根据微分几何理论可知，通过在控制矢量场之间的切换，可以产生出沿李括号的新的运动方向，更复杂的切换可以产生对应更高阶的李括号，也就可能产生更多的运动方向。如果这些控制矢量场满足所谓的可控性秩条件，即构成的李代数分布满秩，张成整个位姿空间，那么该非完整系统就是可控的。

5.5.1　可控性理论

研究仿射非线性系统

$$\dot{\boldsymbol{x}}=\boldsymbol{f}(\boldsymbol{x})+\sum_{j=1}^{m}\boldsymbol{g}_j(\boldsymbol{x})u_j \tag{5.18}$$

式中，$\boldsymbol{x} \in \mathbf{R}^n$ 为光滑流形 M 的局部坐标，$\boldsymbol{f},\boldsymbol{g}_1,\cdots,\boldsymbol{g}_m$ 为 M 上的光滑矢量场，其中 $\boldsymbol{f}$ 称为漂移矢量场，$\boldsymbol{g}_1,\cdots,\boldsymbol{g}_m$ 称为输入矢量场。

定义 5.14(可控性)　非线性系统式(5.18)称为可控的，若对于 M 中的任意两点 $\boldsymbol{x}_0,\boldsymbol{x}_f$，存在有限时间 $T \geqslant 0$ 和可容许的控制 $\boldsymbol{u}:[0,T]\rightarrow U$ 使得系统在初始

条件 $\boldsymbol{x}(t_0)=\boldsymbol{x}_0$ 和控制输入 $\boldsymbol{u}$ 下的轨迹在 $t=T$ 时满足 $\boldsymbol{x}(T)=\boldsymbol{x}_f$。

令 $R^V(\boldsymbol{x}_0,T)$ 表示从 $\boldsymbol{x}_0$ 出发经过包含于 $\boldsymbol{x}_0$ 的邻域 V 中的轨迹在 T 时刻能到达的点的集合

$$R^V(\boldsymbol{x}_0,T)=\{\boldsymbol{x}\in M:\exists\boldsymbol{u}:[0,T]\rightarrow U,\boldsymbol{x}(0)=\boldsymbol{x}_0,\boldsymbol{x}(T)=\boldsymbol{x},\boldsymbol{x}(t)\in V,\forall t\in[0,T]\}$$

从 $\boldsymbol{x}_0$ 出发在 $[0,T]$ 之间的可达集定义为

$$R^V(\boldsymbol{x}_0,\leqslant T)=\bigcup_{\tau\leqslant T}R^V(x_0,\tau)$$

定义 5.15(局部可达)　对于系统式(5.18),称 $\boldsymbol{x}_0$ 是局部可达的,若对于 $\boldsymbol{x}_0$ 的所有邻域 V 和 $T>0$,集合 $R^V(\boldsymbol{x}_0,\leqslant T)$ 包含 M 上的非空开集。若对于任意 $\boldsymbol{x}_0\in M$ 均是局部可达的,则称系统式(5.18)是局部可达的。

定义 5.16(局部强可达)　对于系统式(5.18),称 $\boldsymbol{x}_0$ 是局部强可达的,若对于 $\boldsymbol{x}_0$ 的任一邻域 V,任意充分小的 $T>0$,集合 $R^V(\boldsymbol{x}_0,\leqslant T)$ 包含 M 上的非空开集。若对于任意 $\boldsymbol{x}_0\in M$ 均是局部强可达的,则称系统式(5.18)是局部强可达的。

定理 5.6(局部强可达)　若 $\boldsymbol{f},\boldsymbol{g}_j,\cdots,\boldsymbol{g}_m$ 构成的李代数满秩,即 $\dim(\bar{\Delta})=n$,则系统式(5.18)是局部强可达的。

定理 5.7(Chow)　对于无漂系统,即式(5.18)中 $\boldsymbol{f}(\boldsymbol{x})=\boldsymbol{0}$,若 $\boldsymbol{g}_j,\cdots,\boldsymbol{g}_m$ 构成的李代数满秩,即 $\dim(\bar{\Delta})=n$,则系统是局部可控的。

定义 5.17(小时间局部可控)　对于系统式(5.18),称 $\boldsymbol{x}_0$ 是小时间局部可控的,若对于所有 $T>0$ 以及 $\boldsymbol{x}_0$ 的任意邻域是从 $\boldsymbol{x}_0$ 局部可达的,并且 $R^V(\boldsymbol{x}_0,\leqslant T)$ 包含 $\boldsymbol{x}_0$ 的一个邻域。若对于任意 $\boldsymbol{x}_0\in M$ 均成立,则系统式(5.18)称为是小时间局部可控的。

定理 5.8(Sussman)　对于仿射非线性系统式(5.18),如果满足:

(1) 系统满足李代数秩条件;

(2) 所有的坏括号可以表示为好括号的线性组合,则系统是小时间局部可控的。

对于无漂系统,小时间局部可控性和可控性、局部可达性是等价的。而对于有漂系统,如果系统是小时间局部可控的,则系统是可控的,如果系统是可控的,则系统是局部可达的,反之不成立。

Aguiar 在其博士论文[8]中,利用微分几何工具分析了水平面欠驱动 UUV 的可控性,得出如下结论:

定理 5.9[8]　考虑由式(2.43)和式(2.33)式描述的水平面欠驱动 UUV,用 M_e 表示 $\boldsymbol{\tau}=0$ 时的平衡点组成的集合

$$M_e=\{[x_e\quad y_e\quad \psi_e\quad 0\quad 0\quad 0]^{\mathrm{T}}\}$$

则有

(1) 对于任意 $[x \quad y \quad \psi \quad u \quad v \quad r]^{\mathrm{T}} \in \mathbf{R}^6$,UUV 是局部强可达的;

(2) 欠驱动 UUV 在任意平衡点 $[x_e \quad y_e \quad \psi_e \quad 0 \quad 0 \quad 0]^{\mathrm{T}}$ 处是小时间局部可控的。

5.5.2 李群方法

由于涉及复杂的李括号运算,上述欠驱动 UUV 的可控性结论推广到 3 维空间运动有一定的困难。而 Leonard[21] 采用李群(Lie Group)中的特殊欧氏群 SE(3)表示 UUV 的位置姿态空间,用李群上的李代数表示广义速度组成的线性空间,建立运动学模型,依据该李代数的可控基元通过李括号运算能否张成整个代数空间判断系统的可控性。与微分几何方法相比,李群方法更为直观简单。

定义 5.18(特殊欧氏群) 特殊欧氏群 $SE(3)$ 是包含描述 3 维空间中的转动和平动的矩阵李群,定义为

$$SE(3) \overset{\text{def}}{=\!=} \left\{ \begin{bmatrix} \boldsymbol{R} & \boldsymbol{b} \\ 0 & 1 \end{bmatrix} \in \mathbf{R}^{4\times4} \mid \boldsymbol{R} \in \mathbf{R}^{3\times3}, \boldsymbol{R}^{\mathrm{T}}\boldsymbol{R} = \boldsymbol{I}, \det\,(\boldsymbol{R}) = 1, \boldsymbol{b} \in \mathbf{R}^3 \right\} \tag{5.19}$$

式中,$\boldsymbol{R}$ 为描述转动的正交坐标变换矩阵;$\boldsymbol{b}$ 为描述平动的矢量。

特殊欧氏群 $SE(3)$ 描述了刚体的空间运动,若 $\boldsymbol{X} \in SE(3)$,$\boldsymbol{y} \in \mathbf{R}^3$,则 $\boldsymbol{X}$ 通过下面的乘法将 $\boldsymbol{y}$ 映射为 $\boldsymbol{RY} + \boldsymbol{b}$

$$\boldsymbol{X}\begin{bmatrix} \boldsymbol{y} \\ 1 \end{bmatrix} = \begin{bmatrix} \boldsymbol{R} & \boldsymbol{b} \\ 0 & 1 \end{bmatrix}\begin{bmatrix} \boldsymbol{y} \\ 1 \end{bmatrix} = \begin{bmatrix} \boldsymbol{Ry} + \boldsymbol{b} \\ 1 \end{bmatrix} \tag{5.20}$$

新的矢量 $\boldsymbol{Ry} + \boldsymbol{b}$ 可以看作矢量 $\boldsymbol{y}$ 转动 $\boldsymbol{R}$ 再平动 $\boldsymbol{b}$。用 $SE(3)$ 中的元素可以描述 t 时刻 UUV 的空间位置和姿态。

为了描述 UUV 的速度,定义与 $SE(3)$ 关联的李代数 $se(3)$ 为

$$se(3) \overset{\text{def}}{=\!=} \left\{ \begin{bmatrix} \boldsymbol{A} & \boldsymbol{x} \\ 0 & 1 \end{bmatrix} \in \mathbf{R}^{4\times4} \mid \boldsymbol{A} \in \mathbf{R}^{3\times3}, \boldsymbol{A} + \boldsymbol{A}^{\mathrm{T}} = \boldsymbol{0}, \boldsymbol{x} \in \mathbf{R}^3 \right\} \tag{5.21}$$

并定义二元运算李括号 $[\cdot,\cdot]: se(3) \times se(3) \to se(3)$

$$[\boldsymbol{A},\boldsymbol{B}] \overset{\text{def}}{=\!=} \boldsymbol{AB} - \boldsymbol{BA} \tag{5.22}$$

如果 $[\boldsymbol{A},\boldsymbol{B}] = \boldsymbol{AB} - \boldsymbol{BA} = 0$,则称 $\boldsymbol{A}$,$\boldsymbol{B}$ 具有交换性。

令 $\boldsymbol{\Omega} = [\Omega_1 \quad \Omega_2 \quad \Omega_3]^{\mathrm{T}}$ 为 UUV 的转动角速度矢量,$\boldsymbol{v} = [v_1 \quad v_2 \quad v_3]^{\mathrm{T}}$ 为 UUV 的平动速度矢量。定义 $se(3)$ 的基元$\{\boldsymbol{A}_i, 1 \leqslant i \leqslant 6\}$ 为

$$\boldsymbol{A}_1=\left[\begin{array}{ccc:c}0&0&0&0\\0&0&1&0\\0&-1&0&0\\ \hdashline 0&0&0&0\end{array}\right],\quad \boldsymbol{A}_2=\left[\begin{array}{ccc:c}0&0&1&0\\0&0&0&0\\-1&0&0&0\\ \hdashline 0&0&0&0\end{array}\right],\quad \boldsymbol{A}_3=\left[\begin{array}{ccc:c}0&1&0&0\\-1&0&0&0\\0&0&0&0\\ \hdashline 0&0&0&0\end{array}\right]$$

$$\boldsymbol{A}_4=\left[\begin{array}{ccc:c}0&0&0&1\\0&0&0&0\\0&0&0&0\\ \hdashline 0&0&0&0\end{array}\right],\quad \boldsymbol{A}_5=\left[\begin{array}{ccc:c}0&0&0&0\\0&0&0&1\\0&0&0&0\\ \hdashline 0&0&0&0\end{array}\right],\quad \boldsymbol{A}_6=\left[\begin{array}{ccc:c}0&0&0&0\\0&0&0&0\\0&0&0&1\\ \hdashline 0&0&0&0\end{array}\right]$$

其中，$\boldsymbol{A}_1,\boldsymbol{A}_2,\boldsymbol{A}_3$ 为沿 x_b,y_b,z_b 轴的转动，分别称为横滚、俯仰和偏航，$\boldsymbol{A}_4,\boldsymbol{A}_5,\boldsymbol{A}_6$ 为沿 x_b,y_b,z_b 轴的平动，分别称为前移、侧移和下移。用 $\boldsymbol{X}(t)$ 表示 UUV 的位置和姿态，它的导数为

$$\hat{\boldsymbol{X}}=\boldsymbol{X}\Big(\sum_{i=1}^{3}\Omega_i(t)\boldsymbol{A}_i+\sum_{i=4}^{6}v_{i-3}(t)\boldsymbol{A}_i\Big) \tag{5.23}$$

运动学方程式(5.23) 描述了 UUV 位置和姿态的变化率 $\hat{\boldsymbol{X}}$ 与速度 $\boldsymbol{\Omega},\boldsymbol{v}$ 的关系。该方程不存在奇异值，是一种全局的描述。

研究运动学模型，以速度为控制输入，记为

$$\varepsilon u_i(t)=\begin{cases}\Omega_i(t), & i=1,2,3\\ v_{i-3}, & i=4,5,6\end{cases} \tag{5.24}$$

式中，$\varepsilon u_i(t)$ 可以理解为小幅控制输入（Small - Amplitude Control Input）。假定控制输入中仅有 $m\leqslant 6$ 个是直接驱动的，于是方程式(5.23) 重写为

$$\hat{\boldsymbol{X}}=\varepsilon\boldsymbol{X}\boldsymbol{U},\quad \boldsymbol{U}=\sum_{i=1}^{m}u_i(t)\boldsymbol{A}_i\in se(3) \tag{5.25}$$

定义 5.19(李群上的可控性)　给定起始位置和姿态 $\boldsymbol{X}_i\in SE(3)$，最终位置和姿态 $\boldsymbol{X}_f\in SE(3)$ 和时间 $t_f>0$，存在控制 $\boldsymbol{u}(t)=[u_1(t)\quad\cdots\quad u_m(t)]^{\mathrm{T}}, t\in[0,t_f]$，使得

$$\boldsymbol{X}(0)=\boldsymbol{X}_i,\quad \boldsymbol{X}(t_f)=\boldsymbol{X}_f$$

定义集合

$$C=\{\boldsymbol{C}\mid \boldsymbol{C}=[\boldsymbol{C}_k,[\boldsymbol{C}_{k-1},[\cdots,[\boldsymbol{C}_1,\boldsymbol{C}_0]\cdots]]],\boldsymbol{C}_i\in\{\boldsymbol{A}_1,\cdots,\boldsymbol{A}_m\},i=0,\cdots,k\} \tag{5.26}$$

定理 5.10(李群上的可控性)　系统式(5.25) 可控的充分必要条件是

$$\mathrm{span}(C)=se(3) \tag{5.27}$$

式中，$\mathrm{span}(C)$ 称为是由 $\{\boldsymbol{A}_1,\cdots,\boldsymbol{A}_m\}$ 产生的李代数。

由可控性条件式(5.27) 知，UUV 不仅能沿直接驱动的自由度运动，而且能沿

由直接驱动运动的李括号产生的新的方向运动。欠驱动 UUV 是可控的，其内在原因是，转动相互之间不是交换的，转动与任一平动也不是交换的，即李括号运算的结果是非零的新的运动。

举例来说，当 UUV 先沿 z_b 轴转动 ψ 角，然后沿 x_b 方向平移 Δ，再沿 z_b 轴反向转动 ψ 角，最后沿 x_b 反方向平移，得到沿 y_b 轴方向的平动，如图 5-1 所示。

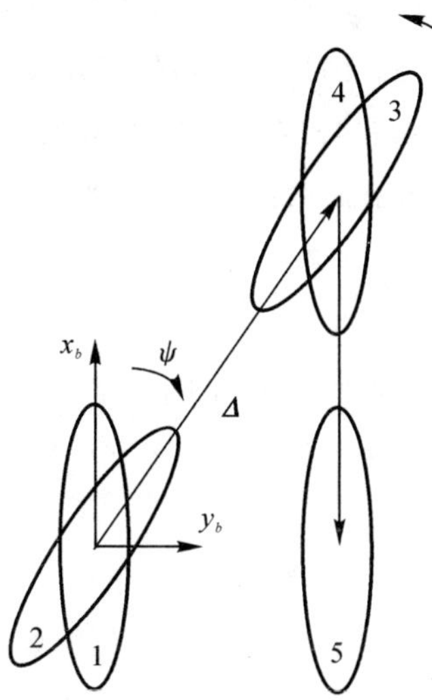

图 5-1　沿 z_b 轴转动和沿 x_b 轴平动产生新的沿 y_b 轴平动

（运动顺序为 1—2—3—4—5）

研究最典型的控制输入为$\{\boldsymbol{A}_1,\boldsymbol{A}_2,\boldsymbol{A}_3,\boldsymbol{A}_4\}$的欠驱动 UUV，即三个方向的转动和沿 x_b 轴的平动是驱动的。经过简单的运算得到

$$\left.\begin{aligned}[\boldsymbol{A}_3,\boldsymbol{A}_4]=\boldsymbol{A}_5\\ [\boldsymbol{A}_4,\boldsymbol{A}_2]=\boldsymbol{A}_6\end{aligned}\right\} \tag{5.28}$$

即偏航与前移产生侧移，俯仰与前移产生下移，所以 $\mathrm{span}\{\boldsymbol{A}_1,\cdots,\boldsymbol{A}_6\}=se(3)$，该 UUV 是可控的。

5.6　欠驱动 UUV 与移动机器人的控制特性比较

首先给出轮式移动机器人的运动模型，为了便于比较采用与 UUV 一致的变量符号

$$\left.\begin{aligned}\dot{x}&=u\cos\psi\\\dot{y}&=u\sin\psi\\\dot{\psi}&=r\end{aligned}\right\}\tag{5.29}$$

$$\left.\begin{aligned}\dot{u}&=X/m\\\dot{r}&=M/I\end{aligned}\right\}\tag{5.30}$$

轮式移动机器人和水平面运动的欠驱动 UUV 是两个典型的非完整系统，从上面的模型看到，与欠驱动 UUV 的最大区别是，移动机器人没有侧向速度 v，使得两个系统在非完整特性、控制律设计等方面有着显著的不同。

(1) 非完整阶数不同，具体地说，移动机器人模型中的非完整约束为侧向无滑动，即

$$v=\dot{x}\cos\psi-\dot{y}\sin\psi=0\tag{5.31}$$

属于一阶非完整约束。而在欠驱动 UUV 的水平面运动模型中

$$(m-Y_{\dot{v}})\dot{v}+(m-X_{\dot{u}})ur-Y_{v}v-Y_{v|v|}v\mid v\mid=0\tag{5.32}$$

属于二阶非完整约束。

(2) 移动机器人广义速度矢量的维数为 2，小于位姿空间的维数，并且广义速度均有直接的控制输入，因此在进行运动控制时仅需要考虑运动学模型，然后通过反演设计求解动力学方程，可以方便地获得力和力矩的控制输入。

二阶非完整约束与一阶非完整约束不同，不会降低系统状态的维数。因此，欠驱动 UUV 的广义速度矢量的维数为 3，与位姿空间的维数相等。由于有不受控制的侧向速度，在进行运动控制时必须考虑动力学模型，而不能仅仅考虑运动学模型，大大增加了控制器设计的难度。

(3) 在移动机器人运动学模型中，$u=r=0\Rightarrow\dot{x}=\dot{y}=\dot{\psi}=0$，为无漂系统，并且可以转化为标准的链式系统和幂式系统；而在 UUV 运动模型中当 $\boldsymbol{\tau}=\mathbf{0}$ 时 $\dot{\boldsymbol{v}}\neq\mathbf{0}$，是有漂的，欠驱动 UUV 不能转化为标准链式系统。

(4) 欠驱动 UUV 的动力学模型比移动机器人的更复杂，包含更多的模型参数，尤其对于欠驱动的侧向加速度与前向速度和航向角速度是非线性耦合的，因此设计出的控制律必须考虑侧向速度的稳定性。

这些特点都使得欠驱动 UUV 的运动控制比移动机器人更具挑战性。

5.7 本章小结

本章介绍了微分几何控制系统理论中的重要概念和定理，基于这些理论研究了欠驱动 UUV 的非完整特性、可镇定性和可控性，证明了欠驱动 UUV 是二阶非完整系统，水平面欠驱动 UUV 是局部强可达的，并且是小时间可控的，欠驱动 UUV 不满足 Brockett 定理的必要条件，不能通过连续可微时不变反馈控制律镇定，并应用李群理论给出了判断欠驱动 UUV 可控性的方法，最后比较了水平面欠驱动 UUV 与移动机器人的控制特性，说明与后者相比，欠驱动 UUV 控制系统设计的难度更大。

参考文献

[1] Skjetne R, Fossen T I. Nonlinear Maneuvering and Control of Ships. Proceedings of OCEANS MTS/IEEE Conference, 2001: 1808 - 1815.

[2] Isidori A. Nonlinear Control Systems, 3nd Edition. New York: Springer, 1995.

[3] 胡跃明，周其节，裴海龙. 非完整控制系统的理论与应用. 控制理论与应用，1996，13(1)：1 - 10.

[4] 董文杰. 不确定非完整动力学系统控制研究[D]. 北京航空航天大学，1999.

[5] 胡终须. 非完整移动机器人的鲁棒控制研究[D]. 华南理工大学，2000.

[6] 李世华. 非完整系统的光滑时变反馈控制[D]. 东南大学，2001.

[7] 裴辛哲. 非完整移动机器人轨迹跟踪与镇定问题研究[D]. 哈尔滨工业大学，2003.

[8] Aguiar A P. Nonlinear Motion Control of Nonholonomic and Underactuated Systems [D]. Thesis, Department of Electrical Engineering, Instituto Superior Técnico, 2002.

[9] 高丙团，陈宏钧，张晓华. 欠驱动机械系统控制设计综述. 电机与控制学报，2006，10(5)：541 - 546.

[10] 韩冰. 欠驱动船舶非线性控制研究[D]. 哈尔滨工程大学，2004.

[11] 赖旭芝. 一类非完整欠驱动机械系统的智能控制[D]. 中南大学，2001.

[12] Nakamura Y, Chung W, Sordalen O J. Design and Control of the Nonholonomic Manipulator. IEEE Transactions on Robotics and Automation, 2001, 17(1): 48 - 59.

[13] 朱江滨，易建强. 非线性欠驱动系统的实时控制. 自动化学报，2004，30(1)：131 - 136.

[14] Lefeber E. Tracking Control of Nnonlinear Mechanical Systems[D]. Thesis, University of Twente, 2000.

[15] Wen J T. Control of Nonholonommic Systems. The Control Handbook, Florida: CRC press & IEEE Press, 1996: 1395 - 1368.

[16] Reyhanoglu M, van der Schaft A, McClamroch N H, et al. Dynamics and Control of a Class of Underactuated Mechanical Systems. IEEE Transactions on Automatic Control, 1999, 44(9): 1663 - 1671.

[17] Oriolo G, Nakamura Y. Control of Mechanical Systems with Second - order Nonholonomic Constraints: Underactuated Manipulators. Proceedings of the 30th IEEE Conference on Decision and Control, 1991: 2398 - 2403.

[18] Wichlund K Y, Sørdalen O, Egeland O. Control Properties of Underactuated Vehicles. Proceedings of the IEEE International Conference on Robotics and Automation, IEEE Computer Society Press, 1995: 2009 - 2014.

[19] Pettersen K Y, Egeland O. Exponential Stabilization of an Underactuated Surface Vessel. Proceedings of the 35th Conference on Decision and Control, 1996: 967 - 972.

[20] Brockett R W. Asymptotic Stability and Feedback Stabilization. Differential Geometric Control Theory, Boston: Birkhauser, 1983: 181 - 191.

[21] Leonard N E. Control Synthesis and Adaptation for an Underactuated Autonomous Underwater Vehicle. IEEE Journal of Oceanic Engineering, 1995, 20(3): 211 - 220.

第6章　欠驱动UUV水平面轨迹跟踪控制

在第3章中研究了全驱动UUV的轨迹跟踪控制问题，由于系统的每一个自由度均有直接的控制输入驱动，可采用自适应反演设计，获得具有全局渐近稳定性的轨迹跟踪控制器，并对水流速度和不确定流体动力参数具有良好的自适应性，对于不具有线性化参数形式的不确定项和未建模动态，也可设计神经网络进行补偿，从而保证轨迹跟踪误差的稳定性。

不具有侧向和垂向推进器的UUV，如大多数AUV，是一个典型的欠驱动非线性系统[1-2]。对于欠驱动UUV，由于欠驱动自由度的存在，无法直接通过矢量反演设计获得轨迹跟踪控制律，而必须充分利用各自由度之间的耦合关系，以及欠驱动自由度自身的稳定性，进行控制器设计，保证跟踪误差的全局一致渐近稳定。虽然其点镇定问题不存在连续时不变反馈控制，但轨迹跟踪问题却不受此限制。欠驱动UUV的参考轨迹由具有完全相同参数的虚拟参考UUV产生，满足欠驱动约束，而不是简单地由参考广义坐标及其导数描述。

虽然欠驱动UUV的水平面运动与移动机器人具有相似的运动模型，但欠驱动侧向速度的存在使它的运动控制远比移动机器人复杂，并且各运动自由度跟踪误差之间具有很强的非线性耦合，这既是实现欠驱动系统控制的基础，同时也为控制器设计带来极大的挑战。

本章采用基于级联系统理论（Cascaded System Theory）的级联方法，分别研究了非完整约束和欠驱动约束下的UUV水平面轨迹跟踪控制问题，证明了轨迹跟踪误差的稳定性，并通过仿真验证了算法的有效性。

6.1　级联系统理论

级联系统理论研究当一个稳定的非线性系统受到另一个稳定的非线性系统的输出的扰动时，在何种条件下受扰动系统是稳定的。

考虑非自治非线性级联系统

$$\sum\nolimits_1 : \dot{\boldsymbol{x}}_1 = \boldsymbol{f}_1(t, \boldsymbol{x}_1) + \boldsymbol{g}(t, \boldsymbol{x}_1, \boldsymbol{x}_2)\boldsymbol{x}_2 \tag{6.1}$$

$$\sum\nolimits_2 : \dot{\boldsymbol{x}}_2 = \boldsymbol{f}_2(t, \boldsymbol{x}_2) \tag{6.2}$$

式中，$\boldsymbol{x}_1 \in \mathbf{R}^{n_1}$；$\boldsymbol{x}_2 \in \mathbf{R}^{n_2}$；$\boldsymbol{f}_1(t, \boldsymbol{x}_1)$ 是连续可微的；$\boldsymbol{f}_2(t, \boldsymbol{x}_2)$ 和 $\boldsymbol{g}(t, \boldsymbol{x}_1, \boldsymbol{x}_2)$ 是连续的，并且分别对 $\boldsymbol{x}_2$ 和 $(\boldsymbol{x}_1, \boldsymbol{x}_2)$ 是局部 Lipschitz 的。

系统 $\sum_1$ 可以看作是名义系统

$$\sum\nolimits_{1,n} : \quad \dot{\boldsymbol{x}}_1 = \boldsymbol{f}_1(t, \boldsymbol{x}_1) \tag{6.3}$$

受到系统 $\sum_2$ 输出的干扰。

对于自治级联系统，即式(6.1)和式(6.2)中的矢量函数 $\boldsymbol{f}_1, \boldsymbol{f}_2, \boldsymbol{g}$，均与时间无关，Sontag[3]证明了，如果系统 $\sum_{1,n}$ 和 $\sum_2$ 均是全局渐近稳定的(GAS)，并且 $\sum_1$ 是有界的，那么级联系统 $\{\sum_1, \sum_2\}$ 是全局渐近稳定的，并建立了输入-状态稳定 ISS 概念[4-5]，证明若系统 $\sum_1$ 以 x_2 为输入是 ISS 的，$\sum_2$ 是全局渐近稳定的，那么级联系统 $\{\sum_1, \sum_2\}$ 是全局渐近稳定的。此外，Lozano[6] 和 Ortega[7] 研究了当系统 $\sum_1$ 和 $\sum_2$ 具有一定无源性时级联系统的稳定性。

在 UUV 的跟踪控制问题中，参考信号一般是时变的，因此这里主要研究更为一般的非自治级联系统的稳定性理论。

定理 6.1[8]　如果系统 $\sum_{1,n}$ 和 $\sum_2$ 是全局一致渐近稳定的(GUAS)，并且级联系统的解是全局一致有界(GUB)的，那么级联系统 $\{\sum_1, \sum_2\}$ 是全局一致渐近稳定的。

Sontag 将 ISS 概念扩展到非自治系统，并基于 ISS 给出了非自治级联系统全局一致渐近稳定的充分条件[9]。

定义 6.1($\mathcal{K}$类函数)[10]　函数 $\alpha: \mathbf{R}_{\geqslant 0} \to \mathbf{R}_{\geqslant 0}$，若为连续、严格递增的，且 $\alpha(0) = 0$，则称为$\mathcal{K}$类函数。若$\mathcal{K}$类函数 α 又满足 $\lim\limits_{s \to \infty} \alpha(s) = \infty$，则称为$\mathcal{K}_\infty$类函数。

定义 6.2($\mathcal{KL}$ 类函数)[10]　函数 $\beta: \mathbf{R}_{\geqslant 0} \times \mathbf{R}_{\geqslant 0} \to \mathbf{R}_{\geqslant 0}$，若对于任一固定 s，$\beta(r, s)$ 为$\mathcal{K}$类函数，而对于固定 r，$\beta(r, s)$ 对于 s 是递减的，并且当 $s \to \infty$ 时 $\beta(r, s) \to \infty$ 称为$\mathcal{KL}$ 类函数。

定义 6.3(ISS)[9-10]　考虑非自治系统

$$\dot{\boldsymbol{x}} = \boldsymbol{f}(t, \boldsymbol{x}, \boldsymbol{u}) \tag{6.4}$$

式中，$\boldsymbol{f}: \mathbf{R}_{\geqslant 0} \times \mathbf{R}^n \times \mathbf{R}^m \to \mathbf{R}^n$ 对 t 是分段连续的，对 $\boldsymbol{x}$ 和 $\boldsymbol{u}$ 是局部 Lipschitz 的。如果存在$\mathcal{KL}$类函数β 和$\mathcal{K}$类函数γ，在任意初始状态 $\boldsymbol{x}(t_0)$ 和任意输入 $\boldsymbol{u}(t) \in L_\infty^m$（在 $[0, \infty)$ 上连续有界）条件下，对所有 $t \geqslant 0$ 满足

$$\| \boldsymbol{x}(t) \| \leqslant \beta(\| \boldsymbol{x}(t_0) \|, t-t_0) + \gamma(\sup_{t_0 \leqslant \tau \leqslant t} \| \boldsymbol{u}(\tau) \|) \tag{6.5}$$

则称系统式(6.4)是输入-状态稳定的。

定理 6.2[9-10]　若存在连续可微函数 $V:\mathbf{R}_{\geqslant 0} \times \mathbf{R}^n \rightarrow \mathbf{R}$，及$\mathcal{K}_\infty$类函数 α_1, α_2 和 ρ，$\mathcal{K}$类函数 α_3，对 $\forall (t, \boldsymbol{x}, \boldsymbol{u}) \in [0, \infty) \times \mathbf{R}^n \times \mathbf{R}^m$ 满足

$$\alpha_1(\| \boldsymbol{x} \|) \leqslant V(t, \boldsymbol{x}) \leqslant \alpha_2(\| \boldsymbol{x} \|) \tag{6.6}$$

$$\| \boldsymbol{x} \| \geqslant \rho(\| \boldsymbol{u} \|) \quad \Rightarrow \quad \frac{\partial V}{\partial t} + \frac{\partial V}{\partial \boldsymbol{x}} \boldsymbol{f}(t, \boldsymbol{x}, \boldsymbol{u}) \leqslant -\alpha_3(\| \boldsymbol{x} \|) \tag{6.7}$$

则系统式(6.4)是输入-状态稳定的，且 $\gamma = \alpha_1^{-1} \circ \alpha_2 \circ \rho$，其中 V 称为 ISS - Lyapunov 函数。

引理 6.1[9-10]：若系统 $\sum_1$ 以 $\boldsymbol{x}_2$ 为输入是输入-状态稳定的，系统 $\sum_2$ 是全局一致渐近稳定的，则级联系统 $\left\{\sum_1, \sum_2\right\}$ 是全局一致渐近稳定的。

Panteley 和 Loría 等人[11-13]采用 Lyapunov 直接法对非自治级联系统的稳定性进行了深入研究，给出了非自治级联系统全局一致稳定、全局一致渐近稳定以及全局$\mathcal{K}$指数稳定的充分条件，并应用于引擎镇定控制[14]和移动机器人[15]、链式系统[8]、欠驱动水面船舶[8]等的轨迹跟踪控制中，并在 Børhaug 对直线航迹跟踪和航路点跟踪控制问题的研究[16-17]中得到应用。级联方法不需要设计整个系统的 Lyapunov 函数，从而可以获得更为简洁的控制律。

下面以定理的形式给出主要结论。

定理 6.3[15]　由式(6.1)和式(6.2)定义的级联系统 $\left\{\sum_1, \sum_2\right\}$ 是全局一致渐近稳定的，若以下假设条件成立。

假设 1：名义系统 $\sum_{1,n}$ 是全局一致渐近稳定的，并且存在连续可微函数 $V(t, \boldsymbol{x}_1):\mathbf{R}_{\geqslant 0} \times \mathbf{R}^{n_1} \rightarrow \mathbf{R}$ 满足

$$\left.\begin{aligned} & W(\boldsymbol{x}_1) \leqslant V(t, \boldsymbol{x}_1) \\ & \frac{\partial V}{\partial t} + \frac{\partial V}{\partial \boldsymbol{x}_1} \cdot \boldsymbol{f}_1(t, \boldsymbol{x}_1) \leqslant 0, \quad \forall \| \boldsymbol{x}_1 \| \geqslant \eta \\ & \left\| \frac{\partial V}{\partial \boldsymbol{x}_1} \right\| \| \boldsymbol{x}_1 \| \leqslant cV(t, \boldsymbol{x}_1), \quad \forall \| \boldsymbol{x}_1 \| \geqslant \eta \end{aligned}\right\} \tag{6.8}$$

其中，$W(\boldsymbol{x}_1)$ 为正定函数，$c > 0$，$\eta > 0$ 为常数。

假设 2：函数 $\boldsymbol{g}(t, \boldsymbol{x}_1, \boldsymbol{x}_2)$ 满足

$$\| \boldsymbol{g}(t, \boldsymbol{x}_1, \boldsymbol{x}_2) \| \leqslant \theta_1(\| \boldsymbol{x}_2 \|) + \theta_2(\| \boldsymbol{x}_2 \|) \| \boldsymbol{x}_1 \|, \quad \forall t \geqslant t_0 \tag{6.9}$$

其中，$\theta_1, \theta_2:\mathbf{R}_{\geqslant 0} \rightarrow \mathbf{R}_{\geqslant 0}$ 为连续函数。

假设 3：系统 $\sum_2$ 全局一致渐近稳定，且满足可积条件

$$\int_{t_0}^{\infty} \| \boldsymbol{x}_2(t,t_0,\boldsymbol{x}_2(t_0)) \| \mathrm{d}t \leqslant \phi(\| \boldsymbol{x}_2(t_0) \|) \tag{6.10}$$

其中，$\phi(\cdot)$ 为$\mathcal{K}$类函数。

定义 6.4(全局$\mathcal{K}$指数稳定)　系统

$$\dot{\boldsymbol{x}} = \boldsymbol{f}(t,\boldsymbol{x}),\boldsymbol{f}(t,0)=0,\quad \forall t \geqslant t_0 \tag{6.11}$$

是全局$\mathcal{K}$指数稳定的，若存在$\mathcal{K}$类函数 $\kappa(\cdot)$ 及常数 $\gamma > 0$，满足

$$\| \boldsymbol{x}(t) \| \leqslant \kappa(\| \boldsymbol{x}(t_0) \|) \mathrm{e}^{-\gamma(t-t_0)},\quad \forall t \geqslant t_0 \geqslant 0 \tag{6.12}$$

定理 6.4　系统式(6.11)是全局$\mathcal{K}$指数稳定的，当且仅当系统是全局一致渐近稳定的，并且是局部指数稳定的。

当系统 $\sum_2$ 全局$\mathcal{K}$指数稳定时，有

$$\begin{aligned}\int_{t_0}^{\infty} \| \boldsymbol{x}_2(t,t_0,\boldsymbol{x}_2(t_0)) \| \mathrm{d}t \leqslant \int_{t_0}^{\infty} \| \kappa(\| \boldsymbol{x}(t_0) \|) \mathrm{e}^{-\gamma(t-t_0)} \| \mathrm{d}t = \\ \kappa(\| \boldsymbol{x}(t_0) \|) \int_{t_0}^{\infty} \mathrm{e}^{-\gamma(t-t_0)} \mathrm{d}t = \\ \frac{\kappa(\| \boldsymbol{x}(t_0) \|)}{\gamma}\end{aligned} \tag{6.13}$$

显然，$\dfrac{\kappa(\cdot)}{\gamma}$ 为$\mathcal{K}$类函数，满足定理 6.3 中的假设 3。

定理 6.5　在满足定理 6.3 中的假设的基础上，若系统 $\sum_{1,n}$ 和 $\sum_2$ 均是全局$\mathcal{K}$指数稳定的，则级联系统$\left\{\sum_1,\sum_2\right\}$是全局$\mathcal{K}$指数稳定的。

应用级联系统理论进行控制系统设计时，首先将系统分解为形如式(6.1)和式(6.2)的级联系统 $\sum_1$ 和 $\sum_2$，分别为名义系统 $\sum_{1,n}$ 和 $\sum_2$ 设计控制输入使其全局一致渐近稳定，并满足假设 1 和假设 3，然后证明关联项满足假设 2，从而获得级联系统的全局一致渐近稳定性，这一设计方法称为级联方法。

实际中，有时系统不能直接分解为级联的两个系统，往往需要结合反演设计思想，构成级联-反演控制。考虑下面的具有反馈结构的非线性系统：

$$\left.\begin{aligned}\textstyle\sum'_1 : \dot{\boldsymbol{x}}_1 = \boldsymbol{f}_1(t,\boldsymbol{x}_1,\boldsymbol{x}_2) \\ \textstyle\sum'_2 : \dot{\boldsymbol{x}}_2 = \boldsymbol{f}_2(t,\boldsymbol{x}_2,\boldsymbol{u})\end{aligned}\right\} \tag{6.14}$$

模型式(6.14)可以用来描述实际中的一大类非线性机械系统，例如，$\sum'_1$ 和 $\sum'_2$ 分别表示刚体运动的运动学模型和动力学模型，或者运动控制系统的上层运动模型和底层驱动器动态模型。

基于反演设计思想，定义跟踪误差

$$\left.\begin{aligned} \boldsymbol{z}_1 &= \boldsymbol{x}_1 \\ \boldsymbol{z}_2 &= \boldsymbol{x}_2 - \boldsymbol{x}_{2d}(\boldsymbol{z}_1) \end{aligned}\right\} \tag{6.15}$$

式中，$\boldsymbol{x}_{2d}(\boldsymbol{z}_1)$ 为 $\boldsymbol{x}_2$ 的镇定函数，于是系统式(6.14) 转换为下面的级联形式：

$$\left.\begin{aligned} \sum\nolimits_1 : \dot{\boldsymbol{z}}_1 &= \boldsymbol{f}'_1(t, \boldsymbol{z}_1, \boldsymbol{x}_{2d}(\boldsymbol{z}_1)) + \boldsymbol{g}(t, \boldsymbol{z}_1, \boldsymbol{z}_2)\boldsymbol{z}_2 \\ \sum\nolimits_2 : \dot{\boldsymbol{z}}_2 &= \boldsymbol{f}_2(t, \boldsymbol{x}_2, \boldsymbol{u}) - \frac{\partial \boldsymbol{x}_{2d}}{\partial \boldsymbol{z}_1}\dot{\boldsymbol{z}}_1 \end{aligned}\right\} \tag{6.16}$$

其中，$\boldsymbol{x}_{2d}(\boldsymbol{z}_1)$ 的设计保证名义系统

$$\sum\nolimits_{1,n} : \dot{\boldsymbol{z}}_1 = \boldsymbol{f}'_1(t, \boldsymbol{z}_1, \boldsymbol{x}_{2d}) \tag{6.17}$$

全局一致渐近稳定或全局$\mathcal{K}$指数稳定，并存在 Lyapunov 函数满足定理 6.3 中的假设 1，关联项 $\boldsymbol{g}(t, \boldsymbol{z}_1, \boldsymbol{z}_2)$ 满足定理 6.3 中的假设 2，只需要为系统 $\sum_2$ 设计控制器，使其全局一致渐近稳定，并满足定理 6.3 中的假设 3，此时可以采用反演方法使系统 $\sum_2$ 全局指数稳定。

与反演设计比较，级联-反演方法有以下特点：

(1) 对于严格反馈系统式(6.14)，反演设计的第 1 步与级联-反演方法相同，寻找 $\boldsymbol{x}_2$ 的镇定函数 $\boldsymbol{x}_{2d}(\boldsymbol{z}_1)$，将系统写作式(6.16) 的形式，但在反演的第 2 步，则必须在控制律中包含关联项 $\boldsymbol{g}(t, \boldsymbol{z}_1, \boldsymbol{z}_2)$，消除其对系统 $\sum_1$ 的影响，使 Lyapunov 函数

$$V = \frac{1}{2}\boldsymbol{z}_1^{\mathrm{T}}\boldsymbol{z}_1 + \frac{1}{2}\boldsymbol{z}_2^{\mathrm{T}}\boldsymbol{z}_2 \tag{6.18}$$

的导数负定。

而级联-反演方法则只需证明关联项 $\boldsymbol{g}(t, \boldsymbol{z}_1, \boldsymbol{z}_2)$ 满足假设 3，在对 $\sum_2$ 进行控制律设计时就不需考虑关联项 $\boldsymbol{g}(t, \boldsymbol{z}_1, \boldsymbol{z}_2)\boldsymbol{z}_2$，并且不需要设计整个系统的 Lyapunov 函数。因此，通过级联方法可以获得比反演设计更为简单的控制律[8]，这是级联-反演方法的最大优点。

(2) 作为动力学模型或驱动器动态模型，系统 $\sum_2$ 往往包含不确定参数，通过自适应反演方法可以引入参数自适应机制，保证控制系统的全局一致渐近稳定性和对参数不确定的自适应性。

而对于级联-反演方法，定理 6.3 中的假设 3 对系统 $\sum_2$ 的稳定性提出了比全局一致渐近稳定更高的要求，若引入参数自适应机制则仅能获得系统 $\sum_2$ 的全局一致渐近稳定性，不能满足假设 3，这就限制了级联-反演控制器对不确定参数的自适

应性。

(3) 反演设计方法可以保证闭环系统的全局指数稳定性，而级联方法目前尚没有证明级联系统全局指数稳定的充分条件，仅能获得全局一致渐近稳定或比全局指数稳定弱的全局$\mathcal{K}$指数稳定。

6.2 非完整约束下的UUV轨迹跟踪控制

6.2.1 非完整UUV轨迹跟踪模型

当忽略UUV的侧向速度时，即$v=\dot{v}=0$，UUV的水平面运动由欠驱动约束转化为非完整约束，并与移动机器人具有相同的运动学模型[18]，可由如下微分方程描述：

$$\left.\begin{aligned}\dot{x}&=u\cos\psi\\\dot{y}&=u\sin\psi\\\dot{\psi}&=r\end{aligned}\right\}\tag{6.19}$$

其中，(x,y)为UUV在全局坐标系中的位置坐标；ψ为航向角；u和r分别为前进速度和偏航角速度，这里忽略UUV的动力学模型，以速度为控制输入。

UUV的参考轨迹由参考位姿$(x_d,y_d,\psi_d)^{\mathrm{T}}$和参考速度$(u_d,r_d)^{\mathrm{T}}$描述，其动态模型为

$$\left.\begin{aligned}\dot{x}_d&=u_d\cos\psi_d\\\dot{y}_d&=u_d\sin\psi_d\\\dot{\psi}_d&=r_d\end{aligned}\right\}\tag{6.20}$$

假定参考信号$r_d,u_d,\dot{u}_d$有界，满足

$$|r_d|\leqslant r_{d,\max},\quad |u_d|\leqslant u_{d,\max},\quad |\dot{u}_d|\leqslant a_{d,\max}\tag{6.21}$$

非完整UUV的轨迹跟踪控制问题为，寻找速度控制输入u和r，使系统式(6.19)从任意初始状态出发跟踪参考轨迹式(6.20)，并且保证跟踪误差全局渐近稳定。

6.2.2 基于级联方法的非完整UUV轨迹跟踪控制设计

在运载体坐标系中定义UUV的轨迹跟踪误差

$$\begin{bmatrix} x_e \\ y_e \\ \psi_e \end{bmatrix} = \begin{bmatrix} \cos\psi & \sin\psi & 0 \\ -\sin\psi & \cos\psi & 0 \\ 0 & 0 & 1 \end{bmatrix} \begin{bmatrix} x_d - x \\ y_d - y \\ \psi_d - \psi \end{bmatrix} \tag{6.22}$$

求导，并代入式(6.19) 和式(6.20) 得到轨迹跟踪误差的动态模型为

$$\begin{bmatrix} \dot{x}_e \\ \dot{y}_e \\ \dot{\psi}_e \end{bmatrix} = \begin{bmatrix} ry_e - u + u_d\cos\psi_e \\ -rx_e + u_d\sin\psi_e \\ r_d - r \end{bmatrix} \tag{6.23}$$

分析跟踪误差模型式(6.23)，控制输入分别在 x_e 和 ψ_e 两个通道，可以选择恰当的控制使其具有期望的动态特性，而侧向跟踪误差 y_e 则必须依靠 x_e 和 ψ_e 间接控制。显然，若通过 x_e 间接控制 y_e 则必须保证角速度不为零，限制了在直线轨迹跟踪中的应用。因此这里选择通过 ψ_e 间接控制 y_e，将整个系统分解为子系统 $\{y_e, \psi_e\}$ 与 $\{x_e\}$ 级联的形式，分别进行控制设计，基于级联系统稳定性理论给出整个系统的全局一致渐近稳定性的证明。

重新定义系统的输入

$$\alpha_u \overset{\text{def}}{=\!=} ry_e - u + u_d\cos\psi_e \tag{6.24}$$

$$\alpha_r \overset{\text{def}}{=\!=} r_d - r \tag{6.25}$$

代入系统式(6.23) 并将其分解为级联形式

$$\sum\nolimits_1 : \begin{bmatrix} \dot{y}_e \\ \dot{\psi}_e \end{bmatrix} = \begin{bmatrix} u_d\sin\psi_e \\ \alpha_r \end{bmatrix} + \begin{bmatrix} \alpha_r + r_d \\ 0 \end{bmatrix} x_e \tag{6.26}$$

$$\sum\nolimits_2 : \dot{x}_e = \alpha_u \tag{6.27}$$

首先考虑系统式(6.26) 的名义系统

$$\sum\nolimits_{1,n} : \begin{bmatrix} \dot{y}_e \\ \dot{\psi}_e \end{bmatrix} = \begin{bmatrix} u_d\sin\psi_e \\ \alpha_r \end{bmatrix} \tag{6.28}$$

显然，系统式(6.28) 具有严格反馈结构，基于反演设计思想，选择 ψ_e 的镇定函数

$$\alpha_\psi = -\arctan\,(k_1 u_d y_e) \tag{6.29}$$

其中，$k_1 > 0$ 为控制参数。

取 Lyapunov 函数

$$V = \frac{1}{2}y_e^2 + \frac{1}{2}\,(\psi_e - \alpha_\psi)^2 \tag{6.30}$$

其导数为

$$\dot{V}=y_e\left(u_d\sin\alpha_\psi+u_d(\sin\psi_e-\sin\alpha_\psi)\right)+(\psi_e-\alpha_\psi)\left(\alpha_r-\frac{\partial\alpha_\psi}{\partial y_e}u_d\sin\psi_e-\frac{\partial\alpha_\psi}{\partial u_d}\dot{u}_d\right) \tag{6.31}$$

考虑到

$$\sin\psi_e-\sin\alpha_\psi=(\psi_e-\alpha_\psi)\underbrace{\int_0^1\cos\left(\alpha_\psi+s(\psi_e-\alpha_\psi)\right)\mathrm{d}s}_{\eta(t)} \tag{6.32}$$

代入式(6.31)

$$\dot{V}=-y_eu_d\sin\left(\arctan\left(k_1u_dy_e\right)\right)+(\psi_e-\alpha_\psi)\left(\alpha_r+y_eu_d\eta-\frac{\partial\alpha_\psi}{\partial y_e}u_d\sin\psi_e-\frac{\partial\alpha_\theta}{\partial u_d}\dot{u}_d\right) \tag{6.33}$$

选择控制

$$\alpha_r=-k_2(\psi_e-\alpha_\psi)-u_d\eta y_e+\frac{\partial\alpha_\psi}{\partial y_e}u_d\sin\psi_e+\frac{\partial\alpha_\psi}{\partial u_d}\dot{u}_d \tag{6.34}$$

即

$$r=r_d+k_2(\psi_e-\alpha_\psi)+u_d\eta y_e-\frac{\partial\alpha_\psi}{\partial y_e}u_d\sin\psi_e-\frac{\partial\alpha_\psi}{\partial u_d}\dot{u}_d \tag{6.35}$$

其中，$k_2>0$。代入式(6.33)

$$\dot{V}=-y_eu_d\sin\left(\arctan\left(k_1u_dy_e\right)\right)-k_2\left(\psi_e-\alpha_\psi\right)^2\leqslant 0 \tag{6.36}$$

根据 Barbalat 引理

$$\left.\begin{aligned}&\lim_{t\to\infty}u_dy_e=0\\&\lim_{t\to\infty}(\psi_e-\alpha_\psi)=0\end{aligned}\right\} \tag{6.37}$$

由式(6.37)知$\lim\limits_{t\to\infty}\alpha_\psi=0$，于是有$\lim\limits_{t\to\infty}\psi_e=0$，假定 u_d 不收敛于零，则$\lim\limits_{t\to\infty}y_e=0$，因此，在式(6.35)的控制下，系统式(6.28)全局一致渐近稳定。

考虑系统式(6.27)，选择控制

$$\alpha_u=-k_3x_e \tag{6.38}$$

即

$$u=ry_e+u_d\cos\psi_e+k_3x_e \tag{6.39}$$

其中，$k_3>0$。

定理 6.6 假设参考速度 u_d 不收敛于零，在控制式(6.35)和式(6.39)的作用下，系统式(6.23)全局一致渐近稳定。

证明　将式(6.35)和式(6.39)代入系统式(6.26)和式(6.27)，令 $\boldsymbol{x}_1 = [y_e \quad \psi_e - \alpha_\psi]^{\mathrm{T}}$，$\boldsymbol{x}_2 = [x_e]$，得到级联系统

$$\underbrace{\begin{bmatrix} \dot{y}_e \\ \dot{\psi}_e - \dot{\alpha}_\psi \end{bmatrix}}_{\dot{\boldsymbol{x}}_1} = \underbrace{\begin{bmatrix} u_d \sin \alpha_\psi + u_d \eta (\psi_e - \alpha_\psi) \\ k_2 (\psi_e - \alpha_\psi) - u_d \eta y_e \end{bmatrix}}_{\boldsymbol{f}_1(t, \boldsymbol{x}_1)} + \underbrace{\begin{bmatrix} \alpha_r + r_d \\ 0 \end{bmatrix}}_{\boldsymbol{g}(t, \boldsymbol{x}_1, \boldsymbol{x}_2)} \underbrace{x_e}_{\boldsymbol{x}_2} \tag{6.40}$$

$$\underbrace{\dot{x}_e}_{\dot{\boldsymbol{x}}_2} = \underbrace{-k_3 x_e}_{\boldsymbol{f}_2(t, \boldsymbol{x}_2)} \tag{6.41}$$

(1) 由设计过程知，系统 $\dot{\boldsymbol{x}}_1 = \boldsymbol{f}_1(t, \boldsymbol{x}_1)$ 是全局一致渐近稳定的，并且选择

$$\left.\begin{aligned} & W(\boldsymbol{x}_1) = V(t, \boldsymbol{x}_1) \\ & \eta \geqslant 0 \\ & c \geqslant 2 \end{aligned}\right\} \tag{6.42}$$

Lyapunov 函数式(6.30)满足定理 6.3 中的假设 1 条件。

(2) 考虑关联项有

$$\begin{aligned} \| \boldsymbol{g}(t, \boldsymbol{x}_1, \boldsymbol{x}_2) \| = & |\alpha_r + r_d| \leqslant \\ & |\alpha_r| + |r_d| \leqslant \\ & k_2 |\psi_e| + k_2 \frac{\pi}{2} + |u_d| + |k_1 u_d^2| + |k_1 y_e| |\dot{u}_d| + |r_d| = \\ & \sqrt{2} \max \{k_2, k_1 a_{d,\max}\} \| \boldsymbol{x}_1 \| + k_2 \frac{\pi}{2} + u_{d,\max} + k_1 u_{d,\max}^2 + r_{d,\max} \end{aligned} \tag{6.43}$$

若令

$$\begin{aligned} & \theta_1(\| \boldsymbol{x}_2 \|) = k_2 \frac{\pi}{2} + u_{d,\max} + k_1 u_{d,\max}^2 + r_{d,\max} \\ & \theta_2(\| \boldsymbol{x}_2 \|) = \sqrt{2} \max \{k_2, k_1 a_{d,\max}\} \end{aligned} \tag{6.44}$$

定理 6.3 的假设 2 满足。

(3) 在式(6.39)的控制下

$$x_e(t) = x_e(t_0) \mathrm{e}^{-k_3 (t - t_0)} \tag{6.45}$$

定理 6.3 的假设 3 满足，并且 $\varphi(\| \boldsymbol{x}_2(t_0) \|) \geqslant \dfrac{x_e(t_0)}{k_3}$。

因此，根据级联系统稳定性定理，级联系统全局一致渐近稳定，等价地系统式(6.23)全局一致渐近稳定。

上述控制算法设计中，直接以前向速度和航向角速度作为非完整UUV轨迹跟踪控制的输入，而忽略了它们的动力学模型。实际上，在设计控制输入时可采用反演方法在误差模型式(6.28)和式(6.27)中进一步考虑前进速度和航向角速度的动态特性，从而得到相同的稳定性结论，这里不再赘述。

6.2.3 仿真研究

为了验证本章所提出的轨迹跟踪控制的有效性，采用非完整UUV的运动学模型式(6.19)进行仿真研究。控制参数选择为

$$k_1 = k_2 = k_3 = 1$$

UUV的初始位置为

$$x(0) = 0\ \mathrm{m},\quad y(0) = 0\ \mathrm{m},\quad \psi(0) = 0\ \mathrm{rad/s}$$

1. 直线轨迹跟踪控制

取直线参考轨迹

$$u_d = 1\ \mathrm{m/s},\quad r_d = 0\ \mathrm{rad/s},\quad x_d(0) = 1\ \mathrm{m}$$

$$y_d(0) = 1\ \mathrm{m},\quad \psi_d(0) = \pi/4\ \mathrm{rad/s}$$

图6-1～图6-2所示为直线轨迹跟踪控制的仿真结果。

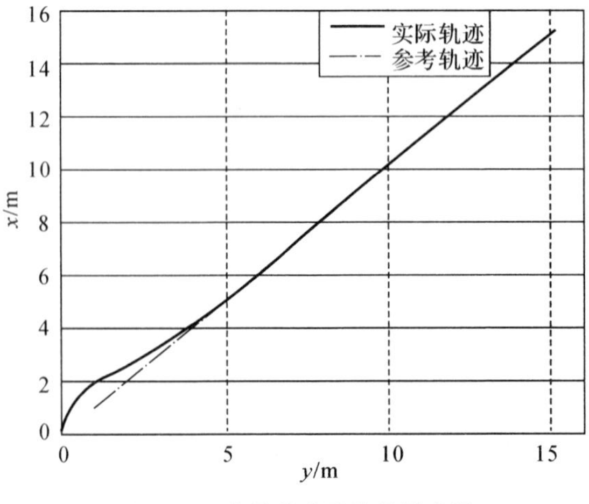

图6-1　直线轨迹跟踪位置曲线

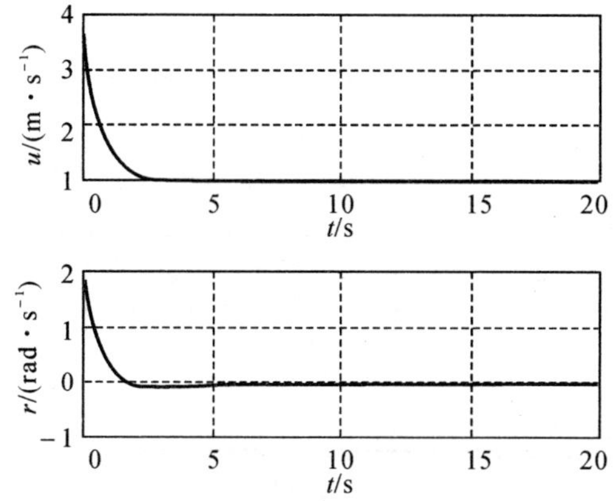

图 6-2　直线轨迹跟踪的速度、角速度曲线

2. 圆轨迹跟踪

取圆参考轨迹

$$u_d = 1\ \text{m/s},\quad r_d = 0.1\ \text{rad/s},\quad x_d(0) = 1\ \text{m}$$
$$y_d(0) = 1\ \text{m},\quad \psi_d(0) = \pi/4\ \text{rad/s}$$

图 6-3 ～ 图 6-4 所示为圆轨迹跟踪控制的结果。

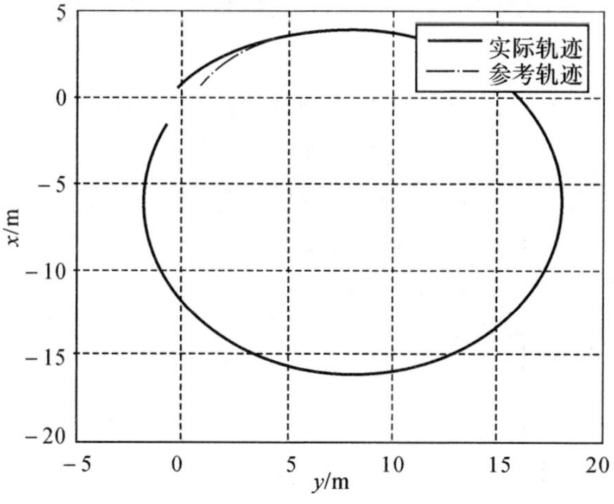

图 6-3　圆轨迹跟踪位置曲线

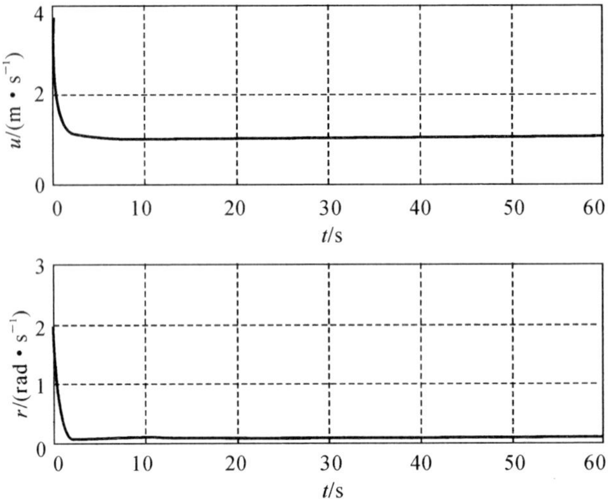

图 6-4　圆轨迹跟踪速度、角速度曲线

从仿真结果看，基于级联方法的非完整 UUV 轨迹跟踪控制能很好地实现直线和圆轨迹的跟踪，具有良好的跟踪效果，位置和航向角跟踪误差全局一致渐近稳定。

6.3　欠驱动约束下的 UUV 轨迹跟踪控制

上一节忽略了 UUV 的侧向速度，在非完整约束下研究了轨迹跟踪控制问题。本节采用基于非线性级联系统理论的级联方法，研究欠驱动 UUV 的水平面轨迹跟踪控制问题。借鉴 Lefeber[8] 的研究，将位置跟踪和航向角跟踪分解为级联系统的形式，基于反演设计方法，设计前向推力的控制律，使位置跟踪误差全局一致渐近稳定，同时可以容易地获得航向角跟踪误差的全局指数稳定控制律，从而证明了轨迹跟踪误差的全局渐近稳定性[19]。

6.3.1　欠驱动 UUV 轨迹跟踪误差模型

假定 UUV 低速运动，忽略动力学模型中的非线性二次阻尼项，欠驱动 UUV 水平面的运动学和动力学模型分别为

$$\left.\begin{aligned}\dot{x}&=u\cos\psi-v\sin\psi\\\dot{y}&=u\sin\psi+v\cos\psi\\\dot{\psi}&=r\end{aligned}\right\}\tag{6.46}$$

和

$$\left.\begin{aligned}\dot{u}&=\frac{m_{22}}{m_{11}}vr-\frac{d_{11}}{m_{11}}u+\frac{1}{m_{11}}X\\\dot{v}&=-\frac{m_{11}}{m_{22}}ur-\frac{d_{22}}{m_{22}}v\\\dot{r}&=\frac{m_{11}-m_{22}}{m_{33}}uv-\frac{d_{33}}{m_{33}}r+\frac{1}{m_{33}}N\end{aligned}\right\}\tag{6.47}$$

式中，$m_{11}=m-X_{\dot{u}}$，$m_{22}=m-Y_{\dot{v}}$，$m_{33}=I_{zz}-N_{\dot{r}}$，$d_{11}=-X_u$，$d_{22}=-Y_v$，$d_{33}=-N_r$，具体定义见第 2 章。

参考轨迹由具有相同参数的虚拟参考 UUV 产生，即

$$\left.\begin{aligned}\dot{x}_d&=u_d\cos\psi_d-v_d\sin\psi_d\\\dot{y}_d&=u_d\sin\psi_d+v_d\cos\psi_d\\\dot{\psi}_d&=r_d\end{aligned}\right\}\tag{6.48}$$

和

$$\left.\begin{aligned}\dot{u}_d&=\frac{m_{22}}{m_{11}}v_dr_d-\frac{d_{11}}{m_{11}}u_d+\frac{1}{m_{11}}X_d\\\dot{v}_d&=-\frac{m_{11}}{m_{22}}u_dr_d-\frac{d_{22}}{m_{22}}v_d\\\dot{r}_d&=\frac{m_{11}-m_{22}}{m_{33}}u_dv_d-\frac{d_{33}}{m_{33}}r_d+\frac{1}{m_{33}}N_d\end{aligned}\right\}\tag{6.49}$$

水平面 UUV 及其虚拟参考 UUV 如图 6－5 所示。

轨迹跟踪误差有多种描述方式，例如在文献[8]中，首先对式(6.46)和式(6.48)进行微分同胚变换

$$\left.\begin{aligned}z_1&=x\cos\psi+y\sin\psi\\z_2&=-x\sin\psi+y\cos\psi\\z_3&=\psi\end{aligned}\right\}\tag{6.50}$$

和

$$\left.\begin{aligned}z_{1d}&=x_d\cos\psi_d+y_d\sin\psi_d\\z_{2d}&=-x_d\sin\psi_d+y_d\cos\psi_d\\z_{3d}&=\psi_d\end{aligned}\right\}\tag{6.51}$$

定义跟踪误差为

$$\left.\begin{aligned} e_1 &= z_1 - z_{1d} \\ e_2 &= z_2 - z_{2d} \\ e_3 &= z_3 - z_{3d} \end{aligned}\right\} \tag{6.52}$$

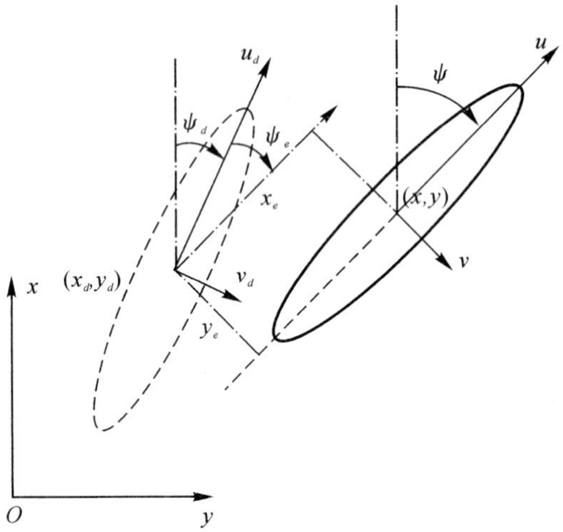

图 6-5　欠驱动 UUV 的轨迹跟踪

在文献[20]中，Dong在变换式(6.50)和式(6.51)的基础上，进一步做如下变换：

$$Z_2 = z_2 + \frac{m_{22}}{d_{22}} v \tag{6.53}$$

和

$$Z_{2d} = z_{2d} + \frac{m_{22}}{d_{22}} v_d \tag{6.54}$$

并定义跟踪误差 $e_2 = Z_2 - Z_{2d}$。显然 e_2 的导数中不包含欠驱动的侧向速度跟踪误差 v_e。

这里采用文献[21]的方法，将地面坐标系下的轨迹跟踪误差投影到运载体坐标系中

$$\begin{bmatrix} x_e \\ y_e \\ \psi_e \end{bmatrix} = \begin{bmatrix} \cos\psi & \sin\psi & 0 \\ -\sin\psi & \cos\psi & 0 \\ 0 & 0 & 1 \end{bmatrix} \begin{bmatrix} x - x_d \\ y - y_d \\ \psi - \psi_d \end{bmatrix} \tag{6.55}$$

和

$$\left.\begin{aligned} u_e &= u - u_d \\ v_e &= v - v_d \\ r_e &= r - r_d \end{aligned}\right\} \tag{6.56}$$

求导得到轨迹跟踪误差的运动学和动力学模型

$$\left.\begin{aligned} \dot{x}_e &= r_e y_e + r_d y_e + u_e + (1-\cos\psi_e)u_d - \sin\psi_e v_d \\ \dot{y}_e &= -r_e x_e - r_d x_e + v_e + \sin\psi_e u_d + (1-\cos\psi_e)v_d \\ \dot{\psi}_e &= r_e \end{aligned}\right\} \tag{6.57}$$

$$\left.\begin{aligned} \dot{u}_e &= \frac{m_{22}}{m_{11}}(v_e r_e + v_e r_d + v_d r_e) - \frac{d_{11}}{m_{11}}u_e + \frac{1}{m_{11}}(X - X_d) \\ \dot{v}_e &= -\frac{m_{11}}{m_{22}}(u_e r_e + u_e r_d + u_d r_e) - \frac{d_{22}}{m_{22}}v_e \\ \dot{r}_e &= \frac{m_{11}-m_{22}}{m_{33}}(u_e v_e + u_e v_d + u_d v_e) - \frac{d_{33}}{m_{33}}r_e + \frac{1}{m_{33}}(N - N_d) \end{aligned}\right\} \tag{6.58}$$

式中，u_d，v_d 和 r_d 均为时变信号，因此轨迹跟踪误差模型式(6.57)和式(6.58)是非自治的。

在 6.2 节中，非完整 UUV 轨迹跟踪的前向跟踪误差$\{x_e, u_e\}$和航向角跟踪误差$\{\psi_e, r_e\}$均有直接驱动控制输入，横向跟踪误差 y_e 受 x_e 和 ψ_e 的耦合影响。而欠驱动 UUV 的轨迹跟踪误差，除了 y_e 受 x_e 和 ψ_e 的耦合影响外，更为重要的是，y_e 的动态特性中包含欠驱动的侧向速度误差 v_e，而 v_e 受速度前向速度误差 u_e 和航向角速度误差 r_e 的耦合影响。

因此，对于非完整 UUV 的轨迹跟踪问题，仅仅需要考虑利用 x_e 或 ψ_e 作为 y_e 的虚拟控制输入，采用反演技术设计控制输入。而对于欠驱动 UUV，除此之外，还要考虑侧向速度误差 v_e 对横向跟踪误差 y_e 的影响，以及侧向速度误差 v_e 自身的稳定性。由于侧向运动是欠驱动的，保证系统的稳定性必须采用 Lyapunov 直接法，设计 Lyapunov 函数 V，并充分利用 v_e 自身的稳定性，通过 Cauchy - Schwarz 不等式和 Young 不等式求解使 V 的导数负定的控制参数条件。

6.3.2　欠驱动 UUV 轨迹跟踪控制设计

分析跟踪误差模型式(6.57)，自由度$\{x_e, u_e\}$和$\{\psi_e, r_e\}$具有直接驱动，可以很方便地设计控制器使其渐近稳定，而$\{y_e, v_e\}$则不具有直接驱动，必须通过$\{x_e, u_e\}$或$\{\psi_e, r_e\}$间接控制。

在 Do[21] 的研究中，选择通过$\{\psi_e, r_e\}$间接控制$\{y_e, v_e\}$，选择期望的 ψ_e，使 y_e

全局渐近稳定。但由于变量之间的非线性耦合，跟踪控制设计结果十分复杂。而Lefeber[8]则采用基于级联系统理论的级联方法，将系统式(6.57)分解为位置跟踪和航向角跟踪两个相互级联的子系统，基于线性时变系统的稳定性定理和级联系统理论，证明了轨迹跟踪误差的全局一致渐近稳定性。

本节参考Lefeber采用的级联方法，并借鉴Jiang[22]在移动机器人轨迹跟踪控制研究中的方法，针对一类特定的参考航向角速度为常值的参考轨迹，利用反演技术设计全局一致渐近稳定的轨迹跟踪控制器。

定义

$$\boldsymbol{x}_1=[x_e \quad y_e \quad u_e \quad v_e]^{\mathrm{T}}$$

$$\boldsymbol{x}_2=[\psi_e \quad r_e]^{\mathrm{T}}$$

将轨迹跟踪误差式(6.57)和式(6.58)写作级联形式

$$\sum\nolimits_1:\begin{cases}\dot{x}_e=r_ey_e+r_dy_e+u_e+(1-\cos\psi_e)u_d-\sin\psi_ev_d\\ \dot{y}_e=-r_ex_e-r_dx_e+v_e+\sin\psi_eu_d+(1-\cos\psi_e)v_d\\ \dot{u}_e=\dfrac{m_{22}}{m_{11}}(v_er_e+v_er_d+v_dr_e)-\dfrac{d_{11}}{m_{11}}u_e+\dfrac{1}{m_{11}}(X-X_d)\\ \dot{v}_e=-\dfrac{m_{11}}{m_{22}}(u_er_e+u_er_d+u_dr_e)-\dfrac{d_{22}}{m_{22}}v_e\end{cases} \tag{6.59}$$

和

$$\sum\nolimits_2:\begin{cases}\dot{\psi}_e=r_e\\ \dot{r}_e=\dfrac{m_{11}-m_{22}}{m_{33}}(u_ev_e+u_ev_d+u_dv_e)-\dfrac{d_{33}}{m_{33}}r_e+\dfrac{1}{m_{33}}(N-N_d)\end{cases} \tag{6.60}$$

容易得到系统$\sum_1$的名义系统

$$\sum\nolimits_{1,n}:\begin{cases}\dot{x}_e=r_dy_e+u_e\\ \dot{y}_e=-r_dx_e+v_e\\ \dot{u}_e=\dfrac{m_{22}}{m_{11}}v_er_d-\dfrac{d_{11}}{m_{11}}u_e+\dfrac{1}{m_{11}}(X-X_d)\\ \dot{v}_e=-\dfrac{m_{11}}{m_{22}}u_er_d-\dfrac{d_{22}}{m_{22}}v_e\end{cases} \tag{6.61}$$

及关联项

$$\boldsymbol{g}(\boldsymbol{x}_1,\boldsymbol{x}_2)\boldsymbol{x}_2=\begin{bmatrix}\dfrac{1-\cos\psi_e}{\psi_e}u_d-\dfrac{\sin\psi_e}{\psi_e}v_d & y_e\\ \dfrac{\sin\psi_e}{\psi_e}u_d+\dfrac{1-\cos\psi_e}{\psi_e}v_d & -x_e\\ 0 & \dfrac{m_{22}}{m_{11}}(v_e+v_d)\\ 0 & -\dfrac{m_{11}}{m_{22}}(u_e+u_d)\end{bmatrix}\begin{bmatrix}\psi_e\\ r_e\end{bmatrix}\tag{6.62}$$

设计的第一步是寻找控制输入 X 使名义系统式(6.61) 全局一致渐近稳定。可以看到$\{x_e,u_e\}$是直接驱动的，基于反演设计用一个输入实现多个变量的同时稳定。但是侧向跟踪误差 y_e 既受x_e的耦合作用(这是反演设计的基础)，同时也包含欠驱动的 v_e。因此必须充分利用 v_e 自身的稳定特性，寻找使系统全局一致渐近稳定的参数条件，而 v_e 动态特性中与u_e和r_e的非线性耦合因素大大增加了设计的难度。

首先从 y_e 开始，以 x_e 为虚拟控制输入，寻找使 y_e 渐近稳定的稳定函数

$$\alpha_{x_e}=k_1r_dy_e\tag{6.63}$$

及跟踪误差

$$z_{x_e}=x_e-\alpha_{x_e}=x_e-k_1r_dy_e\tag{6.64}$$

定义 Lyapunov 函数

$$V_1=\frac{1}{2}y_e^2+\frac{1}{2}z_{x_e}^2+\frac{c_v}{2}v_e^2\tag{6.65}$$

其导数为

$$\begin{aligned}\dot{V}_1=&-r_dy_e(z_{x_e}+k_1r_dy_e)+y_ev_e-c_v\frac{m_{11}}{m_{22}}v_eu_er_d-c_v\frac{d_{22}}{m_{22}}v_e^2+\\&z_{x_e}(r_dy_e+u_e-k_1r_d(-r_d(z_{x_e}+k_1r_dy_e)+v_e)-k_1\dot{r}_dy_e)=\\&-k_1r_d^2y_e^2-c_v\frac{d_{22}}{m_{22}}v_e^2+k_1r_d^2z_{x_e}^2-c_v\frac{m_{11}}{m_{22}}v_eu_er_d+\\&z_{x_e}(u_e+k_1r_d^2k_1r_dy_e-k_1r_dv_e-k_1\dot{r}_dy_e)\end{aligned}\tag{6.66}$$

注意到式(6.66)中的耦合项$c_v\dfrac{m_{11}}{m_{22}}v_eu_er_d$，若选择速度跟踪误差$u_e$的镇定函数为

$$\alpha_{u_e}=z_{x_e}-(k_1r_d^2k_1r_dy_e-k_1r_dv_e-k_1\dot{r}_dy_e)\tag{6.67}$$

则在下一步反演设计中就会使 $c_v\dfrac{m_{11}}{m_{22}}v_e\alpha_{u_e}r_d$ 非常复杂，因此选择较为简单的镇定函数

$$\alpha_{u_e} = -k_2 z_{x_e} \tag{6.68}$$

及跟踪误差

$$z_{u_e} = u_e - \alpha_{u_e} = u_e + k_2 z_{x_e} \tag{6.69}$$

将式(6.69)代入式(6.66)

$$\begin{aligned}\dot{V}_1 = & -k_1 r_d^2 y_e^2 - c_v \frac{d_{22}}{m_{22}} v_e^2 - (k_2 - k_1 r_d^2) z_{x_e}^2 - c_v \frac{m_{11}}{m_{22}} v_e (z_{u_e} - k_2 z_{x_e}) r_d + \\ & z_{x_e} (z_{u_e} + k_1 r_d^2 k_1 r_d y_e - k_1 r_d v_e - k_1 \dot{r}_d y_e) = \\ & -k_1 r_d^2 y_e^2 - c_v \frac{d_{22}}{m_{22}} v_e^2 - (k_2 - k_1 r_d^2) z_{x_e}^2 + \\ & y_e v_e + r_d \left(c_v k_2 \frac{m_{11}}{m_{22}} - k_1 \right) v_e z_{x_e} + k_1 (k_1 r_d^3 - \dot{r}_d) y_e z_{x_e} + \\ & \left(z_{x_e} - c_v r_d \frac{m_{11}}{m_{22}} v_e \right) z_{u_e}\end{aligned} \tag{6.70}$$

定义新的 Lyapunov 函数

$$V_2 = V_1 + \frac{m_{11}}{2} z_{u_e}^2 \tag{6.71}$$

其导数为

$$\begin{aligned}\dot{V}_2 = & -k_1 r_d^2 y_e^2 - c_v \frac{d_{22}}{m_{22}} v_e^2 - (k_2 - k_1 r_d^2) z_{x_e}^2 + \\ & y_e v_e + r_d \left(c_v k_2 \frac{m_{11}}{m_{22}} - k_1 \right) v_e z_{x_e} + k_1 (k_1 r_d^3 - \dot{r}_d) y_e z_{x_e} + \\ & z_{u_e} \left(m_{22} v_e r_d - d_{11} u_e + (X - X_d) + m_{11} k_2 \dot{z}_{x_e} + \left(z_{x_e} - c_v r_d \frac{m_{11}}{m_{22}} v_e \right) \right)\end{aligned} \tag{6.72}$$

选择控制 X 为

$$X = -k_3 z_{u_e} - (m_{11} k_2 \dot{z}_{x_e} + m_{22} v_e r_d - d_{11} u_e) - \left(z_{x_e} - c_v r_d \frac{m_{11}}{m_{22}} v_e \right) + X_d \tag{6.73}$$

代入式(6.72)有

$$\begin{aligned}\dot{V}_2 = & -k_1 r_d^2 y_e^2 - c_v \frac{d_{22}}{m_{22}} v_e^2 - (k_2 - k_1 r_d^2) z_{x_e}^2 + y_e v_e + \\ & r_d \left(c_v k_2 \frac{m_{11}}{m_{22}} - k_1 \right) v_e z_{x_e} + k_1 (k_1 r_d^3 - \dot{r}_d) y_e z_{x_e} - k_3 z_{u_e}^2\end{aligned} \tag{6.74}$$

为了保证轨迹跟踪系统的稳定性,必须找到包括 c_v,k_1,k_2 在内的参数条件使不等式

$$\dot{V}_2 \leqslant 0 \tag{6.75}$$

成立。由于不等式(6.74)中包含三个变量 y_e,v_e 和 z_{x_e},难于求解参数条件,因此首先选取参数使

$$c_v k_2 \frac{m_{11}}{m_{22}} - k_1 = 0 \tag{6.76}$$

即

$$k_2 = k_1 \frac{m_{22}}{c_v m_{11}} \tag{6.77}$$

并假设参考角速度为非零的常值,$\dot{r}_d = 0$,即

$$\frac{m_{11} - m_{22}}{m_{33}} u_d v_d - \frac{d_{33}}{m_{33}} r_d + \frac{1}{m_{33}} N_d = 0 \tag{6.78}$$

不等式(6.75)简化为

$$\dot{V}_2 \leqslant - k_1 r_d^2 y_e^2 - c_v \frac{d_{22}}{m_{22}} v_e^2 - k_1 \left(\frac{m_{22}}{c_v m_{11}} - r_d^2 \right) z_{x_e}^2 + y_e v_e + k_1^2 r_d^3 y_e z_{x_e} - k_3 z_{u_e}^2 \tag{6.79}$$

为使$\frac{m_{22}}{c_v m_{11}} > r_d^2$,参数 c_v 应满足

$$c_v < \frac{m_{22}}{m_{11} r_d^2} \tag{6.80}$$

考虑到

$$- c_v \frac{d_{22}}{m_{22}} v_e^2 + y_e v_e \leqslant \frac{m_{22}}{4 c_v d_{22}} y_e^2 \tag{6.81}$$

及

$$- k_1 \left(\frac{m_{22}}{c_v m_{11}} - r_d^2 \right) z_{x_e}^2 + k_1^2 r_d^3 y_e z_{x_e} \leqslant \frac{k_1^4 r_d^6}{4 k_1 \left(\frac{m_{22}}{c_v m_{11}} - r_d^2 \right)} y_e^2 \tag{6.82}$$

因此,为保证 $\dot{V}_2 \leqslant 0$,参数应满足

$$k_1 r_d^2 > \frac{m_{22}}{4 c_v d_{22}} + \frac{k_1^3 r_d^6}{4 \left(\frac{m_{22}}{c_v m_{11}} - r_d^2 \right)} \tag{6.83}$$

考虑到不等式(6.80)不妨令

$$c_v = \frac{m_{22}}{(\lambda + 1) m_{11} r_d^2} \tag{6.84}$$

其中,$\lambda > 0$。代入式(6.83)得到

$$k_1 > \frac{m_{11} (\lambda + 1)}{4 d_{22}} + \frac{k_1^3 r_d^2}{4 \lambda} \tag{6.85}$$

不等式(6.85)可转化为，若 k_1 满足

$$k_1 > \frac{1}{4}\min_{\lambda>0}\left\{\frac{\lambda m_{11}}{d_{22}} + \frac{k_1^3 r_d^2}{\lambda}\right\} + \frac{m_{11}}{4d_{22}} \tag{6.86}$$

则存在 λ 即 c_v 使不等式(6.85)成立。

考虑到

$$\frac{\lambda m_{11}}{d_{22}} + \frac{k_1^3 r_d^2}{\lambda} \geqslant 2|r_d|k_1^{3/2}\sqrt{\frac{m_{11}}{d_{22}}} \tag{6.87}$$

即若满足

$$k_1 - \frac{1}{2}|r_d|k_1^{3/2}\sqrt{\frac{m_{11}}{d_{22}}} > \frac{m_{11}}{4d_{22}} \tag{6.88}$$

可保证存在 λ 使不等式式(6.85)成立。不妨取使式(6.87)等号成立的

$$\lambda = |r_d|\sqrt{\frac{k_1^3 d_{22}}{m_{11}}} \tag{6.89}$$

为使不等式(6.88)有解，参考航向角速度 r_d 应满足

$$\max_{k_1>0}\left(k_1 - \frac{1}{2}|r_d|k_1^{3/2}\sqrt{\frac{m_{11}}{d_{22}}}\right) > \frac{m_{11}}{4d_{22}} \tag{6.90}$$

显然，函数 $f(k_1)=k_1 - \frac{1}{2}|r_d|k_1^{3/2}\sqrt{\frac{m_{11}}{d_{22}}}$ 在区间 $\left(0,\frac{4r_d^2 d_{22}}{m_{11}}\right)$ 内存在极值点

$$\partial\left(k_1 - \frac{1}{2}|r_d|k_1^{3/2}\sqrt{\frac{m_{11}}{d_{22}}}\right)/\partial k_1 = 1 - \frac{3}{4}|r_d|\sqrt{\frac{m_{11}}{d_{22}}}\sqrt{k_1} = 0 \tag{6.91}$$

此时，

$$k_1^{\dagger} = \left(\frac{4}{3r_d}\right)^2 \frac{d_{22}}{m_{11}} \tag{6.92}$$

代入不等式(6.88)

$$\max_{k_1>0}\left(k_1 - \frac{1}{2}|r_d|k_1^{3/2}\sqrt{\frac{m_{11}}{d_{22}}}\right) = \frac{16}{27r_d^2}\frac{d_{22}}{m_{11}} > \frac{m_{11}}{4d_{22}} \tag{6.93}$$

即

$$|r_d| < \frac{8}{3\sqrt{3}}\frac{d_{22}}{m_{11}} \tag{6.94}$$

考虑到一般情况下，侧向阻尼系数 $d_{22} > m_{11}$，当依据不等式(6.94)选择较小的参考航向角速度 r_d 时，可以很容易地选择参数 k_1 满足不等式(6.88)。

综合上面的推导，得到下面的定理。

定理 6.7 在参考轨迹式(6.48)和式(6.49)的常值航向角速度 r_d 满足不等式(6.94)时，按式(6.88)和式(6.77)选择参数 k_1，k_2，轨迹跟踪误差式(6.61)在式(6.73)的控制下全局一致渐近稳定。

证明　由推导过程知，Lyapunov 函数式(6.71) 正定且径向无界，其导数式(6.74) 在参考轨迹式(6.48) 和式(6.49) 的常值航向角速度 r_d 满足不等式(6.94)，参数 k_1，k_2 满足式(6.88) 和式(6.77) 的条件时，在式(6.73) 的控制下是负定的，因此轨迹跟踪误差式(6.61) 全局一致渐近稳定。

研究系统式(6.60)，基于反馈线性化方法简单地选择控制

$$N = -m_{33}(k_4\psi_e + k_5 r_e) - ((m_{11} - m_{22})(u_e v_e + u_e v_d + u_d v_e) - d_{33} r_e) + N_d \tag{6.95}$$

其中，控制参数 $k_4 > 0$，$k_5 > 0$，使航向角跟踪误差全局指数稳定。

有下面的结论：

定理 6.8　在参考轨迹式(6.48) 和式(6.49) 的常值航向角速度 r_d 满足不等式(6.94) 时，按式(6.88)、式(6.77) 选择参数 k_1，k_2，欠驱动 UUV 的轨迹跟踪误差式(6.59) 和式(6.60)，在式(6.73) 和式(6.95) 的控制下全局一致渐近稳定。

证明　验证定理 6.3 中的假设条件。

(1) 在上述条件下，名义系统式(6.61) 全局渐近稳定，并且正定 Lyapunov 函数

$$V_2 = \frac{1}{2}y_e^2 + \frac{1}{2}(x_e - k_1 r_d y_e)^2 + \frac{c_v}{2}v_e^2 + \frac{m_{11}}{2}(u_e + k_2(x_e - k_1 r_d y_e))^2 \tag{6.96}$$

在控制律式(6.73) 作用下，有 $\dot{V}_2 \leqslant 0$，$\forall \|\boldsymbol{x}_1\| \geqslant 0$。

其偏导数

$$\frac{\partial V_2}{\partial x_1} = \begin{bmatrix} (x_e - k_1 r_d y_e) + m_{11}k_2(u_e + k_2(x_e - k_1 r_d y_e)) \\ y_e - k_1 r_d(x_e - k_1 r_d y_e) - m_{11}k_2 k_1 r_d(u_e + k_2(x_e - k_1 r_d y_e)) \\ c_v v_e \\ m_{11}(u_e + k_2(x_e - k_1 r_d y_e)) \end{bmatrix} \tag{6.97}$$

由不等式

$$\begin{gathered}(a+b)^2 \leqslant 2a^2 + 2b^2 \\ (a+b+c)^2 \leqslant 3a^2 + 3b^2 + 3c^2\end{gathered} \tag{6.98}$$

得到

$$\begin{aligned}\left\|\frac{\partial V_2}{\partial x_1}\right\|^2 \leqslant\ & 3y_e^2 + (2 + 3(k_1 r_d)^2)(x_e - k_1 r_d y_e)^2 + c_v^2 v_e^2 + \\ & (2(m_{11}k_2)^2 + 3(m_{11}k_2 k_1 r_d)^2 + m_{11}^2) \\ & (u_e + k_2(x_e - k_1 r_d y_e))^2 \leqslant 2c_1 V_2\end{aligned} \tag{6.99}$$

式中,$c_1 = \max\{3, (2+3(k_1 r_d)^2), c_v, (2(m_{11}k_2)^2 + 3(m_{11}k_2k_1r_d)^2 + m_{11}^2)/m_{11}\}$。

同时,

$$\begin{aligned}\|\boldsymbol{x}_1\|^2 = &((x_e - k_1 r_d y_e) + k_1 r_d y_e)^2 + y_e^2 + \\ &((u_e + k_2(x_e - k_1 r_d y_e)) - k_2(x_e - k_1 r_d y_e))^2 + v_e^2 \leqslant \\ &(2+2k_2^2)(x_e - k_1 r_d y_e)^2 + (2(k_1 r_d)^2 + 1)y_e^2 + \\ &2(u_e + k_2(x_e - k_1 r_d y_e))^2 + v_e^2 \leqslant 2c_2 V_2\end{aligned} \tag{6.100}$$

式中,$c_2 = \max\{(2(k_1 r_d)^2 + 1), (2+2k_2^2), 1/c_v, 2/m_{11}\}$。

于是

$$\left\|\frac{\partial V_2}{\partial \boldsymbol{x}_1}\right\| \|\boldsymbol{x}_1\| \leqslant \frac{1}{2}\left(\left\|\frac{\partial V_2}{\partial \boldsymbol{x}_1}\right\|^2 + \|\boldsymbol{x}_1\|^2\right) \leqslant (c_1 + c_2)V_2 \tag{6.101}$$

V_2 显然满足定理 6.3 中的假设 1,其中参数 $c \geqslant c_1 + c_2, \eta \geqslant 0$。

(2) 关联项式(6.62) 满足

$$\|\boldsymbol{g}(t, \boldsymbol{x}_1, \boldsymbol{x}_2)\| \leqslant \left\|\begin{bmatrix} \dfrac{1-\cos\psi_e}{\psi_e}u_d - \dfrac{\sin\psi_e}{\psi_e}v_d & 0 \\ \dfrac{\sin\psi_e}{\psi_e}u_d + \dfrac{1-\cos\psi_e}{\psi_e}v_d & 0 \\ 0 & \dfrac{m_{22}}{m_{11}}v_d \\ 0 & -\dfrac{m_{11}}{m_{22}}u_d \end{bmatrix}\right\| + \left\|\begin{bmatrix} 0 & y_e \\ 0 & -x_e \\ 0 & \dfrac{m_{22}}{m_{11}}v_e \\ 0 & -\dfrac{m_{11}}{m_{22}}u_e \end{bmatrix}\right\| \tag{6.102}$$

函数$\dfrac{\sin\psi_e}{\psi_e}$和$\dfrac{1-\cos\psi_e}{\psi_e}$在 $\psi_e = 0$ 处是连续的[8],并且

$$\left|\frac{\sin\psi_e}{\psi_e}\right| \leqslant 1, \left|\frac{1-\cos\psi_e}{\psi_e}\right| \leqslant \frac{2}{\pi} \tag{6.103}$$

而参考轨迹是有界的,显然式(6.102) 满足定理 6.3 中的假设 2,即

$$\|\boldsymbol{g}(t, \boldsymbol{x}_1, \boldsymbol{x}_2)\| \leqslant \theta_1(\|\boldsymbol{x}_2\|) + \theta_2(\|\boldsymbol{x}_2\|)\|\boldsymbol{x}_1\|, \quad \forall t \geqslant t_0 \tag{6.104}$$

式中,$\theta_1(\|\boldsymbol{x}_2\|)$,$\theta_2(\|\boldsymbol{x}_2\|)$ 均为常值。

(3) 系统 $\sum_2$ 式(6.60) 在控制式(6.95) 作用下全局指数稳定,假设 3 满足。

根据定理 6.3,轨迹跟踪误差全局一致渐近稳定。

6.3.3 仿真研究

采用 REMUS UUV 进行轨迹跟踪控制的仿真研究。首先选择满足不等式

(6.94) 的参考航向角速度 r_d，REMUS 的参数中

$$m_{11} = m - X_{\dot{u}} = 31.43\ \text{kg}, \quad d_{22} = -Y_v = 262\ \text{kg/s}$$

因此要求 r_d 为小于 $\dfrac{8}{3\sqrt{3}}\dfrac{d_{22}}{m_{11}} = 12.83\ \text{rad/s}$ 的常数。可见，参考航向角速度条件式(6.94) 是十分宽松的。

仿真中取 $r_d = 0.05\ \text{rad/s}$，此时控制参数 $k_1 = 1$ 显然满足不等式(6.88)。依据式(6.89)、式(6.84) 和式(6.77)，得到 $\lambda = 0.144$，$k_2 = 0.002\,86$。其余控制参数为，$k_3 = 10$，$k_4 = 1$，$k_5 = 1$。参考 UUV 的初始状态为

$$x_d(0) = 0, \quad y_d(0) = 0, \quad \psi_d(0) = 0, \quad u_d(0) = 5, \quad v_d(0) = 0, \quad r_d(0) = 0.05$$

这里选择虚拟前向力使得 $\dot{u}_d = 0$，即 u_d 为常值。真实 UUV 的初始状态为

$$x(0) = 20, \quad y(0) = 20, \quad \psi(0) = 0, \quad u(0) = 0, \quad v(0) = 0, \quad r(0) = 0$$

仿真结果如图 6-6 ～ 图 6-8 所示。

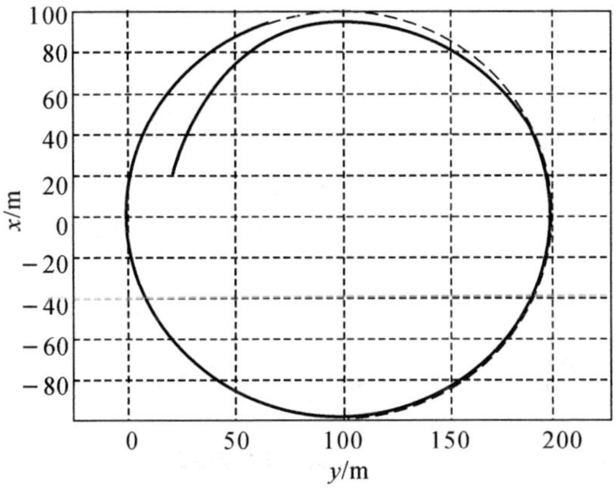

图 6-6　UUV 运动轨迹(虚线为参考 UUV 轨迹)

从图中可以看到，本章提出的基于级联方法的欠驱动 UUV 轨迹跟踪控制器是有效的，轨迹跟踪误差渐近收敛到零。其中，参数 k_3 虽然不影响系统的稳定性，但对闭环系统的性能有很大影响，通过选择不同的参数进行仿真发现，当 k_3 较小时，系统表现出较大的振荡。另外，受轨迹跟踪控制参数条件的制约，位置跟踪误差的稳定时间较长，而相对独立的航向角跟踪则可以很容易地获得较好的跟踪性能。

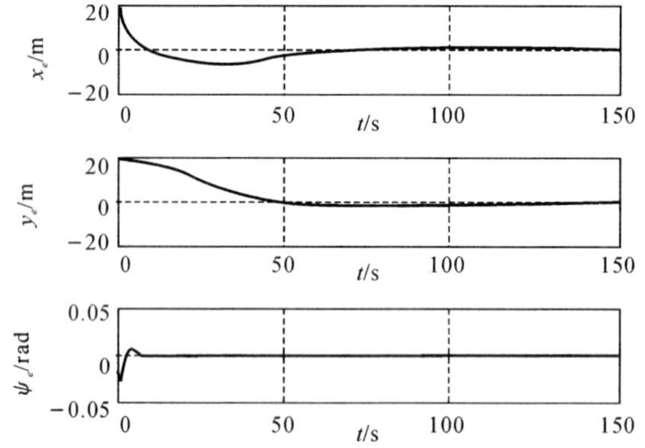

图 6－7　广义坐标轨迹跟踪误差

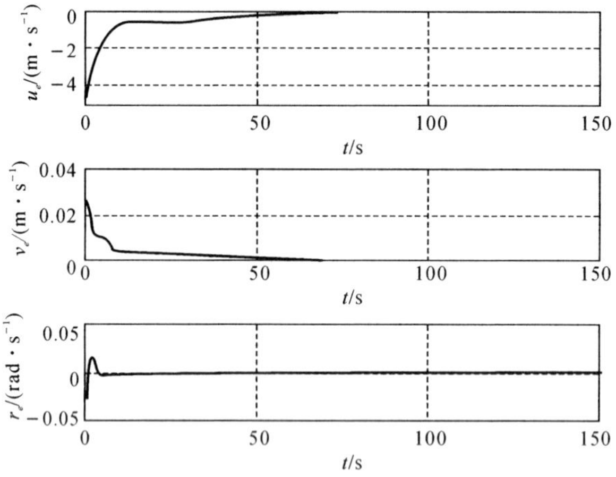

图 6－8　广义速度轨迹跟踪误差

6.4　本章小结

本章首先介绍了近年来发展的非自治级联系统理论，并讨论了基于级联系统稳定性定理的级联设计方法，以及与反演设计相结合的级联-反演方法。基于级联方法分别研究了非完整约束和欠驱动约束下的 UUV 水平面轨迹跟踪问题。由于欠驱动 UUV 轨迹跟踪问题的复杂性，这里考虑了一类参考角速度为非零常值的参考轨迹，采用 Lyapunov 直接法设计位置跟踪系统的全局一致渐近跟踪控制器，并证明了轨迹跟踪误差的全局一致渐近稳定性。仿真研究结果验证了轨迹跟踪控制的有效性。

参 考 文 献

[1] 赖旭芝，佘锦华，吴敏. 欠驱动机械系统控制. 北京：科学出版社，2013.

[2] Do K D, Pan J. Control of Ships and Underwater Vehicles: Design for Underactuated and Nonlinear Marine Systems. Springer Science & Business Media, 2009.

[3] Sontag E D. Remarks on Stabilization and Input - to - state Stability. Proceedings of the 28th IEEE Conference on Decision and Control, 1989: 3414 - 3416.

[4] Sontag E D. Smooth Stabilization Implies Coprime Factorization. IEEE Transactions on Automatic Control, 1989, 34(4), 435 - 443.

[5] Sontag E D. Further Facts about Input to State Stabilization, IEEE Transactions on Automatic Control, 1990, 35: 473 - 476.

[6] Lozano R, Brogliato B, Landau I D. Passivity and Global Stabilization of Cascaded Nonlinear Systems. IEEE Transactions on Automatic Control. 1992, 37: 1386 - 1389.

[7] Ortega R. Passivity Properties for Stabilization of Nonlinear Cascaded Systems. Automatica, 1991, 29: 423 - 424.

[8] Lefeber E. Tracking Control of Nnonlinear Mechanical Systems[D]. Thesis, University of Twente, 2000.

[9] Sontag E D. The ISS Philosophy as a Unifying Framework for Stability - like Behavior. Nonlinear Control in the Year 2000, Vol. 2 of Lecture Notes in Control and Information Sciences, Berlin: Springer - Verlag, 2000: 443 - 468.

[10] Khalil H K. Nonlinear Systems, 3rd Edition. New Jersey: Prentice - Hall, 2002.

[11] Panteley E. Global Uniform Asymptotic Stability of Cascade Time - varying Nonlinear Systems: Case Study. Proceedings of the 35th Conference on Decision and Control, 1996: 590 - 591.

[12] Panteley E, Loría A. On Global Uniform Asymptotic Stability of Non Linear Time - varying Non Autonomous Systems in Cascade. Systems and Control Letters, 1998,33(2):131 - 138.

[13] Panteley E, Ortega R. Cascaded Control of Feedback Interconnected Systems: Application to Robots with AC Drives. Automatica, 1997, 33 (11): 1935 - 1947.

[14] Panteley E, Loría A, Sokolov A. Global Uniform Asymptotic Stability of Nonlinear Nonautonomous Systems: Application to a Turbo - diesel Engine. European Journal of Control, 1999, 5: 107 - 115.

[15] Panteley E, Lefeber E, Loría A, et al. Exponential Tracking Control of a Mobile Car Using a Cascaded Approach. Proceedings of the IFAC Workshop on Motion Control, 1998: 221 - 226.

[16] Børhaug E. Cross - Track Maneuvering and Way - Point Tracking Control of Underactuated AUVs in Particular and Mechanical Systems in General. MS. Thesis, Norwegian University of Science Technology, 2005.

[17] Børhaug E, Pavlov A, Pettersen K Y. Cross - track Formation Control of Underactutated Autonomous Underwater Vehicles. Group Coordination and Cooperative Control, in 'Lecture Notes in Control and Information Sciences',Berlin Heidelberg: Springer - Verlag, 2006, 3: 35 - 54.

[18] 高剑，严卫生，徐德民，等. 基于级联系统理论的移动机器人轨迹跟踪控制. Proceedings of the 8th World Congress on Intelligent Control and Automation, 2010: 6433 - 6436.

[19] 高剑，徐德民，严卫生，等. 欠驱动自主水下航行器轨迹跟踪控制. 西北工业大学学报，2010，28(3)：404 - 408.

[20] Dong W, Guo Y. Nonlinear Tracking Control of Underactuated Surface Vessel. Proceedings of American Control Conference, 2005: 4351 - 4356.

[21] Do K D, Jiang Z P, Pan J, Underactuated Ship Global Tracking under Relaxed Conditions. IEEE Transactions on Automatic Control, 2002, 47 (12): 1529 - 1536.

[22] Jiang Z P, Nijmeijer H. Tracking Control of Mobile Robots: a Case Study in Backstepping. Automatica, 1997, 33: 1393 - 1399.

第7章　欠驱动UUV直线航迹跟踪控制

工程实践中，用多个航路点描述期望航路是最常见的一种UUV航路规划与跟踪控制方法[1]。实现UUV的航路点跟踪有以下两种方法：

1. 视线导引法

视线(Line－of－Sight，LOS)导引法通过施加偏航力矩，使UUV的航向角跟踪从当前位置指向目标航路点的视线方向，使UUV向航路点运动，从而将航路点跟踪控制转换为航向控制，并将前向速度控制从位置控制中分离出来。LOS法最早应用于导弹的制导控制中，由于其简单、有效，在无人机等其他运载器领域也得到了广泛应用。Aguiar[2]，Breivik[3-4]，Pettersen[5]，Børhaug[6]等人研究了UUV和水面船舶的LOS航路点跟踪控制问题。LOS法不考虑与期望航线的偏离，因此在有初始位置偏差和海流等外部常值扰动时，最终运动轨迹会偏离期望的连接两个航路点的直线，降低航路跟踪精度。

2. 直线航迹跟踪

直线航迹跟踪，又称为横向跟踪机动(Cross－Track Maneuvering)，是另一种实现航路点跟踪的重要形式，它以与期望航线的距离为误差变量，通过跟踪控制保证UUV精确地沿期望航迹运动，这一点对于精确测量任务尤为重要。

由于欠驱动UUV仅依靠偏航力矩N和俯仰力矩M进行运动控制，因此在进行跟踪控制设计时，必须考虑欠驱动的侧向速度v和垂向速度w对跟踪误差的影响。同时，v和w的动态特性与前向速度u及俯仰角速度q、航向角速度r之间存在非线性耦合，需要充分利用其自身固有的阻尼特性来保证跟踪系统的全局渐近稳定性，这具有很大难度。

国外的Indiveri[7-8]，Børhaug[9-10]，Do[11]等人在欠驱动速度满足一定假设条件的基础上，研究了UUV的二维和空间直线跟踪控制问题；国内的李铁山[12-13]、周岗[14-15]等人采用鲁棒自适应控制和输入输出线性化方法研究了欠驱动船舶的直线跟踪控制问题。

本章采用第6章所提出的级联系统理论，研究了欠驱动UUV的水平面直线航迹跟踪控制和3维直线航迹跟踪控制问题，证明了直线航迹跟踪的全局$\mathcal{K}$指数稳定性，并采用基于图论的信息一致性算法，通过调节前向速度实现了UUV的编队直线跟踪控制。

7.1 UUV水平面直线航迹跟踪控制

本节研究欠驱动UUV的水平面直线航迹跟踪控制问题，采用第6章中提出的级联-反演方法，选择期望的航向角，将系统分解为包含侧向速度的横向跟踪和航向角跟踪两个级联系统。采用Lyapunov直接法证明当控制参数满足一定条件时，横向跟踪误差的名义系统是全局$\mathcal{K}$指数稳定的，再设计偏航力矩使航向角跟踪误差全局指数稳定，从而基于级联系统理论证明了水平面直线航迹跟踪的全局$\mathcal{K}$指数稳定性[16]。

7.1.1 问题描述

选择期望的直线航迹为地面坐标系的x轴，y轴与x轴垂直向右。直线航迹跟踪误差可用坐标y描述，称为横向跟踪误差(Cross-Track Error)。假定UUV具有良好的速度控制，前向速度$u_c>0$为一常值，欠驱动UUV的水平面运动模型可以描述为

$$\left.\begin{aligned}
\dot{y}&=u_c\sin\psi+v\cos\psi\\
\dot{v}&=-\frac{m_{11}}{m_{22}}u_c r-\frac{d_{22}}{m_{22}}v\\
\dot{\psi}&=r\\
\dot{r}&=\frac{m_{11}-m_{22}}{m_{33}}u_c v-\frac{d_{33}}{m_{33}}r+\frac{1}{m_{33}}N
\end{aligned}\right\}\tag{7.1}$$

式中，参数$m_{11},m_{22},m_{33},d_{22},d_{33}$的定义与第6章相同。

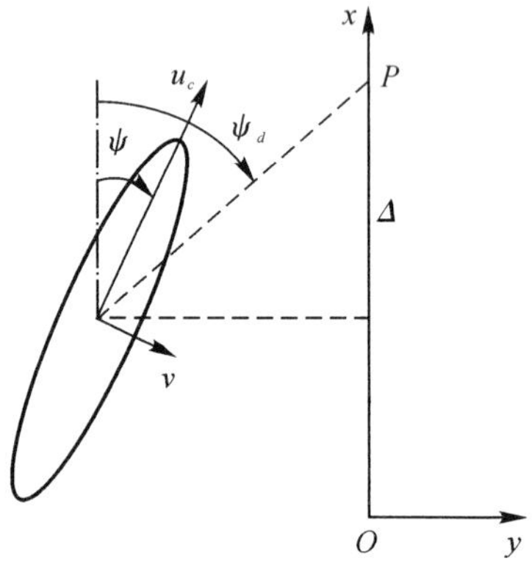

图7-1 欠驱动UUV的直线航迹跟踪

欠驱动UUV的水平面直线航迹跟踪如图7-1所示。直线航迹跟踪控制的目标是，UUV从任意初始状态出发，设计偏航力矩N使跟踪误差y渐近收敛到零。

7.1.2　直线航迹跟踪控制的级联-反演设计

研究系统模型式(7.1)，航向角 ψ 可以看作是横向跟踪误差 y 的虚拟控制，选择期望的航向角

$$\psi_d = -\arctan(k_1 y) \tag{7.2}$$

显然，$\psi_d \in (-\pi/2, \pi/2)$。定义相应的参考航向角速度

$$r_d \overset{\text{def}}{=\!=} \dot{\psi}_d = -k_1 \cos^2\psi_d (u_c \sin\psi + v\cos\psi) \tag{7.3}$$

参考航向角 ψ_d 式(7.2)可以看作是 UUV 以 x 轴上前方 $\Delta = 1/k_1$ 处点 P 为瞄准点的一种视线导引法。

定义航向角跟踪误差及航向角速度跟踪误差

$$\psi_e \overset{\text{def}}{=\!=} \psi - \psi_d \tag{7.4}$$

$$r_e \overset{\text{def}}{=\!=} r - r_d = \dot{\psi}_e \tag{7.5}$$

对式(7.5)求导有

$$\dot{r}_e = \frac{m_{11} - m_{22}}{m_{33}} uv - \frac{d_{33}}{m_{33}} r + \frac{1}{m_{33}} N - \ddot{\psi}_d \tag{7.6}$$

对于 $\omega_d, \omega_e \in \mathbf{R}$ 有下面的等式，

$$\sin(\omega_d + \omega_e) = \sin\omega_d + \omega_e \int_0^1 \cos(\omega_d + s\omega_e)\,\mathrm{d}s = \sin\omega_d + \omega_e \eta_c(\omega_d, \omega_e) \tag{7.7}$$

$$\cos(\omega_d + \omega_e) = \cos\omega_d - \omega_e \int_0^1 \sin(\omega_d + s\omega_e)\,\mathrm{d}s = \cos\omega_d + \omega_e \eta_s(\omega_d, \omega_e) \tag{7.8}$$

式中，$\eta_c(\omega_d, \omega_e) = \int_0^1 \cos(\omega_d + s\omega_e)\,\mathrm{d}s$，$\eta_s(\omega_d, \omega_e) = -\omega_e \int_0^1 \sin(\omega_d + s\omega_e)\,\mathrm{d}s$。显然，$|\eta_c(\omega_d, \omega_e)| < 1$，$|\eta_s(\omega_d, \omega_e)| < 1$。

将式(7.4)、式(7.5)、式(7.7)和式(7.8)代入系统式(7.1)的前 2 个方程得到

$$\dot{y} = u_c \sin\psi_d + \cos\psi_d v + (u_c \eta_c + v\eta_s)\psi_e = u_c \sin\psi_d + \cos\psi_d v + g_{y,\psi_e}\psi_e \tag{7.9}$$

$$\dot{v} = -\left(\frac{d_{22}}{m_{22}} - \frac{m_{11}}{m_{22}} u_c k_1 \cos^3\psi_d\right) v + \frac{m_{11}}{m_{22}} u_c^2 k_1 \cos^2\psi_d \sin\psi_d +$$

$$\frac{m_{11}}{m_{22}} u_c k_1 \cos^2\psi_d (u_c \eta_c + v\eta_s)\psi_e - \frac{m_{11}}{m_{22}} u_c r_e =$$

$$-\left(\frac{d_{22}}{m_{22}}-\frac{m_{11}}{m_{22}}u_c k_1\cos^3\psi_d\right)v+\frac{m_{11}}{m_{22}}u_c^2 k_1\cos^2\psi_d\sin\psi_d+g_{v,\psi_e}\psi_e+g_{v,r_e}r_e \tag{7.10}$$

式中，

$$g_{y,\psi_e}=u_c\eta_c+v\eta_s$$

$$g_{v,\psi_e}=\frac{m_{11}}{m_{22}}u_c k_1\cos^2\psi_d(u_c\eta_c+v\eta_s)$$

$$g_{v,r_e}=-\frac{m_{11}}{m_{22}}u_c$$

令 $\boldsymbol{x}_1=[y\quad v]^{\mathrm{T}}$，$\boldsymbol{x}_2=[\psi_e\quad r_e]^{\mathrm{T}}$，$\boldsymbol{u}=N$，系统式(7.1)可以写作下面的级联形式：

$$\sum\nolimits_1:\dot{\boldsymbol{x}}_1=\boldsymbol{f}_1(\boldsymbol{x}_1)+\boldsymbol{g}(\boldsymbol{x}_1,\boldsymbol{x}_2)\boldsymbol{x}_2 \tag{7.11}$$

$$\sum\nolimits_2:\dot{\boldsymbol{x}}_2=\boldsymbol{f}_2(\boldsymbol{x}_2,\boldsymbol{u}) \tag{7.12}$$

式中，

$$\boldsymbol{f}_1(\boldsymbol{x}_1)=\begin{bmatrix} u_c\sin\psi_d+\cos\psi_d v \\ -\left(\dfrac{d_{22}}{m_{22}}-\dfrac{m_{11}}{m_{22}}u_c k_1\cos^3\psi_d\right)v+\dfrac{m_{11}}{m_{22}}u_c^2 k_1\cos^2\psi_d\sin\psi_d \end{bmatrix}$$

$$\boldsymbol{g}(\boldsymbol{x}_1,\boldsymbol{x}_2)=\begin{bmatrix} g_{y,\psi_e} & 0 \\ g_{v,\psi_e} & g_{v,r_e} \end{bmatrix}$$

$$\boldsymbol{f}_2(\boldsymbol{x}_2,\boldsymbol{u})=\begin{bmatrix} r_e \\ \dfrac{m_{11}-m_{22}}{m_{33}}uv-\dfrac{d_{33}}{m_{33}}r+\dfrac{1}{m_{33}}N-\dot{\psi}_d \end{bmatrix}$$

首先研究名义系统

$$\sum\nolimits_{1,n}:\dot{\boldsymbol{x}}_1=\boldsymbol{f}_1(\boldsymbol{x}_1) \tag{7.13}$$

的全局渐近稳定性。

取 Lyapunov 函数

$$V(\boldsymbol{x}_1)=\frac{\lambda}{2}y^2+\frac{1}{2}v^2 \tag{7.14}$$

其中，$\lambda>0$。对式(7.14)求导并将

$$\sin\psi_d=\frac{-k_1 y}{\sqrt{1+(k_1 y)^2}},\quad \cos\psi_d=\frac{1}{\sqrt{1+(k_1 y)^2}}$$

代入得到

$$\dot{V}(\boldsymbol{x}_1)=\lambda y\left(\frac{-u_c k_1 y}{\sqrt{1+(k_1 y)^2}}+\frac{v}{\sqrt{1+(k_1 y)^2}}\right)+$$
$$v\left(-\frac{d_{22}}{m_{22}}v+\frac{m_{11}}{m_{22}}u_c\frac{k_1}{1+(k_1 y)^2}\left(\frac{-u_c k_1 y}{\sqrt{1+(k_1 y)^2}}+\frac{v}{\sqrt{1+(k_1 y)^2}}\right)\right)=$$
$$-\frac{u_c k_1\lambda y^2}{2\sqrt{1+(k_1 y)^2}}-\frac{d_{22}}{2m_{22}}v^2-$$
$$\frac{u_c k_1\lambda y^2}{2\sqrt{1+(k_1 y)^2}}-\left(\frac{d_{22}}{2m_{22}}-\frac{m_{11}}{m_{22}}\frac{u_c k_1}{(1+(k_1 y)^2)^{3/2}}\right)v^2+$$
$$\frac{yv}{\sqrt{1+(k_1 y)^2}}\left(\lambda-\frac{m_{11}}{m_{22}}\frac{u_c^2 k_1^2}{1+(k_1 y)^2}\right)\tag{7.15}$$

为保证名义系统的稳定性，应选择合适控制参数 k_1，λ 使 $\dot{V}$ 负定。

首先为满足$\dfrac{d_{22}}{2m_{22}}-\dfrac{m_{11}}{m_{22}}\dfrac{u_c k_1}{(1+(k_1 y)^2)^{3/2}}>0$，选择

$$k_1<\frac{d_{22}}{2u_c m_{11}}\tag{7.16}$$

同时不妨选择 λ 满足

$$\lambda>\frac{m_{11}}{m_{22}}u_c^2 k_1^2\tag{7.17}$$

并且考虑到$\dfrac{1}{\sqrt{1+(k_1 y)^2}}\geqslant\dfrac{1}{1+(k_1 y)^2}$，有

$$\dot{V}(\boldsymbol{x}_1)\leqslant-\frac{u_c k_1\lambda y^2}{2\sqrt{1+(k_1 y)^2}}-\frac{d_{22}}{2m_{22}}v^2-\frac{u_c k_1\lambda}{2}\left(\frac{y^2}{\sqrt{1+(k_1 y)^2}}\right)^2-$$
$$\left(\frac{d_{22}}{2m_{22}}-\frac{m_{11}}{m_{22}}u_c k_1\right)v^2+\frac{\lambda|y||v|}{\sqrt{1+(k_1 y)^2}}\tag{7.18}$$

为使

$$-\frac{u_c k_1\lambda}{2}\left(\frac{y^2}{\sqrt{1+(k_1 y)^2}}\right)^2-\left(\frac{d_{22}}{2m_{22}}-\frac{m_{11}}{m_{22}}u_c k_1\right)v^2+\frac{\lambda|y||v|}{\sqrt{1+(k_1 y)^2}}\leqslant 0\tag{7.19}$$

应满足

$$\frac{u_c k_1\lambda}{2}\left(\frac{d_{22}}{2m_{22}}-\frac{m_{11}}{m_{22}}u_c k_1\right)>\frac{1}{4}\lambda^2\tag{7.20}$$

即

$$u_c k_1\left(\frac{d_{22}}{m_{22}}-\frac{2m_{11}}{m_{22}}u_c k_1\right)>\lambda\tag{7.21}$$

考虑不等式(7.17),为保证 λ 存在应满足

$$u_c k_1 \left(\frac{d_{22}}{m_{22}} - \frac{2m_{11}}{m_{22}} u_c k_1 \right) > \frac{m_{11}}{m_{22}} u_c^2 k_1^2 \tag{7.22}$$

解得

$$k_1 < \frac{d_{22}}{3u_c m_{11}} \tag{7.23}$$

不等式(7.16) 同时满足。

满足不等式(7.23) 时,存在 $\lambda > 0$ 使不等式(7.19) 成立,于是有

$$\dot{V}(\boldsymbol{x}_1) \leqslant -\frac{u_c k_1 \lambda}{2\sqrt{1+(k_1 y)^2}} y^2 - \frac{d_{22}}{2m_{22}} v^2 \tag{7.24}$$

不等式(7.23) 可以理解为,为保证直线跟踪的稳定性,UUV 在 x 轴上的瞄准点 P 不能离 UUV 太近,其距离应满足 $\Delta > \frac{3u_c m_{11}}{d_{22}}$,并且若 UUV 的质量越大、前向速度越快、侧向阻尼越小,瞄准点应越远。

定理 7.1　参数 k_1 满足不等式(7.23) 时,名义系统式(7.13) 是全局$\mathcal{K}$指数稳定的。

证明　Lyapunov 函数 V 正定、径向无界,$\dot{V}$ 负定,因此名义系统式(7.13) 全局一致渐近稳定。

对于 $R > 0$ 选择球域

$$B_R \overset{\text{def}}{=\!=\!=} \{ [y \quad v]^{\mathrm{T}}, \| [y \quad v]^{\mathrm{T}} \| \leqslant R \} \tag{7.25}$$

在 B_R 内 $|y| \leqslant R$,有

$$\dot{V} \leqslant -\frac{u_c k_1 \lambda}{2\sqrt{1+(k_1 R)^2}} y^2 - \frac{d_{22}}{2m_{22}} v^2 \tag{7.26}$$

于是

$$\dot{V} \leqslant -\gamma V \tag{7.27}$$

式中,$\gamma = \min \left\{ \frac{u_c k_1 \lambda}{\sqrt{1+(k_1 R)^2}}, \frac{d_{22}}{m_{22}} \right\}$。因此名义系统式(7.13) 是局部指数稳定的,根据定理 6.4,系统式(7.13) 是全局$\mathcal{K}$指数稳定的。

对于系统 $\sum_2$,采用反馈线性化方法,可选择如下控制使航向角跟踪误差全局指数稳定:

$$N = -k_2 m_{33} \psi_e - k_3 m_{33} r_e + m_{33} \ddot{\psi}_d - (m_{11} - m_{22}) uv + d_{33} r \tag{7.28}$$

其中,$k_2 > 0$,$k_3 > 0$。

定理 7.2　在式(7.28) 的控制下,参数 k_1 满足式(7.23),直线航迹跟踪式

(7.11) 全局$\mathcal{K}$指数稳定。

证明　对级联系统式(7.11) 验证级联系统定理 6.3 中的假设条件。

(1) 研究名义系统式(7.13)，由式(7.14) 定义的 Lyapunov 函数 V，取 $\eta \geqslant 0$，$c \geqslant 2\max\{\lambda, 1\}$，$\left\|\frac{\partial V}{\partial \boldsymbol{x}_1}\right\| \|\boldsymbol{x}_1\| \leqslant cV$，假设 1 成立，由定理 7.1 知系统式(7.13) 是全局$\mathcal{K}$指数稳定的。

(2) 考虑关联项，

$$\boldsymbol{g}(\boldsymbol{x}_1, \boldsymbol{x}_2) \leqslant \left\| \begin{bmatrix} u_c & 0 \\ \frac{m_{11}}{m_{22}} u_c^2 k_1 & \frac{m_{11}}{m_{22}} u_c \end{bmatrix} \right\| + \left\| \begin{bmatrix} v & 0 \\ \frac{m_{11}}{m_{22}} u_c k_1 v & 0 \end{bmatrix} \right\| \leqslant$$
$$u_c \sqrt{1 + \left(\frac{m_{11}}{m_{22}} u_c k_1\right)^2 + \left(\frac{m_{11}}{m_{22}}\right)^2} + \|\boldsymbol{x}_1\| \sqrt{1 + \left(\frac{m_{11}}{m_{22}} u_c k_1\right)^2} \tag{7.29}$$

满足假设 2。

(3) 在式(7.28) 的控制下，系统 $\sum_2$ 指数稳定，假设 3 满足。

根据级联系统稳定性理论定理 6.5，级联系统式(7.11) 全局$\mathcal{K}$指数稳定。

7.1.3　直线航迹跟踪在航路点跟踪中的应用

目前应用最广泛的 UUV 航路点跟踪控制方法为由导弹制导技术发展而来的视线导引法，LOS 根据 UUV 和航路点的相对位置，计算出视线的方位角作为参考航向角，然后基于线性化方法或反演方法，设计航向角跟踪控制器。

LOS 导引法通过航向角控制调整 UUV 的运动方向，使其始终向航路点运动，而不考虑 UUV 与航路点连线的位置偏差，因此又称为间接航迹控制，UUV 的运动轨迹会由于初始位置和航向角初始偏差而偏离期望的航线，降低跟踪精度，并造成航程的损失。而直线航迹跟踪控制直接以 UUV 与期望航线的偏差为控制目标，使 UUV 跟踪连接航路点的直线运动，称为直接航迹控制，如图 7-2 所示。

在航路点导引时，选择以前一航路点 P_i 为坐标原点，x 轴指向当前目标航路点 P_{i+1} 的航路点坐标系$\{W_i\}$，UUV 在$\{W_i\}$坐标系中的坐标(x_i, y_i)和航向角 ψ_i 可以通过下面的坐标变换得到

$$\left.\begin{aligned} \begin{bmatrix} x_i \\ y_i \end{bmatrix} &= \boldsymbol{R}(\psi_{pi}) \begin{bmatrix} x - x_{pi} \\ y - y_{pi} \end{bmatrix} \\ \psi_i &= \psi - \psi_{pi} \end{aligned}\right\} \tag{7.30}$$

式中，(x_{pi},y_{pi}) 为航路点 P_i 的位置坐标；ψ_{pi} 为矢量 $\overrightarrow{P_iP_{i+1}}$ 的方位角，

$$\boldsymbol{R}(\psi_{pi})=\begin{bmatrix}\cos\psi_{pi} & \sin\psi_{pi}\\ -\sin\psi_{pi} & \cos\psi_{pi}\end{bmatrix}$$

为 $\{W_i\}$ 到地面坐标系 $\{N\}$ 的常值坐标转换矩阵。在 $\{W_i\}$ 坐标系下，通过前面提出的直线航迹跟踪控制，UUV 沿直线 P_iP_{i+1} 运动。当 UUV 与 P_{i+1} 距离小于 l（到达半径）时，建立下一个航路点坐标系 $\{W_{i+1}\}$，使 UUV 沿 $P_{i+1}P_{i+2}$ 运动，直到完成所有航路点。

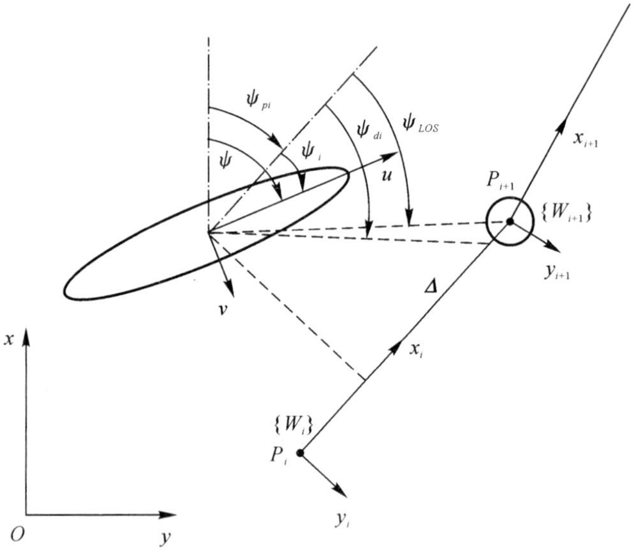

图 7-2　基于直线航迹跟踪控制的 UUV 航路点跟踪

7.1.4　仿真研究

1. 直线航迹跟踪

以 REMUS UUV 为研究对象，其中常值前向速度 $u_c=1.0$ m/s，控制参数 k_1 应满足

$$k_1<\frac{d_{22}}{3u_cm_{11}}=2.779 \tag{7.31}$$

这里选择 $k_1=0.1$，$k_2=k_3=5$。

UUV 运动的初始状态为

$$y(0)=10,\quad \psi(0)=\pi/2,\quad v(0)=1,\quad r(0)=0$$

仿真结果如图 7-3、图 7-4 所示。

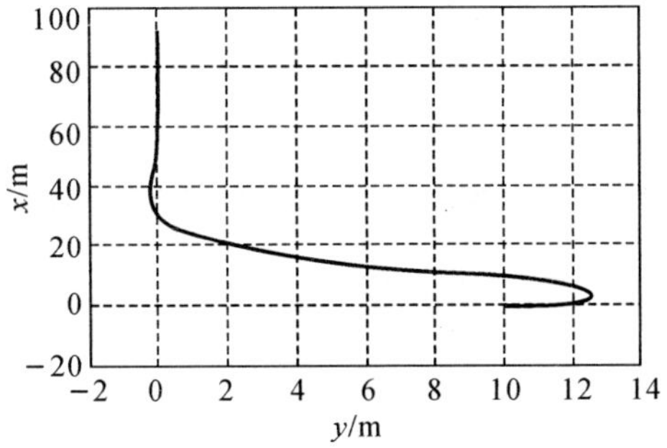

图 7-3　UUV 水平面运动轨迹

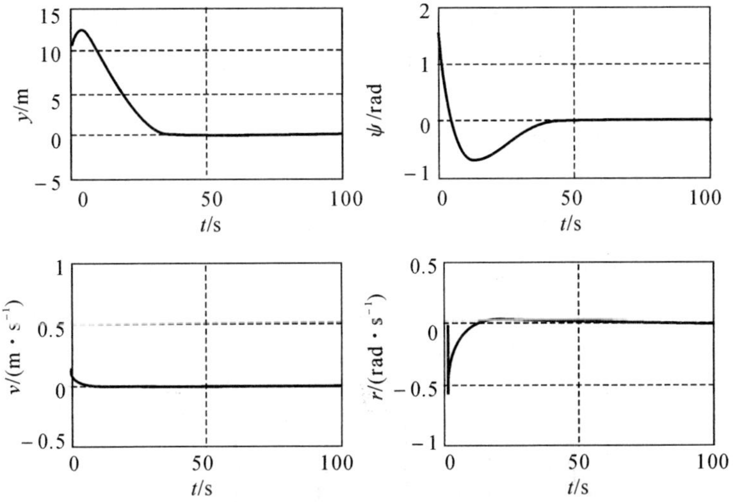

图 7-4　UUV 状态曲线

从仿真结果看，本节提出的直线航迹跟踪控制算法是有效的，在初始航向角有较大偏差及较大侧向速度的情况下，保证了航迹跟踪误差 y 渐近收敛到零，UUV 沿 x 轴，即期望的航线运动。同时，从图中看到，由于 REMUS 的侧向阻尼较大，侧向速度收敛很快。

2. 多航路点跟踪

为 UUV 设计所谓的“割草(Lawn Mowing)”式搜索任务，选择如下航路点

$P_0(0,0)$，$P_1(200,0)$，$P_2(200,50)$，$P_3(0,50)$，$P_4(0,100)$，$P_5(200,100)$，
$P_6(200,150)$，$P_7(200,150)$，$P_8(0,150)$，$P_9(0,200)$，$P_{10}(200,200)$，
$P_{11}(200,250)$，$P_{12}(0,250)$，$P_{13}(0,300)$

其中，P_0 为预定航行任务的起点；$P_1 \sim P_{13}$ 为待完成的航路点。

UUV 初始状态与仿真(1) 相同。

为了比较直线航迹跟踪法和 LOS 导引法的性能，仿真中采用如下的 LOS 导引律：

$$\psi_{\text{LOS}} = \arctan 2(y_{i+1} - y, x_{i+1} - x) \tag{7.32}$$

以及航向角跟踪控制

$$\psi_e = \psi - \psi_{\text{LOS}} \tag{7.33}$$

$$N = -k_2 m_{33}\psi_e - \left(k_3 m_{33} - \frac{d_{33}}{m_{33}}\right) r - (m_{11} - m_{22}) u_c v \tag{7.34}$$

式中，(x_{i+1}, y_{i+1}) 为下一航路点的坐标；ψ_{LOS} 为 LOS 方位角，如图 7-2 所示；ψ_e 为航向角跟踪误差，航向角控制式(7.34) 中忽略了 ψ_{LOS} 的动态特性；控制参数 k_2，k_3 与上节相同。

为了更好地表现两种航路点跟踪方法的区别，选择较大的到达半径 $l = 10$ m。仿真结果如图 7-5、图 7-6 所示。

从航行轨迹看，直线航迹跟踪控制以与期望航线的偏差为待控制量，从而保证了 UUV 沿期望的航线运动，更加符合精确测量、侦察任务的要求；而 LOS 导引法则以沿视线方向运动为控制目标，不考虑与期望航线的偏差，会由于航路点跟踪的初始误差而偏离期望航线，降低了航路点跟踪的精度。

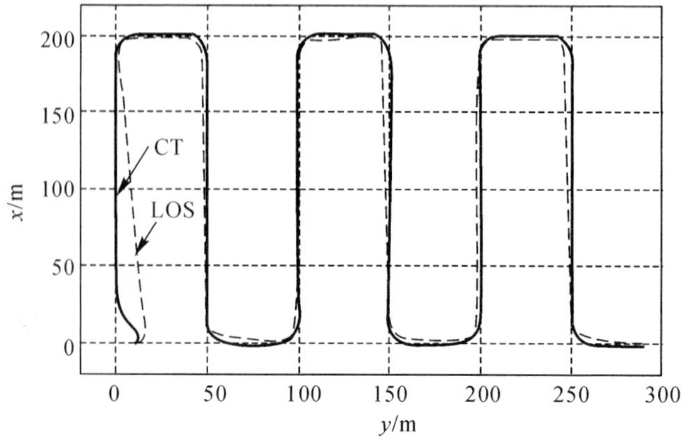

图 7-5 UUV 水平面航路点跟踪运动轨迹

(**"CT"**为直线航迹跟踪控制轨迹，**"LOS"**为 LOS 导引法轨迹)

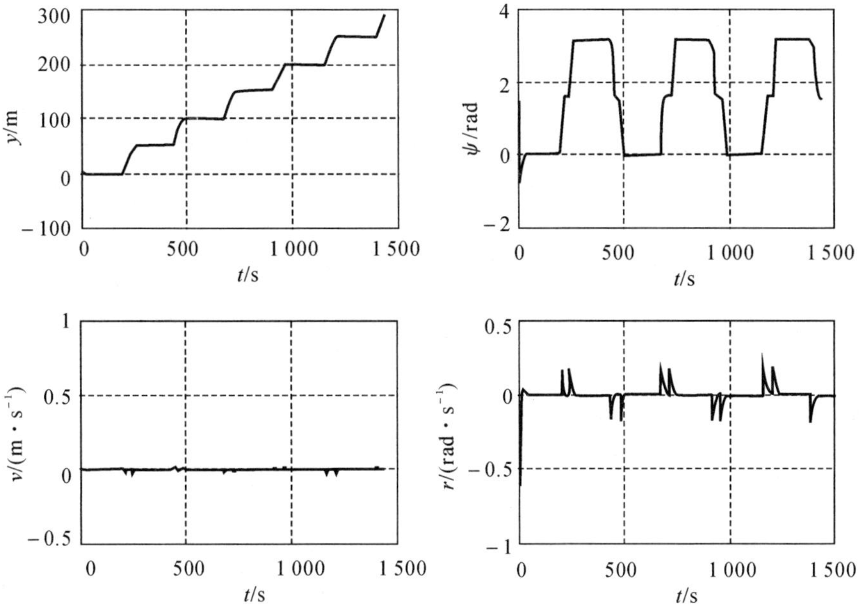

图 7-6　UUV 状态曲线

7.2　UUV 3 维空间直线航迹跟踪控制

上一节研究了欠驱动 UUV 的水平面直线航迹跟踪控制问题，本节在此基础上考虑垂直面内的深度、俯仰角控制，及其对水平面运动的影响，进一步研究欠驱动 UUV 的 3 维空间直线航迹跟踪控制问题。考虑仅有前向速度、航向角和俯仰角运动控制的欠驱动 UUV，侧向和垂向运动受到不可积的加速度约束，这种操纵配置在 UUV 中是最常见的。首先将水平面的研究成果直接应用于垂直面直线航迹跟踪控制，获得全局$\mathcal{K}$指数稳定跟踪控制器。同时，将水平面运动分解为横向跟踪和航向角跟踪两个级联系统，在此基础上，逐级应用级联方法，分别证明航向角跟踪系统的全局$\mathcal{K}$指数稳定性和横向跟踪误差的全局$\mathcal{K}$指数稳定性，从而获得了 3 维直线航迹跟踪的全局$\mathcal{K}$指数稳定性[17]。

7.2.1 问题描述

期望的直线航迹位于某个水平面内，选择期望航迹的起点为地面坐标系的原点，x 轴沿期望航迹的方向，z 轴向下，y 轴向右构成右手坐标系，于是 3 维直线航迹跟踪误差就可以用坐标 y 和 z 描述，如图 7－7 所示。

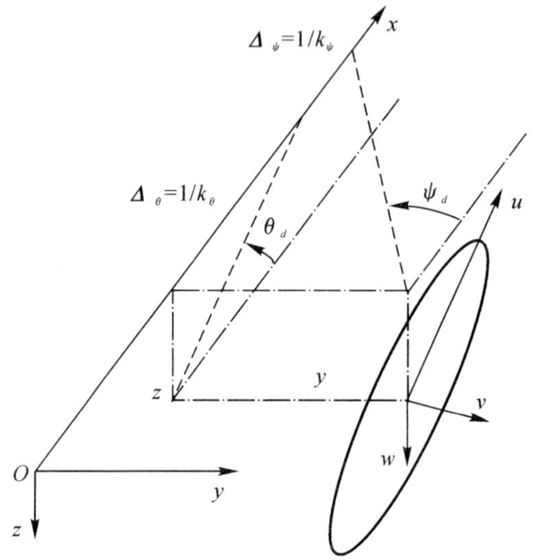

图 7－7　欠驱动 UUV 的 3 维直线航迹跟踪

对 UUV 的 3 维空间运动做如下假设：

(1) 具有良好的前向速度控制，前向速度为常值 $u_c > 0$；

(2) 具有良好的横滚控制，忽略横滚角 ϕ 及其角速度 p 对 UUV 运动的影响，将 6 自由度运动模型简化为 5 自由度的；

(3) 忽略惯性矩阵 $\boldsymbol{M}$ 和阻尼矩阵 $\boldsymbol{D}(\boldsymbol{v})$ 中的非对角项，及 $\boldsymbol{D}(\boldsymbol{v})$ 中的二次阻尼项；

(4) 重心、浮心重合，并且重力和浮力大小相等；

(5) 为避免运动学方程的奇异值假定 $|\theta| \leqslant \theta_{\max} < \pi/2$。

在上述假设条件下，欠驱动 UUV 的运动学模型为

$$\left.\begin{aligned}\dot{x}&=u_c\cos\psi\cos\theta-v\sin\psi+w\cos\psi\sin\theta\\\dot{y}&=u_c\sin\psi\cos\theta+v\cos\psi+w\sin\theta\sin\psi\\\dot{z}&=-u_c\sin\theta+w\cos\theta\\\dot{\theta}&=q\\\dot{\psi}&=\frac{1}{\cos\theta}r\end{aligned}\right\}\tag{7.35}$$

动力学模型为

$$\left.\begin{aligned}\dot{v}&=-\frac{m_{11}}{m_{22}}u_cr-\frac{d_{22}}{m_{22}}v\\\dot{w}&=\frac{m_{11}}{m_{33}}u_cq-\frac{d_{33}}{m_{33}}w\\\dot{q}&=-\frac{m_{11}-m_{33}}{m_{55}}u_cw-\frac{d_{55}}{m_{55}}q+\frac{1}{m_{55}}M\\\dot{r}&=\frac{m_{11}-m_{22}}{m_{66}}u_cv-\frac{d_{66}}{m_{66}}r+\frac{1}{m_{66}}N\end{aligned}\right\}\tag{7.36}$$

式中，$m_{11}=m-X_{\dot{u}}$，$m_{22}=m-Y_{\dot{v}}$，$m_{33}=m-Z_{\dot{w}}$，$m_{55}=I_{yy}-M_{\dot{q}}$，$m_{66}=I_{zz}-N_{\dot{r}}$ 为包含附加质量的惯性参数；$d_{22}=-Y_v$，$d_{33}=-Z_q$，$d_{55}=-M_q$，$d_{66}=-N_r$ 为线性阻尼系数。

直线航迹跟踪控制问题定义为，对于从任意初始状态出发的 UUV，寻找控制输入 M 和 N，使航迹跟踪误差 y 和 z 收敛到零。

7.2.2 空间运动分解

分析模型式(7.35)和式(7.36)，定义垂直面状态矢量 $\boldsymbol{x}_V=[z\quad w\quad \theta\quad q]^{\mathrm{T}}$ 和水平面状态矢量 $\boldsymbol{x}_H=[y\quad v\quad \psi\quad r]^{\mathrm{T}}$，将 3 维空间运动分解为垂直面运动 $\sum_V$ 和水平面运动 $\sum_H$，其中垂直面运动模型为

$$\textstyle\sum_V:\quad\begin{bmatrix}\dot{z}\\\dot{w}\\\dot{\theta}\\\dot{q}\end{bmatrix}=\begin{bmatrix}-u_c\sin\theta+w\cos\theta\\\dfrac{m_{11}}{m_{33}}u_cq-\dfrac{d_{33}}{m_{33}}w\\q\\-\dfrac{m_{11}-m_{33}}{m_{55}}u_cw-\dfrac{d_{55}}{m_{55}}q+\dfrac{1}{m_{55}}M\end{bmatrix}\tag{7.37}$$

水平面运动模型为

$$\sum_{H}: \begin{bmatrix} \dot{y} \\ \dot{v} \\ \dot{\psi} \\ \dot{r} \end{bmatrix} = \begin{bmatrix} u_c \sin\psi\cos\theta + v\cos\psi + w\sin\theta\sin\psi \\ -\dfrac{m_{11}}{m_{22}}u_c r - \dfrac{d_{22}}{m_{22}}v \\ \dfrac{1}{\cos\theta}r \\ \dfrac{m_{11}-m_{22}}{m_{66}}u_c v - \dfrac{d_{66}}{m_{66}}r + \dfrac{1}{m_{66}}N \end{bmatrix} \tag{7.38}$$

从上面的两个分解模型看出，水平面运动受垂直面运动输出 θ 和 q 的干扰，而垂直面运动是独立的，不受水平面运动的干扰。并且，当 $\theta\equiv 0, q\equiv 0$ 时，水平面运动为

$$\begin{bmatrix} \dot{y} \\ \dot{v} \\ \dot{\psi} \\ \dot{r} \end{bmatrix} = \begin{bmatrix} u_c \sin\psi + v\cos\psi \\ -\dfrac{m_{11}}{m_{22}}u_c r - \dfrac{d_{22}}{m_{22}}v \\ r \\ \dfrac{m_{11}-m_{22}}{m_{66}}u_c v - \dfrac{d_{66}}{m_{66}}r + \dfrac{1}{m_{66}}N \end{bmatrix} \tag{7.39}$$

与垂直面运动式(7.37)具有相似的模型。

分析上述模型的特点，欠驱动 UUV 3 维直线航迹跟踪控制设计的思路为，首先将 7.1 节水平面直线航迹跟踪控制的研究成果应用于垂直面跟踪控制中，基于级联-反演方法，设计俯仰力矩 M 的反馈控制律，使垂直面跟踪误差全局$\mathcal{K}$指数稳定；然后，将垂直面运动看作是水平面运动的干扰，再次应用级联系统理论，设计偏航力矩控制，使受扰动的水平面跟踪全局$\mathcal{K}$指数稳定，从而获得 3 维直线航迹跟踪的全局$\mathcal{K}$指数稳定。

7.2.3 垂直面运动的全局$\mathcal{K}$指数稳定控制

垂直面运动模型式(7.37)与 7.1 节中的水平面运动模型式(7.1)具有相同的结构，可以采用同样的跟踪控制设计方法。将俯仰角 θ 看作是跟踪误差 z 的虚拟控制，寻找期望的俯仰角 θ_d 及俯仰角速度 q_d，满足当 $\theta\equiv\theta_d, q\equiv q_d$ 时，z 和 w 是全局$\mathcal{K}$指数稳定的，然后设计控制输入 M 使俯仰角跟踪误差全局指数稳定，应用级联系统理论证明整个垂直面跟踪的全局$\mathcal{K}$指数稳定性。

类似的，选择期望的俯仰角为

$$\theta_d = \arctan\ (k_\theta z) \tag{7.40}$$

并定义相应的期望俯仰角速度

$$q_d \overset{\text{def}}{=\!=} \dot{\theta}_d = \frac{k_\theta}{1+k_\theta^2 z^2}(-u_c \sin\theta + w\cos\theta) \tag{7.41}$$

及俯仰角跟踪误差和俯仰角速度跟踪误差

$$\left.\begin{aligned} \theta_e &= \theta - \theta_d \\ q_e &= q - q_d \end{aligned}\right\} \tag{7.42}$$

定义 $\boldsymbol{x}_{V1} = [z \quad w]^{\mathrm{T}}$，$\boldsymbol{x}_{V2} = [\theta_e \quad q_e]^{\mathrm{T}}$，考虑等式(7.7)和式(7.8)，经过与 7.1 节中完全相似的推导，将垂直面运动模型写作下面的级联形式：

$$\sum\nolimits_{V1}: \quad \begin{bmatrix} \dot{z} \\ \dot{w} \end{bmatrix} = \begin{bmatrix} -u_c\sin\theta_d + w\cos\theta_d \\ -\dfrac{d_{33}}{m_{33}}w + \dfrac{m_{11}u_c}{m_{33}}\dfrac{k_\theta}{1+k_\theta^2 z^2}(-u_c\sin\theta_d + w\cos\theta_d) \end{bmatrix} + \begin{bmatrix} g_{z,\theta_e} & 0 \\ g_{w,\theta_e} & g_{w,q_e} \end{bmatrix}\begin{bmatrix} \theta_e \\ q_e \end{bmatrix} \tag{7.43}$$

$$\sum\nolimits_{V2}: \quad \begin{bmatrix} \dot{\theta}_e \\ \dot{q}_e \end{bmatrix} = \begin{bmatrix} q_e \\ -\dfrac{m_{11}-m_{33}}{m_{55}}u_c w - \dfrac{d_{55}}{m_{55}}q + \dfrac{1}{m_{55}}M - \ddot{\theta}_d \end{bmatrix} \tag{7.44}$$

式中，

$$g_{z,\theta_e} = -u_c\eta_c(\theta_d,\theta_e) + w\eta_s(\theta_d,\theta_e) \tag{7.45}$$

$$g_{w,\theta_e} = \frac{m_{11}u_c}{m_{33}}\frac{k_\theta}{1+k_\theta^2 z^2}g_{z,\theta_e} \tag{7.46}$$

$$g_{w,q_e} = \frac{m_{11}}{m_{33}}u_c \tag{7.47}$$

系统 $\sum_{V1}$ 式(7.43)可以看作是名义系统

$$\sum\nolimits_{V1,n}: \quad \begin{bmatrix} \dot{z} \\ \dot{w} \end{bmatrix} = \begin{bmatrix} -u_c\sin\theta_d + w\cos\theta_d \\ -\dfrac{d_{33}}{m_{33}}w + \dfrac{m_{11}u_c}{m_{33}}\dfrac{k_\theta}{1+k_\theta^2 z^2}(-u_c\sin\theta_d + w\cos\theta_d) \end{bmatrix} \tag{7.48}$$

受到系统 $\sum_{V2}$ 式(7.44)的扰动。对于名义系统有下面定理成立。

定理 7.3　若系数 k_θ 满足

$$k_\theta < \frac{d_{33}}{3m_{11}u_c} \tag{7.49}$$

名义系统式(7.48)是全局$\mathcal{K}$指数稳定的。

证明　证明过程与定理 7.1 的证明相似。

定义 Lyapunov 函数

$$V_z = \frac{\lambda_z}{2} z^2 + \frac{1}{2} w^2 \tag{7.50}$$

其中，$\lambda_z > 0$。对式(7.50)求导，并选择 λ_z 满足

$$\lambda_z > \frac{m_{11}}{m_{33}} u_c^2 k_\theta^2 \tag{7.51}$$

有

$$\begin{aligned}\dot{V}_z \leqslant & -\frac{u_c k_\theta \lambda_z}{2} \frac{z^2}{\sqrt{1+(k_\theta z)^2}} - \frac{d_{33}}{2m_{33}} w^2 - \frac{u_c k_\theta \lambda_z}{2} \left(\frac{z}{\sqrt{1+(k_\theta z)^2}}\right)^2 - \\ & \left(\frac{d_{33}}{2m_{33}} - \frac{m_{11}}{m_{33}} u_c k_\theta\right) w^2 + \lambda_z |w| \frac{|z|}{\sqrt{1+(k_\theta z)^2}}\end{aligned} \tag{7.52}$$

当满足

$$k_\theta < \frac{d_{33}}{2m_{11} u_c} \tag{7.53}$$

及

$$u_c k_\theta \left(\frac{d_{33}}{m_{33}} - \frac{2m_{11}}{m_{33}} u_c k_\theta\right) > \lambda_z \tag{7.54}$$

时

$$-\frac{u_c k_\theta \lambda_z}{2} \left(\frac{z}{\sqrt{1+(k_\theta z)^2}}\right)^2 - \left(\frac{d_{33}}{2m_{33}} - \frac{m_{11}}{m_{33}} u_c k_\theta\right) w^2 + \lambda_z |w| \frac{|z|}{\sqrt{1+(k_\theta z)^2}} \leqslant 0 \tag{7.55}$$

为保证存在 λ_z 使不等式(7.54)成立，应满足

$$u_c k_\theta \left(\frac{d_{33}}{m_{33}} - \frac{2m_{11}}{m_{33}} u_c k_\theta\right) > \frac{m_{11}}{m_{33}} u_c^2 k_\theta^2 \tag{7.56}$$

解得

$$k_\theta < \frac{d_{33}}{3m_{11} u_c} \tag{7.57}$$

此时不等式(7.53)同时满足。得到

$$\dot{V}_z \leqslant -\frac{u_c k_\theta \lambda_z}{2\sqrt{1+(k_\theta z)}} z^2 - \frac{d_{33}}{2m_{33}} w^2 \tag{7.58}$$

Lyapunov 函数 V_z 正定、径向无界，$\dot{V}_z$ 负定，因此系统式(7.48)全局渐近稳定。

选择球域

$$B_R \xlongequal{\text{def}} \{[z \quad w]^{\mathrm{T}}, \| [z \quad w]^{\mathrm{T}} \| \leqslant R\} \tag{7.59}$$

在 B_R 内 $|z| \leqslant R$，有

$$\dot{V}_z \leqslant -\frac{u_c k_\theta \lambda_z}{2\sqrt{1+(k_\theta R)^2}} z^2 - \frac{d_{33}}{2m_{33}} w^2 \tag{7.60}$$

因此

$$\dot{V}_z \leqslant -\gamma V_z \tag{7.61}$$

式中，$\gamma = \min\left\{\frac{u_c k_\theta \lambda_z}{\sqrt{1+(k_\theta R)^2}}, \frac{d_{33}}{m_{33}}\right\}$。系统式(7.48) 是局部指数稳定的，根据定理 5.4，系统式(7.48) 是全局$\mathcal{K}$指数稳定的。

研究系统$\sum_{V2}$，同样采用反馈线性化技术，直接选择控制律

$$M = m_{55}\ddot{\theta}_d - k_{M1} m_{55} \theta_e - k_{M2} m_{55} q_e + (m_{11} - m_{33}) u_c w + d_{55} q \tag{7.62}$$

式中，$k_{M1} > 0$，$k_{M2} > 0$，闭环系统是全局指数稳定的。

定理 7.4　在式(7.62) 的控制下，系数 k_θ 满足不等式(7.57) 时，欠驱动 UUV 的垂直面航迹跟踪是全局$\mathcal{K}$指数稳定的。

证明　对定理 6.3 和定理 6.5 中的假设条件进行验证。

(1) 名义系统式(7.48) 是全局指数稳定的，并且对由式(7.50) 定义的 Lyapunov 函数 V_z，取 $\eta \geqslant 0$，有 $\dot{V}_z(\boldsymbol{x}_{V1}) \leqslant 0$，$\forall \|\boldsymbol{x}_{V1}\| \geqslant \eta$。另外，取 $c \geqslant 2\max\{\lambda_z, 1\}$，有 $\left\|\frac{\partial V_z}{\partial x_{V1}}\right\| \|\boldsymbol{x}_{V1}\| \leqslant cV_z$，$\forall \|\boldsymbol{x}_{V1}\| \geqslant \eta$，假设 1 成立。

(2) 考虑关联项，

$$\boldsymbol{g}(\boldsymbol{x}_{V1}, \boldsymbol{x}_{V2}) \leqslant \left\|\begin{bmatrix} u_c & 0 \\ \frac{m_{11}}{m_{33}} u_c^2 k_\theta & \frac{m_{11}}{m_{33}} u_c \end{bmatrix}\right\| + \left\|\begin{bmatrix} w & 0 \\ \frac{m_{11}}{m_{33}} u_c k_\theta w & 0 \end{bmatrix}\right\| \leqslant$$

$$u_c \sqrt{1 + \left(\frac{m_{11}}{m_{33}} u_c k_\theta\right)^2 + \left(\frac{m_{11}}{m_{33}}\right)^2} + \|x_{V1}\| \sqrt{1 + \left(\frac{m_{11}}{m_{33}} u_c k_\theta\right)^2} \tag{7.63}$$

满足假设 2。

(3) 在式(7.62) 的控制下，系统$\sum_{V2}$全局指数稳定，假设 3 满足。

根据级联系统稳定性定理 6.3 和定理 6.5，级联系统式(7.43) 和式(7.44) 是全局$\mathcal{K}$指数稳定的。

7.2.4　水平面运动的全局$\mathcal{K}$指数稳定控制

虽然在 7.1 节中已经解决了由式(7.39) 描述的无垂直运动扰动的水平面直线航迹跟踪控制问题，并获得了全局$\mathcal{K}$指数跟踪控制器，但很难为系统式(7.39) 找到

Lyapunov 函数满足定理 6.3 中的假设 1,从而获得受扰动系统的稳定性。

为了解决该问题,将水平面系统 $\sum_H$ 写作下面的级联形式

$$\left.\begin{aligned}\sum\nolimits_{H1}: &\quad \dot{\boldsymbol{x}}_{H1}=\boldsymbol{f}_1(\boldsymbol{x}_{H1})+\boldsymbol{g}_{1,H2}\boldsymbol{x}_{H2}+\boldsymbol{g}_{1,V}\boldsymbol{x}_V\\ \sum\nolimits_{H2}: &\quad \dot{\boldsymbol{x}}_{H2}=\boldsymbol{f}_2(\boldsymbol{x}_{H2},N)+\boldsymbol{g}_{2,V}\boldsymbol{x}_V\end{aligned}\right\}\tag{7.64}$$

式中,$\boldsymbol{x}_{H1}=[y \quad v]^{\mathrm{T}}$;$\boldsymbol{x}_{H2}=[\psi_e \quad r_e]^{\mathrm{T}}$;$\psi_e$,$r_e$ 分别为航向角跟踪误差和航向角速度跟踪误差。

级联系统式(7.64)具有多重级联的结构,名义系统

$$\sum\nolimits_{H2,n}: \quad \dot{\boldsymbol{x}}_{H2}=\boldsymbol{f}_2(\boldsymbol{x}_{H2},N)\tag{7.65}$$

受全局$\mathcal{K}$指数稳定系统 $\sum_V$ 输出的干扰;而名义系统

$$\sum\nolimits_{H1,n}: \quad \dot{\boldsymbol{x}}_{H1}=\boldsymbol{f}_1(\boldsymbol{x}_{H1})\tag{7.66}$$

同时受到系统 $\sum_{H2}$ 和 $\sum_V$ 输出的干扰。

考虑级联系统稳定性定理 6.3 和定理 6.5,设计偏航力矩 N 使名义系统 $\sum_{H2,n}$ 全局指数稳定,并且满足假设 1,关联项 $\boldsymbol{g}_{2,V}$ 满足假设 2,结合系统 $\sum_V$ 的全局$\mathcal{K}$指数稳定性,证明系统 $\sum_{H2}$ 是全局$\mathcal{K}$指数稳定的;进一步,若名义系统 $\sum_{H1,n}$ 是全局$\mathcal{K}$指数稳定的,并且满足假设 1,关联项 $\boldsymbol{g}_{1,H2}$,$\boldsymbol{g}_{1,V}$ 满足假设 2,$\left\{\sum_{H2},\sum_V\right\}$ 满足假设 3,则可证明级联系统 $\left\{\sum_H,\sum_V\right\}$ 是全局$\mathcal{K}$指数稳定的。以上设计过程可以用图 7-8 表示。

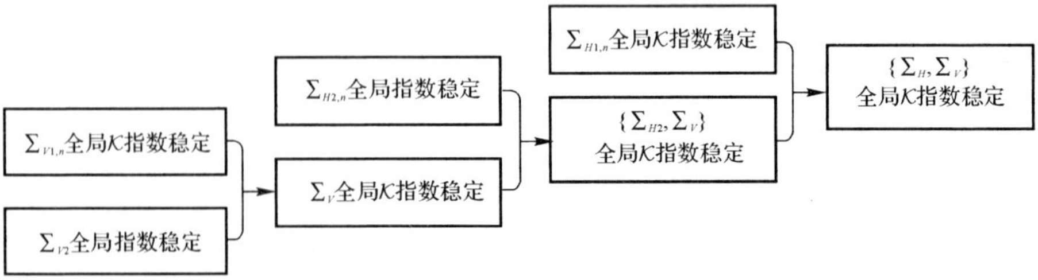

图 7-8　欠驱动 UUV 3 维直线航迹跟踪控制设计过程

参考 7.1 节水平面直线跟踪控制器的设计方法,首先选择期望的航向角

$$\psi_d=-\arctan\left(k_\psi y\right)\tag{7.67}$$

及航向角跟踪误差

$$\psi_e=\psi-\psi_d\tag{7.68}$$

于是,可将水平面运动模型式(7.38)的第 1 个方程写为

$$\dot{y}=u_c\sin\psi_d+v\cos\psi_d+u_c\psi_e\eta_c(\psi_d,\psi_e)+v\psi_e\eta_s(\psi_d,\psi_e)+\left(u_c\sin\psi\frac{\cos\theta-1}{\theta}+w\frac{\sin\theta}{\theta}\sin\psi\right)\theta=u_c\sin\psi_d+v\cos\psi_d+g_{y,\psi_e}\psi_e+g_{y,\theta}\theta \tag{7.69}$$

式中,

$$g_{y,\theta}=u_c\sin\psi\frac{\cos\theta-1}{\theta}+w\frac{\sin\theta}{\theta}\sin\psi \tag{7.70}$$

$$g_{y,\psi_e}=u_c\eta_c(\psi_d,\psi_e)+v\eta_s(\psi_d,\psi_e) \tag{7.71}$$

航向角跟踪误差的导数为

$$\dot{\psi}_e=\frac{r}{\cos\theta}+\frac{k_\psi}{1+(k_\psi y)^2}(u_c\sin\psi+v\cos\psi+g_{y,\theta}\theta) \tag{7.72}$$

定义期望航向角速度为

$$r_d\overset{\text{def}}{=\!=}-\frac{k_\psi\cos\theta}{1+(k_\psi y)^2}(u_c\sin\psi+v\cos\psi) \tag{7.73}$$

并定义

$$r_e\overset{\text{def}}{=\!=}\frac{r-r_d}{\cos\theta} \tag{7.74}$$

于是式(7.72)可写为

$$\dot{\psi}_e=r_e+g_{\psi_e,\theta}\theta \tag{7.75}$$

式中,

$$g_{\psi_e,\theta}=\frac{k_\psi}{1+(k_\psi y)^2}g_{y,\theta} \tag{7.76}$$

航向角速度跟踪误差 r_e 的导数为

$$\dot{r}_e=\left(\frac{m_{11}-m_{22}}{m_{66}}u_cv-\frac{d_{66}}{m_{66}}r+\frac{1}{m_{66}}N-\dot{r}_d\right)/\cos\theta-r_e\tan\theta q=\left(\frac{m_{11}-m_{22}}{m_{66}}u_cv-\frac{d_{66}}{m_{66}}r+\frac{1}{m_{66}}N-\dot{r}_d\right)/\cos\theta+g_{r_e,q}q \tag{7.77}$$

式中,

$$g_{r_e,q}=-r_e\tan\theta$$

将

$$r=r_e\cos\theta+r_d \tag{7.78}$$

代入式(7.38)的第 2 个方程

$$\dot{v}=\frac{m_{11}}{m_{22}}\frac{u_ck_\psi}{1+(k_\psi y)^2}(u_c\sin\psi_d+v\cos\psi_d+g_{y,\psi_e}\psi_e)-\frac{d_{22}}{m_{22}}v-\frac{m_{11}}{m_{22}}u_cr_e\cos\theta=$$

$$\frac{m_{11}}{m_{22}}\frac{u_c k_\psi}{1+(k_\psi y)^2}(u_c\sin\psi_d+v\cos\psi_d)-\frac{d_{22}}{m_{22}}v+g_{v,\psi_e}\psi_e+g_{v,r_e}r_e \tag{7.79}$$

式中，

$$g_{v,\psi_e}=\frac{m_{11}}{m_{22}}\frac{u_c k_\psi}{1+(k_\psi y)^2}g_{y,\psi_e} \tag{7.80}$$

$$g_{v,r_e}=-\frac{m_{11}}{m_{22}}u_c\cos\theta \tag{7.81}$$

将式(7.69)和式(7.79)整理为级联系统形式

$$\sum_{H1}:\quad \begin{bmatrix}\dot{y}\\ \dot{v}\end{bmatrix}=\begin{bmatrix}u_c\sin\psi_d+v\cos\psi_d\\ \frac{m_{11}}{m_{22}}\frac{u_c k_\psi}{1+(k_\psi y)^2}(u_c\sin\psi_d+v\cos\psi_d)-\frac{d_{22}}{m_{22}}v\end{bmatrix}+$$

$$\begin{bmatrix}g_{y,\psi_e} & 0\\ g_{v,\psi_e} & g_{v,r_e}\end{bmatrix}\begin{bmatrix}\psi_e\\ r_e\end{bmatrix}+\begin{bmatrix}0 & 0 & g_{y,\theta} & 0\\ 0 & 0 & 0 & 0\end{bmatrix}\begin{bmatrix}z\\ w\\ \theta\\ q\end{bmatrix} \tag{7.82}$$

对于名义系统

$$\sum_{H1,n}:\quad \begin{bmatrix}\dot{y}\\ \dot{v}\end{bmatrix}=\begin{bmatrix}u_c\sin\psi_d+v\cos\psi_d\\ \frac{m_{11}}{m_{22}}\frac{u_c k_\psi}{1+(k_\psi y)^2}(u_c\sin\psi_d+v\cos\psi_d)-\frac{d_{22}}{m_{22}}v\end{bmatrix} \tag{7.83}$$

根据定理 7.1,当参数 k_ψ 满足

$$k_\psi<\frac{d_{22}}{3m_{11}u_c} \tag{7.84}$$

名义系统式(7.83)是全局$\mathcal{K}$指数稳定的,并且 Lyapunov 函数

$$V_y=\frac{\lambda_y}{2}y^2+\frac{1}{2}v^2 \tag{7.85}$$

满足级联系统定理 6.3 中的假设 1。

而将系统式(7.72)和式(7.77)写作级联系统形式:

$$\sum_{H2}:\quad \begin{bmatrix}\dot{\psi}_e\\ \dot{r}_e\end{bmatrix}=\begin{bmatrix}r_e\\ \left(\frac{m_{11}-m_{22}}{m_{66}}u_c v-\frac{d_{66}}{m_{66}}r+\frac{1}{m_{66}}N-\dot{r}_d\right)/\cos\theta\end{bmatrix}+$$

$$\begin{bmatrix}0 & 0 & g_{\psi_e,\theta} & 0\\ 0 & 0 & 0 & g_{r_e,q}\end{bmatrix}\begin{bmatrix}z\\ w\\ \theta\\ q\end{bmatrix} \tag{7.86}$$

可以看作是名义系统

$$\sum\nolimits_{H2,n}:\quad \begin{bmatrix}\dot{\psi}_e\\ \dot{r}_e\end{bmatrix}=\begin{bmatrix} r_e \\ \left(\dfrac{m_{11}-m_{22}}{m_{66}}u_c v-\dfrac{d_{66}}{m_{66}}r+\dfrac{1}{m_{66}}N-\dot{r}_d\right)/\cos\theta\end{bmatrix} \tag{7.87}$$

受到全局$\mathcal{K}$指数稳定的系统 $\sum_V$ 扰动。

设计名义系统 $\sum_{H2,n}$ 的控制输入 N，与 7.2.3 节的设计不同，为获得满足定理 6.3 假设 1 的 Lyapunov 函数，采用反演设计，定义下面的 Lyapunov 函数：

$$V_\psi=\frac{1}{2}\psi_e^2+\frac{m_{66}}{2}\left(r_e-\alpha_{r_e}\right)^2 \tag{7.88}$$

式中，

$$\alpha_{r_e}=-k_{N1}\psi_e \tag{7.89}$$

为期望的航向角速度跟踪误差，$k_{N1}>0$ 为控制参数。

对 V_ψ 求导

$$\begin{aligned}\dot{V}_\psi=&-k_{N1}\psi_e^2+(r_e-\alpha_{r_e})\times\\&\left(\frac{(m_{11}-m_{22})u_c v-d_{66}r+N-m_{66}\dot{r}_d}{\cos\theta}+m_{66}k_{N1}r_e+\psi_e\right)\end{aligned} \tag{7.90}$$

并选择控制律

$$\begin{aligned}N=&\cos\theta(-k_{N2}(r_e-\alpha_{r_e})+(-(m_{11}-m_{22})u_c v+d_{66}r+m_{66}\dot{r}_d))-\\&m_{66}k_{N1}r_e-\psi_e\end{aligned} \tag{7.91}$$

使得

$$\dot{V}_\psi=-k_{N1}\psi_e^2-k_{N2}\left(r_e-\alpha_{r_e}\right)^2 \tag{7.92}$$

负定。

定理 7.5　在控制输入式(7.91) 作用下，系统 $\sum_{H2}$ 是全局$\mathcal{K}$指数稳定的。

证明　验证定理 7.3 中的假设条件。

(1) 由式(7.88) 定义的 Lyapunov 函数 V_ψ 正定且径向无界，其导数在控制输入式(7.91) 作用下负定，并且

$$\dot{V}_\psi\leqslant-\gamma V_\psi$$

式中，$\gamma=2\dfrac{\min\{k_{N1},k_{N2}\}}{\max\{1,m_{66}\}}$，闭环系统全局指数稳定。并且

$$\begin{gathered}\left\|\frac{\partial V_\psi}{\partial \boldsymbol{x}_{H2}}\right\|^2=\left\|\begin{bmatrix}\psi_e+m_{66}k_{N1}(r_e+k_{N1}\psi_e)\\ m_{66}(r_e+k_{N1}\psi_e)\end{bmatrix}\right\|^2\leqslant 2\psi_e^2+m_{66}^2(2k_{N1}^2+1)(r_e+k_{N1}\psi_e)^2\\ \|\boldsymbol{x}_{H2}\|^2=\left\|\begin{bmatrix}\psi_e\\ (r_e+k_{N1}\psi_e)-k_{N1}\psi_e\end{bmatrix}\right\|^2\leqslant(2k_{N1}^2+1)\psi_e^2+2(r_e+k_{N1}\psi_e)^2\end{gathered} \tag{7.93}$$

所以

$$\left\|\frac{\partial V_{\psi}}{\partial \boldsymbol{x}_{H2}}\right\| \|\boldsymbol{x}_{H2}\| \leqslant \frac{1}{2}\left(\left\|\frac{\partial V_{\psi}}{\partial \boldsymbol{x}_{H2}}\right\|^{2}+\|\boldsymbol{x}_{H2}\|^{2}\right) \leqslant$$
$$\frac{1}{2}((2k_{N1}^{2}+3)\psi_{e}^{2}+(m_{66}^{2}(2k_{N1}^{2}+1)+2)\times$$
$$(r_{e}+k_{N1}\psi_{e})^{2}) \leqslant cV_{\psi} \tag{7.94}$$

式中，$c \geqslant \max\{(2k_{N1}^{2}+3),(m_{66}^{2}(2k_{N1}^{2}+1)+2)/m_{66}\}$。$V_{\psi}$ 满足定理中的假设 1。

(2) 关联项

$$|g_{\psi_{e},\theta}|=\frac{k_{\psi}}{1+(k_{\psi}y)^{2}}\left|u_{c}\sin\psi\frac{\cos\theta-1}{\theta}+w\frac{\sin\theta}{\theta}\sin\psi\right|$$
$$\leqslant k_{\psi}u_{c}\frac{2}{\pi}+k_{\psi}\|\boldsymbol{x}_{V}\| \tag{7.95}$$

$$|g_{r_{e},q}|=|r_{e}\tan\theta| \leqslant \frac{\|\boldsymbol{x}_{H2}\|}{\cos\theta_{\max}} \tag{7.96}$$

于是

$$\|\boldsymbol{g}_{2,V}\|=\left\|\begin{bmatrix}0 & 0 & g_{\psi_{e},\theta} & 0\\ 0 & 0 & 0 & g_{r_{e},q}\end{bmatrix}\right\| \leqslant |g_{\psi_{e},\theta}|+|g_{r_{e},q}| \leqslant$$
$$k_{\psi}u_{c}\frac{2}{\pi}+k_{\psi}\|\boldsymbol{x}_{V}\|+\frac{\|\boldsymbol{x}_{H2}\|}{\cos\theta_{\max}} \tag{7.97}$$

满足假设 2。

(3) 系统 $\sum_{V}$ 是全局$\mathcal{K}$指数稳定的，假设 3 满足。

根据级联系统稳定性定理 6.3 和定理 6.5，系统$\left\{\sum_{H2},\sum_{V}\right\}$是全局$\mathcal{K}$指数稳定的。

在此基础上有下面的定理：

定理 7.6 在控制律式(7.62) 和式(7.91) 的作用下，参数 k_{θ}，k_{ψ} 分别满足不等式(7.57) 和式(7.84)，级联系统$\left\{\sum_{H},\sum_{V}\right\}$是全局$\mathcal{K}$指数稳定的。

证明 系统 $\sum_{H1}$ 与系统$\left\{\sum_{V},\sum_{H2}\right\}$构成级联系统，验证级联系统稳定性定理中的假设条件。

(1) 对于名义系统 $\sum_{H1}$，在定理 7.1 中已经证明，若参数 k_{ψ} 满足不等式(7.84)，系统 $\sum_{H1}$ 是全局$\mathcal{K}$指数稳定的，并且 Lyapunov 函数式(7.85) 满足定理 6.3 中的假设 1。

(2) 验证关联项,有

$$
\begin{aligned}
\boldsymbol{g}(\boldsymbol{x}_{H1},\boldsymbol{x}_{H2},\boldsymbol{x}_V)=&\left\|\begin{bmatrix} g_{y,\psi_e} & 0 & g_{y,\theta} \\ g_{v,\psi_e} & g_{v,r_e} & 0 \end{bmatrix}\right\|\leqslant \\
&|g_{y,\theta}|+|g_{y,\psi_e}|+|g_{v,\psi_e}|+|g_{v,r_e}|\leqslant \\
&u_c\,\frac{2}{\pi}+|w|+u_c+|v|+\frac{m_{11}}{m_{22}}u_c^2k_\psi+ \\
&\frac{m_{11}}{m_{22}}u_ck_\psi|v|+\frac{m_{11}}{m_{22}}u_c= \\
&|v|\left(1+\frac{m_{11}}{m_{22}}u_ck_\psi\right)+|w|+u_c\,\frac{2}{\pi}+ \\
&u_c+\frac{m_{11}}{m_{22}}u_c^2k_\psi+\frac{m_{11}}{m_{22}}u_c
\end{aligned}
\tag{7.98}
$$

满足假设 2。

(3) 根据定理 7.4 和定理 7.5,系统 $\left\{\sum_V,\sum_{H2}\right\}$ 是全局$\mathcal{K}$指数稳定的,满足假设 3。

根据级联系统稳定性定理 6.3 和定理 6.5,系统 $\left\{\sum_H,\sum_V\right\}$ 是全局$\mathcal{K}$指数稳定的。

7.2.5 仿真研究

采用 REMUS UUV 的数学模型进行仿真研究。常值前向速度 $u_c=1.0$,考虑参数条件式(7.57) 和式(7.84)

$$
k_\theta<\frac{d_{33}}{3m_{11}u_c}=2.78,\quad k_\psi<\frac{d_{22}}{3m_{11}u_c}=2.78
$$

选择参数 $k_\theta=k_\psi=0.1$,$k_{M1}=k_{M2}=5$,$k_{N1}=k_{N2}=5$。

REMUS 的初始状态为

$$
\begin{gathered}
y(0)=-10,\quad \psi(0)=\pi/2,\quad v(0)=1,\quad r(0)=0 \\
z(0)=10,\quad \theta(0)=0,\quad w(0)=1,\quad q(0)=0
\end{gathered}
$$

仿真结果如图 7-9 ~ 图 7-11 所示。

从仿真结果看到,本节提出的控制器很好地实现了欠驱动 UUV 的 3 维直线航迹跟踪控制,在有较大的侧向和垂向速度,以及航向角偏差的情况下,保证了航迹跟踪误差 y 和 z 收敛到零,并且具有良好的控制性能。

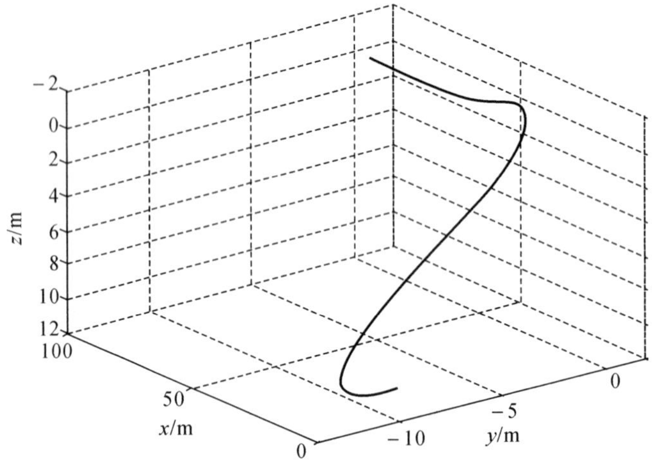

图 7-9 UUV 3 维直线航迹跟踪曲线

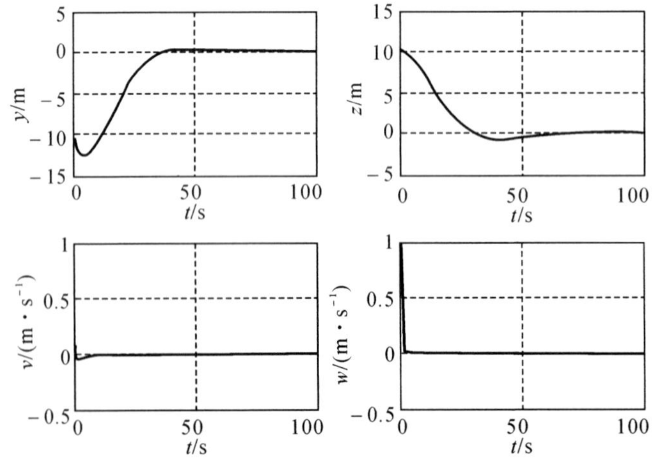

图 7-10 UUV 位置及速度曲线

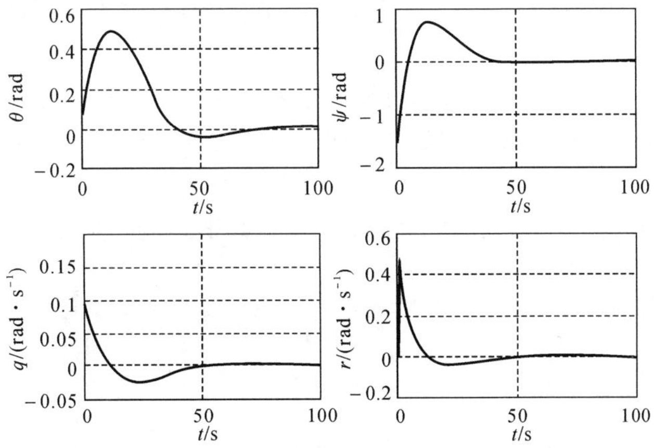

图 7－11　姿态及角速度曲线

7.3　多 UUV 编队直线航迹跟踪控制

本节在水平面直线航迹全局K指数跟踪的基础上，设计协同控制律，使得各UUV之间沿 x 轴方向的相对距离渐近收敛至给定的期望值，并调节各 UUV 速度至一个共同期望速度，实现多 UUV 的编队直线跟踪控制。

7.3.1　问题描述

为了方便描述，欠驱动 UUV 的水平面运动模型重写为

$$\left.\begin{aligned}\dot{x}&=u\cos\psi-v\sin\psi\\\dot{y}&=u\sin\psi+v\cos\psi\\\dot{\psi}&=r\end{aligned}\right\}\tag{7.99}$$

和

$$\left.\begin{aligned}\dot{u}&=\frac{m_{22}}{m_{11}}vr-\frac{d_{11}}{m_{11}}u+\frac{1}{m_{11}}X\\\dot{v}&=-\frac{m_{11}}{m_{22}}ur-\frac{d_{22}}{m_{22}}v\\\dot{r}&=\frac{m_{11}-m_{22}}{m_{33}}uv-\frac{d_{33}}{m_{33}}r+\frac{1}{m_{33}}N\end{aligned}\right\}\tag{7.100}$$

与前面的研究不同，这里考虑了 UUV 的前向速度控制，这也是实现 UUV 编队的基础。

设计 3 个 UUV 以固定队形沿直线航迹 P 以期望的前向速度 $u_d(t)$ 匀速运动，如图 7-12 所示。首先选择期望的直线航迹 P 为地面坐标系的 x 轴，y 轴与 x 轴垂直向右。UUVi 的坐标表示为 (x_i, y_i)，与期望路径 P 的期望距离表示为 y_{di}，与其他 UUVj 沿期望路径上的期望距离表示为 d_{ij}，其中 $i,j=1,\cdots,n$。

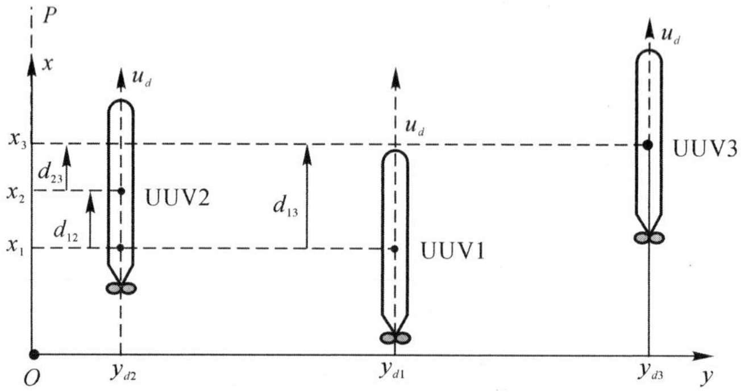

图 7-12　多 UUV 编队直线跟踪示意图

由此，可以给出如下控制目标：

$$\lim_{t\to\infty}|y_i(t)-y_{di}|=0 \tag{7.101}$$

$$\lim_{t\to\infty}\psi_i(t)=0 \tag{7.102}$$

$$\lim_{t\to\infty}|x_i(t)-x_j(t)-d_{ij}|=0 \tag{7.103}$$

$$\lim_{t\to\infty}|u_i(t)-u_d(t)|=0 \tag{7.104}$$

对于 UUV 的前向速度 $u_i(t)$ 和期望速度 $u_d(t)$ 做出以下假设：

$$u_i(t)\in[u_{\min},u_{\max}],i=1,\cdots,n \tag{7.105}$$

$$u_d(t)\in[u_{\min}+a,u_{\max}-a],\quad \forall t\geqslant t_0\geqslant 0 \tag{7.106}$$

其中，$u_{\max}>0$ 为最大前向速度；$u_{\min}>0$ 且 $u_{\min}<u_{\max}$ 为保持 UUV 航行稳定性的最小前向速度；$a>0$ 表示 UUV 速度调节的范围。

控制目标式(7.101)、式(7.102) 为单个 UUV 的路径跟踪控制，保证 UUV 渐近收敛至与期望路径 P 平行的直线航迹，即与 P 平行期望距离收敛至 y_{di}，航向角 ψ_i 渐近收敛至零。控制目标中式(7.103)、式(7.104) 为多个 UUV 的同步控制，保证每个 UUV 在沿各自期望航迹运动的同时，与其他 UUV 形成并保持期望队形，并均以期望前向速度 $u_d(t)$ 运动。

7.3.2　编队直线跟踪控制

首先参考 7.1 节，选择 UUV 期望的航向角

$$\psi_d = -\arctan\left(\frac{e}{\Delta}\right) \tag{7.107}$$

其中，$e \overset{\text{def}}{=\!=} y - y_d$ 为横向跟踪误差；y_d 为期望的横向坐标，且有 $\dot{e} = \dot{y}$。

由期望航向角定义可得 $\sin\psi_d = -\frac{e}{\sqrt{e^2+\Delta^2}}$，$\cos\psi_d = \frac{\Delta}{\sqrt{e^2+\Delta^2}}$。定义相应的参考航向角速度

$$r_d \overset{\text{def}}{=\!=} \dot{\psi}_d = -\frac{1}{\Delta}\cos^2\psi_d(u\sin\psi + v\cos\psi) \tag{7.108}$$

考虑 UUV 的前向运动控制，使其跟踪时变速度指令 $u_c(t)$。定义速度和航向角跟踪误差为

$$\left.\begin{aligned} u_e &\overset{\text{def}}{=\!=} u - u_c \\ \psi_e &\overset{\text{def}}{=\!=} \psi - \psi_d \\ r_e &\overset{\text{def}}{=\!=} r - r_d = \dot{\psi}_e \end{aligned}\right\} \tag{7.109}$$

其中，u_e，ψ_e，r_e 分别为前向速度跟踪误差、航向角跟踪误差、航向角速度跟踪误差。

将速度和航向跟踪误差代入前向运动学方程式(7.99)，得到

$$\begin{aligned} \dot{x} = (u_c + u_e)\cos\psi - v\sin\psi = u_c + u_e\cos\psi + u_c\frac{(\cos\psi - 1)(\psi_d + \psi_e)}{\psi} - \\ v\frac{\sin\psi(\psi_d+\psi_e)}{\psi} = u_c + u_e\cos\psi + \left(u_c\frac{\cos\psi-1}{\psi} - v\frac{\sin\psi}{\psi}\right)\psi_e - \\ \left(u_c\frac{\cos\psi-1}{\psi} - v\frac{\sin\psi}{\psi}\right)\left(\arctan\left(\frac{e}{\Delta}\right)\right) \end{aligned} \tag{7.110}$$

将式(7.110) 简化，得

$$\dot{x} = u_c + [h_{x1}\quad h_{x2}\quad 0\quad h_{x3}\quad 0]\begin{bmatrix} u_e \\ \psi_e \\ r_e \\ e \\ v \end{bmatrix} \tag{7.111}$$

式中，

$$h_{x1}=\cos\psi$$

$$h_{x2}=u_c\frac{\cos\psi-1}{\psi}-v\frac{\sin\psi}{\psi},h_{x3}=\frac{1}{e}\left(u_c\frac{\cos\psi-1}{\psi}-v\frac{\sin\psi}{\psi}\right)\left(\arctan\left(\frac{e}{\Delta}\right)\right)$$

定义 $\boldsymbol{\chi}=[u_e\quad\psi_e\quad r_e\quad e\quad v]^{\mathrm{T}}$，$\boldsymbol{h}_x(\boldsymbol{\chi},u_c)=[h_{x1}\quad h_{x2}\quad 0\quad h_{x3}\quad 0]$，则式(7.110)可写为

$$\dot{x}=u_c+\boldsymbol{h}_x(\boldsymbol{\chi},u_c)\boldsymbol{\chi}\tag{7.112}$$

显然，$\boldsymbol{h}_x(\boldsymbol{\chi},u_c)$ 是全局有界的。

本章第 7.1 节中关于直线跟踪控制的研究已经表明，在指数稳定的速度跟踪控制和航向角跟踪控制下，直线跟踪误差 $\boldsymbol{\chi}$ 是全局$\mathcal{K}$指数稳定的，x 方向的速度最终收敛至速度指令 $u_c(t)$。

假定多 UUV 系统的通信拓扑图为无向连通图，同时，编队的速度指令信息是全局的，即所有 UUV 均知道期望的编队速度信息。对于多 UUV 系统，通过协调每个 UUV 的速度指令 $u_{ci}(t)$ 使得所有 UUV 在 x 方向渐近收敛至期望队形，且在保持队形的同时，整个编队系统以期望速度 $u_d(t)$ 运动，即实现编队控制目标[18-20]。

采用信息一致性算法[21-22]，对于 UUVi 设计速度控制指令 u_{ci} 为

$$u_{ci}=u_d(t)-g\Big(\sum_{j\in J_i}(x_i-x_j-d_{ij})\Big),\quad i=1,2,\cdots,n\tag{7.113}$$

式中，$g(\cdot)$ 为连续可微、单调递增的有界函数，其满足 $g'(0)>0$，$g(0)=0$，$g(\cdot)\in[-a,a]$；J_i 为 UUVi 的邻居集合。结合式(7.106)，有 $u_{ci}\in[u_{\min},u_{\max}]$。

将 u_{ci} 表达式代入式(7.112)中，得

$$\dot{x}_i=u_d(t)-g\Big(\sum_{j\in J_i}(x_i-x_j-d_{ij})\Big)+\boldsymbol{h}_{xi}(\boldsymbol{\chi}_i,u_{ci})\boldsymbol{\chi}_i,\quad i=1,2,\cdots,n\tag{7.114}$$

定义新变量 $\bar{x}_i\overset{\text{def}}{=\!=}x_i-d_i-\int_{t_0}^{t}u_d(s)\mathrm{d}s$，$d_i-d_j=d_{ij}$，则式(7.114)可重写为

$$\dot{\bar{x}}_i=-g\Big(\sum_{j\in J_i}(\bar{x}_i-\bar{x}_j)\Big)+\boldsymbol{h}_{xi}(\boldsymbol{\chi}_i,u_{ci})\boldsymbol{\chi}_i,\quad i=1,2,\cdots,n\tag{7.115}$$

将式(7.115)写成矩阵形式

$$\dot{\bar{\boldsymbol{x}}}=-\boldsymbol{g}(\boldsymbol{L}\bar{\boldsymbol{x}})+\boldsymbol{H}_x(\boldsymbol{\chi},\boldsymbol{u}_c)\boldsymbol{\chi}\tag{7.116}$$

式中，$\bar{\boldsymbol{x}}=[\bar{x}_1,\cdots,\bar{x}_n]^{\mathrm{T}}$；$\boldsymbol{\chi}\overset{\text{def}}{=\!=}[\boldsymbol{\chi}_1^{\mathrm{T}},\cdots,\boldsymbol{\chi}_n^{\mathrm{T}}]^{\mathrm{T}}$，$\boldsymbol{u}_c\overset{\text{def}}{=\!=}[u_{c1},\cdots,u_{cn}]^{\mathrm{T}}$；$\boldsymbol{H}_x\overset{\text{def}}{=\!=}[\boldsymbol{h}_{x1},\cdots,\boldsymbol{h}_{xn}]^{\mathrm{T}}$。$\boldsymbol{L}$ 是多 UUV 通信无向图 G 相应的拉氏矩阵。

首先研究名义系统

$$\dot{\bar{\boldsymbol{x}}} = -\boldsymbol{g}(\boldsymbol{L}\bar{\boldsymbol{x}}) \tag{7.117}$$

的稳定性，有下面的定理：

定理 7.7　名义系统式(7.117)是全局渐近稳定的，并且 $|\dot{\bar{x}}_j - \dot{\bar{x}}_i|$ 趋近于零。

证明　由图论及相关矩阵理论[23-24]可知，无向连通图的拉氏矩阵 L 是对称且正半定的，满足 $\boldsymbol{L} = \boldsymbol{L}^{\mathrm{T}}$。

考虑 Lyapunov 函数 $V = \frac{1}{2}\bar{\boldsymbol{x}}^{\mathrm{T}}\boldsymbol{L}\bar{\boldsymbol{x}}$，$V$ 具有二次型结构，$V > 0$。对 V 求导得

$$\begin{aligned}\dot{V} &= \frac{1}{2}\dot{\bar{\boldsymbol{x}}}^{\mathrm{T}}\boldsymbol{L}\bar{\boldsymbol{x}} + \frac{1}{2}\bar{\boldsymbol{x}}^{\mathrm{T}}\boldsymbol{L}\dot{\bar{\boldsymbol{x}}} = \frac{1}{2}(\boldsymbol{L}\dot{\bar{\boldsymbol{x}}})^{\mathrm{T}}\bar{\boldsymbol{x}} + \frac{1}{2}\bar{\boldsymbol{x}}^{\mathrm{T}}\boldsymbol{L}\dot{\bar{\boldsymbol{x}}} = \\ &\frac{1}{2}(\bar{\boldsymbol{x}}^{\mathrm{T}}\boldsymbol{L}\dot{\bar{\boldsymbol{x}}})^{\mathrm{T}} + \frac{1}{2}\bar{\boldsymbol{x}}^{\mathrm{T}}\boldsymbol{L}\dot{\bar{\boldsymbol{x}}}\end{aligned} \tag{7.118}$$

已知 $\boldsymbol{L} = \boldsymbol{L}^{\mathrm{T}}$，则有 $(\bar{\boldsymbol{x}}^{\mathrm{T}}\boldsymbol{L}\dot{\bar{\boldsymbol{x}}})^{\mathrm{T}} = \bar{\boldsymbol{x}}^{\mathrm{T}}\boldsymbol{L}\dot{\bar{\boldsymbol{x}}}$ 成立，于是式(7.118)写为

$$\dot{V} = \bar{\boldsymbol{x}}^{\mathrm{T}}\boldsymbol{L}\dot{\bar{\boldsymbol{x}}} \tag{7.119}$$

将 $\dot{\bar{\boldsymbol{x}}} = -\boldsymbol{g}(\boldsymbol{L}\bar{\boldsymbol{x}})$ 代入式(7.119)，得

$$\dot{V} = \bar{\boldsymbol{x}}^{\mathrm{T}}\boldsymbol{L}(-\boldsymbol{g}(\boldsymbol{L}\bar{\boldsymbol{x}})) = -(\boldsymbol{L}\bar{\boldsymbol{x}})^{\mathrm{T}}\boldsymbol{g}(\boldsymbol{L}\bar{\boldsymbol{x}}) \tag{7.120}$$

式中，已知 $\boldsymbol{g}(\cdot)$ 是单调递增的有界函数集合，则有 $(\boldsymbol{L}\bar{\boldsymbol{x}})^{\mathrm{T}}\boldsymbol{g}(\boldsymbol{L}\bar{\boldsymbol{x}}) \geqslant 0$，即 $\dot{V} \leqslant 0$ 为负半定的，于是得到 V 是非负单调递减的有界函数。通过直接计算可知 $\ddot{V}$ 有界，这就能够保证 $\dot{V}$ 的一致连续性。由 Brabalat 引理最终可得 $\boldsymbol{L}\bar{\boldsymbol{x}} = 0$，即对于多 UUV 系统而言，其系统状态最终收敛到最大不变子集 $M = \{\bar{\boldsymbol{x}} \in \mathbf{R}^n \mid \boldsymbol{L}\bar{\boldsymbol{x}} = 0\}$，显然 M 是拉氏矩阵 $\boldsymbol{L}$ 的零特征值相对应的右特征矢量，生成的子空间，因此，$M = \{\bar{\boldsymbol{x}} \in \mathbf{R}^n \mid \bar{x}_1 = \bar{x}_2 = \cdots = \bar{x}_n = \eta\}$，其中 $\eta \in \mathbf{R}$。于是，名义系统 $\dot{\bar{\boldsymbol{x}}} = -\boldsymbol{g}(\boldsymbol{L}\bar{\boldsymbol{x}})$ 为全局渐近稳定的，并且在不变集 M 中，显然有 $|\bar{x}_j - \bar{x}_i| = 0$。

考虑状态 $\boldsymbol{\chi}$ 的扰动，由于 $\boldsymbol{h}_{xj}(\boldsymbol{\chi}, \boldsymbol{u}_c)$ 是全局有界的，$\boldsymbol{H}_x(\boldsymbol{\chi}, \boldsymbol{u}_c)$ 也是全局有界的，而直线跟踪误差 $\boldsymbol{\chi}$ 是全局 $\mathcal{K}$ 指数稳定的，依据级联系统理论有下面的定理。

定理 7.8　在状态 $\boldsymbol{\chi}$ 的扰动下，系统式(7.116)是全局渐近稳定的，并且 $|\bar{x}_j - \bar{x}_i|$ 趋近于零。

根据 $\bar{x}_i$ 的定义，由上面的定理可以得到 $|\bar{x}_i - \bar{x}_j| = |x_i - x_j - d_{ij}|$ 也全局收敛于零，并且由 $\dot{\bar{x}}_i$ 趋近于零可知 $\dot{x}_i - u_d(t)$ 也趋近于零，实现控制目标式(7.103)、式(7.104)。

7.3.3 仿真研究

研究理想环境下 3 个欠驱动 UUV 以一字形的队形沿平行于 x 轴的直线航迹运动。期望队形定义为 $y_{d1}=0, y_{d2}=-100, y_{d3}=100, d_{12}=d_{13}=d_{23}=0$。期望速度 $u_d=5$ m/s，系统的通信拓扑图为无向连通图，如图 7-13 所示。

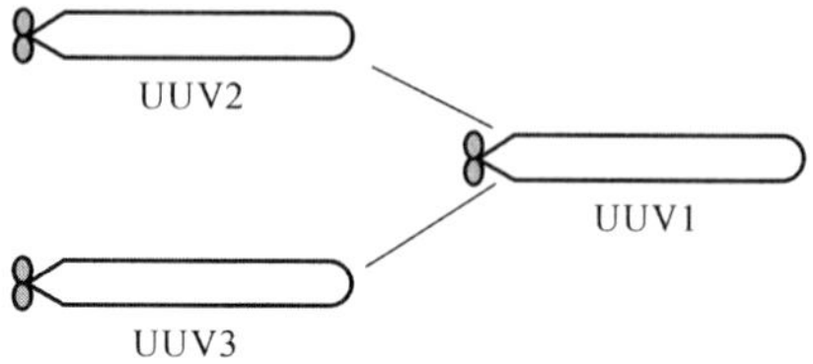

图 7-13　系统的通信拓扑图

函数 $g(\cdot)=2a/\pi\arctan(\cdot)$，编队控制参数见表 7-1。

表 7-1　仿真中所用参数

Δ	k_ψ	k_r	k_u	a	$u_{\min}$	$u_{\max}$
10	10	5	0.5	3	2	10

UUV 的初始状态分别为 $u_1(0)=u_2(0)=u_3(0)=3$ m/s，$(x_1(0), y_1(0))=(-50,10)$，$(x_2(0), y_2(0))=(20,-60)$，$(x_3(0), y_3(0))=(-10,35)$，$\psi_1(0)=0$，$\psi_2(0)=\pi/2$，$\psi_3(0)=\pi/2$，其余运动参数为零。

仿真结果如图 7-14～图 7-16 所示。

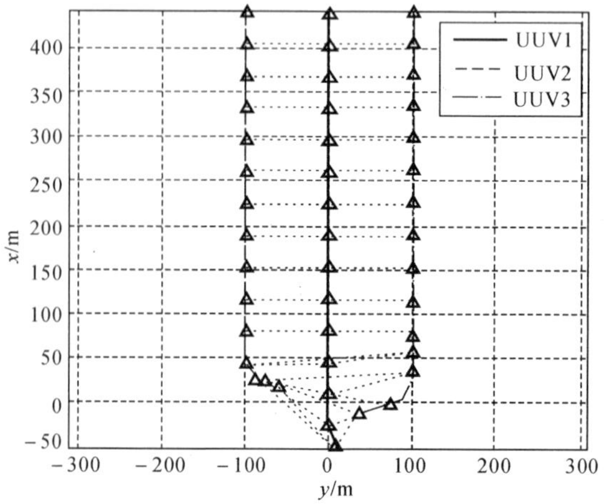

图 7-14　3 个 UUV 的轨迹图

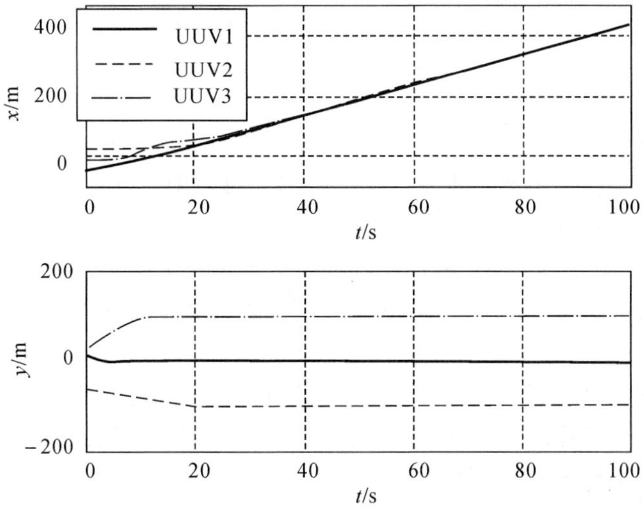

图 7-15 3 个 UUV 的坐标曲线

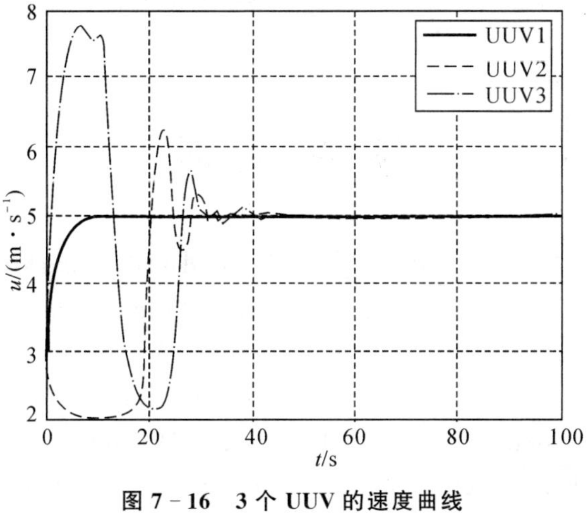

图 7-16 3 个 UUV 的速度曲线

从图 7-14 的仿真结果可以看出，本节提出的多 UUV 编队直线跟踪控制算法是有效的，3 个 UUV 最终以一字形沿与 x 平行的直线航迹运动。图 7-15 和图 7-16 分别显示 UUV 之间位置坐标的相对差值分别等于期望值，前向速度经过不断调整也最终收敛至期望速度 u_d，且满足有界的假设条件。

7.4 本章小结

本章基于级联-反演方法研究了欠驱动 UUV 的水平面和 3 维空间直线航迹跟踪控制问题。在水平面直线航迹跟踪控制的研究中，通过选择恰当的期望航向角，将系统分解为横向跟踪和航向角跟踪两个级联系统，通过 Lyapunov 直接法证明了当参数满足一定条件时，横向跟踪的名义系统是全局$\mathcal{K}$指数稳定的，然后设计偏航力矩使航向角跟踪误差全局$\mathcal{K}$指数稳定，从而基于级联系统理论证明了直线航迹跟踪误差的全局$\mathcal{K}$指数稳定性。

在此基础上研究了 3 维直线航迹跟踪控制问题，首先用同样的级联-反演方法得到垂直面航迹跟踪的全局指数稳定性，然后依次证明了航向角跟踪误差和横向跟踪误差的全局$\mathcal{K}$指数稳定性。

最后在研究单个 UUV 直线跟踪的基础上，采用图论方法，令所有 UUV 的横向坐标差渐近收敛至期望值，即跟踪各自的期望直线，同时通过调节 UUV 的速度使 UUV 以共同的期望速度沿各自的期望路径运动并保持相对距离，从而实现编队控制。

参考文献

[1] Fossen T I. Marine Control Systems: Guidance, Navigation and Control of Ships, Rigs and Underwater Vehicles. Trondheim, Norway: Marine Cybernetics, 2002.

[2] Aguiar A P, Pascoal A M. Dynamic Positioning and Way-point Tracking of Underactuated AUVs in the Presence of Ocean Currents. Proceedings of the 41st IEEE Conference on Decision and Control, 2002.

[3] Breivik M. Nonlinear Maneuvering Control of Underactuated Ships. MS Thesis, Norwegian University of Science Technology, 2003.

[4] Breivik M, Fossen T I. Path Following of Straight Lines and Circles for Marine Surface Vessels. Proceedings of the 6th IFAC CAMS, 2004: 65-70.

[5] Pettersen K Y, Lefeber E. Way-point Tracking Control of Ships.

Proceedings of 40th IEEE Conference on Decision and Control, 2001, 1: 940 - 945.

[6] Børhaug E. Cross - Track Maneuvering and Way—Point Tracking Control of Underactuated Auvs in Particular and Mechanical Systems in General. MS. Thesis, Norwegian University of Science Technology, 2005.

[7] Indiveri G. Linear Course Tracking for Underactuated Marine Vehicles: a Time Invariant Nonlinear Controller. Technical Report, German National Research Center on Information Technologies, 1999.

[8] Indiveri G, Aicardi M, Casalino G. Nonlinear Time - invariant Feedback Control of an Underactuated Marine Vehicle along a Straight Course. Proceedings of the 5th IFAC Conference on Marine Craft Maneuvering and Control, 2000: 221 - 226.

[9] Børhaug E, Pettersen K Y. Cross - track Control for Underactuated Autonomous Vehicles. Proceedings of the 44th IEEE Conference on Decision and Control, and the European Control Conference, 2005: 602 - 606.

[10] Børhaug E. Cross - Track Maneuvering and Way - Point Tracking Control of Underactuated Auvs in Particular and Mechanical Systems in General. MS. Thesis, Norwegian University of Science Technology, 2005.

[11] Do K D, Pan J. Global Waypoint Tracking Control of Underactuated Ships under Relaxed Assumptions. Proceedings of the 42nd IEEE Conference on Decision and Control, 2003: 1244 - 1249.

[12] 李铁山，杨盐生，郑云峰. 不完全驱动船舶航迹控制输入输出线性化设计. 系统工程与电子技术，2004 26(7): 945 - 948.

[13] Li T, Yang Y, Hong B, et al. A Robust Adaptive Nonlinear Control Approach to Ship Straight - path Tracking Design. American Control Conference, 2005: 4016 - 4021.

[14] 周岗，姚琼荟，陈永冰，等. 不完全驱动船舶直线航迹控制稳定性研究. 自动化学报，2007，33(4):378 - 384.

[15] 周岗，姚琼荟，陈永冰，等. 基于输入输出线性化的船舶全局直线航迹控制. 控制理论与应用，2007，24(1):117 - 121.

[16] 高剑，徐德民，严卫生，等. 欠驱动自主水下航行器的非线性横向跟踪控制. Proceedings of the 30th Chinese Control Conference July 22 - 24, 2011,

Yantai, China.
[17] 高剑，徐德民，严卫生，等. 基于级联方法的欠驱动 AUV 全局K指数 3 维直线跟踪控制. 控制与决策，2012，27(9):1281-1287.
[18] Børhaug E, Pavlov A, Ghabcheloo R, et al. Formationcontrol of Underactuated Marine Vehicle with Communication Constraints. Proceedings of 7th IFAC Conference on Manoeuvring and Control of Marine Craft, 2006.
[19] Børhaug E, Pavlov A, Panteley E, et al. Straight Line Path Following for Formations of Underactuated Marine Surface Vessels. IEEE Transactions on Control Systems Technology, 19(3), 2011.
[20] Li J, Jun B, Lee P. Formation Control of Multiple Underactuated AUVs. Proceedings of the MTS/IEEE OCEANS Conference, 2007.
[21] Olfati-Saber R, Murray R M. Consensus Problems in Networks of Agents with Switching Topology and Time-Delays. IEEE Transactions Automatic Control, 2004, 49(9):1520-1533.
[22] Ren W, Beard R W. Consensus Seeking in Multi-Agent Systems under Dynamically Changing Interaction Topologies. IEEE Transactions Automatic Control, 2005, 50(5): 655-661.
[23] Horn R A, Johnson C R. Matrix Analysis. Cambridge UK: Cambridge University Press, 1985.
[24] Merris R. Laplacian Matrices of Graph: A Survey. Linear Algebra and its Applications, 1994.

第8章　欠驱动UUV路径跟踪控制

欠驱动UUV的路径跟踪控制是指，给定水平面内一条由参数 s 描述的期望曲线，UUV从任意初始状态出发，在偏航力矩 N 的控制下，收敛于该曲线，并沿该曲线以期望前向速度运动。路径跟踪包含两方面的内容，一是操纵UUV跟踪期望路径，保证跟踪误差收敛为零，二是前向速度控制，使其稳定在期望速度上[1]。

路径跟踪与轨迹跟踪不同，后者的参考轨迹由参考模型产生，要求模型参数必须已知，并且对UUV的所有运动参数有时间的要求，而路径跟踪的参考路径由曲线参数描述，与时间无关。在实际应用中，路径跟踪比轨迹跟踪有更高的实用价值，因为无论是水文测量还是水下侦察、武器投送，都要求UUV能够以一定速度跟踪预先规定好的航线航行，而不要求UUV在每一时刻的位置、姿态和速度。

目前对另一类较为简单的非完整控制系统——轮式移动机器人的路径跟踪问题的研究已有许多成果[2]。相比之下，欠驱动UUV的路径跟踪控制的研究较少，尤其是3维空间的路径跟踪。与轨迹跟踪相似，欠驱动UUV的路径跟踪控制的难点在于侧向和垂向运动的欠驱动特性，以及动力学模型中的强耦合影响，这些均使得移动机器人的研究成果无法直接应用于UUV。

欠驱动UUV非线性路径跟踪控制方法主要分为三类：一是在以UUV在参考路径上的正交投影为原点的标准Serret－Frenet坐标系，或以任意点为原点的改进Serret－Frenet坐标系下描述路径跟踪误差及其动态模型；二是在运载体坐标系下描述路径跟踪误差，用参考点的坐标及其导数描述参考点的运动，该方法适用于任意的曲线参数；三是以自身为原点，经过极坐标变换，用参考点的距离和方位角描述跟踪误差。

Serret－Frenet坐标系法[2]是目前最为经典的路径跟踪控制方法，它以UUV在参考路径上的正交投影点为跟踪参考点，并以该点为原点沿路径的切线方向建立Serret－Frenet坐标系，用UUV在该坐标系下的法向坐标描述路径跟踪误差，并定义弧长参数 s 的变化率 $\dot{s}$。但是，当UUV到投影点的距离为该点的曲率半径时，在路径上的投影的移动速度为无穷大，即 $\dot{s} \to \infty$。为了避免这一问题，要求UUV到路径的距离不能大于路径的最小曲率半径，因此无法获得全局解。

为了解决奇异值问题，Lapierre和Soetanto等人[3-5]提出以路径上的自由点为参考点，建立Serret－Frenet坐标系，选择任意曲线参数 s，并以曲线参数变化率

$\dot{s}$ 为控制量，使 UUV 在非投影 Serret－Frenet 坐标系中的切向误差渐近稳定，即参考点渐近收敛于 UUV 在路径上的正交投影点，从而克服奇异值问题，获得路径跟踪的全局解。

本章选择非投影 Serret－Frenet 坐标系描述路径跟踪误差，参考 Do 和 Pan 的研究[6-9]，用任意曲线参数描述曲线上参考点的运动，而不必是弧长参数，便于参考路径的建模。针对欠驱动 UUV 模型的结构特点，采用级联-反演方法，首先设计恰当的期望航向角，并将路径跟踪系统分解为位置跟踪和航向角、速度跟踪，并证明了以曲线参数为控制输入，位置跟踪误差的名义系统是全局$\mathcal{K}$指数稳定的。最后应用级联系统理论证明了 UUV 的路径跟踪误差在航向角和速度控制下是全局$\mathcal{K}$指数稳定的[10-12]。

8.1 Serret－Frenet 坐标系与路径跟踪建模

为了描述方便，将欠驱动 UUV 的水平面运动模型重写如下：

$$\left.\begin{aligned}\dot{x}&=u\cos\psi-v\sin\psi\\ \dot{y}&=u\sin\psi+v\cos\psi\\ \dot{\psi}&=r\end{aligned}\right\}\tag{8.1}$$

和

$$\left.\begin{aligned}\dot{u}&=\frac{m_{22}}{m_{11}}vr-\frac{d_{11}}{m_{11}}u+\frac{1}{m_{11}}X\\ \dot{v}&=-\frac{m_{11}}{m_{22}}ur-\frac{d_{22}}{m_{22}}v\\ \dot{r}&=\frac{m_{11}-m_{22}}{m_{33}}uv-\frac{d_{33}}{m_{33}}r+\frac{1}{m_{33}}N\end{aligned}\right\}\tag{8.2}$$

式中，参数 m_{11}，m_{22}，m_{33}，d_{22}，d_{33} 的定义与第 6 章相同。

如图 8－1 所示，参考路径 Ω 是水平面 $z=0$ 内的一条自由曲线，O 点为 UUV 运载体坐标系的原点，P 点为路径 Ω 上的自由参考点，在 P 点上建立以切矢量和法矢量为坐标轴构成的$\{SF\}$坐标系 $x_{sf}y_{sf}z_{sf}$，其中 x_{sf} 轴沿路径在 P 点的切线方向，y_{sf} 轴沿 P 点的法线方向，z_{sf} 轴向下，遵守右手坐标法则。参考点以速度 U_p 沿参考路径 Ω 运动，x_{sf} 轴与地面坐标系$\{N\}$的 x 轴夹角为 ψ_p。O 点在$\{SF\}$坐标系中的坐标为$(\tau_e, n_e, 0)$，即路径跟踪误差。

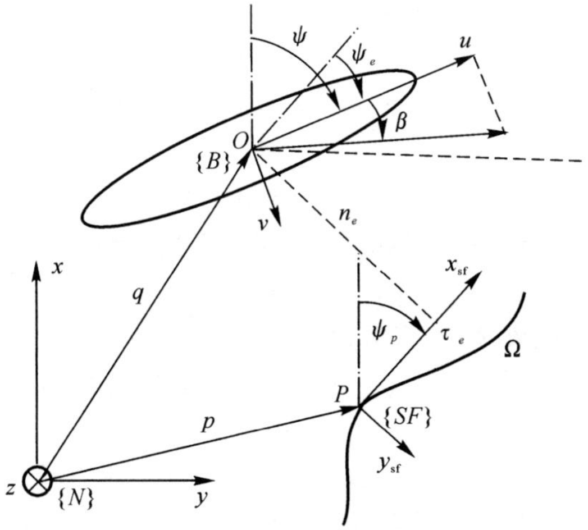

图 8－1　非投影 Serret－Frenet 坐标系及路径跟踪误差

若选择一般的曲线参数 s，对时间的导数为 $\dot{s}=\dfrac{\mathrm{d}s}{\mathrm{d}t}$，曲线上 $P(x_p(s),y_p(s),0)$ 点由曲线参数 s 唯一确定，并定义其对参数 s 的一阶和二阶导数为

$$\left.\begin{aligned} x'_p(s)&=\frac{\mathrm{d}x_p}{\mathrm{d}s}\\ y'_p(s)&=\frac{\mathrm{d}y_p}{\mathrm{d}s}\\ x''_p(s)&=\frac{\mathrm{d}^2x_p}{\mathrm{d}s^2}\\ y''_p(s)&=\frac{\mathrm{d}^2y_p}{\mathrm{d}s^2}\end{aligned}\right\}\tag{8.3}$$

于是，参考点 (x_p,y_p) 沿曲线运动的速度可以表示为

$$U_p=\sqrt{x'^2_p(s)+y'^2_p(s)}\,\dot{s}\tag{8.4}$$

特别的，当 s 为弧长参数时，$\sqrt{x'^2_p(s)+y'^2_p(s)}=1$，$U_p=\dot{s}$。

曲线切矢量的方位角，即 x_{sf} 轴与 x 轴的夹角为

$$\psi_p(s)=\arctan\left(\frac{y'_p(s)}{x'_p(s)}\right)\tag{8.5}$$

其角速率为

$$r_p(s)=\frac{\partial\psi_p}{\partial s}\dot{s}=\frac{x'_p(s)y''_p(s)-y'_p(s)x''_p(s)}{x'^2_p(s)+y'^2_p(s)}\dot{s}\tag{8.6}$$

当选择弧长参数时，$r_p=c(s)\dot{s}$，$c(s)$ 为路径 Ω 在 P 点的曲率。

为了推导路径跟踪误差的动态方程，采用 3 维坐标描述水平面内的矢量，及 UUV 和参考点的平动、转动。定义 $\boldsymbol{R}_{\mathrm{sf}}^{n}$ 为 $\{SF\}$ 坐标系到 $\{N\}$ 坐标系的转换矩阵，即

$$\boldsymbol{R}_{\mathrm{sf}}^{n}=\begin{bmatrix}\cos\psi_p & -\sin\psi_p & 0\\ \sin\psi_p & \cos\psi_p & 0\\ 0 & 0 & 1\end{bmatrix}=\boldsymbol{R}(\psi_p) \tag{8.7}$$

式中，坐标变换矩阵函数 $\boldsymbol{R}(\cdot)$ 定义为

$$\boldsymbol{R}(\theta)\overset{\mathrm{def}}{=\!=\!=}\begin{bmatrix}\cos\theta & -\sin\theta & 0\\ \sin\theta & \cos\theta & 0\\ 0 & 0 & 1\end{bmatrix} \tag{8.8}$$

$\boldsymbol{p}$ 为参考点 P 在地面坐标系下的坐标矢量，P 点的运动速度在 $\{SF\}$ 坐标系中可以表示为

$$\left(\frac{\mathrm{d}\boldsymbol{p}}{\mathrm{d}t}\right)_{SF}=\begin{bmatrix}U_p\\ 0\\ 0\end{bmatrix} \tag{8.9}$$

$\boldsymbol{q}$ 为点 O 在地面坐标系下的坐标矢量，考虑 UUV 在地面坐标系 $\{N\}$ 下的速度有

$$\left(\frac{\mathrm{d}\boldsymbol{q}}{\mathrm{d}t}\right)_{N}=\left(\frac{\mathrm{d}\boldsymbol{p}}{\mathrm{d}t}\right)_{N}+\boldsymbol{R}_{\mathrm{sf}}^{n}\left(\frac{\mathrm{d}\boldsymbol{d}}{\mathrm{d}t}\right)_{SF}+\boldsymbol{R}_{\mathrm{sf}}^{n}(\boldsymbol{r}_p\times\boldsymbol{d}) \tag{8.10}$$

式中，$\boldsymbol{r}_p=[0\quad 0\quad r_p]^{\mathrm{T}}$ 为参考点 P 的角速度矢量；$\boldsymbol{d}=[\tau_e\quad n_e\quad 0]^{\mathrm{T}}$ 为由 P 点指向 O 点的矢量。方程式(8.10)两边同乘以 $(\boldsymbol{R}_{\mathrm{sf}}^{n})^{\mathrm{T}}$，将点 O 在 $\{N\}$ 坐标系中的速度转换到 $\{SF\}$ 坐标系中

$$(\boldsymbol{R}_{\mathrm{sf}}^{n})^{\mathrm{T}}\left(\frac{\mathrm{d}\boldsymbol{q}}{\mathrm{d}t}\right)_{N}=\left(\frac{\mathrm{d}\boldsymbol{p}}{\mathrm{d}t}\right)_{SF}+\left(\frac{\mathrm{d}\boldsymbol{d}}{\mathrm{d}t}\right)_{SF}+\boldsymbol{r}_p\times\boldsymbol{d} \tag{8.11}$$

根据定义有

$$\left(\frac{\mathrm{d}\boldsymbol{q}}{\mathrm{d}t}\right)_{N}=\begin{bmatrix}\dot{x}\\ \dot{y}\\ 0\end{bmatrix}=\boldsymbol{R}_{b}^{n}(\psi)\begin{bmatrix}u\\ v\\ 0\end{bmatrix} \tag{8.12}$$

$$\left(\frac{\mathrm{d}\boldsymbol{d}}{\mathrm{d}t}\right)_{SF}=\begin{bmatrix}\dot{\tau}_e\\ \dot{n}_e\\ 0\end{bmatrix} \tag{8.13}$$

$$\boldsymbol{r}_p \times \boldsymbol{d} = \begin{bmatrix} 0 \\ 0 \\ r_p \end{bmatrix} \times \begin{bmatrix} \tau_e \\ n_e \\ 0 \end{bmatrix} = \begin{bmatrix} -r_p n_e \\ r_p \tau_e \\ 0 \end{bmatrix} \tag{8.14}$$

将式(8.12) ～ 式(8.14) 代入到式(8.11) 得

$$(\boldsymbol{R}_{\mathrm{sf}}^n)^{\mathrm{T}} \begin{bmatrix} \dot{x} \\ \dot{y} \\ 0 \end{bmatrix} = \boldsymbol{R}(\psi - \psi_p) \begin{bmatrix} u \\ v \\ 0 \end{bmatrix} = \begin{bmatrix} U_p \\ 0 \\ 0 \end{bmatrix} + \begin{bmatrix} \dot{\tau}_e \\ \dot{n}_e \\ 0 \end{bmatrix} + \begin{bmatrix} -r_p n_e \\ r_p \tau_e \\ 0 \end{bmatrix} \tag{8.15}$$

定义航向角跟踪误差

$$\psi_e \overset{\mathrm{def}}{=\!=\!=} \psi - \psi_p \tag{8.16}$$

整理式(8.15) 得到路径跟踪误差的运动学方程

$$\left.\begin{aligned} \dot{\tau}_e &= -U_p + r_p n_e + u\cos\psi_e - v\sin\psi_e \\ \dot{n}_e &= -r_p \tau_e + u\sin\psi_e + v\cos\psi_e \\ \dot{\psi}_e &= r - r_p \end{aligned}\right\} \tag{8.17}$$

在经典的 Serret - Frenet 坐标系中，以弧长 s 为曲线参数，参考点为 UUV 在路径上的正交投影点，即 $\tau_e = 0$，有

$$\dot{s} = \frac{u\cos\psi_e - v\sin\psi_e}{1 - c(s) n_e} \tag{8.18}$$

由于 $1 - c(s)n_e$ 出现在分母中，当 $n_e = 1/c(s)$，即 n_e 等于曲率半径时，$\dot{s} \to \infty$，于是产生奇异值。在非投影 Serret - Frenet 坐标系中，以 $\dot{s}$ 为控制量，使 τ_e 全局渐近稳定，参考点收敛于正交投影点，从而克服了奇异值问题，使全局路径跟踪控制成为可能。

欠驱动 UUV 路径跟踪的目标为，给定由参数 s 描述的参考路径，及前向速度指令 u_d，UUV 从任意的初始位置和航向角出发，寻找前向推力 X、偏航力矩 N 和曲线参数的变化率 $\dot{s}$，使 UUV 相对参考路径的跟踪误差 $[\tau_e \quad n_e]^{\mathrm{T}}$ 全局渐近稳定，并且前向速度 u 渐近收敛于期望速度 u_d。

8.2　基于级联-反演方法的路径跟踪控制

8.2.1　路径跟踪控制设计与稳定性证明

首先考虑速度跟踪误差，定义

$$u_e \stackrel{\text{def}}{=\!=\!=} u - u_d \tag{8.19}$$

其导数为

$$\dot{u}_e = \frac{m_{22}}{m_{11}} vr - \frac{d_{11}}{m_{11}} u + \frac{1}{m_{11}} X - \dot{u}_d \tag{8.20}$$

将式(8.17)的前两个方程改写为

$$\left.\begin{aligned} \dot{\tau}_e &= -U_p + r_p n_e + u_d \cos\psi_e - v\sin\psi_e + u_e \cos\psi_e \\ \dot{n}_e &= -r_p \tau_e + u_d \sin\psi_e + v\cos\psi_e + u_e \sin\psi_e \end{aligned}\right\} \tag{8.21}$$

与直线航迹跟踪不同的是，当 UUV 沿参考路径运动时，由于路径上参考点角速度 $r_p \neq 0$，UUV 无法保持航向角速度 r 为零，由于非线性耦合作用，侧向速度 v 的稳定特性不能保证其收敛到零，因此为了使 UUV 沿参考路径运动，应使 UUV 的速度矢量与路径的切线平行。

在参考文献[3]中，定义速度矢量与 x_b 轴的夹角为侧滑角

$$\beta = \arctan\left(\frac{v}{u}\right) \tag{8.22}$$

但在设计偏航力矩 N 时将出现侧滑角的二阶导数，包含控制输入 X 的导数 $\dot{X}$ 而难以计算。

为了避免了这一问题，这里采用期望前向速度 u_d 定义侧滑角[10-11]

$$\beta_d \stackrel{\text{def}}{=\!=\!=} \arctan\left(\frac{v}{u_d}\right) \tag{8.23}$$

求导有

$$\dot{\beta}_d = \frac{1}{u_d^2 + v^2}\left[u_d\left(-\frac{m_{11}}{m_{22}} ur - \frac{d_{22}}{m_{22}} v\right) - v\dot{u}_d\right] \tag{8.24}$$

显然，$\dot{\beta}_d$ 将不再包含控制量 X 的导数。

同时考虑侧向速度 v 的阻尼特性，假定 v 有界，并且满足

$$v < u_d \tag{8.25}$$

研究路径跟踪误差模型式(8.19)，切向跟踪误差 τ_e 可以通过选择适当的 U_p 加以控制，而法向跟踪误差 e_n 必须通过 ψ_e 进行稳定。于是式(8.21)式写为

$$\left.\begin{aligned} \dot{\tau}_e &= -U_p + r_p n_e + U_d \cos\Psi_e + u_e \cos\psi_e \\ \dot{n}_e &= -r_p \tau_e + U_d \sin\Psi_e + u_e \sin\psi_e \end{aligned}\right\} \tag{8.26}$$

式中，

$$U_d = \sqrt{u_d^2 + v^2} \tag{8.27}$$

$$\Psi_e = \psi_e + \beta_d \tag{8.28}$$

基于反演设计思想，选择 Ψ_e 的镇定函数为

$$\Psi_{ed} = -\arctan(k_n n_e), \quad \Psi_{ed} \in \left(-\frac{\pi}{2}, \frac{\pi}{2}\right) \tag{8.29}$$

并定义 Ψ_e 的跟踪误差

$$\bar{\Psi}_e = \Psi_e - \Psi_{ed} \tag{8.30}$$

另外定义

$$R_e \overset{\text{def}}{=\!=} \dot{\Psi}_e = r - r_p + \dot{\beta}_d \tag{8.31}$$

$$\bar{R}_e \overset{\text{def}}{=\!=} \dot{\bar{\Psi}}_e = r - r_p + \dot{\beta}_d - \dot{\Psi}_{ed} = R_e - \dot{\Psi}_{ed} \tag{8.32}$$

于是式中，

$$\dot{\Psi}_{ed} = -\frac{k_n}{1+(k_n n_e)^2}(-r_p\tau_e + U_d \sin\Psi_e + u_e \sin\Psi_e) \tag{8.33}$$

而 $\bar{R}_e$ 的导数为

$$\dot{\bar{R}}_e = \frac{m_{11}-m_{22}}{m_{33}}uv - \frac{d_{33}}{m_{33}}r + \frac{1}{m_{33}}N - \dot{r}_p + \ddot{\beta}_d - \ddot{\Psi}_{ed} \tag{8.34}$$

将式(8.30)代入式(8.26)，并写作级联系统形式

$$\sum\nolimits_1: \begin{bmatrix} \dot{\tau}_e \\ \dot{n}_e \end{bmatrix} = \begin{bmatrix} -U_p + r_p n_e + U_d \cos\Psi_{ed} \\ -r_p\tau_e + U_d \sin\Psi_{ed} \end{bmatrix} + \begin{bmatrix} U_d\eta_s(\Psi_{ed},\bar{\Psi}_e) & \cos\psi_e \\ U_d\eta_c(\Psi_{ed},\bar{\Psi}_e) & \sin\psi_e \end{bmatrix} \begin{bmatrix} \bar{\Psi}_e \\ u_e \end{bmatrix} \tag{8.35}$$

$$\sum\nolimits_2: \begin{bmatrix} \dot{\bar{\Psi}}_e \\ \dot{\bar{R}}_e \\ \dot{u}_e \end{bmatrix} = \begin{bmatrix} \bar{R}_e \\ \dfrac{m_{11}-m_{22}}{m_{33}}uv - \dfrac{d_{33}}{m_{33}}r + \dfrac{1}{m_{33}}N - \dot{r}_p + \ddot{\beta}_d - \ddot{\Psi}_{ed} \\ \dfrac{m_{22}}{m_{11}}vr - \dfrac{d_{11}}{m_{11}}u + \dfrac{1}{m_{11}}X - \dot{u}_d \end{bmatrix} \tag{8.36}$$

式中，函数 η_s，η_c 的定义见式(7.7)和式(7.8)。

研究系统 $\sum_1$ 的名义系统

$$\sum\nolimits_{1,n}: \begin{bmatrix} \dot{\tau}_e \\ \dot{n}_e \end{bmatrix} = \begin{bmatrix} -U_p + r_p n_e + U_d \cos\Psi_{ed} \\ -r_p\tau_e + U_d \sin\Psi_{ed} \end{bmatrix} \tag{8.37}$$

定义 Lyapunov 函数

$$V = \frac{1}{2}(\tau_e^2 + n_e^2) \tag{8.38}$$

其导数为

$$\begin{aligned} \dot{V} &= \tau_e(-U_p + r_p n_e + U_d\cos\Psi_{ed}) + n_e(-r_p\tau_e + U_d\sin\Psi_{ed}) = \\ &-\tau_e(U_p - U_d) + \tau_e U_d(\cos\Psi_{ed} - 1) + n_e U_d \sin\Psi_{ed} \end{aligned} \tag{8.39}$$

选择参考点速度

$$U_p = U_d + k_\tau \tau_e \tag{8.40}$$

并考虑到

$$\sin \Psi_{ed} = -\frac{k_n n_e}{\sqrt{1+(k_n n_e)^2}} \tag{8.41}$$

以及

$$\cos \Psi_{ed} - 1 \leqslant |\sin \Psi_{ed}| \tag{8.42}$$

于是

$$\begin{aligned}\dot{V} \leqslant & -k_\tau \tau_e^2 + U_d k_n \frac{|\tau_e||n_e|}{\sqrt{1+(k_n n_e)^2}} - \frac{U_d k_n n_e^2}{\sqrt{1+(k_n n_e)^2}} \leqslant \\ & -\frac{k_\tau}{2}\tau_e^2 - \frac{U_d k_n}{2\sqrt{1+(k_n n_e)^2}} n_e^2 - \frac{k_\tau}{2}\tau_e^2 - \frac{U_d k_n}{2}\left(\frac{n_e}{\sqrt{1+(k_n n_e)^2}}\right)^2 + \\ & U_d k_n \frac{|\tau_e||n_e|}{\sqrt{1+(k_n n_e)^2}}\end{aligned} \tag{8.43}$$

当控制参数满足

$$k_\tau > U_d k_n \tag{8.44}$$

时

$$-\frac{k_\tau}{2}\tau_e^2 - \frac{U_d k_n}{2}\left(\frac{n_e}{\sqrt{1+(k_n n_e)^2}}\right)^2 + U_d k_n \frac{|\tau_e||n_e|}{\sqrt{1+(k_n n_e)^2}} \leqslant 0 \tag{8.45}$$

因此，

$$\dot{V} \leqslant -\frac{k_\tau}{2}\tau_e^2 - \frac{U_d k_n}{2\sqrt{1+(k_n n_e)^2}} n_e^2 \tag{8.46}$$

负定。

定理 8.1 名义系统式(8.37)在控制参数 k_n, k_τ 满足不等式(8.44)时，选择参考点速度式(8.40)，是全局一致渐近稳定的并且是局部指数稳定的，即全局$\mathcal{K}$指数稳定的。

证明 由式(8.38)定义的 Lyapunov 函数正定，并且径向无界，而其导数 $\dot{V}$ 负定，因此系统式(8.37)全局一致渐近稳定。

在球域

$$B_l = \{(\tau_e, n_e) \in \mathbf{R}^2, \sqrt{\tau_e^2 + n_e^2} < l\} \tag{8.47}$$

内，有

$$\dot{V} \leqslant -\frac{k_\tau}{2}\tau_e^2 - \frac{U_d k_n}{2\sqrt{1+(k_n l)^2}} n_e^2 \tag{8.48}$$

系统式(8.37)是局部指数稳定的。

因此，根据第 6 章定理 6.4，系统式(8.37)是全局$\mathcal{K}$指数稳定的。

考虑系统 $\sum_2$，简单地选择控制

$$X = m_{11}(-k_u u_e + \dot{u}_d) - m_{22} vr + d_{11} u \tag{8.49}$$

和

$$N = m_{33}(-k_R \bar{R}_e - k_\Psi \bar{\Psi}_e + \dot{r}_p - \ddot{\beta}_d + \ddot{\Psi}_{ed}) - (m_{11} - m_{22}) uv + d_{33} r \tag{8.50}$$

式中，$k_u > 0, k_R > 0, k_\Psi > 0$ 为控制参数。显然，在式(8.49)、式(8.50)的控制下，系统 $\sum_2$ 全局一致指数稳定。

定理 8.2　系统式(8.17)在航向角控制式(8.49)、速度控制式(8.50)，以及曲线速率式(8.40)的控制下是全局$\mathcal{K}$指数稳定的。

证明　应用级联系统理论中的定理 6.3 和定理 6.5，检验其中的假设条件。

(1) 名义系统 $\sum_{1,n}$ 是全局$\mathcal{K}$指数稳定的，并且选择 $c \geqslant 2, \eta \geqslant 0$ 时，Lyapunov 函数式(8.38)及其导数满足定理 6.3 中的假设 1。

(2) 在假设式(8.25)的条件下，关联项

$$\boldsymbol{g} = \begin{bmatrix} U_d \eta_s (\Psi_{ed}, \bar{\Psi}_e) & \cos \psi_e \\ U_d \eta_c (\Psi_{ed}, \bar{\Psi}_e) & \sin \psi_e \end{bmatrix} \tag{8.51}$$

显然有

$$\| \boldsymbol{g} \| \leqslant \sqrt{2}(1 + U_d) \tag{8.52}$$

满足假设条件 2。

(3) 在式(8.49)的控制下系统 $\sum_2$ 是全局一致指数稳定的，假设条件 3 显然满足。

依据级联系统理论中的定理 6.3 和定理 6.5，系统 $\left\{\sum_1, \sum_2\right\}$ 是全局$\mathcal{K}$指数稳定的。

当系统 $\left\{\sum_1, \sum_2\right\}$ 全局$\mathcal{K}$指数收敛到原点后，$\Psi_e = \psi - \psi_p + \beta_d = 0, R_e = r - r_p + \dot{\beta}_d = 0$，即 $\psi = \psi_p - \beta_d, r = r_p - \dot{\beta}_d$。值得注意的是，系统的全局$\mathcal{K}$指数稳定性是在假设侧向速度 v 有界的条件下成立的。一般情况下 $r_p \neq \dot{\beta}_d$，因此 $r \neq 0$，即 $v = 0$ 不是平衡点，不能利用侧向速度自身的稳定特性而获得 v 的渐近稳定性，这也是一般路径跟踪与直线航迹跟踪的区别。

8.2.2　仿真研究

为了验证本章提出路径跟踪算法的有效性，本节采用 REMUS UUV 针对用不同曲线参数描述的 3 种参考路径进行仿真研究，包括直线路径、圆路径、正弦路径。

选择如下控制参数：

$$k_n = 0.1,\quad k_\tau = 0.5,\quad u_d = 1,\quad k_R = 5,\quad k_\Psi = 5,\quad k_u = 0.2$$

UUV 的初始状态为

$$x(0) = 0,\quad y(0) = 10,\quad u(0) = v(0) = r(0) = 0,\quad \psi(0) = \pi$$

1. 直线路径跟踪

以弧长为曲线参数，直线路径可以表示为

$$x_p = s\cos\psi_p,\quad y_p = s\sin\psi_p$$

显然，ψ_p 为常值。由式(8.3)定义的参考点坐标导数为

$$x'_p = \cos\psi_p,\quad y'_p = \sin\psi_p,\quad x''_p = 0,\quad y''_p = 0$$

仿真结果如图 8-2(a) ~ 8-2(d) 所示。

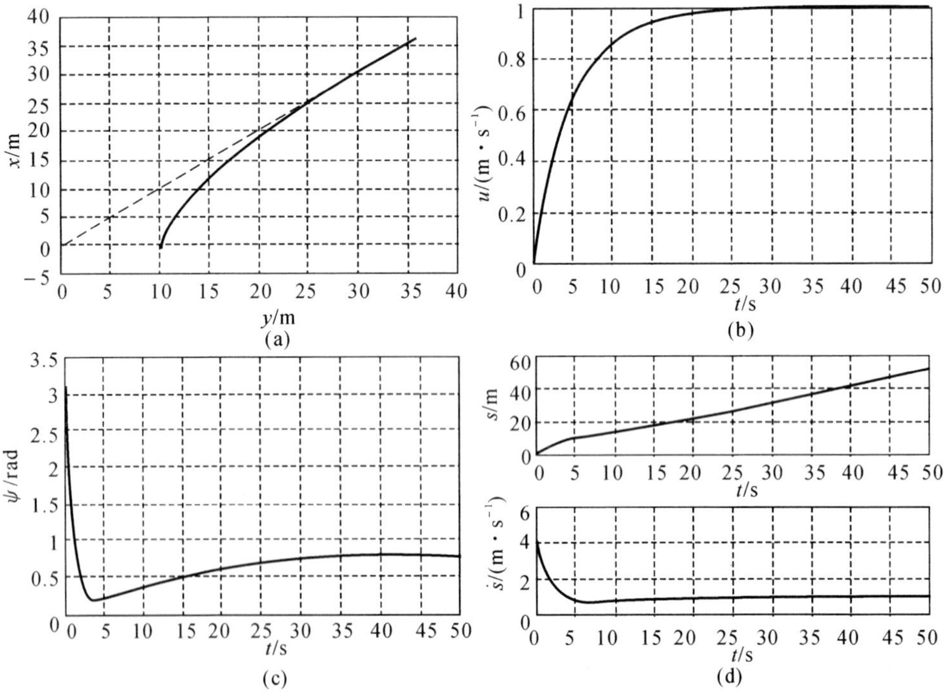

图 8-2　直线路径跟踪控制仿真结果

(a)平面轨迹(虚线为参考路径，实线为 UUV 轨迹)；(b)前向速度曲线；(c)航向角曲线；(d)曲线参数及其导数曲线

2. 圆路径跟踪

以相对起点的旋转角度为曲线参数，圆路径可以表示为

$$x_p = R\cos s, \quad y_p = R\sin s$$

式中,R 为圆路径的半径。由式(8.3) 定义的参考点坐标导数为

$$x'_p = -R\sin s, \quad y'_p = R\cos s, \quad x''_p = -R\cos s, \quad y''_p = -R\sin s$$

仿真结果如图 8-3(a) ～ 图 8-3(d) 所示。

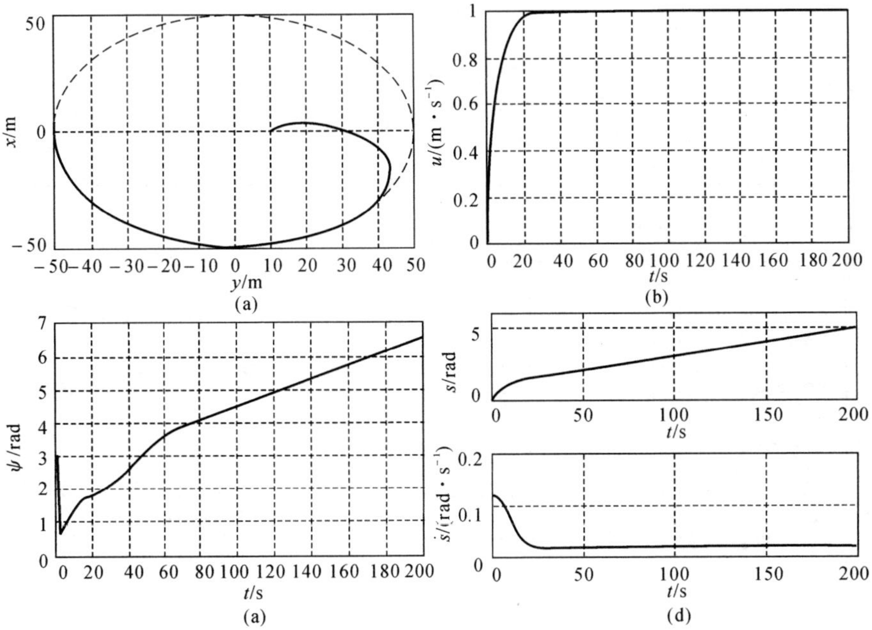

图 8-3　圆路径跟踪控制仿真结果

(a) 平面轨迹(虚线为参考路径,实线为 UUV 轨迹)；(b) 前向速度曲线

(c) 航向角曲线；(d) 曲线参数及其导数曲线

3. 正弦路径跟踪

以坐标 x_p 为曲线参数,正弦路径可以表示为

$$x_p = s, \quad y_p = 50\sin\left(\frac{\pi}{50}s\right)$$

由式(8.3) 定义的参考点坐标导数为

$$x'_p = 1, \quad y'_p = \pi\cos\left(\frac{\pi}{50}s\right), \quad x''_p = 0, \quad y''_p = -\frac{\pi^2}{50}\sin\left(\frac{\pi}{50}s\right)$$

仿真结果如图 8-4(a) ～ 图 8-4(d) 所示。

从上面的仿真结果看到,本章所提出的路径跟踪控制算法很好地实现了欠驱动 UUV 的水平面路径跟踪,并保证了跟踪误差收敛到零,同时保证了前向速度的跟踪

误差收敛到零。在 UUV 转动时,前向速度保持了很好的稳定性,尤其是在路径参考点角速度 r_p 不是常值的正弦路径跟踪中,这充分说明了速度控制的独立性。

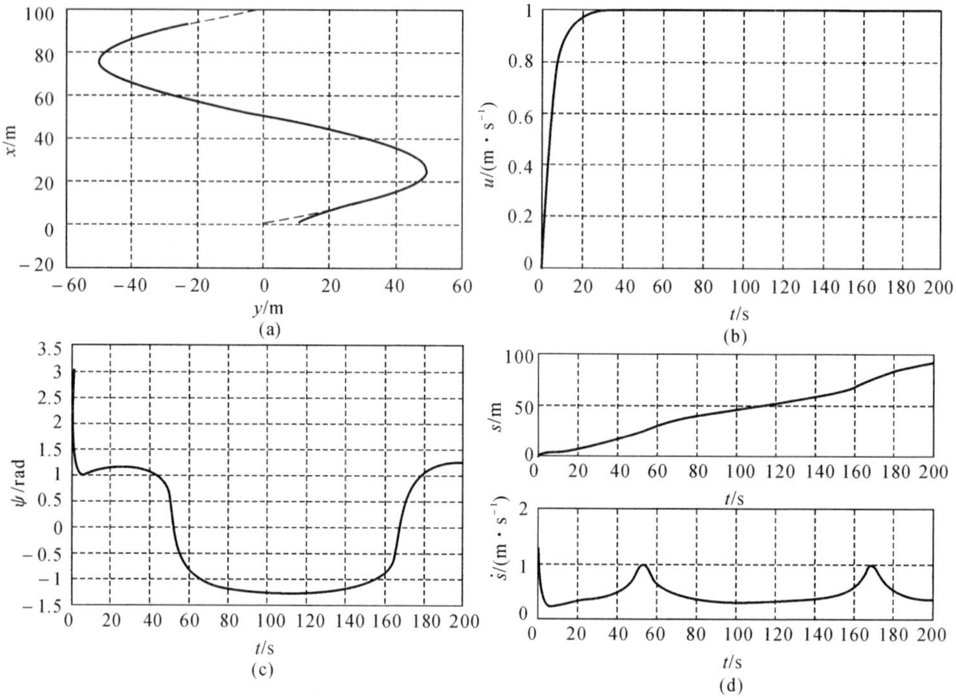

图 8-4 正弦路径跟踪控制仿真结果

(a)平面轨迹(虚线为参考路径,实线为 UUV 轨迹); (b)前向速度曲线

(c)航向角曲线; (d)曲线参数及其导数曲线

在直线路径和圆路径跟踪中,在系统稳定后,UUV 的速度矢量与路径平行,航向角速度和侧向速度稳定,因此,参考点的运动速度也趋于常值,等于 UUV 速度矢量的幅值。但在正弦路径跟踪中,参考点的角速度 r_p 不断变化,虽然路径跟踪控制保证了速度矢量与路径切线平行,但侧向速度 v 不能稳定为常值,因此路径参数的变化率是不断变化的。

8.3 无速度反馈的欠驱动 UUV 路径跟踪控制

在上一节研究的路径跟踪控制中,通过推进器推力的调节可以控制 UUV 的航行速度，并且在路径跟踪控制中也需要侧向速度信息。而在实际中，很多低成本 UUV 的推力为常值，不具有速度调节能力，同时由于缺少高精度的惯性导航/多普勒速度仪组合导航系统以获得准确的速度测量，UUV 只能通过长基线（LBL）或超短基线（USBL）水声定位系统获得位置信息，因此本节采用自适应控制技术，研究不具备速度测量和反馈控制的 UUV 的路径跟踪问题[13]。

8.3.1　常速度路径跟踪模型

首先，定义 UUV 的合速度 U 和侧滑角 β 为

$$\left.\begin{aligned} U &\overset{\text{def}}{=\!=\!=} \sqrt{u^2+v^2} > 0 \\ \beta &\overset{\text{def}}{=\!=\!=} \arctan\left(\frac{v}{u}\right) \in \left(-\frac{\pi}{2},\frac{\pi}{2}\right) \end{aligned}\right\} \tag{8.53}$$

将 UUV 路径跟踪误差模型式(8.17) 改写为

$$\left.\begin{aligned} \dot{\tau}_e &= -U_p + r_p n_e + U\cos\left(\psi - \psi_p + \beta\right) \\ \dot{n}_e &= -r_p \tau_e + U\sin\left(\psi - \psi_p + \beta\right) \end{aligned}\right\} \tag{8.54}$$

在上面的路径参考坐标系中的跟踪误差模型中，UUV 的合速度 U 和侧滑角 β 是不可控和不可测量的。无速度反馈的路径跟踪控制问题可以描述为，考虑 UUV 的路径跟踪误差模型式(8.54) 和运动模型式(8.1) 和式(8.2)，设计偏航力矩 N 和路径参数变化率 $\dot{s}$，使得路径跟踪误差 (τ_e, n_e) 全局渐近收敛到零。

做如下假设：

假设 8.1　在常值推力下 UUV 的合速度始终大于 0，并且是有界的，满足 $0 < U_{\min} \leqslant U \leqslant U_{\max}$。侧向运动自身具有阻尼特性，侧向速度远小于前向速度，因此侧滑角是有界的，满足 $v \ll u$ 和 $|\beta| \leqslant \beta_{\max}$。其中，$\beta_{\max}$ 为已知的最大侧滑角。

假设 8.2　假设 UUV 的合速度和侧滑角是缓慢变化的，满足 $\dot{U} \approx 0$ 和 $\dot{\beta} \approx 0$。

8.3.2　自适应路径跟踪速度控制设计

路径参考点的速度 U_p 是控制切向误差 τ_e 收敛的输入，使路径点逐步趋近于 UUV 在参考路径下的投影点，而法向误差则通过调节 UUV 的航向实现。定义下面的航向角指令，作为路径跟踪误差的虚拟控制输入

$$\psi_d = \chi(n_e) + \psi_p - \hat{\beta} \tag{8.55}$$

式中，$\chi(n_e) = -\arctan\left(k_n n_e\right)$，控制参数 $k_n > 0$；$\hat{\beta}$ 为侧滑角的估计，并且依据假设 1 限幅为 $|\hat{\beta}| \leqslant \beta_{\max}$，相应的估计误差为 $\tilde{\beta} = \beta - \hat{\beta}$。

将式(8.55) 代入跟踪误差模型式(8.54) 有

$$\left.\begin{aligned}\dot{\tau}_e &= -U_p + r_p n_e + U\cos\left(\chi(n_e) + \tilde{\beta}\right) \\ \dot{n}_e &= -r_p \tau_e + U\sin\left(\chi(n_e) + \tilde{\beta}\right)\end{aligned}\right\} \tag{8.56}$$

在假设1下，估计误差$\tilde{\beta}$是有界的，$|\tilde{\beta}| \leqslant 2\beta_{\max}$为一小角，非线性三角函数可以近似为

$$\left.\begin{aligned}\cos\left(\chi(n_e) + \tilde{\beta}\right) &\approx \cos\left(\chi(n_e)\right) - \tilde{\beta}\sin\left(\chi(n_e)\right) \\ \sin\left(\chi(n_e) + \tilde{\beta}\right) &\approx \sin\left(\chi(n_e)\right) + \tilde{\beta}\cos\left(\chi(n_e)\right)\end{aligned}\right\} \tag{8.57}$$

将式(8.57)代入式(8.56)，得到下面的线性化侧滑角误差形式的路径跟踪误差模型：

$$\left.\begin{aligned}\dot{\tau}_e &= -U_p + r_p n_e + U\cos\left(\chi(n_e)\right) - U\tilde{\beta}\sin\left(\chi(n_e)\right) \\ \dot{n}_e &= -r_p \tau_e + U\sin\left(\chi(n_e)\right) + U\tilde{\beta}\cos\left(\chi(n_e)\right)\end{aligned}\right\} \tag{8.58}$$

有下面的定理：

定理 8.3 选择参考点速度为

$$U_p = \hat{U} + k_\tau \tau_e \tag{8.59}$$

式中，控制参数$k_\tau > 0$，$\hat{U}$为合速度U的估计值，若参数k_τ满足

$$k_\tau \geqslant \frac{1}{4} U_d k_n \tag{8.60}$$

并选择参数自适应律

$$\left.\begin{aligned}\dot{\hat{U}} &= \mathrm{Proj}\left(\zeta_U \tau_e\right) \\ \dot{\hat{\beta}} &= \mathrm{Proj}\left(\zeta_\beta\left(\tau_e \sin\left(\chi(n_e)\right) + n_e\cos\left(\chi(n_e)\right)\right)\right)\end{aligned}\right\} \tag{8.61}$$

式中，$\zeta_U > 0$和$\zeta_\beta > 0$为自适应参数；$\mathrm{Proj}(\cdot)$为投影算子，将参数估计限定在假设范围内。

$$0 < U_{\min} \leqslant \hat{U} \leqslant U_{\max}$$
$$-\beta_{\max} \leqslant \hat{\beta} \leqslant \beta_{\max}$$

那么路径跟踪误差在航向角指令式(8.55)下是全局渐近稳定的。

证明 定义下面的 Lyapunov 函数

$$V_1 = \frac{1}{2}\left(\tau_e^2 + n_e^2\right) \tag{8.62}$$

对V_1求导，并将误差模型式(8.58)代入，得到

$$\begin{aligned}\dot{V}_1 = &-\tau_e\left(U_p - U\right) + \tau_e U\left(\cos\left(\chi(n_e)\right) - 1\right) + n_e U\sin\left(\chi(n_e)\right) + \\ &\tilde{\beta}U\left(-\tau_e\sin\left(\chi(n_e)\right) + n_e\cos\left(\chi(n_e)\right)\right)\end{aligned} \tag{8.63}$$

定义速度估计误差为$\widetilde{U} = U - \hat{U}$。对于法向跟踪误差$n_e$有

$$\sin\left(\chi(n_e)\right) = -\frac{k_n n_e}{\sqrt{1 + (k_n n_e)^2}} \tag{8.64}$$

和

$$|\cos(\chi(n_e))-1|\leqslant|\sin\chi(n_e)| \tag{8.65}$$

代入参考点速度式(8.59)得到

$$\dot{V}_1\leqslant-k_\tau\tau_e^2-Uk_n\left(\frac{n_e}{\sqrt{1+(k_nn_e)^2}}\right)^2+Uk_n\frac{|\tau_e||n_e|}{\sqrt{1+(k_nn_e)^2}}+\tau_e\widetilde{U}+$$

$$\widetilde{\beta}U(-\tau_e\sin(\chi(n_e))+n_e\cos(\chi(n_e))) \tag{8.66}$$

定义包含速度和侧滑角估计误差的第 2 个 Lyapunov 函数

$$V_2=V_1+\frac{1}{2\zeta_U}(U-\hat{U})^2+\frac{U}{2\zeta_\beta}(\beta-\hat{\beta})^2 \tag{8.67}$$

对其求导有

$$\dot{V}_2\leqslant-k_\tau\tau_e^2-U_dk_n\left(\frac{n_e}{\sqrt{1+(k_nn_e)^2}}\right)^2+U_dk_n\frac{|\tau_e||n_e|}{\sqrt{1+(k_nn_e)^2}}+$$

$$\frac{1}{\zeta_U}\widetilde{U}(\zeta_U\tau_e-\dot{\hat{U}})+\frac{U}{\zeta_\beta}\widetilde{\beta}(\zeta_\beta(\tau_e\sin(\chi(n_e))+n_e\cos(\chi(n_e)))-\dot{\hat{\beta}})$$

对于自适应律式(8.61)中的投影算子有

$$\left.\begin{aligned}&\widetilde{U}(\zeta_U\tau_e-\dot{\hat{U}})\leqslant 0\\&\widetilde{\beta}(\zeta_\beta(\tau_e\sin(\chi(n_e))+n_e\cos(\chi(n_e)))-\dot{\hat{\beta}})\leqslant 0\end{aligned}\right\} \tag{8.68}$$

于是,

$$\dot{V}_2\leqslant-k_\tau\tau_e^2-U_dk_n\left(\frac{n_e}{\sqrt{1+(k_nn_e)^2}}\right)^2+U_dk_n\frac{|\tau_e||n_e|}{\sqrt{1+(k_nn_e)^2}}$$

当控制参数 k_τ 满足式(8.60)时,$\dot{V}_2$ 为半负定的。由于 Lyapunov 函数 V_2 是正定的,$\dot{V}_2$ 为一致连续的,根据 Barbalat 引理有 $\lim\limits_{t\to\infty}\dot{V}_2(t)=0$。路径跟踪误差 τ_e 和 n_e 是有界的并且收敛于由 $\dot{V}_2(t)=0$ 定义的不变集 E,即 $\tau_e=0$,$n_e=0$,因此路径跟踪误差是全局渐近稳定的。

值得注意的是,航向角测量的常值偏差也可包含在未知的侧滑角 β 中,即航向角测量与实际速度矢量的夹角,通过自适应机制进行在线估计。

定义航向跟踪误差为

$$\psi_e\overset{\text{def}}{=\!=\!=}\psi-\psi_d \tag{8.69}$$

航向角跟踪控制可采用第 3 章设计的自适应滑模跟踪控制方法,保证航向跟踪误差的全局渐近稳定性,这里不再赘述。

8.3.3　仿真研究

为了研究无速度反馈情况下的自适应路径跟踪控制的有效性,采用 REMUS

UUV 的模型参数进行仿真。选择 UUV 的常值前向速度为 5 m/s。控制参数为 $k_n = 0.1, k_\tau = 0.5, \zeta_U = 0.1, \zeta_\beta = 0.015, \lambda = 1k = 5, \eta = 0.1, \zeta_0 = \zeta_1 = \zeta_2 = 0.1$。

UUV 的初始运动参数为

$$x(0)=0,\quad y(0)=10,\quad \psi(0)=\pi,\quad u(0)=v(0)=r(0)=0$$

设定合速度和侧滑角的估计值范围为 $\beta_{\max}=5°, U_{\min}=4\ \mathrm{m/s}, U_{\max}=6\ \mathrm{m/s}$。

1. 直线路径跟踪控制

选择路径弧长作为曲线参数，期望的直线路径可以表示为

$$x_p(s)=s\cos\psi_p,\quad y_p(s)=s\sin\psi_p$$

式中，$\psi_p=\pi/4$ 为路径与 x 轴的夹角。仿真结果如图 8-5 所示，其中图 8-5(a) 所示为 UUV 的实际运动轨迹和参考路径，图 8-5(b) 所示为 UUV 的合速度和航向角曲线，图 8-5(c) 所示为路径参考坐标系下的路径跟踪误差，图 8-5(d) 所示为自适应控制中的合速度和侧滑角估计曲线。

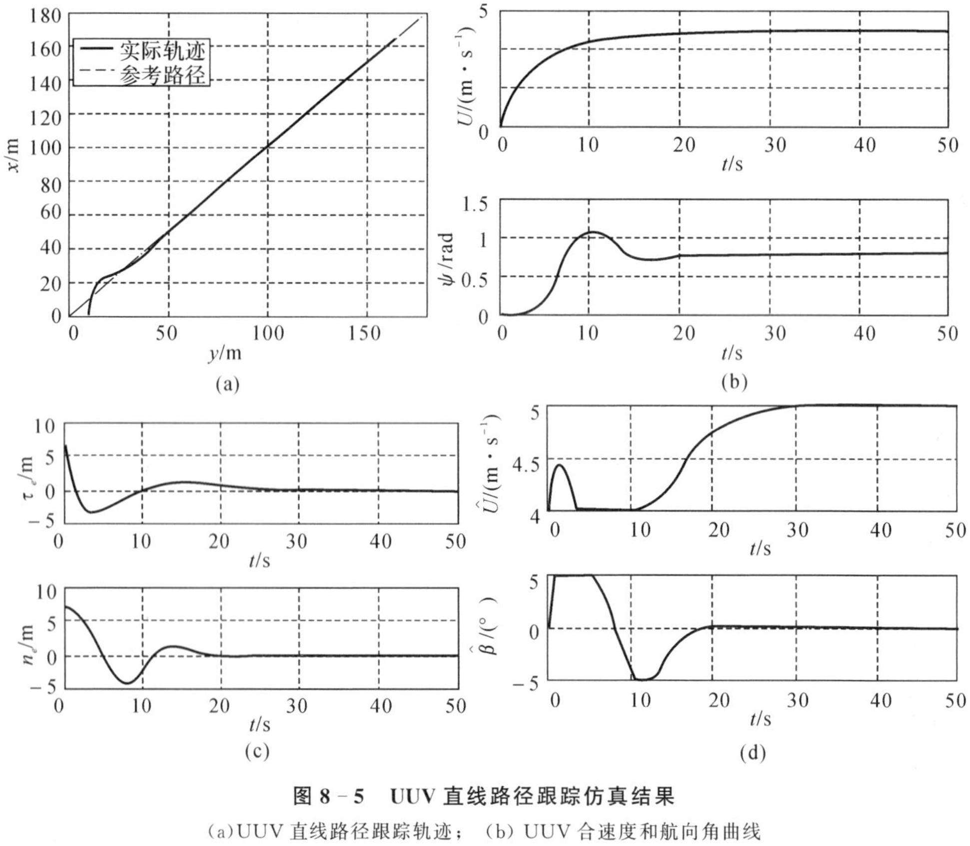

图 8-5　UUV 直线路径跟踪仿真结果

(a)UUV 直线路径跟踪轨迹；(b) UUV 合速度和航向角曲线

(c) 路径跟踪误差曲线；(d) 合速度和侧滑角估计曲线

2. 圆路径跟踪控制

以路径上点与 x 轴的夹角作为路径参数，期望的圆路径可以表示为

$$x_p(s)=R\cos s,\quad y_p(s)=R\sin s$$

式中，$R=50$ m 为圆的半径。仿真结果如图 8－6 所示，其中图(a) 为 UUV 的实际运动轨迹和参考路径，图(b) 为 UUV 的合速度和航向角曲线，图(c) 为路径参考坐标系下的路径跟踪误差，图(d) 为自适应控制中的合速度和侧滑角估计曲线。

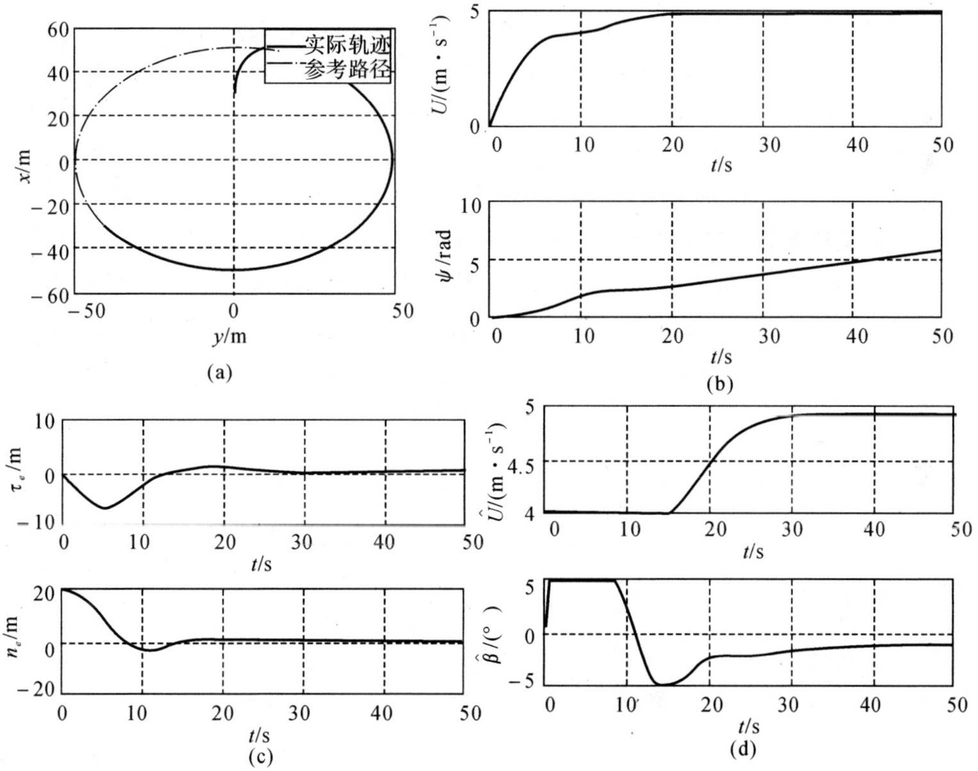

图 8－6　UUV 圆路径跟踪仿真结果

(a)UUV 圆路径跟踪轨迹；(b)UUV 合速度和航向角曲线；

(c) 路径跟踪误差曲线；(d) 合速度和侧滑角估计曲线

从仿真结果可以看出，UUV 的实际轨迹能够很好地跟踪参考路径，路径跟踪误差 τ_e 和 n_e 收敛为零，也就是说，路径参考点收敛于 UUV 在路径上的投影，同时，UUV 与参考路径之间的距离也收敛到零。UUV 的合速度和侧滑角的估计值也收敛于实际值。

8.4 基于行为的 UUV 避碰路径跟踪控制

8.4.1 问题描述

UUV 路径规划与跟踪控制技术具有重大的理论研究和潜在的工程实践价值，正在越来越多地吸引着研究者的注意[14]。全局路径规划在环境信息完全已知的情况下，采用栅格法、遗传算法、可视图法等技术进行路径搜索，得到一条从起始点到目标点的最优或准最优的无碰路径，然后在路径跟踪控制系统驱动下，沿该路径运动，如 UUV 自主回坞中的路径规划和跟踪控制[15]。全局路径规划虽然可以获得全局最优航行路径，但由于事先获得的环境信息不充分，尤其是在动态环境下，有可能造成全局规划的失败，危及 UUV 航行安全，因此必须在 UUV 探测到障碍物时，采用二次规划(Replanning)技术[16]，根据环境信息在线生成新的参考路径，二次规划需要 UUV 存储大量的全局环境信息，并且对计算能力有较高要求。

局部路径规划又称为反应式避碰，是在环境信息不完全已知的时候，UUV 在向目标点运动或漫游的过程中，依靠前视声呐等传感器实时探测周围环境，遇到障碍物时采用人工势场法、模糊逻辑法、滚动窗口预测法等算法规划 UUV 下一时刻的运动方向，确保 UUV 航行安全。局部路径规划具有良好的海洋环境适应能力，但无法充分利用已知的环境信息进行最优路径的规划和描述，也不能应用于有特定航行路径要求的海洋测量、自主回坞等领域。

为了综合全局路径规划和局部路径规划的优点，本章提出一种 UUV 无碰路径跟踪控制方法，在基于行为的控制体系结构下，使 UUV 在跟踪全局规划路径的同时具备避碰能力，仿真结果验证了该方法的有效性[17]。

8.4.2 基于行为的无碰路径跟踪控制体系结构

基于行为的体系结构采用自底向上的系统构建方法，用行为封装机器人控制中应具备的感知、探索、避障、规划和执行任务等能力，将机器人的任务目标分解为一系列相互作用的基本行为，并构成并行控制回路，通过协调配合后作用于驱动装置，产生一些有目的的动作。单个行为仅需要完成某项简单任务，能够对环境信息产生快速的响应，并且可以灵活地扩展整个系统的能力[18]。

本章所提出的 UUV 无碰路径跟踪控制体系结构包含路径跟踪和避碰两个基本行为，以及行为仲裁机制和航向跟踪控制等，如图 8-7 所示。

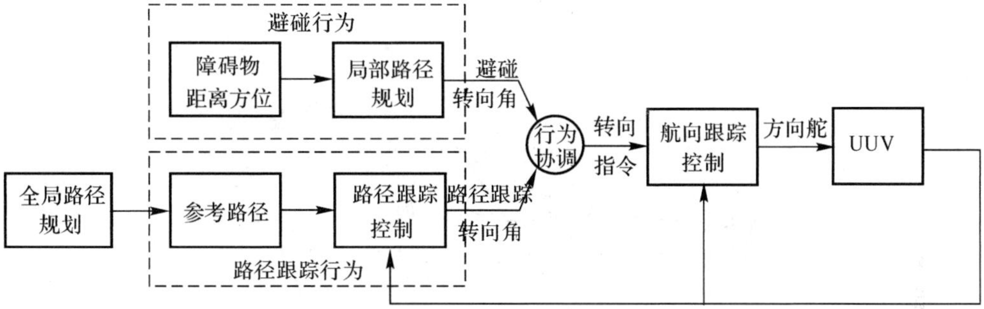

图 8-7　基于行为的无碰路径跟踪控制体系结构

路径跟踪行为依据全局路径规划得到的参考路径参数和 UUV 状态信息，通过路径跟踪控制计算期望的路径跟踪转向角，使得 UUV 能够跟踪参考路径航行，保证跟踪误差全局渐近收敛。而避碰行为则依据实时测量到的障碍物方位、距离信息，采用局部路径规划技术计算避碰转向角，使得 UUV 在沿参考路径航行的过程中具有实时避碰的能力。行为协调机制综合路径跟踪转向角、避碰转向角以及 UUV 状态信息进行行为协调，以确定最终的转向指令。航向跟踪控制为 UUV 底层运动控制模块，采用 PID、自适应滑模控制等算法进行航向角控制，得到操纵 UUV 运动所需的方向舵。

由 8.2 节中选择的路径跟踪航向角式(8.29)可以得到控制航向角指令为

$$\psi_{\mathrm{pf}}=\psi_{p}-\arctan\,(k_{n}n_{e})-\beta \tag{8.70}$$

可以得到路径跟踪行为的输出，即路径跟踪转向角 $\Delta\psi_{\mathrm{pf}}$ 为

$$\Delta\psi_{\mathrm{pf}}=\psi_{\mathrm{pf}}-\psi=\psi_{p}-\beta+\psi_{\mathrm{CT}}-\psi \tag{8.71}$$

式中，$\psi_{\mathrm{CT}}=-\arctan\,(k_{n}n_{e})$。

8.4.3　模糊避碰算法

UUV 的避碰行为依据前视声呐测量的障碍物方位距离信息，通过一定的避碰算法获得 UUV 的避碰转向指令。对于 UUV 的避碰问题目前已有较多的研究，常用的算法包括人工势场法、模糊逻辑法等，其中基于实时传感信息的模糊逻辑算法依据人的控制经验，制定模糊规则，依据测量信息进行模糊推理得到规划指

令，克服了势场法易产生的局部极小问题，对处理未知环境下的规划问题显示出很大优越性，在机器人领域得到广泛应用。

考虑如图 8－8 所示的扇形声呐探测区域，设定探测距离为 120 m，探测角度范围±60°。

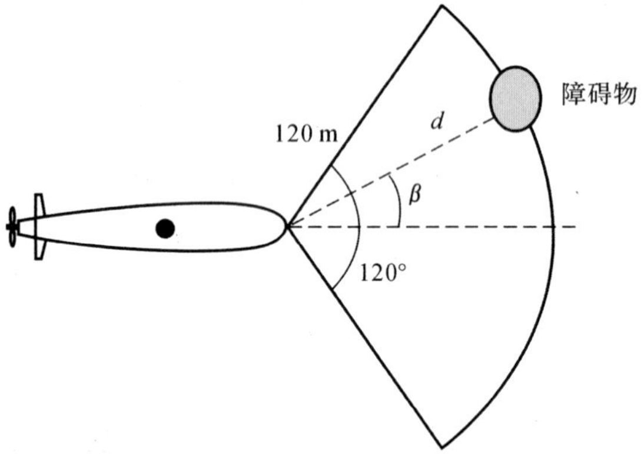

图 8－8　前视声呐障碍物探测

定义障碍物方位角信号的语言变量为β，论域为$X=[-60°,60°]$，相应的模糊子集为$A_i(i=1,2,3,4,5,6)$，对应的语言取值为{“LB”，“LS”，“LF”，“RF”，“RS”，“RB”}，取三角形隶属函数，如图 8－9 所示。特别地，$\beta=0$时可选择隶属与模糊子集“LF”或“RF”，即$\mu_{LF}(0)=1,\mu_{RF}(0)=0$，或者$\mu_{LF}(0)=0,\mu_{RF}(0)=1$。

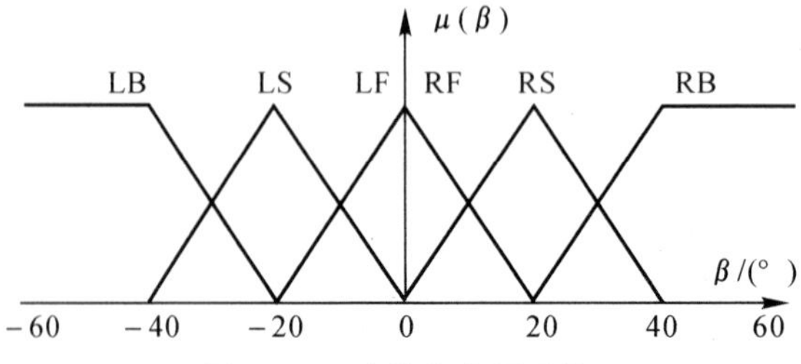

图 8－9　方位角隶属函数

障碍物与 UUV 距离的语言变量为d，其论域为$Y=[0,120]$，其相应的模糊子集为$B_j(j=1,2)$，它的语言取值为{“NR”，“FR”}，取梯形隶属函数，如图 8－10 所示。

UUV 避碰转向角的语言变量为$\Delta\psi_{ob}$，其论域为$Z=[-90,90]$，其相应的模糊子集为$C_k(k=1,2,3,4,5)$，它的语言取值为{“TLB”，“TLS”，“KP”，“TRS”，

"TRB"},取三角型隶属函数,如图 8-11 所示。

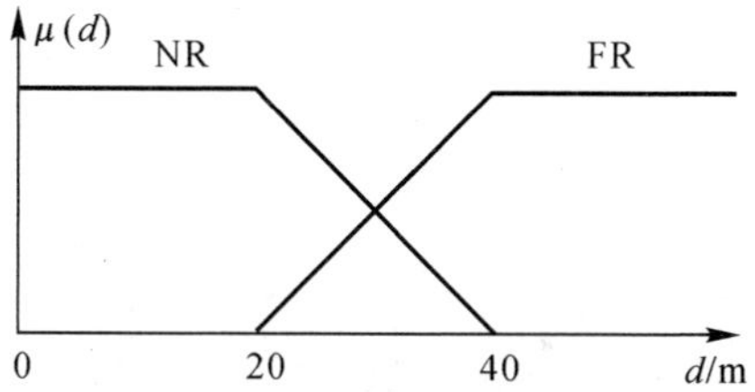

图 8-10　距障碍物距离隶属函数

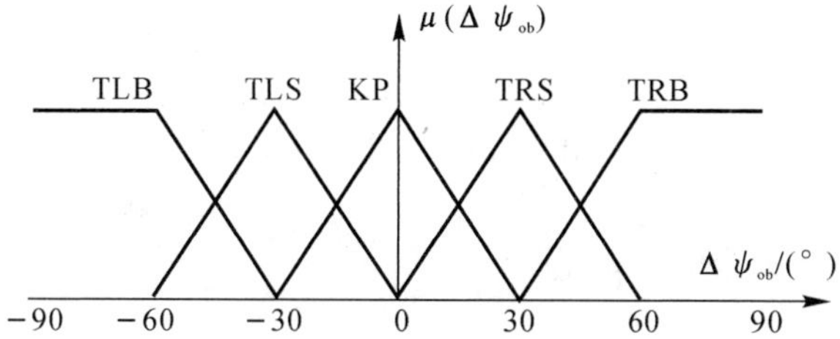

图 8-11　避障角度隶属函数

制订表 8-1 所示的模糊推理规则。

表 8-1　模糊推理规则

方位角 \ 距离	N	F
LB	KP	KP
LS	TRS	KP
LF	TRB	TRS
RF	TLB	TLS
RS	TLS	KP
RB	KP	KP

采用 Mandani 模糊推理方法,即 MIN-MAX-重心法进行模糊推理和解模糊。由前提"障碍物方位角为 β_0 和距离为 d_0"和各模糊规则 A_i and $B_j \Rightarrow C_k$ 可以得到推理结果 $C'_n\,(n=1,\cdots,12)$ 为

$$\mu_{c'_n}(r)=\mu_{A_i}(d_0)\wedge\mu_{B_j}(h_0)\wedge\mu_{C_k}(r),\quad r\in(-90,90) \tag{8.72}$$

式中,∧ 为 MIN,即取最小值。

最终结论 C' 是综合推理结果 C'_n 得到的

$$\mu_C{}'(r)=\mu_{C'_1}(r) \vee \mu_{C'_2}(r) \vee \cdots \vee \mu_{C'_2}(r) \tag{8.73}$$

式中，$\vee$ 为 MAX，即取最大值。

解模糊得到模糊集合 C' 对应的避障转向指令的精确值

$$\Delta\psi_{\mathrm{ob}}=\frac{\int_Z r\mu_C{}'(r)\mathrm{d}r}{\int_Z \mu_C{}'(r)\mathrm{d}r} \tag{8.74}$$

即精确量 $\Delta\psi_{\mathrm{ob}}$ 为模糊集合 C' 的隶属函数的“重心”。

当在 UUV 的避碰声呐在一次扫描中出现多个障碍物时，通过以上定义的模糊推理系统获得障碍物 l 产生的期望避碰航向角 φ_{obl}，选择所有障碍物产生的避碰转向角中绝对值最大的作为最终避碰转向角 $\Delta\psi_{\mathrm{ob}}$，该转向角对应对 UUV 威胁最大的障碍物，即

$$\Delta\psi_{\mathrm{ob}}=\Delta\psi_{\mathrm{ob}l} \mid \mathrm{abs}\ (\Delta\psi_{\mathrm{ob}l}) \geqslant \mathrm{abs}\ (\Delta\psi_{\mathrm{ob}m}, m \neq l) \tag{8.75}$$

8.4.4 行为协调机制

Fodrea[19]采用融合式行为协调机制，将避碰行为和目标跟踪行为的航向指令相加作为最终指令，未赋予避碰行为更高的优先权，因而无法保证 UUV 航行的安全性。本节采用仲裁式行为协调机制，依据路径跟踪行为和避碰行为的控制指令和 UUV 状态信息，制定如下仲裁规则决定最终的转向指令 $\Delta\psi$：

(1) 若路径跟踪转向角 $\Delta\psi_{\mathrm{pf}}$ 与避碰转向角 $\Delta\psi_{\mathrm{ob}}$ 同向，如图 8－12 所示，两个行为一致，选择转向角绝对值较大的行为，即当 $|\Delta\psi_{\mathrm{pf}}|>|\Delta\psi_{\mathrm{ob}}|$ 时，选择路径跟踪行为，保证路径跟踪精度的同时实现避碰目标，当 $|\Delta\psi_{\mathrm{ob}}| \geqslant |\Delta\psi_{\mathrm{pf}}|$ 时，选择避碰行为，降低路径跟踪的精度以确保 UUV 的安全。

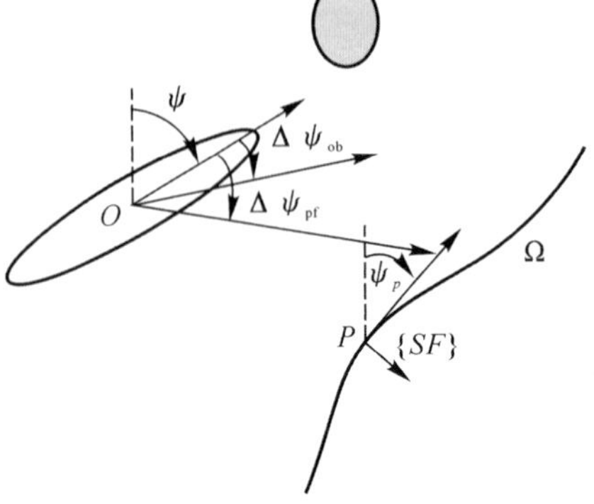

图 8－12　$\Delta\psi_{\mathrm{ob}}$ 与 $\Delta\psi_{\mathrm{pf}}$ 同向

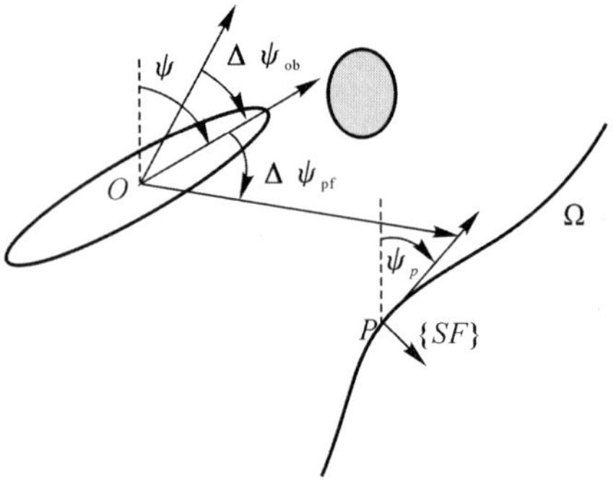

图 8－13　$\Delta\psi_{\mathrm{ob}}$ 与 $\Delta\psi_{\mathrm{pf}}$ 反向

(2) 若路径跟踪转向角 $\Delta\psi_{pf}$ 与避碰转向角 $\Delta\psi_{ob}$ 反向，如图 8-13 所示，两个行为矛盾，选择优先级更高的避碰行为，即转向角 $\Delta\psi = \Delta\psi_{ob}$，以保证 UUV 的航行安全。

8.4.5　仿真研究

采用 REMUS UUV 的数学模型进行仿真研究，航行速度 $u_c = 1.543$ m/s。以 x 轴坐标为路径参数，选择如下正弦曲线参考路径：

$$\left.\begin{aligned} &x_p(s) = s \\ &y_p(s) = a\sin\left(\frac{\pi}{a}s\right) \\ &a = 50 \end{aligned}\right\} \tag{8.76}$$

在航行路径上分布着若干障碍物，UUV 的初始位置为(0,10)，选择控制参数为 $k_n = 0.1$，$k_\tau = 0.5$。仿真结果如图 8-14、图 8-15 所示，其中图 8-14 为 UUV 的航行轨迹，图 8-15 为 UUV 航向角变化曲线。

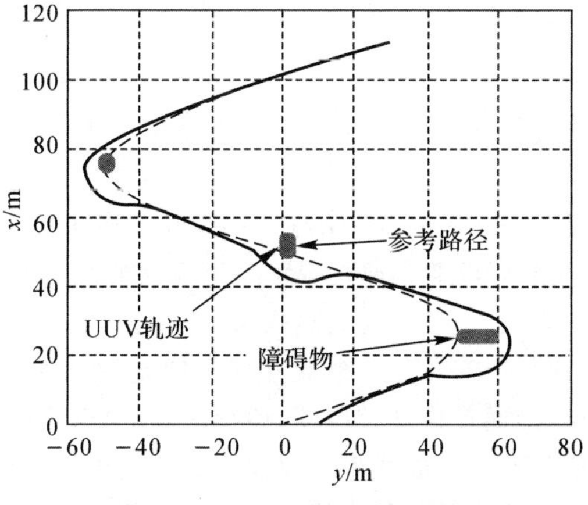

图 8-14　无碰路径跟踪轨迹

从仿真结果可以看出，UUV 在没有检测到障碍物时，能够精确跟踪全局路径，一旦出现障碍物，能及时切换到避碰行为，控制 UUV 有效避开参考路径上的未知障碍物，从而确保了 UUV 在跟踪全局规划路径时的航行安全。

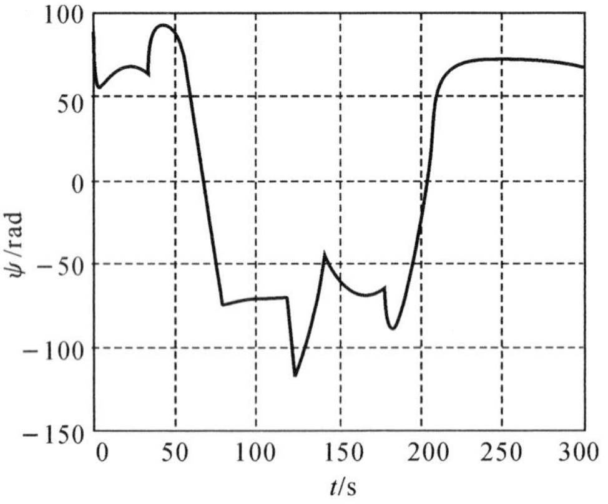

图 8-15 航向角曲线

8.5 基于路径参数一致性的多 UUV 协同路径跟踪控制

8.5.1 问题描述

本节在单个 UUV 路径跟踪控制的基础上，开展多 UUV 系统路径跟踪控制问题的研究，即一组 UUV 以期望速度跟踪一组空间曲线，同时 UUV 之间要形成和保持一种期望的编队模式[20]。编队模式可以分为两种：一种是队形上的约束，即通过设计控制器，使得所有 UUV 形成并保持期望的队形(一字形、三角形等)；一种是时间上的约束，即通过设计控制器，使得所有 UUV 同一时刻到达给定的最终目标点。而对于期望的空间曲线也不仅仅限制在简单的并行空间曲线上。

给定的一组空间曲线为并行的直线，如图 8-16 所示，令 ξ_i 表示 $\{SF\}$ 坐标系下 UUV 质心点在期望直线上的横坐标，则 $\xi_{i,j}$ 是两条期望路径上 $\{SF\}$ 坐标系原点沿直线方向的距离。若给定的空间曲线为同心圆，如图 8-17 所示，令 ξ_i 表示从路径起点到当前点围绕圆心转过的角度，则 $\xi_{i,j}$ 是由同心圆原点到两个同心圆上 $\{SF\}$ 坐标系原点的矢量 l_i 和 l_j 间的夹角。如果 UUV 实现同步，当且仅当

$$\xi_{i,j}(t):=\xi_i(t)-\xi_j(t)\rightarrow 0,\quad t\rightarrow\infty;\quad i=1,\cdots,n;\quad i<j\leqslant n$$

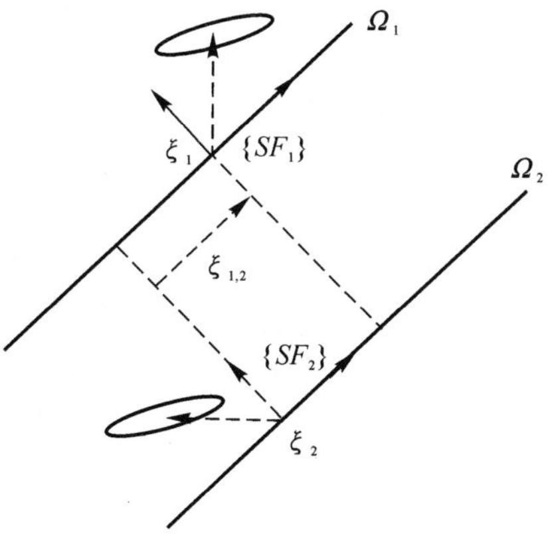

图 8-16　直线路径参数

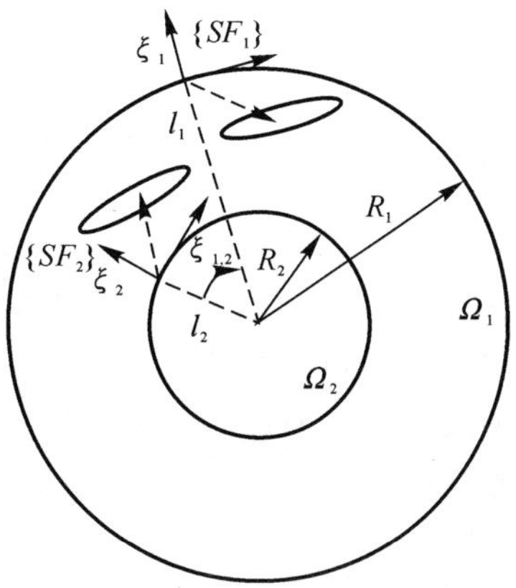

图 8-17　同心圆路径参数

在上一节研究的单个 UUV 的路径跟踪控制问题中，通过设计在路径上自由移动的跟踪参考点，在路径 Serret－Frenet 坐标系下，通过调整参考点的移动速度和 UUV 的航向，实现了路径跟踪误差的全局渐近稳定跟踪控制。本节在其基础上研究多个 UUV 的协同路径跟踪控制问题，这里采用参考点的路径参数描述 UUV 路径跟踪的协同状态(Coordination States)。

多 UUV 协同路径跟踪控制系统原理框图如 8－18 所示，可以分为相互耦合的空间和时间两步控制策略：首先对单个 UUV 设计路径跟踪控制器，保证每个 UUV 跟踪上自身的期望路径；然后设计路径参数一致性算法，保证每个 UUV 的描述自身期望路径的路径参数达到同步，以此使得所有 UUV 完成协同路径跟踪任务。

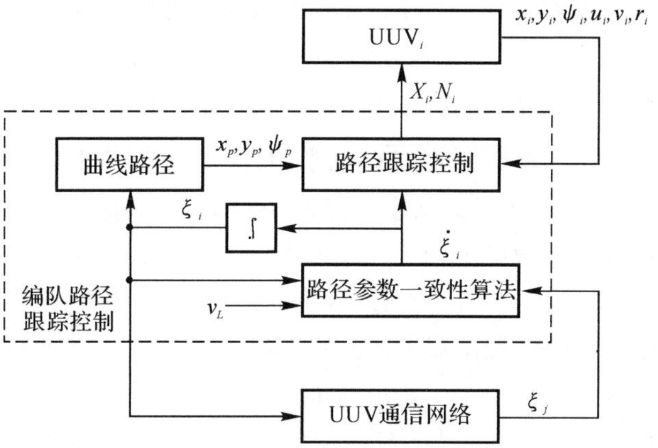

图 8－18　多 UUV 协同路径跟踪控制系统框图

基于以上分析，基于路径参数一致的多 UUV 协同控制需要实现以下具体控制目标：

$$\lim_{t\to\infty}\|\boldsymbol{\eta}_i-\boldsymbol{\eta}_{pi}\|=0,\quad i=1,\cdots,n \tag{8.77}$$

$$\lim_{t\to\infty}|\xi_i-\xi_j|=0,\quad i=1,\cdots,n \tag{8.78}$$

$$\lim_{t\to\infty}\dot{\xi}_i=v_L,\quad i=1,\cdots,n \tag{8.79}$$

式中，$\boldsymbol{\eta}_i$ 表示 UUVi 的位置坐标；$\boldsymbol{\eta}_{pi}$ 表示 UUVi 所对应的虚拟参考点的位置坐标；ξ_i 表示 UUVi 对应的期望路径的路径参数；v_L 表示所有 UUV 期望的共同路径参数变化率。

8.5.2 路径跟踪控制器设计

在单个 UUV 的路径跟踪控制算法中，给定 UUV 的期望速度，并利用路径参数的变化率实现路径切向误差的稳定。而在 UUV 的协同路径跟踪控制中，除了要实现每个 UUV 路径跟踪误差的稳定外，还要使 UUV 跟踪参考点的路径参数达到一致，因此必须利用 UUV 的期望速度作为控制量。

在目前关于协同路径跟踪控制的研究中，依据不同的控制策略，可分为：

(1) 利用 UUV 的速度使路径跟踪切向误差收敛，以路径参数的变化率为控制使路径参数达到一致；

(2) 利用路径参数的变化率使路径跟踪切向误差收敛，以 UUV 的速度为控制使路径参数达到一致。

这里采用第 1 种方法。假定给定一组 UUV 一个共同的期望路径参数变化率 v_L，且令所有 UUV 均知道该变化率。定义路径参数变化率误差

$$e_{\xi i}=\dot{\xi}_i-v_L \tag{8.80}$$

v_L 为期望的 UUV 路径参数变化率，对应的参考点期望速度可表示为 $U_{p_iL}=R(\xi_i)v_L$，$R(\xi_i)=\sqrt{x'^2_p(\xi_i)+y'^2_p(\xi_i)}$。同时假定 $U_{p_iL}=R(\xi_i)v_L$ 是有下界的，即 $U_{p_iL}=R(\xi_i)v_L\geqslant U_{P,\min}$，$U_{P,\min}$ 为参考点最小速度。给路径参数变化率误差方程式(8.80)两边同时乘以 $R(\xi_i)$，于是 UUV 自身期望路径上参考点速度为

$$U_{pi}=U_{p_iL}+R(\xi_j)e_{\xi_i} \tag{8.81}$$

将式(8.81)代入路径跟踪误差的级联方程式(8.35)，整理得到新的级联方程

$$\sum\nolimits_1:\begin{bmatrix}\dot{\tau}_{ei}\\ \dot{n}_{ei}\end{bmatrix}=\begin{bmatrix}-R(\xi_i)v_L+r_{pi}n_{ei}+U_{di}\cos\Psi_{edi}\\ -r_{pi}\tau_{ei}+U_{di}\sin\Psi_{edi}\end{bmatrix}+$$

$$\begin{bmatrix} -R(\xi_i) & U_{di}\eta_s(\Psi_{edi},\bar{\Psi}_{ei}) & \cos\psi_{ei} \\ 0 & U_{di}\eta_c(\Psi_{edi},\bar{\Psi}_{ei}) & \sin\psi_{ei} \end{bmatrix} \begin{bmatrix} e_{\xi i} \\ \bar{\Psi}_{ei} \\ u_{ei} \end{bmatrix} \tag{8.82}$$

式中，Ψ_{edi}，$\bar{\Psi}_{ei}$ 的定义与 8.2 节相同，即

$$\Psi_{edi} = -\arctan(k_n n_{ei}), \quad \Psi_{edi} \in \left(-\frac{\pi}{2},\frac{\pi}{2}\right) \tag{8.83}$$

$$\bar{\Psi}_{ei} = \Psi_{ei} - \Psi_{edi} \tag{8.84}$$

$$R_{ei} \overset{\text{def}}{=\!=} \dot{\Psi}_{ei} = r_i - r_{pi} + \dot{\beta}_{di} \tag{8.85}$$

$$\bar{R}_{ei} \overset{\text{def}}{=\!=} \dot{\bar{\Psi}}_{ei} = r_i - r_{pi} + \dot{\beta}_{di} - \dot{\Psi}_{edi} = R_{ei} - \dot{\Psi}_{edi} \tag{8.86}$$

研究名义系统

$$\sum\nolimits_1 : \begin{bmatrix} \dot{\tau}_{ei} \\ \dot{n}_{ei} \end{bmatrix} = \begin{bmatrix} -R(\xi_i)v_L + r_{pi}n_{ei} + U_{di}\cos\Psi_{edi} \\ -r_{pi}\tau_{ei} + U_{di}\sin\Psi_{edi} \end{bmatrix} \tag{8.87}$$

定义 Lyapunov 函数

$$V_i = \frac{1}{2}(\tau_{ei}^2 + n_{ei}^2) \tag{8.88}$$

其导数为

$$\dot{V} = \tau_{ei}\dot{\tau}_{ei} + n_{ei}\dot{n}_{ei} = \tau_{ei}(-R(\xi_i)v_L + r_{pi}n_{ei} + U_{di}\cos\Psi_{edi}) + n_{ei}(-r_{pi}\tau_{ei} + U_{di}\sin\Psi_{edi}) \tag{8.89}$$

选择 UUV 的速度指令

$$U_{di} = \frac{R(\xi_i)v_{sL} - \chi(\tau_{ei})}{\cos\Psi_{edi}} \tag{8.90}$$

其中 χ 为有界单调递增函数，$\chi(0)=0$，$\chi(\tau)\in[-a,a]$，且对于任意 $\tau<r$，$\chi(\tau)>k_\chi(r)\tau$。

假定参考点最小速度 $U_{P,\min}$ 满足

$$U_{P,\min} = a + U_{\min} \tag{8.91}$$

式中，$U_{\min}>0$ 为保证 UUV 航行的最小速度，根据路径跟踪航向角指令的定义，有 $0<\cos\Psi_{edi}<1$，于是有

$$U_{di} \geqslant R(\xi_i)v_L - a \geqslant U_{P,\min} - a = U_{\min} \tag{8.92}$$

得到

$$\dot{V}_i = -\chi(\tau_{ei})\tau_{ei} - \frac{U_{di}k_n n_{ei}^2}{\sqrt{1+(k_n n_{ei})^2}} \leqslant -\chi(\tau_{ei})\tau_{ei} - \frac{U_{\min}k_n n_{ei}^2}{\sqrt{1+(k_n n_{ei})^2}} \tag{8.93}$$

负定，即路径跟踪误差全局渐近稳定。于是得到以下定理：

定理 8.4　选择速度指令式(8.90)，航向角指令式(8.83)，名义系统式(8.87)

是全局一致渐近稳定的并且是局部指数稳定的，即全局$\mathcal{K}$指数稳定的。

证明　由式(8.88)定义的正定 Lyapunov 函数，并且径向无界，而其导数$\dot{V}$负定，因此系统式(8.87)全局一致渐近稳定。

在球域

$$B_l = \left\{ (\tau_{ei}, n_{ei}) \in \mathbf{R}^2, \sqrt{\tau_{ei}^2 + n_{ei}^2} < l \right\} \tag{8.94}$$

内，有

$$\dot{V}_i \leqslant -k_\chi(l)\tau_{ei}^2 - \frac{U_{\min}k_n n_{ei}^2}{\sqrt{1+(k_n l)^2}} \tag{8.95}$$

系统式(8.87)是局部指数稳定的。

因此，根据第 6 章的定理 6.4，系统式(8.87)是全局$\mathcal{K}$指数稳定的。

与上一节相同，选择速度跟踪控制

$$X_i = m_{11}(-k_{ui}u_{ei} + \dot{u}_{di}) - m_{22}v_i r_i + d_{11}u_i \tag{8.96}$$

和航向角跟踪控制

$$N_i = m_{33}(-k_R\bar{R}_{ei} - k_\Psi\bar{\Psi}_{ei} + \dot{r}_{pi} - \ddot{\beta}_{di} + \ddot{\Psi}_{edi}) - (m_{11} - m_{22})u_i v_i + d_{33}r_i \tag{8.97}$$

式中，$k_u > 0, k_R > 0, k_\Psi > 0$ 为控制参数。

8.5.3　路径参数协同控制

接下来研究路径参数的协同问题。首先假定通信拓扑图为无向连通图，所有 UUV 均知道期望的路径参数变化率，采用一致性算法[21]

$$\dot{\xi}_i = v_L - k\sum_{j\in J_i}^{n}(\xi_i - \xi_j), \quad i = 1,\cdots,n \tag{8.98}$$

式中，J_i 表示与 UUVi 有通信的 UUV 集合，$k > 0$。当 $t \to \infty$ 时，$|\xi_i - \xi_j| \to 0 (i,j = 1,\cdots,n)$，且最终 $\dot{\xi}_i$ 收敛至期望的共同路径参数变化率 v_L，即路径参数变化率误差 $e_{si} = \dot{\xi}_i - v_L$ 全局渐近收敛到零。

于是对于级联系统式(8.82)，得到以下定理：

定理 8.5　系统式(8.82)在航向角指令式(8.83)、速度指令式(8.90)，以及推力式(8.96)、力矩式(8.97)、路径参数变化率式(8.98)的控制下是全局渐近稳定的。

证明　类似定理 8.2 的证明，应用第 6 章中的级联系统理论定理 6.3 和定理 6.5，可以检验 3 个假设条件均能满足，得到系统$\left\{\sum_1, \sum_2\right\}$是全局渐近稳定的结论。

8.5.4　仿真研究

1. 同心圆路径的协同跟踪

考虑 3 个 UUV 沿期望的同心圆以一字形队形进行运动，圆半径分别为 100 m，80 m，120 m，期望的路径参数变化率为 0.2。初始位置和航向角分别为 $[0,10,\pi/2]^{T}$、$[10,10,0]^{T}$、$[10,0,-\pi/2]^{T}$。一致性算法式(8.98)中的参数 $k=0.5$。其余控制参数取值同 8.2.2 节 UUV 路径跟踪控制仿真研究。仿真结果如图 8-19 ～ 图 8-22 所示。

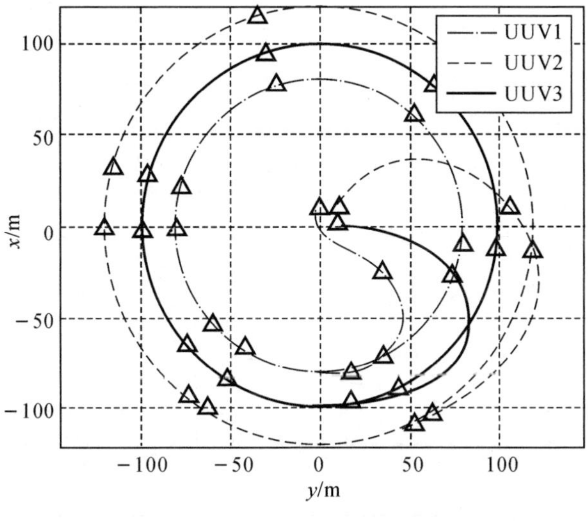

图 8-19　多 UUV 协同路径跟踪的运动轨迹

图 8-19、图 8-20 显示，应用本节控制算法可以实现平行路径下的多 UUV 协同跟踪控制，3 个 UUV 路径参数达到一致，即以相同角度和角速度围绕圆心转动，且跟踪误差均收敛至零。图 8-21 显示 3 个 UUV 路径跟踪控制中的路径参数和参数变化率均能快速收敛到一致，其变化率收敛于给定指令 0.2。图 8-22 可以看出，系统稳定后 3 个 UUV 的合速度经过调整，分别收敛于 24 m/s，20 m/s，16 m/s，与路径参考点的移动速度相等。

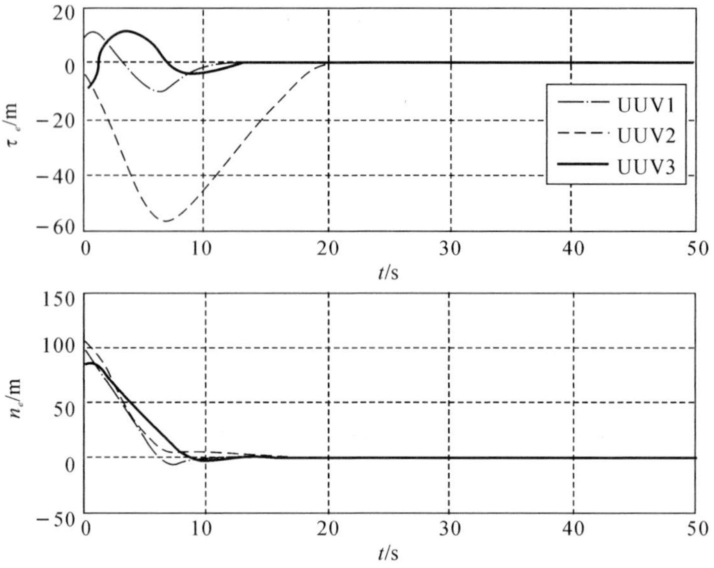

图 8－20　UUV 路径跟踪误差曲线

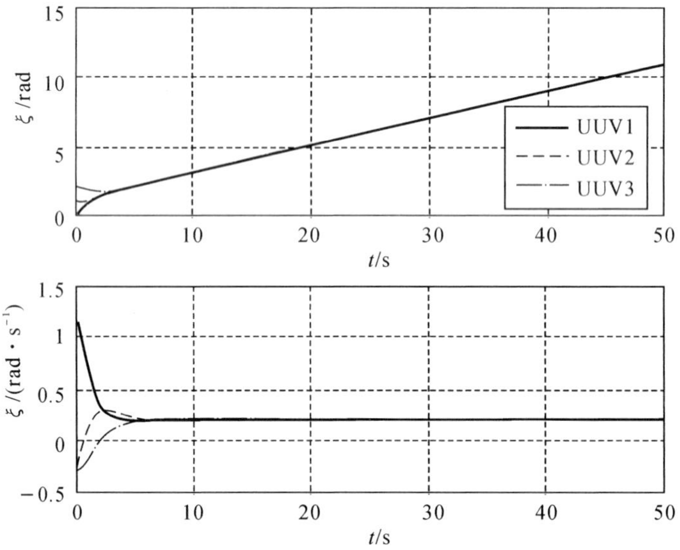

图 8－21　路径参数和参数变化率一致性响应曲线

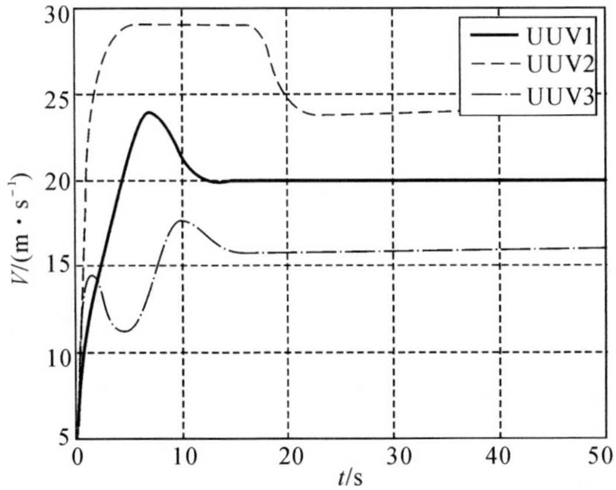

图 8-22 UUV 速度曲线

2. 跟踪不同路径实现同步到达

当执行一组 UUV 对攻击目标进行封锁任务时，要求 UUV 从给定不同起点出发，然后对同一目标从不同的位置和角度同时发起进攻。如果执行此任务，一组 UUV 没有队形约束，仅需要所有 UUV 在规定时刻同时到达给定的位置。也就是说在这种情况下，对于 UUV 的协同路径跟踪控制不仅包含空间要求，也要考虑时间要求。这里采用基于路径参数一致性的协同路径跟踪控制方法，为了使 UUV 在同一时刻到达终点，在对每个 UUV 规划航行路径时，除了应满足到达时的位置和方位要求外，描述该期望路径的参数必须在终点处相等。

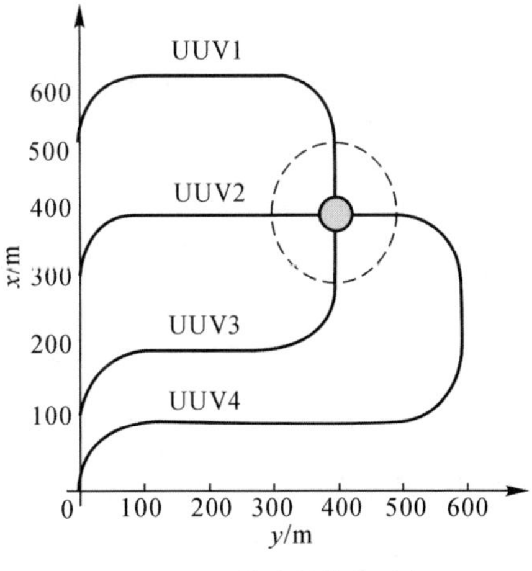

图 8-23 给定的期望路径

考虑如图 8-23 所示的 UUV 航行路径。目标点在(400,400)处，希望 4 个 UUV 沿各自的期望路径同时到达距离目标点 100 m 的点上。

首先用弧长参数 $s_i\,(i=1,2,3,4)$ 的多项式描述期望路径，4 条路径方程可以分别表示为

$$\Omega_1:\begin{cases}\begin{cases}x(s_1)=s_1\\y(s_1)=0\end{cases} & 0\leqslant s_1\leqslant 500\\ \begin{cases}x(s_1)=500+100\sin\left(\dfrac{s_1-500}{100}\right)\\y(s_1)=100-100\cos\left(\dfrac{s_1-500}{100}\right)\end{cases} & 500<s_1\leqslant 500+50\pi\\ \begin{cases}x(s_1)=600\\y(s_1)=100+s_1-500-50\pi\end{cases} & 500+50\pi<s_1\leqslant 700+50\pi\\ \begin{cases}x(s_1)=500+100\cos\left(\dfrac{s_1-700-50\pi}{100}\right)\\y(s_1)=300+100\sin\left(\dfrac{s_1-700-50\pi}{100}\right)\end{cases} & 700+50\pi<s_1\leqslant 700+100\pi\end{cases}$$

$$\Omega_2:\begin{cases}\begin{cases}x(s_2)=s_2\\y(s_2)=0\end{cases} & 0\leqslant s_2\leqslant 300\\ \begin{cases}x(s_2)=300+100\sin\left(\dfrac{s_2-300}{100}\right)\\y(s_2)=100-100\cos\left(\dfrac{s_2-300}{100}\right)\end{cases} & 300<s_2\leqslant 300+50\pi\\ \begin{cases}x(s_2)=400\\y(s_2)=100+s_2-300-50\pi\end{cases} & 300+50\pi<s_2\leqslant 500+50\pi\end{cases}$$

$$\Omega_3:\begin{cases}\begin{cases}x(s_3)=s_3\\y(s_3)=0\end{cases} & 0\leqslant s_3\leqslant 100\\ \begin{cases}x(s_3)=100+100\sin\left(\dfrac{s_3-100}{100}\right)\\y(s_3)=100-100\cos\left(\dfrac{s_3-100}{100}\right)\end{cases} & 100<s_3\leqslant 100+50\pi\\ \begin{cases}x(s_3)=200\\y(s_3)=100+s_3-100-50\pi\end{cases} & 100+50\pi<s_3\leqslant 300+50\pi\\ \begin{cases}x(s_3)=300-100\cos\left(\dfrac{s_3-300-50\pi}{100}\right)\\y(s_3)=300+100\sin\left(\dfrac{s_3-300-50\pi}{100}\right)\end{cases} & 300+50\pi<s_3\leqslant 300+100\pi\end{cases}$$

$$
\Omega_4:\begin{cases}\begin{cases}x(s_4)=100\sin\left(\dfrac{s_4}{100}\right)\\[2mm] y(s_4)=100-100\cos\left(\dfrac{s_4}{100}\right)\end{cases} & 0\leqslant s_4\leqslant 50\pi\\ \begin{cases}x(s_4)=100\\ y(s_4)=100+s_4-50\pi\end{cases} & 50\pi< s_4\leqslant 400+50\pi\\ \begin{cases}x(s_4)=200-100\cos\left(\dfrac{s_4-400-50\pi}{100}\right)\\[2mm] y(s_4)=500+100\sin\left(\dfrac{s_4-300-50\pi}{100}\right)\end{cases} & 400+50\pi< s_4\leqslant 400+100\pi\\ \begin{cases}x(s_4)=s_4-200-100\pi\\ y(s_4)=600\end{cases} & 400+100\pi< s_4\leqslant 500+100\pi\\ \begin{cases}x(s_4)=300+100\sin\left(\dfrac{s_4-500-100\pi}{100}\right)\\[2mm] y(s)=500+100\cos\left(\dfrac{s-500-100\pi}{100}\right)\end{cases} & 500+100\pi< s_4\leqslant 500+150\pi\end{cases}
$$

路径总长度分别为 $s_{f1}=700+100\pi, s_{f2}=500+50\pi, s_{f3}=300+100\pi, s_{f4}=500+150\pi$。如果要求 UUV 同时到达路径的终点，需要通过终点的约束对路径参数进行归一化处理，即

$$
\xi_i=\frac{s_i}{s_{fi}},\quad i=1,2,3,4 \tag{8.99}
$$

显然，4 条路径在终点处的参数均为 1。取期望的路径参数变化率 v_L 为 0.01，对应的每个 UUV 路径跟踪参考点的运动速度为 $v_{p1}=7+\pi, v_{p2}=5+0.5\pi, v_{p3}=3+\pi, v_{p4}=5+1.5\pi$。

仿真中 UUV 的初始运动状态为 $u_1(0)=u_2(0)=u_3(0)=u_4(0)=5$ m/s，$(x_1(0),y_1(0))=(-10,10)$，$(x_2(0),y_2(0))=(-10,20)$，$(x_3(0),y_3(0))=(-10,-20)$，$(x_4(0),y_4(0))=(-10,-10)$，其余运动参数为零。

仿真结果如图 8-24～图 8-27 所示。

从图 8-24 的仿真结果可以看出，4 个 UUV 都在仿真时间 92.59 s 时同时到达目标点，实现了预定的控制目标。图 8-25 和图 8-26 分别显示每个 UUV 的路径跟踪误差均收敛到零，即实现了各自的路径跟踪目标，同时路径参数根据路径参数一致性算法能够快速到达一致。图 8-27 显示 4 个 UUV 在仿真的运行初期（约 30 s）通过调整自己的速度在路径切线方向跟踪参考点的运动，最终 UUV 速度与参考点运动速度一致，即分别等于 $7+\pi, 5+0.5\pi, 3+\pi, 5+1.5\pi$，当 UUV 跟

踪参考点的路径参数等于 1 时结束仿真，即期望路径越长，UUV 稳定后的速度越快。

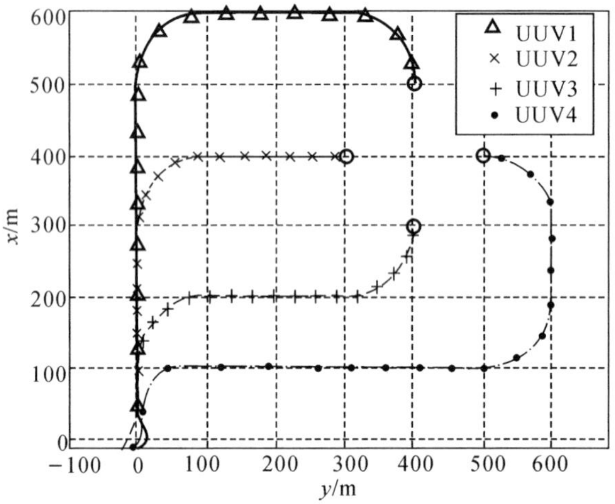

图 8-24　多 UUV 协同路径跟踪轨迹

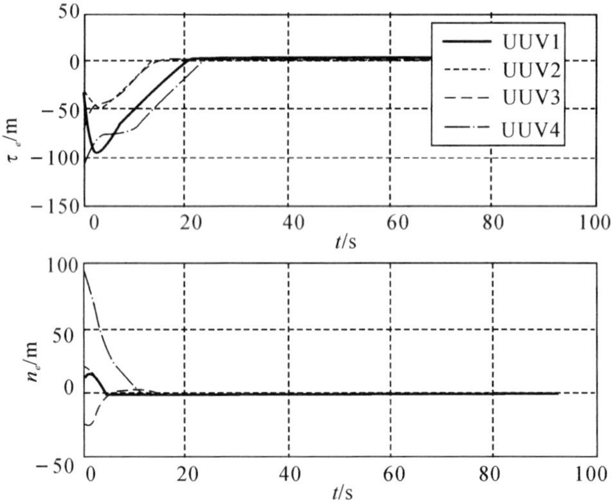

图 8-25　UUV 路径跟踪误差曲线

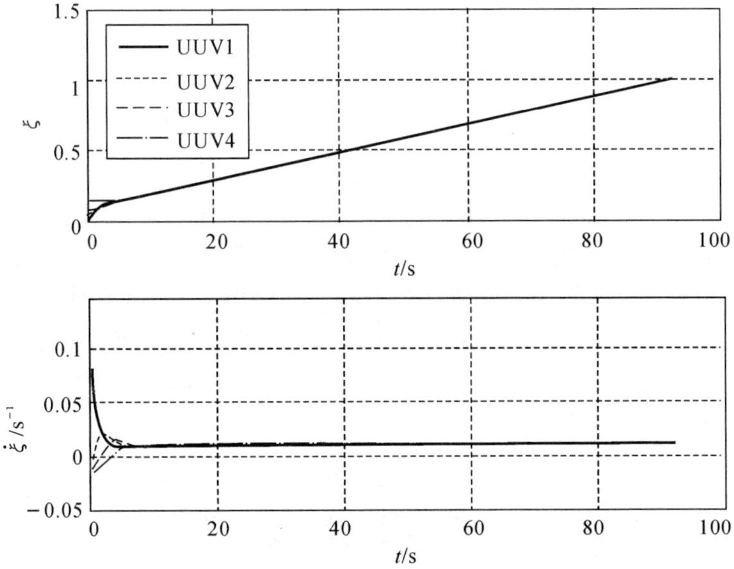

图 8-26　路径参数及参数变化率曲线

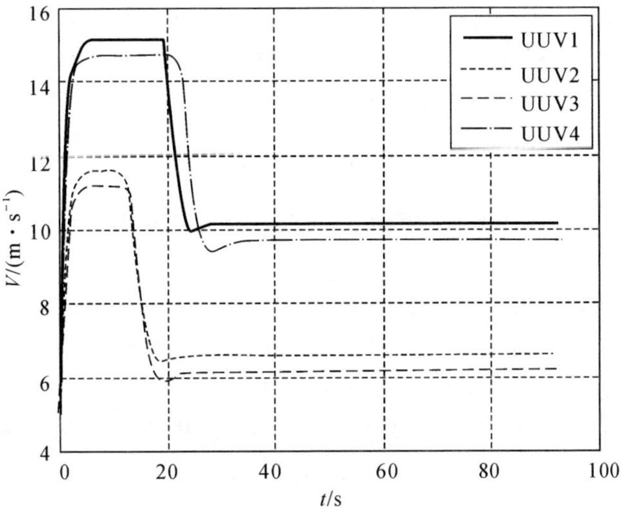

图 8-27　多 UUV 速度曲线

8.6 本章小结

本章研究了欠驱动 UUV 的水平面路径跟踪问题，在非投影 Serret - Frenet 坐标系下描述路径跟踪误差，并采用一般曲线参数描述参考点的坐标及其在参考路径上的运动，基于级联-反演设计方法，将 UUV 的速度控制与路径跟踪控制分离，证明了路径跟踪误差及速度跟踪误差的全局$\mathcal{K}$指数稳定性。在对欠驱动 UUV 路径跟踪控制的研究基础上，本章还研究了无速度测量和反馈控制的自适应路径跟踪控制、基于行为的避碰路径跟踪控制，以及基于路径参数一致性的协同路径跟踪控制等问题。

参考文献

[1] 高剑. 欠驱动 AUV 的控制特性及跟踪控制研究[D]. 西北工业大学，2007.

[2] Samson C. Control of Chained Systems: Application to Path Following and Time - varying Point Stabilization of Mobile Robots. IEEE Transactions on Automatic Control，1995，40：64 - 77.

[3] Lapierre L，Soetanto D，Pascoal A. Nonlinear Path Following with Application to the Control of Autonomous Underwater Vehicles. Proceedings of the 42nd IEEE Conference on Decision and Control，2003：1256 - 1261.

[4] Soetanto D，Lapierre L，Pascoal A. Adaptive Nonsingular Path Following Control of Dynamic Wheeled Robots. Proceedings of the 42nd IEEE Conference on Decision and Control，2003.

[5] Lapierre L，Jouvencel B. Robust Nonlinear Path - Following Control of an AUV. IEEE Journal of Oceanic Engineering，2008，33(2)：89 - 102.

[6] Do K D，Pan J. Underactuated Ships follow Smooth Path：full State - Feedback. Proceedings of 43rd IEEE Conference on Decision and Control，2004：5354 - 5359.

[7] Do K D，Pan J. Global Tracking Control of Underactuated Ships with Nonzero off - diagonal Terms in Their System Matrices. Automatica，

2005，41：87 - 95.

[8] Do K D，Pan J. Robust Path - Following of Underactuated Ships：Theory and Experiments on a Model Ship. Ocean Engineering，2006，33：1354 - 1372.

[9] Do K D，Pan J. Underactuated Ships follow Smooth Paths with Integral Actions and without Velocity Measurements for Feedback：Theory and Experiments. IEEE Transactions on Control Systems Technology，2006，14(2)：308 - 322.

[10] 高剑，严卫生，赵宁宁，等. UUV 的全局路径跟踪控制. Proceedings of the 29th Chinese Control Conference，2010：3188 - 3192.

[11] 高剑，刘富樯，赵江，等.欠驱动自主水面船的非线性路径跟踪控制. 机器人，2012，34(3)：329 - 335.

[12] 施淑伟，严卫生，高剑，等.常值海流作用下的 AUV 水平面路径跟踪控制. 兵工学报，2010，31(3)：375 - 379.

[13] Gao J，Liu C X. Nonlinear Adaptive Path Following Control of an Autonomous Surface Vehicle：Theory and experiments. Indian Journal of Geo - Marine Sciences，2015，44(11)：1669 - 1677.

[14] Gianluca A，Chiaverini S，Finotello R，et al. Real - Time Path Planning and Obstacle Avoidance for RAIS：An Autonomous Underwater Vehicle. IEEE Journal of Oceanic Engineering，2001，26(2)：216 - 227.

[15] Oh M H，Oh J H. Homing and Docking Control of AUV Using Model Predictive Control. Proceedings of the fifth ISOPE Pacific/Asia Offshore Mechanics Symposium，2002：138 - 142.

[16] Miotto P，Wilde J，Menozzi A. UUV On - Board Path Planning in a Dynamic Environment for the Manta Test Vehicle. Proceedings of the MTS/IEEE Oceans，2003：2454 - 2461.

[17] 高剑，李勇强，徐德民，等. 基于行为的自主水下航行器无碰路径跟踪控制. 大连海事大学学报，2012，38(4)：30 - 34.

[18] 程玉虎，易建强，赵冬斌. 机器人行为协调机制研究进展. 机器人，2004，26(2)：187 - 192.

[19] Fodrea L R. Obstacle Avoidance Control for the REMUS Autonomous Underwater Vehicle. MS Thesis，NavalPostgraduate School，2002.

[20] Ghabchello R. Coordinated Path Following of Multiple Autonomous

Vehicles [D]. Instituto Superior Téchico Technical University of Lisbon，2007.

[21] Ren W，Beard R W. Distributed Consensus in Multi - Vehicle Cooperative Control：Theory And Applications. London：Springer - Verlag，2008.

第9章 欠驱动AUV自主回收导引与控制

AUV自带能源，并依靠自身的嵌入式计算机进行运动规划和控制，在海洋环境监测、科学考察、军事侦察、武器投送等领域有着重要而广泛的应用。受体积和载荷的限制，AUV仅依靠所携带的能源无法长时间不间断地执行水下侦查和测量任务。例如执行MH370失事飞机搜索任务的Bluefin-21型AUV，其工作时间仅为25 h，必须定期回收以更换电池、读取信息和维护保障[1-2]。

目前，AUV通常采用有人水面工作母船进行布放和回收，这一方式技术成熟，应用广泛，但受水面波浪的干扰在高海况下难以实施。回收过程需要操作人员参与，成本高、效率低、隐蔽性差，难以在无人长期海洋观测和无人作战等系统中有效应用。21世纪初，研究人员提出水下自主回收技术，通过在工作区域水底设置无人基站，或由水面和水下搭载平台释放水下回收站，依靠AUV的自主探测和控制能力，在水下实施AUV的对接回收，从而极大地延长了AUV的有效工作时间，降低了使用成本。水下自主回收已经成为目前AUV研究的一个重要方向。

在海洋观测领域，AUV水下对接回收技术是建立海洋观测系统和海底空间站的关键技术之一。海洋观测系统和海底空间站是人类开发利用油气等海洋资源，预测地震、海底火山喷发，观测地壳变异、海洋物理、海洋化学等参数变化的大系统，用深海空间站进行水下作业与生产更是21世纪海洋装备技术的前沿技术领域[2]。AUV在水下长期工作，完成海洋参数测量、海底调查等使命任务后，定期与回收站对接以补充能量和下载数据，并可在无任务时进入空间站待命。未来还有可能通过大型低速AUV携带能源对深远海海底空间站和观测节点进行能源补充。

在军事领域，AUV水下自主回收技术是无人作战系统的关键技术之一。潜艇携带AUV执行水下目标探测、信息搜索、负载投送、预警支持等作战任务是目前AUV在军事领域应用的主要形式。AUV完成使命后通过母船释放的自主回收装置或发射管返回以上传数据资料、补充能源并装订新的使命，从而减少艇员参与，保证潜艇活动的隐蔽性。未来AUV将与无人机、无人机器人、无人船等平台组成覆盖范围更广、功能更加强大的无人系统，实现水下军事设施的无人值守，对重要航运通道的无人监视，甚至执行远程无人作战任务，如美国海军的“分布式监视探测器网络(DSSN)”。在这些无人系统中,通过与水下基站或无人作战平台自主对接是实现 AUV 能源补给、数据传输和指挥控制的重要手段。

导引与控制是实现 AUV 自主回收的核心技术之一,它充分利用 AUV 的自主控制和精确定位能力,使其从初始位置开始,规划并跟踪一条光滑回坞航路,最终沿回收站入口方向到达并进入回收站,交换数据并补充能量。本章针对这一问题,在前面对欠驱动 AUV 跟踪控制研究的基础上,采用直线航路跟踪、人工势场和偶极势场导引、回坞路径跟踪等方法,系统地开展了 AUV 回收过程中的自主控制问题研究,并通过仿真验证了算法的有效性。

9.1 典型的 AUV 自主回收系统

AUV 的自主回收控制问题最早是在美国海军研究署(ONR)资助的自主海洋采样网络(AOSN)项目中提出的[3]。在该项目中,MIT 和 WHOI 采用 Odyssey Ⅱ型 AUV 进行海洋数据的收集。AUV 自主回收采用短基线系统,通过对距离和方位测量的不断更新,AUV 上的 V 形剪捕捉与对接基站相连的对接杆,并用弹簧触发机构锁定对接杆,如图 9-1 所示。该回收系统已经在 UUV 冰下作业中取得了成功。

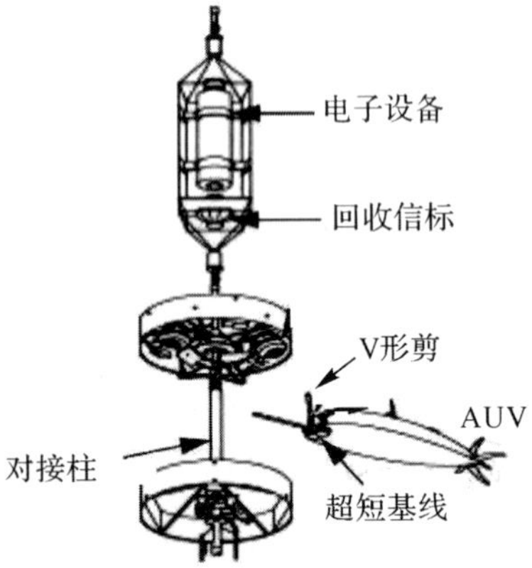

图 9-1　Odyssey Ⅱ自主回收系统

WHOI 海洋系统实验室开发了 REMUS 的对接系统[4-5],如图 9-2 所示。对接目标采用圆锥导向罩和对接管的结构,在圆锥导向罩的上方布置有 USBL 声学设备,用于对接过程中对接目标和 AUV 的互动搜索。这类以圆锥导向罩和笼箱为对接目标的对接方式结构上相对简单一些，AUV 用于对接所需要的改动比较少，AUV 进站完成对接后，可在站内利用直接对接进行能源补充和数据交换，免受海洋环境的干扰。这种对接方式要求 AUV 具有较好的操纵性和运动控制能力。

图 9-2　REMUS 自主回收装置(左图为第一代，右图为第二代)

MBARI 在其所领导的蒙特利海洋观测系统(MOOS)和蒙特利加速研究系统(MARS)项目中，采用 Dorado/Bluefin AUV 对自主回收进行了研究[6]，如图 9-3 所示。回收过程分为 3 个阶段，①AUV 利用自主导航能力进入 USBL 定位区域(2 km)；②在 USBL 校准下到达沿锥形回收笼中心线的最终回收路径的起点(距 300 m)；③利用 USBL，DVL 和罗经信息导航，在横向跟踪控制下沿回收路径进入回收笼，并最终锁定。在 2005 年和 2006 年，MBARI 分别进行了海上自主回收试验。

图 9-3　Bluefin AUV 对接控制的水池实验

韩国船舶与海洋工程研究所的 Park 等人采用光学末端制导(Optical Terminal Guidance)技术实现了 ISiMI AUV 的水下对接控制[7]。系统中采用锥形回收笼,入口处安装 5 个水下光源,AUV 已知光源的几何排列,并通过 CCD 传感器获得 AUV 相对回收口的位置和姿态。采用视觉伺服控制方法,以视觉图像估计回收笼中心与图像中心的偏差为控制误差,采用 PI 控制计算产生参考航向角和参考俯仰角。图 9-4 为安装有光源的回收笼和 ISiMI AUV 对接控制试验的水下照片。

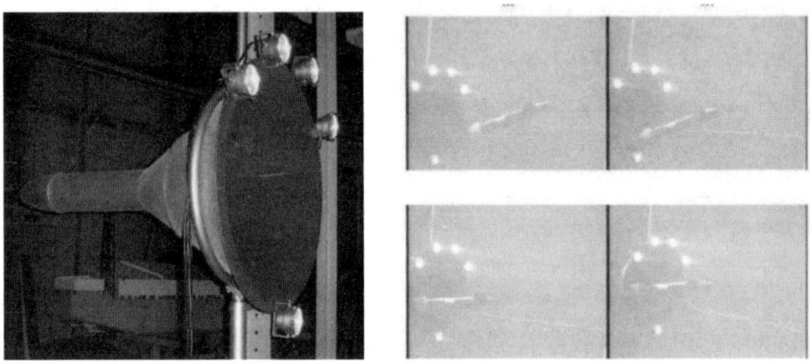

图 9-4 韩国 ISiMI 的光学末端制导回收装置与回收过程

国内的哈尔滨工程大学、西北工业大学等高校在国家 863 计划、国家自然科学基金等的资助下,陆续开展了水下自主回收领域的研究。其中,哈尔滨工程大学在十二五期间,牵头承担了国家 863 计划项目“自治式潜器(AUV)搭载对接技术研究”。该项目于 2015 年 10 月在山东烟台进行了海试验收,在我国首次成功实现了 AUV 与水下回收站对接的关键技术海上验证,如图 9-5 所示。

图 9-5 哈尔滨工程大学开发的水下回收站

9.2 基于视线导引和横向跟踪的 AUV自主回收控制

9.2.1 AUV 自主回收导引与控制方案

根据导引控制模式，可将 AUV 回收过程划分为如图 9-6 所示的两个阶段[8]。

1. 回坞导引阶段

AUV 完成任务或接收到回收指令后，采用视线航路点导引控制方法，向回收站正前方的回坞目标航路点运动。

2. 对接控制阶段

AUV 到达回坞目标航路点后，采用横向跟踪控制技术，跟踪沿回收站中轴线的对接直线航路航行并最终进入回收站。

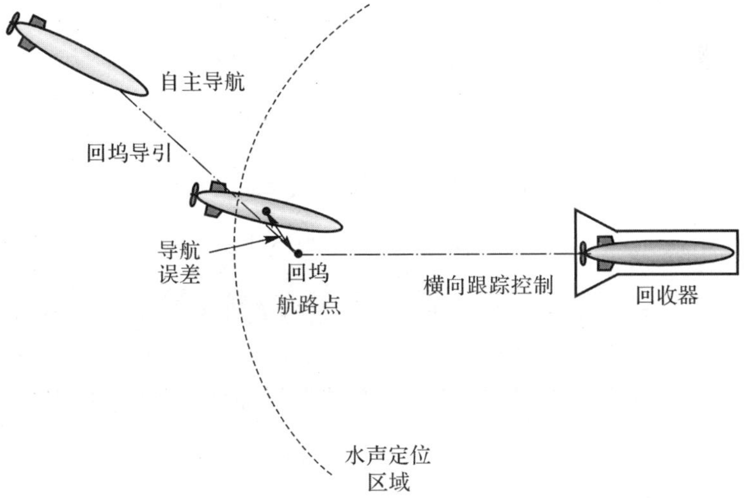

图 9-6　AUV 自主回收过程

对于 AUV 自主回收过程中的定位问题，在 USBL 水声定位区域外，AUV 以惯性导航系统为核心，融合 DVL 信息进行自主导航，并可在自主回收前浮出水面进行 GPS 定位，保证回收过程的导航精度。当 AUV 进入以回收站为中心的水声定位区域内时，采用水声定位或惯性/DVL/水声组合导航。

9.2.2 基于视线法的回坞导引

在全局坐标系下，AUV 的水平面坐标为(x,y)，航向角为ψ，回收站前方的回坞航路点 P 坐标为(x_d,y_d)，如图 9-7 所示。视线导引是一种简单、有效的导引方法，在导弹、无人机、移动机器人等领域得到广泛应用。视线导引参考航向指令ψ_d为从航行器原点出发指向目标点的“视线”方向，计算公式可表示为

$$\psi_d=\arctan 2(y_d-y,x_d-x) \tag{9.1}$$

采用通常的航路点到达判定方法，即当航行器与航路点的距离 d 小于某一阈值时，即认为到达航路点。

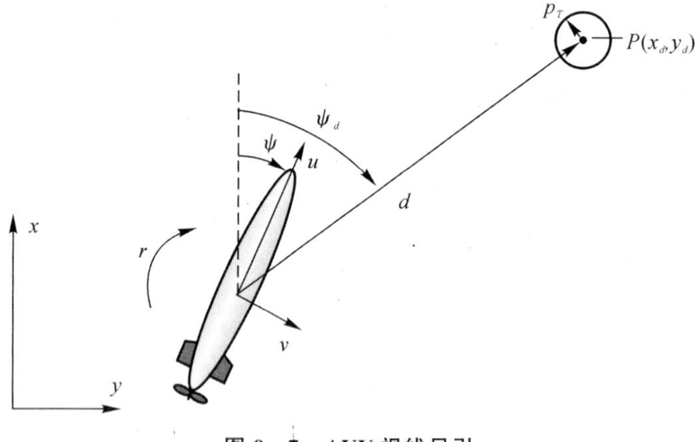

图 9-7　AUV 视线导引

值得一提的是，这里考虑的是无障碍物条件下的理想环境，LOS 导引是有效的。当 AUV 水下工作环境中存在障碍物时，应利用声呐系统获得障碍物信息，采用人工势场、模糊推理等局部路径规划算法进行局部路径规划，使 AUV 避开航路上的障碍物，安全到达回坞航路点。

9.2.3 多航路点回坞导引

考虑自主导航误差，AUV 进入水声定位作用范围时，可能位于回收站的不同方位，此时仅通过一个回坞航路点是难以满足实际需要的，必须考虑设置多个航路

点实现回坞导引。设计航路点需要两个重要的参数，包括航路点数 N 和航路点的位置，它们由 AUV 的初始位置，回收站的位置以及回收站的入口方向所决定[9]。

定义 AUV 的初始位置为 (X_{pos}, Y_{pos})，回收站的位置为 (X_{dock}, Y_{dock})，航路点的坐标为 $(X_{wpt(i)}, Y_{wpt(i)})$，φ_{dock} 为回收站的入口方位角，γ 是 AUV 的初始位置与回收站之间的夹角，定义为

$$\gamma = \arctan 2(Y_{pos} - Y_{dock}, X_{pos} - X_{dock}) \tag{9.2}$$

定义 $\Delta\gamma$ 为 AUV 初始位置与回收站入口方向之间的夹角

$$\Delta\gamma = \gamma - \varphi_{dock} \tag{9.3}$$

考虑 $\Delta\gamma$ 在 $\pm 180°$ 之间取值，每 30° 为 AUV 设计一个航路点。例如，当 $\Delta\gamma = 140°$ 时的航路点分配如图 9-8 所示，共设计 6 个回坞航路点，AUV 在前 5 个航路点的作用下航行至回收站入口的正前方，最后 AUV 沿着直线进入回收站到达最后航路点。

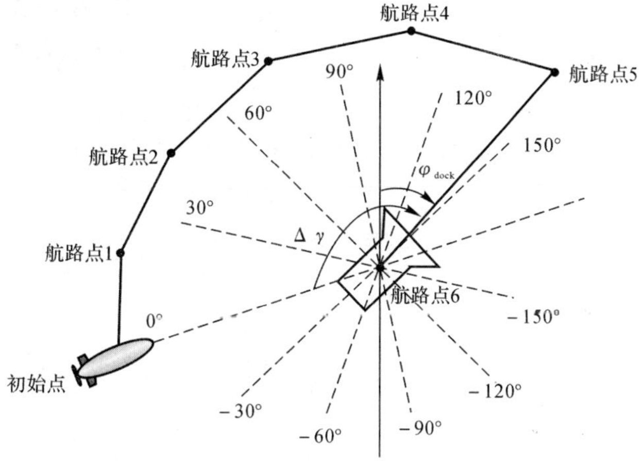

图 9-8　多航路点 AUV 回收导引过程

根据 AUV 的航路点数 N 和回收站的位置方位可以计算出 AUV 各个航路点的坐标位置，具体的算法如下。其中，d 是 AUV 初始位置与回收站之间的相对距离，$d = \sqrt{(X_{dock} - X_{pos})^2 + (Y_{dock} - Y_{pos})^2}$。

(1) 如果 $N = 1$，

$$\begin{aligned} X_{wpt(1)} &= X_{dock} \\ Y_{wpt(1)} &= Y_{dock} \end{aligned} \tag{9.4}$$

(2) 如果 $N \geqslant 2, i = 1, \cdots, N-1$，

若 $0 < \Delta\gamma < 180°$，则

$$\left.\begin{aligned} X_{\mathrm{wpt}(i)} &= X_{\mathrm{dock}} + d\cos\left((\varphi_{\mathrm{dock}} + (30N-30) - 30i)\pi/180\right) \\ Y_{\mathrm{wpt}(i)} &= Y_{\mathrm{dock}} + d\sin\left((\varphi_{\mathrm{dock}} + (30N-30) - 30i)\pi/180\right) \\ X_{\mathrm{wpt}(N)} &= X_{\mathrm{dock}} \\ Y_{\mathrm{wpt}(N)} &= Y_{\mathrm{dock}} \end{aligned}\right\} \tag{9.5}$$

若 $-180° < \Delta\gamma < 0$，则

$$\left.\begin{aligned} X_{\mathrm{wpt}(i)} &= X_{\mathrm{dock}} + d\cos\left((\varphi_{\mathrm{dock}} - (30N-30) + 30i)\pi/180\right) \\ Y_{\mathrm{wpt}(i)} &= Y_{\mathrm{dock}} + d\sin\left((\varphi_{\mathrm{dock}} - (30N-30) + 30i)\pi/180\right) \\ X_{\mathrm{wpt}(N)} &= X_{\mathrm{dock}} \\ Y_{wpt(N)} &= Y_{\mathrm{dock}} \end{aligned}\right\} \tag{9.6}$$

9.2.4 横向跟踪对接控制

定义回收站中轴线为期望的对接直线航路，并建立对接坐标系 $x_D o_D y_D$，x_D 轴沿对接直线指向进入回收站的方向，原点 o_D 位于回收站中点，y_D 轴与 x_D 轴垂直向右，对接直线航迹跟踪误差用坐标 y_D 描述[10]。欠驱动 AUV 的对接直线航迹跟踪控制目标是，使 AUV 从任意初始状态出发，沿对接直线航迹运动，跟踪误差 y_D 全局渐近收敛[11]。

采用第 7 章中提出的直线航迹跟踪算法，航向角 ψ 可以看作是航迹跟踪误差 y 的虚拟控制，选择参考航向角

$$\psi_d = -\arctan(k_1 y_D) \tag{9.7}$$

显然，$\psi_d \in (-\pi/2, \pi/2)$。航向跟踪控制采用第 3 章中的自适应滑模控制方法设计，以保证航向跟踪误差的稳定性。

9.2.5 仿真研究

采用数学仿真验证本节所提出的 AUV 回坞导引与对接控制算法。

1. 单航路点回收导引

以回收站为全局坐标系原点，以进入回收站的方位为 x 轴建立坐标系。回坞目标航路点的坐标为(−200,0)。水声定位系统安装在回收站上，定位作用区域半径取 1 000 m，在此定位区域内水声定位误差为零。沿 x 和 y 方向的自主导航误差服从零均值的正态分布，标准差取 $\sigma = 100$ m。

仿真采用 REMUS AUV 的模型参数，航行速度为 3 m/s，舵角限幅 20°，初始

位置(0,1 800),初始航向角为 90°(−270°),到达半径 $\rho_T=20$ m。

回收过程中的 AUV 航行轨迹如图 9-9 所示,△ 表示回收站的位置和入口方向,○ 表示回坞目标航路点,虚线圆表示水声定位区域,AUV 的航向角及其指令如图 9-10 所示。从仿真结果可以看到,由于自主导航误差的存在,AUV 在进入水声定位区域时并未指向实际的回坞目标航路点,进入水声定位区域后立即对自身的位置进行修正,从而向目标航路点运动,在到达目标航路点后,进入对接跟踪控制阶段,控制方式转为直线跟踪控制,AUV 精确沿对接航线航行,同时航向角很快收敛到零,最终进入回收站。上述结果表明基于视线导引和横向跟踪控制的 AUV 自主回收方法是有效的。

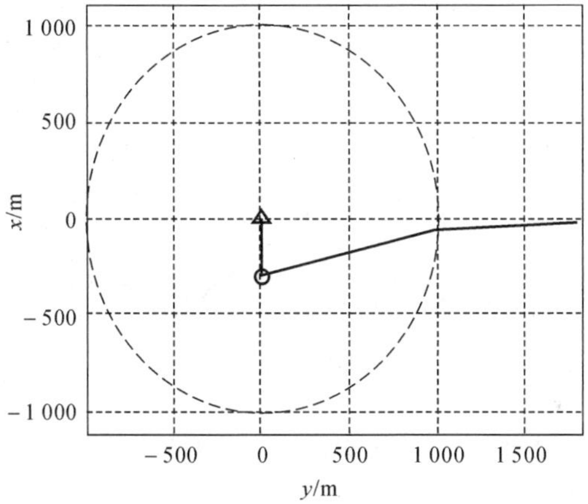

图 9-9　AUV 自主回收航行轨迹

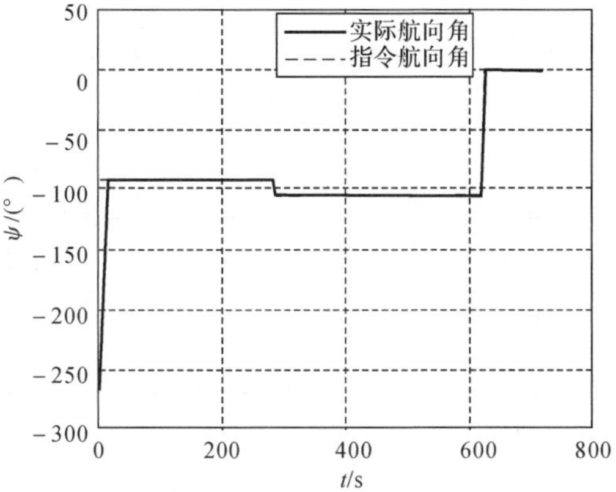

图 9-10　AUV 自主回收航向角曲线

2. 多航路点回收导引

仿真中 AUV 的初始位置为(220,80),初始航向角为 180°,回收站的位置为(10,120),回收站的入口方向为 315°,根据航路点的规划算法计算,AUV 在该条件下需要 6 个回坞航路点,坐标分别为(203.74,210.34),(132.61,295.11),(28.63,332.96),(−80.35,313.75),(−165.11,242.62),(10,120)。仿真结果如图 9-11 和图 9-12 所示。

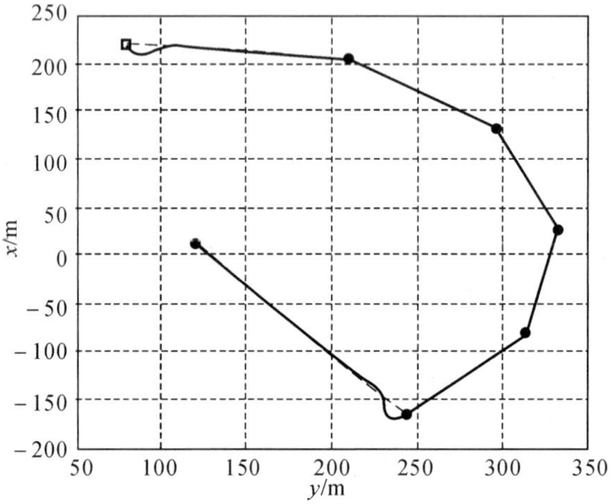

图 9-11 AUV 多航路点回收导引航行轨迹

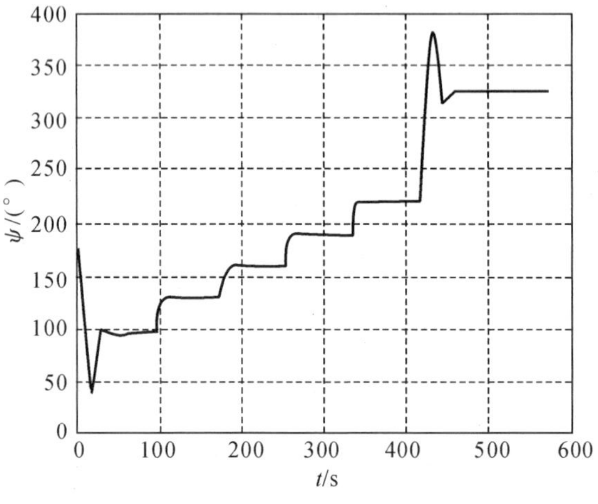

图 9-12 回收过程中的 AUV 航向角曲线

图 9－11 所示为 AUV 在航路点回坞导引和控制下的运动轨迹。AUV 以设定的速度依次通过回坞航路点，最终沿着回收站的中轴线进入回收站，成功实现了 AUV 与回收站的对接。图 9－12 所示为 AUV 的航向角曲线，由图可知 AUV 在到达设定的各个航路点时会调整一次航向，最后沿着入口方向航行直至进入回收站。

9.3　基于变系数人工势场的 AUV 自主回收控制

9.3.1　基于人工势场的 AUV 自主回收方案

本节采用人工势场法研究 AUV 回收路径规划和控制问题，并考虑水下回收过程中的避障问题。将 AUV 自主回收过程的路径规划分成回坞导引阶段和对接阶段，以回收平台前方的某一位置为对接预备点，从 AUV 开始自主回收时的位置到对接预备点为回坞导引阶段，从对接预备点开始到进入回收口为对接阶段，回收平台的中心线定义为中轴线[12]，如图 9－13 所示。

回坞导引阶段的路径规划目标是，保证 AUV 能够安全地避开障碍物，到达对接预备点，这与传统的路径规划目标是一致的；对接阶段的路径规划目标是，使 AUV 能够以期望的航向姿态沿中轴线进入回收平台。

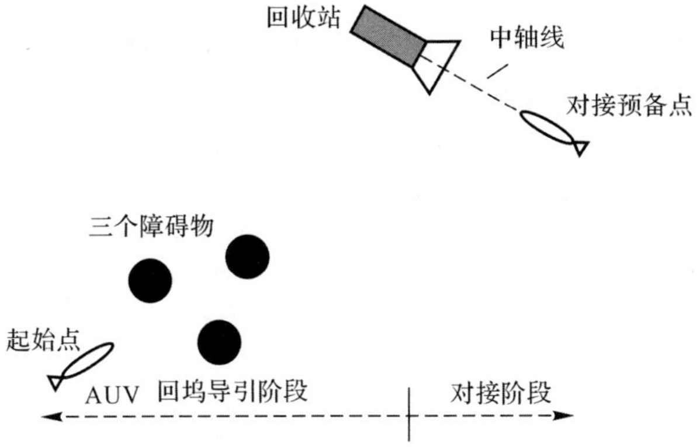

图 9－13　AUV 自主回收示意图

为保证对接路径的平滑性，对接预备点位置的选择应遵循以下原则：

(1)与回收平台之间无障碍物；

(2)与回收平台之间的连线与中轴线的夹角不宜过大；

(3)与回收平台之间的距离不宜过近，应该有足够的空间调整航向。

9.3.2 基于人工势场的回坞导引

采用人工矢量场法为AUV规划一条从回坞起始点到对接预备点的无碰路径，保证AUV的航行安全。人工矢量场方法假设障碍物产生斥力场，目标点产生引力场，AUV在运动空间中的运动沿其受到引力和斥力的合力方向。

设AUV在工作空间中的位置为 $\boldsymbol{X}=[x \quad y]^{\mathrm{T}}$，对接预备点位置为 $\boldsymbol{X}_g=[x_g \quad y_g]^{\mathrm{T}}$，引力势函数定义为

$$U_{\mathrm{att}}(\boldsymbol{X})=\frac{1}{2}\eta\rho^2(\boldsymbol{X},\boldsymbol{X}_g) \tag{9.8}$$

式中，η 为位置增益系数；$\rho(X,X_g)$ 是AUV与对接预备点之间的相对距离，定义为

$$\rho(\boldsymbol{X},\boldsymbol{X}_g)=\sqrt{(x-x_g)^2+(y-y_g)^2} \tag{9.9}$$

与之对应的吸引力为

$$F_{\mathrm{att}}=-\mathbf{grad}\,[U_{\mathrm{att}}(\boldsymbol{X})]=\eta\rho(\boldsymbol{X},\boldsymbol{X}_g) \tag{9.10}$$

人工斥力势函数为

$$U_{\mathrm{rep}}(\boldsymbol{X})=\begin{cases}\dfrac{1}{2}\mu\left(\dfrac{1}{\rho(\boldsymbol{X},\boldsymbol{X}_o)}-\dfrac{1}{\rho_o}\right)^2\rho^N(\boldsymbol{X},\boldsymbol{X}_g), & \rho(\boldsymbol{X},\boldsymbol{X}_o)\leqslant\rho_o\\ 0, & \rho(\boldsymbol{X},\boldsymbol{X}_o)>\rho_o\end{cases} \tag{9.11}$$

式中，μ 为比例增益系数；N 为大于零的实数；$\boldsymbol{X}_o$ 为障碍物位置；$\rho(\boldsymbol{X},\boldsymbol{X}_o)$ 为AUV与障碍物之间的最短距离；常数 ρ_0 为障碍物的作用距离，定义

$$\rho^N(\boldsymbol{X},\boldsymbol{X}_g)=|(x-x_g)^N|+|(y-y_g)^N| \tag{9.12}$$

相应的斥力可表示为

$$F_{\mathrm{rep}}(\boldsymbol{X})=-\mathbf{grad}\,[U_{\mathrm{rep}}(\boldsymbol{X})]=\begin{cases}F_{\mathrm{rep1}}+F_{\mathrm{rep2}}\text{。} & \rho(\boldsymbol{X},\boldsymbol{X}_o)\leqslant\rho_o\\ 0, & \rho(\boldsymbol{X},\boldsymbol{X}_o)>\rho_o\end{cases} \tag{9.13}$$

式中，

$$F_{\mathrm{rep1}}=\mu\left(\frac{1}{\rho(\boldsymbol{X},\boldsymbol{X}_o)}-\frac{1}{\rho_o}\right)\frac{1}{\rho^2(\boldsymbol{X},\boldsymbol{X}_o)}\rho^N(\boldsymbol{X},\boldsymbol{X}_g) \tag{9.14}$$

$$F_{\mathrm{rep2}}=-\frac{N}{2}\mu\left(\frac{1}{\rho(\boldsymbol{X},\boldsymbol{X}_o)}-\frac{1}{\rho_o}\right)^2\rho^{N-1}(\boldsymbol{X},\boldsymbol{X}_g) \tag{9.15}$$

9.3.3 基于模糊变系数矢量场的对接路径规划

采用常规的人工矢量场法进行路径规划时，只考虑目标点的位置而不考虑到达目标点时的方位角，因而无法完成 AUV 对接阶段的路径规划。为了解决这一问题，这里设计了一种模糊变系数矢量场法进行对接阶段的路径规划。以回收入口处的三个虚拟点作为目标势场源，AUV 在三个虚拟引力场的共同作用下向回收入口方向运动，如图 9-14 所示。虚拟点 P_2 与 P_1，P_3 之间的距离相等，且位置均已知，P_2 位于中轴线上。三个虚拟吸引点分别对 AUV 产生引力，AUV 在合力的作用下向回收入口运动。通过改变三个虚拟吸引点产生作用力的大小可以调整合力的方向，从而控制 AUV 的航向，使其最终能够沿着中轴线进入回收平台。

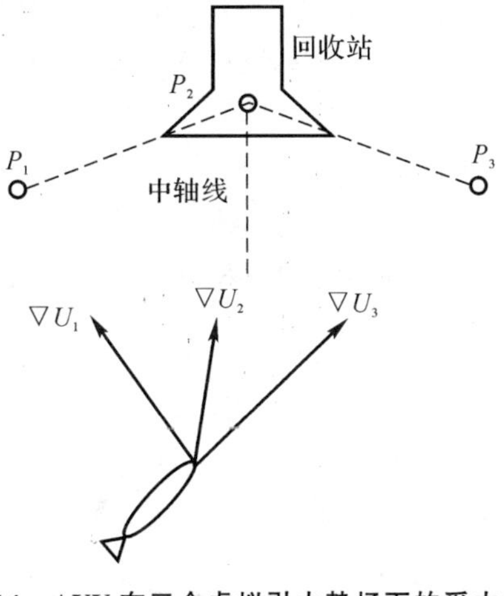

图 9-14 AUV 在三个虚拟引力势场下的受力示意图

设 $\boldsymbol{\beta}_i=[x_i \quad y_i]^{\mathrm{T}}$，$i=1,2,3$ 分别为对应三个虚拟吸引点的坐标，以 AUV 与三个虚拟点的相对距离建立引力势场函数，由三个虚拟势点产生的总势场为

$$U(\boldsymbol{X})=\sum_{i=1}^{3}\|\boldsymbol{\beta}_i-\boldsymbol{X}\|,\quad i=1,2,3 \tag{9.16}$$

式中，$\boldsymbol{X}$ 为 AUV 的位置，$\|\boldsymbol{\beta}_i-\boldsymbol{X}\|$ 为 AUV 与三个虚拟点之间的相对距离。

三个吸引点产生的虚拟引力 F_{sum} 为

$$F_{sum}=-\mathbf{grad}(U(\boldsymbol{X}))=\sum_{i=1}^{3}\frac{\boldsymbol{\beta}_i-\boldsymbol{X}}{\|\boldsymbol{\beta}_i-\boldsymbol{X}\|} \tag{9.17}$$

AUV 对接阶段如图 9-15 所示，设 AUV 到中轴线的距离为 D。定义三个虚拟

点的引力系数 $\sigma=[\lambda_1,\lambda_2,\lambda_3]$。

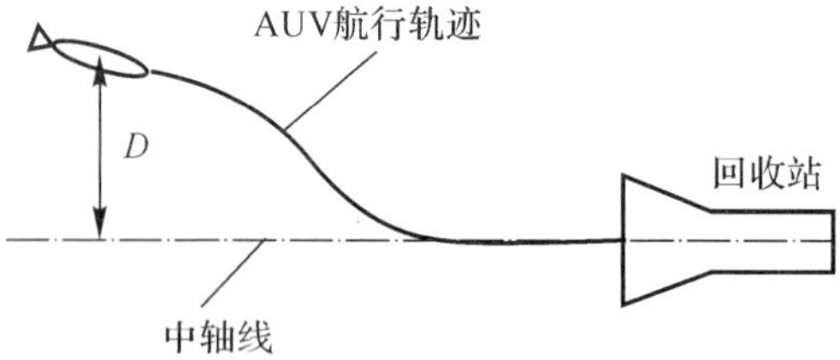

图 9-15　对接阶段示意图

AUV 受到的虚拟引力可写为

$$F=\sum_{i=1}^{3}\lambda_i\frac{\boldsymbol{\beta}_i-\boldsymbol{X}}{\|\boldsymbol{\beta}_i-\boldsymbol{X}\|} \tag{9.18}$$

采用模糊推理系统，根据 AUV 到中轴线的距离实时计算引力系数 λ_i，$i=1,2,3$，从而调整三个虚拟点的引力大小，引导 AUV 以期望的航向角到达回收站，并保证运动轨迹的平滑。

以 AUV 到中轴线的距离 D 为输入参数，论域为 $[0\quad\infty)$，设计模糊语言变量值为{远，中，近}，隶属函数曲线如图 9-16 所示。引力系数 λ_1，λ_2，λ_3 为输出，论域为 $[0\quad\infty)$，相应的模糊语言变量值均为{大，中，小}，隶属度函数选为高斯型函数形式，其隶属函数曲线图 9-17 所示。

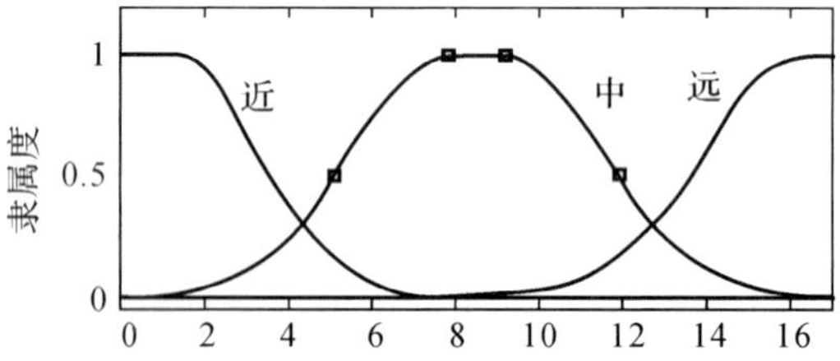

图 9-16　输入变量 D 的隶属度函数

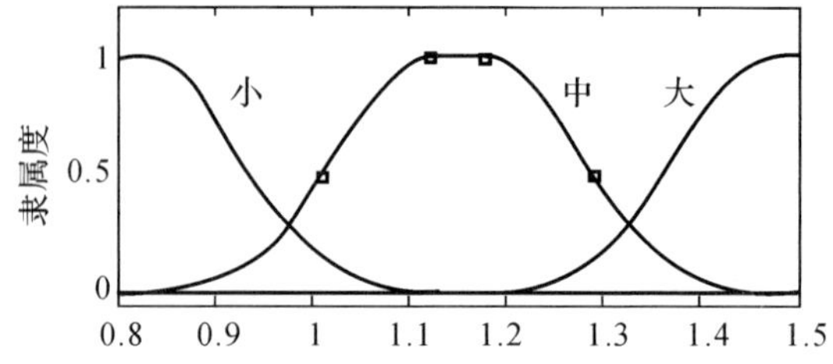

图 9-17　输出变量 λ_1，λ_2 和 λ_3 的隶属度函数

制定如下模糊规则调整引力系数：

(1) 如果 D 为“远”，则 λ_1，λ_3 为“中”，λ_2 为“小”；

(2) 如果 D 为“中”，则 λ_1，λ_3 为“小”，λ_2 为“中”；

(3) 如果 D 为“近”，则 λ_1，λ_3 为“小”，λ_2 为“大”。

由以上模糊规则可知，当 D 为“远”时，系数 λ_1，λ_3 大于 λ_2，AUV 在虚拟点 P_1，P_3 的较大引力下调整航向，向中轴线靠近；当 D 为“中”时，系数 λ_2 稍大于 λ_1，λ_3，P_2 的较大作用力使 AUV 逐渐沿着中轴线运动；当 D 为“近”时，系数 λ_2 大于 λ_1，λ_3，在 P_2 的大作用力下，AUV 稳定的沿着中轴线向回收入口运动。通过以上模糊控制规则，能够改变三个虚拟点产生的作用力，合理调整 AUV 的航向，从而确保 AUV 以期望的航向沿中轴线进入回收平台。

9.3.4　仿真研究

设 AUV 的速度为 1.5 m/s，起始点为(1,5)，回收装置上的三个虚拟点的位置分别为(30, 40)，(30, 50)，(40, 50)，以圆表示障碍物，四个障碍物的圆心位置分别为(5, 10)，(13, 15)，(12, 8)，(22,16.5)，障碍物的影响范围 $\rho_0=1$，斥力的增益参数 $\mu=0.5$，调节常数 $N=0.5$，导引阶段引力的比例增益参数 $\eta=0.8$，对接阶段 $\eta=0.2$，对接预备点位置为(35, 35)，中轴线与 x 轴的夹角为 135°。

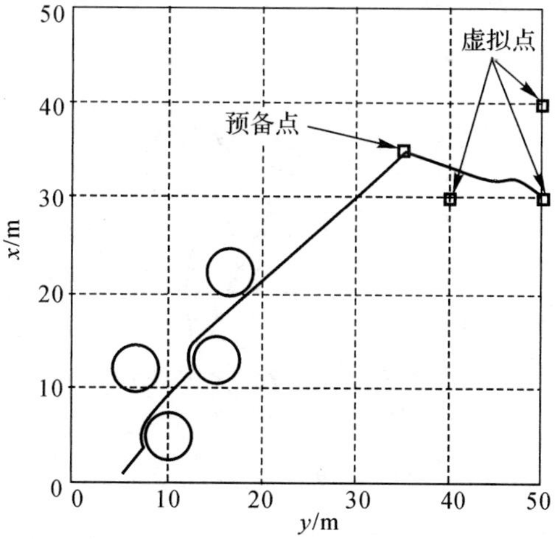

图 9－18　基于人工矢量场法规划出的 AUV 自主回收路径

仿真结果中 AUV 自主回收路径如图 9－18 所示。由图中可以看出，人工矢量场法在回坞导引阶段能够为AUV规划一条合理的避障路径，保证了AUV的航行安全。而在对接阶段，变系数矢量场法则通过模糊控制规则调整三个虚拟点的引力系数，规划出一条光滑的对接路径，使AUV以期望的航向角沿中轴线进入回收平台。

9.4 基于偶极势场的AUV回坞导引

9.4.1 偶极势场的基本原理

物理上电偶极子是一对距离很近的等量异种点电荷[13]。电量为 q 的电偶极子，它的电偶极矩 $\boldsymbol{p}=q\boldsymbol{l}$，其中 $\boldsymbol{l}$ 是从负电荷到正电荷的矢量。先以偶极子的中点为原点建立直角坐标系 $oxyz$，其中 z 轴与 $\boldsymbol{p}$ 平行，再以 z 轴为测量 ϕ 角的起点建立球坐标系，如图9-19所示。在球坐标系中，偶极子电场的轴对称性保证场强 $\boldsymbol{E}$ 与 θ 角无关，即 $\boldsymbol{E}$ 只依赖于 r 和 ϕ，所以空间中任意一点 A 的场强为

$$\boldsymbol{E}(r,\boldsymbol{\varphi})=E_r\boldsymbol{r}+E_\phi\boldsymbol{\phi} \tag{9.19}$$

式中，$E_r=\dfrac{2\boldsymbol{p}\cos\phi}{4\pi\varepsilon_0 r^3}$；$E_\phi=\dfrac{\boldsymbol{p}\sin\phi}{4\pi\varepsilon_0 r^3}$；$\boldsymbol{r},\boldsymbol{\phi},\boldsymbol{\theta}$ 分别沿 r,ϕ,θ 增长的方向（$\boldsymbol{r}$ 沿径向向外，$\boldsymbol{\phi}$ 沿经线向下，$\boldsymbol{\theta}$ 沿纬线向右）；ε_0 为常量。

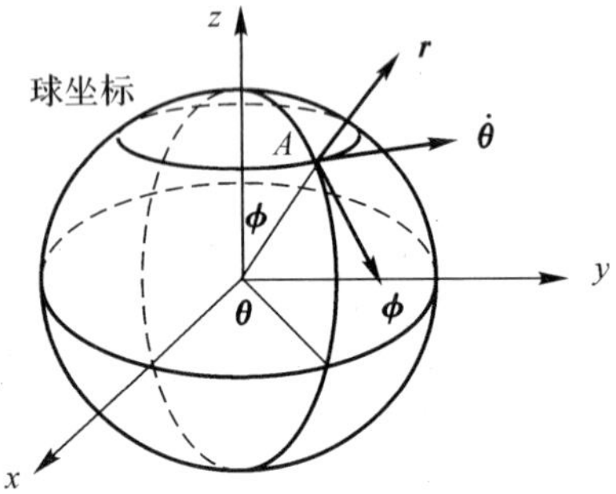

图9-19 球坐标系图

根据电场线的定义有

$$\frac{\mathrm{d}r}{r\mathrm{d}\phi}=\frac{E_r}{E_\phi}\quad\Rightarrow\quad\frac{\mathrm{d}r}{r\mathrm{d}\phi}=\frac{2\cos\phi}{\sin\phi}\quad\Rightarrow\quad\frac{1}{r}\mathrm{d}r=\frac{2\cos\phi}{\sin\phi}\mathrm{d}\phi \tag{9.20}$$

式中，$r=R\sin^2\phi$，R 是一个与电场线有关的常量。因此，当场点相对于原点的距离趋近于 0，即 $r\to 0$ 时，那么 $\sin\phi\to 0$，所以 $\phi=0,\pm\pi$，即电偶极子的电场线以垂直于电偶极矩的方向趋近于原点，如图 9-20 所示。

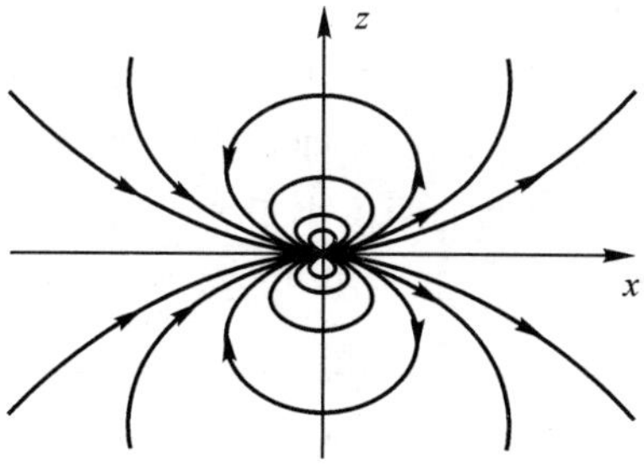

图 9-20　电偶极子的电场线图

9.4.2　基于偶极子场的导引算法

Panagou 等人[14] 提出了基于电偶极子电场的移动机器人导引控制策略。这里考虑 AUV 平面回坞导引问题，偶极势场是一个二维的矢量场，描述为

$$F(\boldsymbol{n})=\lambda(\boldsymbol{p}^{\mathrm{T}}\boldsymbol{n})\boldsymbol{n}-\boldsymbol{p}(\boldsymbol{n}^{\mathrm{T}}\boldsymbol{n}) \tag{9.21}$$

式中，常量 $\lambda\geqslant 2$；电偶极矩 $\boldsymbol{p}=[p_x \quad p_y]^{\mathrm{T}}$；$\boldsymbol{n}$ 为位置矢量。AUV 在偶极势场空间中任意一点的期望运动都沿着势场线的切线方向。

以回收站中心为原点，入口方向为 x 轴建立全局坐标系，因此 $\boldsymbol{p}=[0 \quad 1]^{\mathrm{T}}$，$\boldsymbol{n}=[x \quad y]^{\mathrm{T}}$ 为 AUV 的位置坐标，代入公式(9.21) 则有

$$\left.\begin{aligned} F_{nx}&=\lambda xy \\ F_{ny}&=(\lambda-1)y^2-x^2 \end{aligned}\right\} \tag{9.22}$$

考虑侧向速度 v 对 AUV 的影响，其速度矢量的方向为 $\psi+\arctan\left(\dfrac{v}{u}\right)$。于是，选取航向角指令为

$$\psi_d=\arctan\left(\frac{F_{ny}}{F_{nx}}\right)-\arctan\left(\frac{v}{u}\right) \tag{9.23}$$

可得

$$\psi_d=\arctan\left(\frac{y^2}{xy}-\frac{1}{\lambda}\frac{x^2+y^2}{xy}\right)-\arctan\left(\frac{v}{u}\right) \tag{9.24}$$

AUV 通过航向角控制跟踪航向角指令 ψ_d，采用第 3 章中的自适应滑模控制方法，这里不再赘述。

9.4.3 仿真研究

为了验证提出的基于偶极势场的回收导引方法，利用 REMUS AUV 模型进行仿真研究。AUV 起始点坐标为(−100，−100)，初始航向角为 0°，前向速度为 1 m/s，取 $\lambda=2$。将 AUV 回收过程分为两个阶段，首先采用 LOS 导引法使 AUV 向回收站航行，当 AUV 与回收站的距离小于 80 m 时，进入对接阶段，利用偶极势场法进行导引。仿真结果如图 9-21～图 9-24 所示。

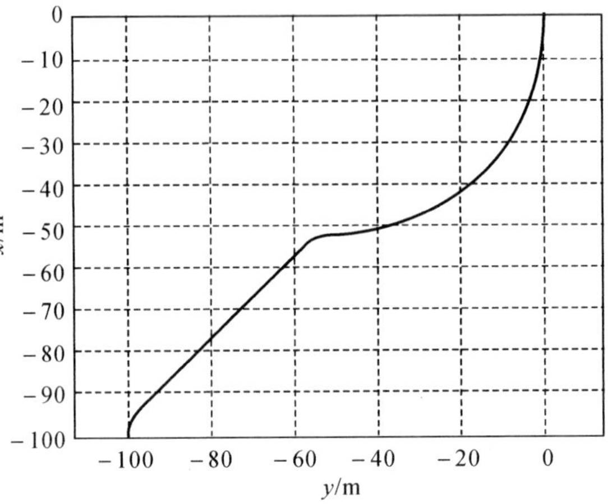

图 9-21 偶极子势场导引下的 AUV 航行轨迹

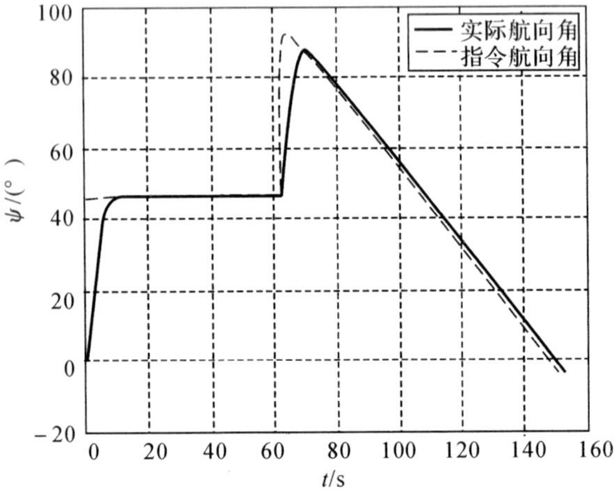

图 9-22 AUV 航向角曲线

AUV 的回坞轨迹如图 9－21 所示，从图中可以看到，在偶极势场的导引下 AUV 能够沿光滑轨迹以期望的航向角到达目标点，并沿中轴线进入回收站。AUV 航行过程中航向角的变化如图 9－22 所示，在自适应滑模控制下，AUV 的实际航向角准确跟踪了指令航向角，确保了 AUV 回收任务的完成。图 9－23 所示为航行过程中垂直舵角的变化情况，从图中可以看出垂直舵角只有在进入回坞阶段时的很短时间内达到最小舵角－20°。图 9－24 描绘了航行过程中偏航角速度的变化情况，从图中可以看出 AUV 偏航角速度的值较小，表明偶极势场导引算法对 AUV 的机动能力要求不高。

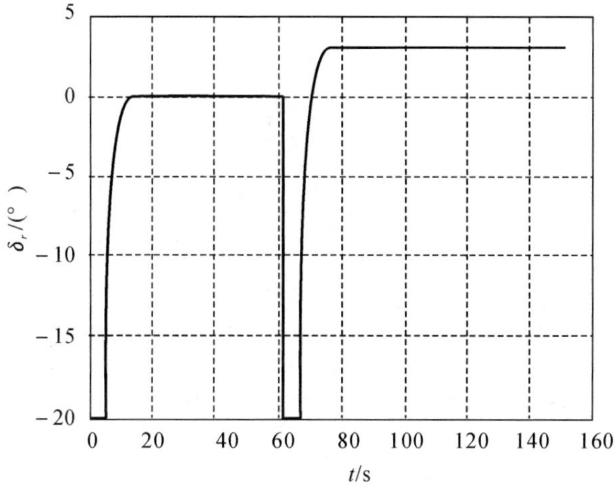

图 9－23　AUV 垂直舵角曲线

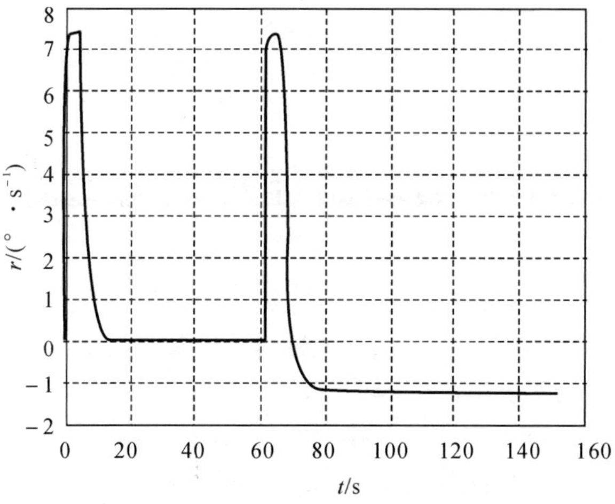

图 9－24　AUV 偏航角速度曲线

选择不同的 AUV 初始位置进行仿真，分析初始位置的选取对偶极势场导引的影响，仿真结果如图 9－25 所示。图中给出了 AUV 以不同的初始点(－20,－20),(20,－20),(－20,20)和(20,20)开始回坞航行的轨迹。由图可知，虽然 AUV 进入回坞航行的初始点不同，但是 AUV 都能在偶极势场导引下沿回收站中轴线的方向进入回收站。

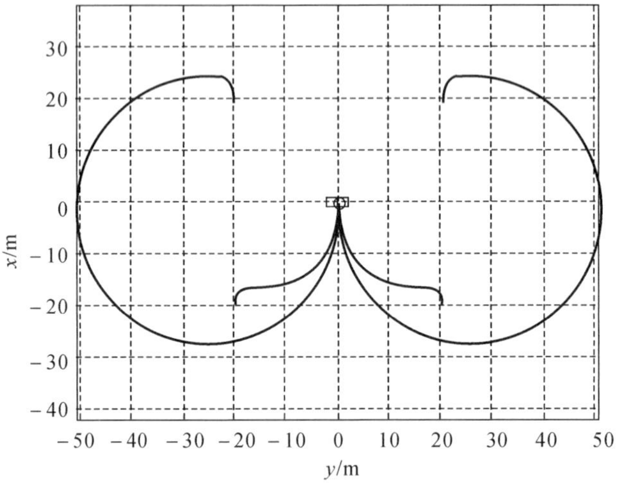

图 9－25　不同的初始点回坞航行轨迹图

下面选择不同 λ 值来设计偶极势场，从同一初始位置进入回坞阶段，通过仿真观察 λ 值的选取对回坞过程的影响，如图 9－26 所示。图中描绘了 AUV 在不同 λ 值的偶极势场中进行回坞航行的轨迹图。虽然 λ 值越大，建立的偶极势场使 AUV 越快进入回收站，但是随着 λ 值的增大，AUV 进入回收站时偏离中轴线会越来越大。

9.5　AUV 回坞路径规划与跟踪控制

本节采用回坞路径规划与跟踪控制的方法研究 AUV 回收控制问题。回坞路径规划的目标是依据 AUV 初始坐标和航向角，以及回收站的坐标和入口方向，规划一条连接这两点的水平面曲线，起点和终点的切线分别沿 AUV 的初始航向和回收站的入口方向。对于由方向舵控制的欠驱动 AUV，其机动能力由最小回旋半径定义，即操最大舵角时的水平面回旋运动轨迹半径。因此回坞规划路径上各点的曲率半径应大于最小回旋半径，满足 AUV 机动能力的约束[15]。

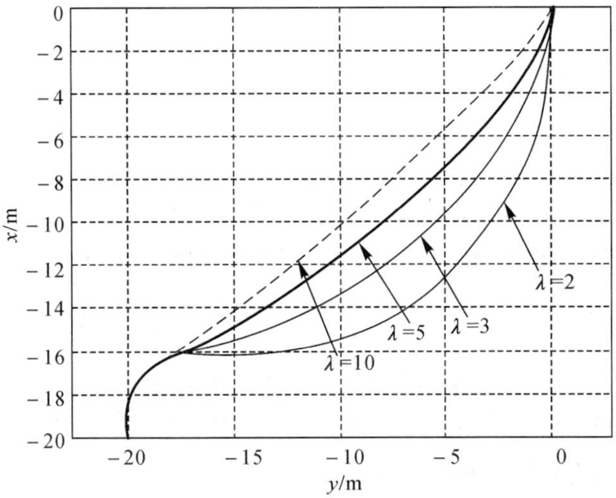

图 9-26　不同 λ 值的回坞航行轨迹图

9.5.1　Dubins 回坞曲线

Dubins 证明了平面内在非完整约束下以常值速度运动的物体，由起点到目标点的最短路径由两个半径为最小回旋半径的圆弧和连接这两个圆弧的直线段组成，称为 Dubins 曲线。如图 9-27 所示，设点 $q_s=(x_s,y_s,\theta_s)$ 和 $q_g=(x_g,y_g,\theta_g)$ 分别代表起点和终点，其中，$\boldsymbol{n}_s$，$\boldsymbol{n}_g$ 为起点和终点的方位，那么可能的 Dubins 曲线有左左、左右、右左和右右四种可能情况，其中长度最短者即为所要求的 Dubins 曲线路径[16]。

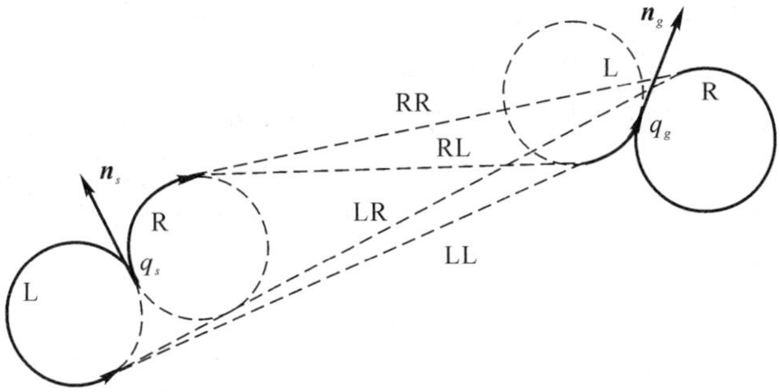

图 9-27　连接点 q_s，q_g 的 Dubins 曲线

Dubins 回坞路径跟踪控制采用本书第 8 章中提出的路径跟踪控制算法，选择长度作为圆弧段和直线段的连续曲线参数，这里不再赘述。

9.5.2 仿真研究

为了验证本节提出的基于路径跟踪的 AUV 回坞控制算法，采用 REMUS 航行器的模型参数进行仿真研究。选择 AUV 的最小回旋半径为 100 m 设计 Dubins 回坞路径，航行速度 $u_c=1\ \mathrm{m/s}$。跟踪控制参数如下：

$$k_n=0.1,\quad k_\tau=0.5,\quad \lambda_1=5,\quad \lambda_2=5$$

起始点坐标为(500，0)，初始航向角为 20°，回收点坐标为(500，1 000)，回收站入口的方位为 −60°。选择回收站前方 50 m 处为回收路径规划的终点，称为对接预备点，AUV 到达该点后开始对接过程，采用直线路径跟踪控制。回坞路径规划与跟踪控制的仿真结果如图 9－28、图 9－29 所示。

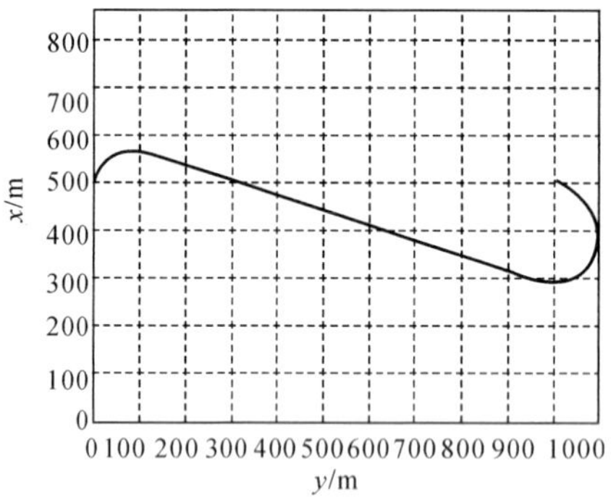

图 9－28 Dubins 回坞路径跟踪航行轨迹

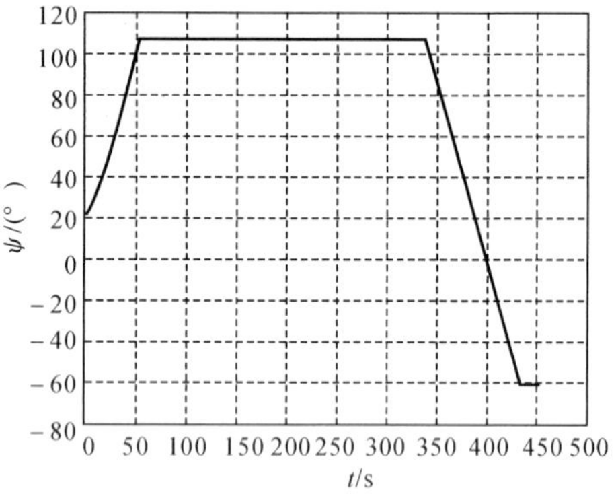

图 9－29 回坞过程中的 AUV 航向角曲线

从仿真结果可以看出，本节所提出的基于路径规划和跟踪控制的 AUV 回坞算法具有良好的性能，很好地实现了欠驱动 AUV 的回坞控制，到达回收站的航向与入口方向一致，回收路径跟踪误差为零。与国内外其他回坞控制方法比较，本算法在设计过程中可以明确地考虑由最小回旋半径所描述的 AUV 机动能力，并且从理论上回收路径的长度比三次样条技术规划的路径更短，而全局路径跟踪控制很好地实现了对所规划回坞路径的跟踪。

9.6 本章小结

本章在 AUV 运动控制的基础上，针对欠驱动 AUV 与水下回收站精确对接的需要，考虑回坞和对接不同回收阶段对 AUV 控制的特定需求，分别采用航路点导引与直线跟踪、人工势场导引、偶极势场导引和 Dubins 回坞路径跟踪等方法，设计了 AUV 的水平面回坞导引和对接控制算法，使 AUV 沿入口方向到达回收站，满足位置和航向角的对接要求，并通过数学仿真验证了上述算法的有效性。

参考文献

[1] 潘光，黄明明，宋保维，等. AUV 回收技术现状及发展趋势. 鱼雷技术，2008，16(6)：10－14.

[2] 燕奎臣，吴利红. AUV 水下对接关键技术研究. 机器人，2007，29(3)：267－273.

[3] Singh H，Bellingham J G，Hover F，et al. Docking for an Autonomous Ocean Sampling Network. IEEE Journal of Oceanic Engineering，2001，26(4)：498－513，2001.

[4] Stokey R，Allen B，Austin T，et al. Enabling Technologies for REMUS Docking：an Integral Component of an Autonomous Ocean－Sampling Network. IEEE Journal of Oceanic Engineering，2001，26(4)：487－497.

[5] Allen B，Autstin T，Forrester N，et al. Autonomous Docking Demonstrations with Enhanced REMUS Technology. Proceedings of the MTS/IEEE OCEANS Conference，1－6，2006.

[6] McEwen R S，Hobson B W，McBride L，et al. Docking Control System for a 54－cm－Diameter (21－in) AUV. IEEE Journal of Oceanic Engineering，2008：33(4) 550－562.

[7] Yeong P J，Jun B，Lee P M，et al. Experiment on Vision Guided Docking of an Autonomous Underwater Vehicle Using One Camera. IEEE Journal of Oceanic Engineering，48－61，2009.

[8] 高剑，严卫生，徐德民，等. 自主水下航行器的回坞导引和对接控制算法. 计算

机工程与应用,2012,48(3):7-9.
[9] 高剑,李勇强.基于航路点跟踪的AUV回收控制.火力与指挥控制,2013.8,38(8):103-106.
[10] Even B, Pettersen K Y. Cross - track Control for Underactuated Autonomous Vehicles Proceedings of the 44th IEEE Conference on Decision and Control, and the European Control Conference, 2005:602-606.
[11] 李勇强.基于水声定位的AUV对接控制方法及实验研究[D].西北工业大学,2014.
[12] 薛源,严卫生,高剑,等.基于人工矢量场的AUV自主回收路径规划.鱼雷技术,2011, 19(2):104-107.
[13] Panagou D, Tanner H G, Kyriakopoulos K J. Dipole - like Fields for Stabilization of Systems with Pfaffian Constraints. Proceedings of IEEE International Conference on Robotics and Automation, 2010: 4499-4504.
[14] 高剑,刘富樯,严卫生.自主水下航行器回坞路径规划与跟踪控制.机械科学与技术,2012,31(5):810-814.
[15] 邓文超.无人靶机航路规划技术研究[D].南京航空航天大学,2013.

附录　UUV 模型参数

附录 1　Kambara UUV

Kambara 是澳大利亚国立大学开发的一台 5 自由度 ROV，用于海底探索和监测，如附图 1 所示。Kambara 通过固定在旋转云台上的双目视觉系统，进行静态和动态视觉目标跟踪和距离估计，可执行研究和分类水下暗礁、探索海洋地理特征、海洋生物研究以及水下管线识别维修等任务。

附图 1　Kambara ROV

在本书的全驱动 UUV 运动控制仿真研究中，在原有模型的基础上，增加了一个侧向推进器，从而使其成为全驱动 UUV，具体的模型参数如下：

$$\boldsymbol{M}_{\mathrm{RB}} = \mathrm{diag}\{117, 117, 117, 10.7, 11.8, 13.4\}$$

$$\boldsymbol{M}_{\mathrm{AM}} = \mathrm{diag}\{58.4, 23.8, 23.8, 3.38, 1.18, 2.67\},$$

$$\boldsymbol{D}(\boldsymbol{v}) = \mathrm{diag}\{120 + 90|u|, 90 + 90|v|, 150 + 120|w|, 15 + 10|p|, 15 + 12|q|, 18 + 15|r|\}$$

$$
\boldsymbol{B}=\begin{bmatrix}
1 & 1 & 0 & 0 & 0 & 0 \\
0 & 0 & 0 & 0 & 0 & 1 \\
0 & 0 & -1 & -1 & -1 & 0 \\
0 & 0 & -0.28 & 0.28 & 0 & 0.05 \\
-0.05 & -0.05 & -0.32 & -0.32 & 0.43 & 0 \\
0.47 & -0.47 & 0 & 0 & 0 & 0
\end{bmatrix}
$$

Kambara 的质量为 117 kg，浮力为 1 158 N 。以重心为运载体坐标系原点，浮心的坐标为 $\boldsymbol{r}_{\mathrm{b}}=[-0.017, 0, -0.115]^{\mathrm{T}}$。

附录 2　REMUS AUV

REMUS(Remote Environmental Monitoring Unit)的系列产品最初由 WHOI 开发，用于执行沿海测量，后来在美国海军研究署和美国特种作战司令部的支持下，经过改进用于反水雷等军事领域。Hydroid 公司(后被瑞典 Kongsberg Maritime 公司收购)成立于 2001 年，在 WHOI 的专用许可证下销售、制造并进一步开发 REMUS 系统。REMUS 100 是一种便携式 AUV，直径为 8 in，质量不超过 40 kg，航行深度为 100 m，能以约 3 kn 的速度航行 20 h(见附图 2)。

附图 2　REMUS AUV

为了便于控制算法研究和仿真，这里忽略原模型中的非对角线项，具体参数如下：

$$\boldsymbol{M}_{\mathrm{RB}}=\operatorname{diag}\{30.5, 30.5, 30.5, 1.77, 3.45, 3.45\}$$

$$\boldsymbol{M}_{\mathrm{AM}}=\operatorname{diag}\{0.930, 35.5, 35.5, 0.0704, 4.88, 4.88\}$$

$\boldsymbol{D}(\boldsymbol{v})=\mathrm{diag}\{3.90\,|u|, 131\,|v|, 131\,|w|, 0.130\,|p|, 188\,|q|, 94\,|r|\}$

REMUS 的浮力为 308 N，浮心为运载体坐标系原点，重心坐标为 $\boldsymbol{r}_g=[0, 0, 0.0196]^T$。

参考文献

[1] Silpa C. Autonomous Underwater Robot: Vision and Control. Master's Thesis, Australian National University, Australia, 2001.

[2] Prestero T. Verification of a Six—Degree of Freedom Simulation Model for the REMUS Autonomous Underwater Vehicle. Master's thesis, MIT/WHOI Joint Program in Oceanographic Engineering, 2001.